梁 志 主编

论文选题与写作

大夏世界史研究

WORLD
HISTORY and
INTERNATIONAL
RELATIONS STUDIES

中国出版集团 东方出版中心

图书在版编目（CIP）数据

大夏世界史研究. 论文选题与写作 / 梁志主编. 一
上海：东方出版中心，2023.7
ISBN 978-7-5473-2213-0

Ⅰ.①大… Ⅱ.①梁… Ⅲ.①世界史－文集 Ⅳ.
①K107-53

中国国家版本馆CIP数据核字（2023）第107752号

大夏世界史研究：论文选题与写作

主　　编　梁　志
组稿策划　张爱民
责任编辑　黄　驰
封面设计　钟　颖

出 版 人　陈义望
出版发行　东方出版中心
地　　址　上海市仙霞路345号
邮政编码　200336
电　　话　021-62417400
印 刷 者　上海颛辉印刷厂有限公司

开　　本　710mm×1000mm　1/16
印　　张　19.5
字　　数　308千字
版　　次　2023年9月第1版
印　　次　2023年9月第1次印刷
定　　价　99.00元

目　录

第二部分　学界研究动态

第三部分　部分相关专题论文

绪　言

梁　志

　　近几年，笔者给华东师范大学历史学系世界史，特别是冷战国际史研究方向的研究生开设了一门名为"论文选题与写作"的专业选修课。一道讲授这门课程的还有华东师范大学历史学系的邓峰教授、徐显芬教授、陈波教授、葛君副教授、赵继珂副教授、谷继坤副教授、郝江东副教授和高嘉懿副教授。之所以设计了这门课程，主要是希望能够从"实战"的角度向已经初步进入冷战国际史研究领域的同学介绍论文写作的基本方法和技巧。

　　20世纪90年代末，本人进入东北师范大学历史学系攻读硕士学位。期间，在恩师崔丕教授的指导下，我开始尝试利用《美国对外关系文件》（*Foreign Relations of the United States*）进行战后美国外交史研究。那时，较为完整地收藏了《美国对外关系文件》的国内机构大概只有中国国家图书馆、北京大学、外交学院和南京大学中美文化研究中心，所以彼时基本上还只能通过复印的办法获取这套大型档案文献集。为了完成硕士论文写作，我专程赶赴北京和南京复制《美国对外关系文件》。

　　反观20年后的今天，获取冷战国际史研究一手文献的渠道已广为扩展，便利程度更是大大提高。以美国档案为例，目前可行的查找途径至少有以下几种：第一种，美国中央情报局和国家安全局等机构经常根据《信息自由法》（*The Freedom of Information Act*, FOIA）在各自的网站上解密和公布档案；第二种，美国国务院网站和威斯康星大学图书馆网站提供了《美国对外关系文件》电子版；第三种，美国盖尔集团开发的《美国解密文件在线》（*U.S. Declassified Documents Online*, USDDO）和美国国家安全档案馆编辑的《数字化国家安全档案》（*Digital National Security Archive*, DNSA）[1] 两个大型数据库收藏美国档案文献的总量均在数十万页以上；第四种，美国国家档案馆开发了《档案获取系统》（*Access to Archival Databases*, AAD）数据库，其中包含 RG59 和 RG330 等档案群组在内的大量涉及战后美国外交和军事事务的档案文献；第五种，前往美国国家档案馆和各总统图书馆搜集未刊档案；[2] 第六种，日本学者石井修编辑的大型美国档案文献集《美国对日政策文件集》，主要收录"二战"后美国对日本、中国和朝鲜半岛的政策文件，至今已出版近 50 期，总量达到数百卷。

除美国外，大约从 20 世纪 70 年代末起，英国、法国和德国等西方国家相继大批公开第二次世界大战以后的档案文献。不久以后，中国官方研究机构如中共中央文献研究室（现并入中央党史和文献研究院）、中国社会科学院及档案管理部门等陆续编辑、出版了规模十分可观的关于中国领导人的年谱、文选、选集、文集、文稿、传记以及官方档案集。自 2004 年开始，中国外交部档案馆接连公布了三批档案，档案形成年限分别为 1945—1955 年、1956—1960 年以及 1961—1965 年，总量超过八万卷。同样，冷战结束后俄罗斯和东欧各国先后大批公开冷战时期的官方档案资料。更为值得注意的是，蒙古、韩国、日本、印度尼西亚、马来西亚、泰国、越南、老挝、柬埔寨、缅甸、印度等很多国家涉及冷战的档案文献也处于不断解密和开放当中，有的时限已延至 20 世纪

1　除《数字化国家安全档案》外，美国国家安全档案馆还不定期地出版专题性美国档案电子书（Briefing Books），至 2018 年底已经出版超过 650 种。

2　近十年，随着中国经济的稳步高速发展，国家留学基金委员会、地方政府以及各高校和科研院所逐步加大了对包括硕博士研究生在内的科研人员出国交流的资助力度，并渐次扩大资助范围和增加资助类别。与此同时，中国冷战史研究界也在努力铺设新的国际学术交流渠道。2011 年 8 月 15 日，华东师范大学在美国著名智库伍德罗·威尔逊国际学者中心建立了"华东师大–威尔逊中心冷战研究美国工作室"。此后，该工作室每年从中国国内各高校和科研院所遴选十名左右从事冷战史研究的研究生或青年学者前往威尔逊中心访问，访问时间大多为三到六个月，个别情况下亦可延长到一年。至今，该工作室已先后接收了近百位来自华东师范大学、北京大学、武汉大学、南京大学、暨南大学、东北师范大学、首都师范大学和上海社会科学院等单位的访问者（主要是博士和硕士研究生）。借助于不同途径的资金资助和不断扩大的访问渠道，从事冷战国际史研究的研究生赴美国各大相关档案收藏机构收集未刊档案的机会明显增多。

80 年代甚至 90 年代。[1]

综合观察当下各国的档案文献解密和开放状况，可以说在目前和今后相当长一段时间内，冷战国际史研究领域的研究生基本上不会再陷于"无米之炊"的困境。在此种情况下，需要重点提升的可能是外国语言能力[2]、史料分析技巧以及论文选题和写作水平。

关于论文选题和写作，看起来应该是研究生学术训练的基本功，但对于大多数初入研究领域的学子而言却并非易事。近十余年，在指导研究生的过程中，除个别同学外，他们中绝大部分的学位论文选题均由我来指定。其间，为了让学生了解我所指定的选题的意图，我会尽可能从既有研究状况、史料来源、学术价值等多方面进行详细说明。这样做的目的主要是希望他们在今后独立从事研究工作时能够寻找到适合自己且具有长远学术意义的题目。题目确定后，接下来便是资格论文和学位论文的写作。就个人的观察来看，国内的相当一部分高校和科研院校都要求博士研究生在论文答辩之前公开发表两篇到三篇 CSSCI 来源期刊论文（即所谓的"资格论文"）。"资格论文"的发表可能是冷战国际史研究领域的博士研究生面对的最大难题，瓶颈之一便是选题和写作能力不足。关于后者主要表现为以下多个方面：所拟定的标题无法反映论文的主要内容，出现"文不对题"的尴尬局面；摘要部分以叙述为主，显现不出作者的核心观点；既有研究评介以"介"为主，几乎看不到"评"的成分；列举前人研究成果时主次不当，层次不明，甚至没有取舍，将一些非学术性的作品也纳入其中；布局谋篇时或忽略了背景介绍，或各部分着墨不均，或节

---

1 相关国家档案开放情况可参见姚百慧主编：《冷战史研究档案资源导论》，北京：世界知识出版社，2019 年；梁志：《缅甸国家档案馆冷战时期中缅关系英文档案评介》，《冷战国际史研究》（第十八辑），北京：世界知识出版社，2014 年，第 135—162 页；陈洪运：《缅甸国家档案馆冷战时期英文外交档案评介》，《近现代国际关系史研究》（第十二辑），北京：世界知识出版社，2017 年，第 207—240 页；游览：《柬埔寨冷战时期档案文献的收藏与利用》，《冷战国际史研究》（第十八辑），第 163—173 页；赵文杰：《泰国国家档案馆冷战时期泰中关系档案介绍》，《冷战国际史研究》（第二十一辑），北京：世界知识出版社，2016 年，第 375—388 页；黎皇灵、游览：《越南国家档案馆及馆藏介绍》，《冷战国际史研究》（第二十一辑），第 363—373 页；白林：《蒙古国外交部中央档案馆馆藏中蒙关系档案资料评介》，《中共党史研究》2018 年第 1 期，第 117—123 页；彭永福：《澳大利亚国家档案馆藏冷战时期中国与新马印（尼）关系档案评介》，《中共党史研究》2018 年第 4 期，第 117—122 页；董洁：《韩国外交史料馆馆藏对华关系类档案评介》，《中共党史研究》2018 年第 9 期，第 122—126 页。

2 正因为如此，针对本研究领域小语种人才匮乏的现状，华东师范大学周边国家研究院／冷战国际史研究中心自 2017 年底起陆续开设非通用语言培训班，第一期涉及缅甸语、越南语、泰国语和俄语四个语种。

与节之间逻辑不清；正文太过专注于罗列"珍稀"史料，几乎完全依靠史料"自己说话"，做不到夹叙夹议、叙议结合；结论部分就事论事，既不能在时间上纵向延展，又不能在空间上横向比较；中文表达能力不足（语法错误、表意不明、用词单调、句式杂糅），特别是在引用外文文献时翻译痕迹过重，不符合中文表达习惯。

在"论文选题与写作"这门课上，主讲教师会以自己已经公开发表的一篇或几篇文章为例，呈现从研究到发表的历程：从选题、史料搜集和解读到设计论文结构和成文，甚至还包括投稿、按照编辑和外审专家意见修改等。之所以安排九位老师一同上这门课，主要是考虑到每位研究者都会有各自的写作风格，而不同的研究课题可能也需要运用不同的研究方法。通常情况下，主讲教师会要求同学提前阅读有关论文乃至于其中涉及的史料。课堂上或课后，主讲教师也会和同学们就相关问题进行讨论，了解并尽可能解答他们遇到的困惑。实践下来，这门课的教学效果大概可以达到最初的预期。

为了在更广的范围内"分享"中国冷战国际史研究领域部分中青年研究者成功的经验与失败的教训，2018 年底笔者决定组织编写一本与这门课同名的教材。需要说明的是，参与编写教材者不仅仅限于课程主讲人，还包括华东师范大学历史学系周边国家研究院 / 冷战国际史研究中心的其他几位中青年教师。在体例安排上，大体遵循课程内容的设计方案，包括四个组成部分："选题由来""研究历程""写作技巧"与"论文全文"。其中，需要说明的是，这里收录的"论文全文"与正式发表的存在某些细微的差异，主要原因在于大多数作者手中并不掌握论文正式发表时的 word 版本、作者在此次撰写教材内容时对论文文字作了局部修订以及主编在统稿过程中在文字表述或注释格式等方面作了部分微调。从适用对象上讲，这部教材适用于冷战国际史、当代外交史、国际关系史等专业方向的研究生或本科生。坦率地说，编者并无力贡献给初入冷战国际史研究领域的学子们一部"登临华山"的"秘籍"。如果同学在探索研究路径和思想呈现方式时能够从这部教材中偶拾灵感，那我们此前的诸多努力便已获得了最大的回馈。

第一部分　论文选题与写作示例

如何将冷战国际史研究与国际关系
理论研究"嫁接"在一起？

梁　志

美韩同盟缔结于朝鲜战争停战初期，素有"血盟"（Blood Alliance 或 Alliance Forged in Blood）之称。[1] 该同盟通常被认为是冷战时期美国在东亚地区最重要的双边关系之一，并一直延续至今。对东西方对抗期间美韩同盟关系的深入探讨至少有以下三个重要的学术意义：有助于观察和总结冷战时期资本主义阵营内部关系的普遍特征，并在此基础上与社会主义阵营内部的中朝或苏朝同盟关系加以对比；加深人们对处于冷战前沿地带弱小国家或地区[2]"生存技能"的理解，进一步增加"尾巴摇动狗"现象的分析样本；可以被作为验证同盟关系理论有效性进而继续完善其解释框架的典型案例。

➤ 选题由来

1998—2001 年，笔者在东北师范大学攻读硕士学位时，国内战后美国外交史

1　William Stueck and Boram Yi, "'An Alliance Forged in Blood': The American Occupation of Korea, the Korean War, and the US-South Korean Alliance," *The Journal of Strategic Studies*, Vol.33, No.2 (April 2010), pp.177-209; Kim Sung-han, "From Blood Alliance to Strategic Alliance: Korea's Evolving Strategic Thought toward the United States," *Korean Journal of Defense Analysis*, Vol.22, No.3 (September 2010), pp.265-281.

2　与韩国处境类似的国家或地区至少还包括冷战时期的朝鲜、北越、南越、东德、西德等与中国台湾地区。

学界主要将《美国对外关系文件》作为一手史料来源。期间，恩师崔丕教授指导我利用《美国对外关系文件（1961—1963年）》（第22卷）"东北亚"中涉及中国的档案以讨论蒙古因素在1961年中国联合国代表权问题中所扮演的角色和发挥的作用。此项研究具有一定的复杂性，广泛涉及美蒙关系和苏蒙关系等，甚至还与非洲，特别是毛里塔尼亚存在一定关联。这是本人第一次尝试利用原始文献研究冷战史课题。由于严重缺乏外交史研究的经验，对我来说，还原历史事实尚可勉强完成，但要对事件的演进历程和最终结局作出相对合理的解释便十分困难了。无奈之下，笔者转而有意识地寻找和阅读国际关系理论学界的相关研究成果，希望从中获取某种灵感。最后，同盟关系的非对称性等概念帮助我初步完成了"结论"部分的思考。[1] 巧合的是，我的硕士论文选题是艾森豪威尔政府对韩国的援助政策，同样是一个涉及同盟关系的题目。[2] 前后两项研究让我看到了冷战时期美国与第三世界国家或地区缔结同盟后双方之间的分歧和矛盾。

硕士毕业以后，我将自己的长期研究方向确定为美韩同盟关系，将美韩结盟作为起点，目标是梳理两国之间在政治、经济、军事和国家安全等多方面的合作过程。在大量阅读原始文献的过程中，笔者意识到冷战年代美韩同盟内部阶段性地爆发互信危机，而国内外学术界对于该现象还没有进行系统性研究。于是，本人决定努力绕开美韩"血盟"的表象，尝试深入探究美韩同盟信任危机产生的根源、双方领导人的应对策略以及华盛顿与汉城"吵而不分"的原因。显然，这项任务是十分艰巨的，必须从大量外交文献和多个案例中抽取出具有规律性的认识，并由此衍生出带有理论色彩的结论。从这个意义上讲，或许我们可以将美韩同盟信任危机研究界定为一种冷战国际史与国际关系理论的跨学科讨论。也正因为如此，我再次向国际关系理论学界"求助"。

1984年，美国新现实主义同盟理论家格伦·斯奈德（Glenn H. Snyder）在《世界政治》上发表了题为《同盟政治中的安全困境》一文，正式提出了"同盟困境"理论。此后近40年，"同盟困境"理论受到了国际关系理论和国际关系史学界的广

1　参见梁志：《论1961年中国在联合国的代表权问题中的蒙古因素》，《当代中国史研究》2001年第1期，第47—56页。

2　参见梁志：《论艾森豪威尔政府对韩国的援助政策》，《美国研究》2001年第4期，第78—97页。

泛关注，部分冷战国际史研究者亦将其作为考察冷战时期同盟内外部关系演变的概念来源和理论参照系。

　　"同盟困境"理论的主旨如下：究竟是结盟还是不结盟，很多国家难以抉择。结盟意味着行动自由受到限制，承诺维护他国的利益；不结盟又害怕被孤立，担心友国与他国结盟。同盟并非一成不变，结盟的国家经常担心盟友的背叛，包括没有依据盟约向己方提供应有的支持、解除盟约等等，甚至与敌国结盟（"抛弃"，Abandonment）；同时，同盟形成的基础要素之一是针对某一敌国或敌对集团，于是同盟成员国又害怕因盟友的利益而被拖入一场与自身利益相悖的冲突（"牵连"，Entrapment）。每个结盟的国家都在"被抛弃"与"受牵连"之间反复权衡。为避免"被抛弃"，就必须以行动取得盟友的信任，而这样做势必增加"受牵连"的危险；为避免"受牵连"，就必须与盟友保持距离，甚至在盟友与敌国发生冲突时不过深介入，但这样做又可能要承担"被抛弃"的风险。如果一国为了增强自身安全感而强化同盟，那就可能引起敌国敌意的上升；可如若一国为避免引起敌国加深对它的敌意而选择弱化同盟，又可能事与愿违地纵容敌国的扩张意图；与多极世界相比，在两极世界里，虽然与敌国力量对比的困境依然难以摆脱，但被盟国"抛弃"的风险相对来说要小得多，同盟内部关系的困境明显弱化。[1]

　　2006年，本人前往华东师范大学冷战国际史研究中心，跟随沈志华教授从事博士后研究。大约从那时开始，借助于"同盟困境"理论提供的概念和框架，笔者逐步启动了一项有关冷战时期美韩同盟互信关系的研究。

➢ 研究历程

　　冷战时期美韩同盟信任危机的爆发是间歇性的，因此有关该问题的探讨也不可避免地要以案例研究的形式呈现出来。

　　论及美韩同盟信任危机，自然应首先从两国结盟开始谈起。1953年3月底，

1　Glenn H. Snyder, "The Security Dilemma in Alliance Politics," *World Politics*, Vol.34, No.3 (July 1984), pp.461-495.

中断了几个月的朝鲜停战谈判显现出重新开始的迹象，韩国立即掀起了一场大规模反停战运动：国会通过反停战决议；出版界和高级将领们纷纷表示支持"北进统一"；李承晚（Syngman Rhee）政府更是直接向美国发出了单独北上和把韩军撤出联合国军司令部的威胁，乃至企图通过单方面释放非遣返战俘来迫使美国让步，并通过各种方式将接受停战与美国答应同韩国签订共同安全防务条约联系在一起。美国非常担心李承晚采取鲁莽行动以破坏停战谈判，因此只得被迫与韩国缔结同盟。在梳理上述历史事实的过程中，对照"同盟困境"理论，笔者发现了一个非常有趣的现象：斯奈德是在讨论同盟形成后所面临的内部困境时引入"抛弃"和"牵连"这两个概念的。或许对大多数同盟关系而言，困境确实是在同盟形成后才出现的。但美韩同盟却不同，同盟缔结以前"抛弃"和"牵连"的心理状态已然在两国间存在，并成为双方结成同盟关系的主要动因。[1] 那么，美韩同盟缘何会成为"特例"呢？在此项研究启动之初，我并未从这个层面进行思考。如今想来，如果一定要对上述问题给予一个相对合理的解释，那或许只能从"二战"结束后美国对韩国内外部事务特别是朝鲜战争的介入和干预使美韩关系具有"准同盟"性质这一角度加以考量了。正是这种"准同盟"关系引发了双方的特殊心理状态：韩国担心华盛顿为了追求与社会主义国家缓和关系而不再承担保护汉城的责任；美国则担心李承晚的"北进统一"政策会将华盛顿长期拖在朝鲜半岛无法抽身，即便暂时抽身而退也会因此再次被迫卷入半岛冲突。推而广之，破解历史难题大多无法一蹴而就，即便是同一位研究者，也会随着时间的推移和阅历的增长不断更新对过去研究课题的认识。

此项研究的第二个案例是美韩中立国监察委员会（Neutral Nations Supervisory Commission）（NNSC）[2] 之争。从 1954 年年中开始，担心在东西方关系缓和过程中被美国"抛弃"的李承晚政府不断抱怨和指责负责监督停战协定执行情况的中立国

---

[1] 参见梁志：《朝鲜停战谈判与美韩同盟的形成》，《韩国研究论丛》（第 18 辑），北京：世界知识出版社，2008 年，第 104—119 页。

[2] 根据《朝鲜停战协定》的规定，中朝和联合国军司令部分别提名波兰、捷克斯洛伐克、瑞士、瑞典组成中立国监察委员会，主要职责是通过"监督、观察、视察与调查"确保停战双方遵守协定，特别是不得增派军队或引入加强军事力量的装备。参见世界知识出版社编：《朝鲜问题文件汇编》（第一集），北京：世界知识出版社，1960 年，第 460—461、466—467 页。

监察委员会中的波兰和捷克成员从事"间谍活动"，并屡次以单独行动相威胁，暗示美国韩国已制订了北进统一计划，要求废除该机构，甚至撕毁停战协定。面对韩国单方面驱逐中立国监察委员会中的共产党国家成员的情况和考虑夺取朝鲜占领的三八线以南地区的可能性，美国非常担心会与韩国军队，甚至是与中朝两国发生军事冲突，并因此被卷入另外一场"朝鲜战争"。为此，1956 年 6 月 9 日联合国军司令部把在韩国的中立国监察委员会成员驱逐到板门店。"中立国监察委员会危机"进一步将美韩同盟确立为"同盟困境"理论考察范围内的"例外"。美国和韩国并没有像斯奈德设想的那样在"被抛弃"和"受牵连"间权衡。或者说，韩国几乎不担心受到美国战争行为的"牵连"，而主要担心遭到华盛顿"抛弃"。美国也几乎不担心遭到韩国的"抛弃"，而主要担心受到韩国"北进统一"的"牵连"。同样，美国和韩国避免"受牵连"和"被抛弃"的策略与斯奈德的认识亦存在很大不同：为防止"受牵连"，美国并没有与盟友保持距离，甚至在盟友与敌国发生冲突时不过深介入，而是通过强化同韩国军事合作的方式进一步巩固韩军管辖权，并私下里发展同韩国军方领导人的关系，为阻止李承晚北进提供第二重保险；为防止"被抛弃"，李承晚非但没有竭力以行动取得盟友的信任，反倒主动挑起中立国监察委员会争端，甚至扬言要收回朝鲜控制的三八线以南地区，继而通过为自己制造"非理性"和"难以预测"的形象来促使美国放弃置韩国于不顾的"幻想"。[1]

赋予美韩同盟"例外"身份的根由应该是多方面的，不进行比较研究恐难条分缕析地一一阐明。但其中一点大概是可以确定的，那就是美韩同盟属于典型的处于冷战前沿地带的大小国同盟。这样的同盟关系从本质上讲具有极强的稳定性，但又因为彼此牵涉利益太大而极易陷入互疑之中。就前者而言，由于朝鲜半岛处于冷战前沿地带，朝鲜和韩国分别被赋予了展现社会主义制度和资本主义制度优越性的象征性意义。因此，苏联在某种程度上将保护朝鲜视为自己"反帝"职责所在，而美国也将保护韩国视为自己"反共"职责所在。此种情形下美韩同盟若解体双方将为此付出高昂的代价，继而增加了该同盟的稳定性。就美国而言，恰恰是由于美国

---

[1]　参见梁志：《"同盟困境"视野下的美韩中立国监察委员会争端（1954—1956）》，《华东师范大学学报》（哲学社会科学版）2011 年第 6 期，第 44—49 页；《朝鲜战争后遗症？——李承晚与美韩中立国监察委员会之争》，《历史教学问题》2017 年第 3 期，第 91—98 页。

难以放弃韩国，所以才担心由于韩国的"鲁莽行为"而被迫卷入第二次朝鲜战争。反过来，恰恰是由于韩国外部唯一的"保护伞"来自美国，所以才担心美国为了追求东西方和解而放弃自己。进一步讲，美韩同盟具有明显的非对称性，韩国又无其他外部大国可以依靠，因此美国基本不担心被韩国"抛弃"。与此相类似，在和朝鲜面对面竞争的过程中，青瓦台非但不担心受到美国战争行为的"牵连"，反而为了谋求自身利益（获取额外经济收入和军队实战经验等）而主动介入越南战争。当然，上述认识只能部分地解释美国防止被韩国"牵连"的手段。要想更为深入地理解韩国应对美国"抛弃"危险的方式，还需要从李承晚等韩国领导人的外交策略入手加以考虑。此问题将留给后续更多的个案研究来加以解决。

在历经了相对平静的十余年后，美韩同盟内部再度出现信任危机。1968 年 1 月 21 日，31 名全副武装人员偷袭青瓦台总统府，刺杀朴正熙未遂。朴正熙总统旋即召见美国大使，要求华盛顿支持韩国对朝鲜采取报复行动，但遭到对方一口拒绝。两天后，朝鲜俘获了美国"普韦布洛"号间谍船及其船员。美国的第一反应是向朝鲜半岛大规模增派海空军，随后又在板门店与朝鲜举行双边秘密谈判，且只谈"普韦布洛"号危机，不谈"青瓦台事件"。两相对比，汉城对美国保护韩国的决心产生了深深的怀疑，并因此大声叫嚷着要对平壤实施武力报复、参加板门店会谈，甚至要求撤回赴越韩军和收回联合国军司令部韩军管辖权。美国官员认为，朴正熙确实有可能单独对朝鲜发起进攻。于是，美国作出了一系列具有安抚性质的回应：约翰逊（Lyndon B. Johnson）总统两次致函朴正熙，美国总统特使赛勒斯·万斯（Cyrus R. Vance）访问韩国，约翰逊与朴正熙举行高峰会谈。5 月以后，美韩同盟内部的互信关系在某种意义上得以修复。1968 年美韩同盟信任危机是本项研究的第三个案例。此案例同样从一个侧面反映了美韩同盟在"同盟困境"理论考察范围内的"特殊性"，并在一定程度上揭示出该理论解释能力的限度。[1]

1969 年尼克松上台之初，美国政府对朝鲜半岛未来局势心存忧虑，担心汉城对平壤的回击将迫使美国再度介入一场朝韩之间的战争。同样，1960 年代末至 1970 年代初，尼克松政府着手在东亚实施战略收缩，推行所谓的"尼克松主义"。

---

[1] 参见梁志、孙艳姝：《冷战时期美韩同盟信任危机析论——以 1968 年美韩外交争执为中心》，《东北师大学报》（哲学社会科学版）2013 年第 3 期，第 77—83 页。

其中，低调处理 EC-121 危机、削减驻韩美军、推动中美和解等措施严重动摇了韩国对美国安全承诺信任的基础。换言之，第一届尼克松政府时期美韩同盟再次陷入信任危机，这也成为本项研究的第四个案例。该案例的最大意义在于显示出朴正熙政府应对美国东亚战略调整的策略转向：由威胁为主变为顺势谋划。[1]

在以上四个案例研究的基础上，笔者也试图从相对宏观的层面对冷战时期美韩同盟信任危机加以思考，目的是在可能的情况下为其他相关研究提供一个参照系。

美韩同盟缘何会在缔结以后很长一段时间内都难以建立起稳定的互信关系？美韩同盟信任危机又因何呈现出上述形态？作为典型的大（强）小（弱）国同盟，由于实力相差巨大和国家安全处境不同，美韩同盟内部双方对朝鲜半岛问题的认知和处理方式迥异。其中，美国更多地将朝鲜半岛问题放在亚洲乃至全球的范围内加以考量。为了防止被迫卷入第二次朝鲜战争或与中苏两国发生不必要的全面冲突，1953 年以后华盛顿一直通过各种方式阻止韩国单独北上。在这种情形下，青瓦台叫嚷武力统一或军事报复乃至于诉诸实践每每都会令白宫忧心忡忡。相反，处于南北对峙中的韩国首先关心的是自身的国家安全，而美国又是唯一的外部安全保障，因此青瓦台时常根据美国全球特别是亚洲政策的调整来评估华盛顿保护汉城的意志和决心。具体而言，每当白宫试图缓和东西方关系或没有对亚洲给予"应有的"重视时，汉城都会担心在不久的将来可能遭到盟友的"抛弃"。至于说美国屡屡不愿对朝鲜的"侵略行为"予以惩罚，自然在更大程度上引起了韩国的忧虑。

同样不可忽视的是，从微观的角度衡量，美韩同盟信任危机的发生及其基本外在表现形式还与韩国领导人的外交策略有关。部分由于个性、民族主义情绪和外交风格等原因，李承晚主要依靠韩国所处的冷战前沿战略地位，通过固执己见和威胁吵闹迫使美国在政治、经济、军事等多方面作出各种让步。当对美国外交政策的疑虑上升时，李氏更是将这种外交策略发挥到极致，甚至不惜冒遭受美国"惩罚"的风险，单方面大规模释放朝鲜非遣返战俘。相比较而言，将经济发展作为首要任务的朴正熙主动放弃了李承晚时期"北进统一"的国策，且更愿意通过合作的方式获

---

1 参见梁志：《协调与猜忌——1969 年 EC-121 事件前后的美韩关系》，《华东师范大学学报》（哲学社会科学版）2014 年第 5 期，第 36—46 页；《美国东亚战略转型与韩国的应对（1969—1972）》，《华东师范大学学报》（哲学社会科学版）2016 年第 5 期，第 43—49 页。

取美国的支持。当然，即便如此，当美国对社会主义国家的政策引发朴正熙忧虑之时，他也会本能或有意作出激烈、强硬的反应，"顽固"地坚持自己的政策立场，以促使华盛顿改变既定方针或给予汉城更多的补偿。然而，随着美国与社会主义国家特别是中国缓和的进程逐步推进，在美国全球和亚洲战略中韩国的地位有所下降，因而汉城讨价还价的能力不复从前。从这个角度讲，1969 年以后朴正熙对美外交的"顺势而为"也就变得不难理解了。

与此相关的另一个问题是，为什么美韩两国间歇性地争吵，在相当长一段时期内并未建立起真正的、持久的互信，该同盟却能够一直延续至今？首先，朝鲜半岛是典型的冷战前沿地带，南北方的主权之争和意识形态对抗长期处于"零和"状态。在此形势下，出于防止共产主义"侵略扩张"、维护美国国际声誉、彰显资本主义意识形态优越性等考虑，华盛顿不会轻易放弃韩国。[1] 反过来，在经济发展、政治稳定乃至于国家安全方面，韩国严重依赖美国，弱化或解散美韩同盟对汉城来说绝非理智之举。其次，每当信任危机爆发之时，美韩两国均愿意协商解决。例如，韩国反停战时期举行的罗伯逊—李承晚会谈、1968 年"普韦布洛"号危机期间万斯访韩和约翰逊—朴正熙火奴鲁鲁高峰会议以及"尼克松主义"出台前后美韩高层频繁互访等。再次，大部分情况下华盛顿和汉城均能够恰当、适时地运用援助和承诺这两种"润滑剂"。为了消除至少是缓解韩国人"被抛弃"的担忧，美国最常用的手段便是口头或书面保证遵守共同安全条约义务并提高对韩国的军事援助。[2]

1　最典型的例子是，1953 年 5 月 29 日美国国务院和参谋长联席会议一道讨论了如何应对李承晚反停战的问题。最终，与会者无一赞同将联合国军司令部撤离朝鲜半岛这一政策选择。参见梁志：《朝鲜停战谈判与美韩同盟的形成》，第 108 页。

2　"The Assistant Secretary of State for Far Eastern Affairs (Robertson) to the Department of State," June 26, 1953, in *FRUS*, 1952-1954, Vol.15, Korea, Part 2, pp.1276-1277; "The Assistant Secretary of State for Far Eastern Affairs (Robertson) to the Department of State," June 27, 1953, in *FRUS*, 1952-1954, Vol.15, Korea, Part 2, pp.1279-1280; "Telegram From the Department of State to the Embassy in Korea," February 7, 1968, in *FRUS*, 1964-1968, Vol.29, Part 1, Korea, pp.337-338; *The Department of State Bulletin*, Vol.58, No.1498, March 11, 1968, pp.344-345; *The Department of State Bulletin*, Vol.58, No.1506, May 6, 1968, pp.575-577; "Report by the Historical Studies Division of the Dept. of State Entitled: 'Chronology of Diplomatic Activity in the Pueblo Crisis'," October 1, 1968, in *DDRS*, CK3100150798-CK3100150799; "Memorandum From the President's Assistant for National Security Affairs (Kissinger) to President Nixon," August 22, 1970, in *FRUS*, 1969-1976, Vol.19, Part 1, Korea, 1969-1972, pp.181-182;《美韩共同声明》，1968 年 2 月 15 日，《大韩民国外交文书（1968 年）》，缩微胶片号：G-0011，File 06。

同样，韩国政要也多次通过向美方承诺继续将韩国军队置于联合国军司令部管辖之下、在朝鲜半岛统一问题上与美国合作、对朝鲜采取军事行动前和华盛顿协商换取"盟主"安心，防止同盟走向破裂。[1]

此项研究的最大意义可能在于试图将冷战国际史研究与国际关系理论研究"嫁接"在一起，从而以新的角度解读冷战时期的双边同盟关系。在中国学术界，过去相当长的一段时间冷战国际史研究与国际关系理论研究基本上在彼此平行的路径上延伸推进。事实上，两者的考察对象在很大程度上是重叠的，研究方法也存在优势互补的可能性。或许正因为如此，近来才不断有资深的中国学者呼吁将冷战国际史研究与国际关系理论研究结合起来。在他们看来，"冷战国际史研究作为广义的国际关系史的一部分，与国际关系学无疑具有亲缘关系，这使冷战史研究中应用国际关系的理论与方法不仅必要，而且可能"。进一步讲，冷战国际关系应该成为检测当代国际关系理论假设的一个时空"实验室"。反过来，冷战史研究者也要有意识地借鉴国际关系理论研究的分析框架和思辨逻辑。[2]

近年来，包括本人在内的若干位中国年轻学者已尝试将国际关系理论的逻辑概念和阐释模型应用到冷战国际史研究中去。仅就此项研究而言，笔者大概有这样几点感受。第一，冷战国际史研究在适当的情况下完全可以借鉴国际关系理论。这些理论有助于冷战国际史研究者从浩如烟海的档案文献中抽取出复杂现象的本质特征，从而构建起具有一定适用性的解释框架。第二，在利用国际关系理论的过程中，一定要避免陷入"削足适履"的陷阱。也就是说，不能仅仅为了适应现有国际关系理论的相关概念和框架而挑选使用文献史料。对于历史研究而言，史实永远是第一位的，所有的解释都应该建立在尽可能全面的史实梳理的基础上。借鉴国际关

---

1 "Memorandum by the Executive Officer of the Operations Coordinating Board (Staats) to the Executive Secretary of the National Security Council (Lay)," December 30, 1954, in *FRUS*, 1952−1954, Vol.15, Korea, Part 2, p.1948; "Telegram From the Department of State to the Embassy in Korea," August 12, 1955, in *FRUS*, 1955−1957, Vol.23, Part 2, Korea, pp.138−148; "Notes of the President's Meeting with Cyrus R. Vance," February 15, 1968, in *FRUS*, 1964−1968, Vol.29, Part 1, Korea, pp.376−383; Stephen Jin-woo Kim, *Master of Manipulation: Syngman Rhee and the Seoul-Washington Alliance, 1953−1960*, Seoul: Yonsei University Press, 2001, p.223.

2 张曙光：《冷战国际史与国际关系理论的链接——构建中国国际关系研究体系的路径探索》，《世界经济与政治》2007 年第 2 期，第 7—14 页；王立新：《跨学科方法与冷战史研究》，《史学集刊》2010 年第 1 期，第 26—37 页。

系理论是为了更好地解读史料，而不是为了选取史料证明国际关系理论的有效性和解释力。第三，从国际关系理论中汲取"营养"可能并非冷战国际史研究者的唯一目标，将冷战国际史研究作为一个庞大的"数据库"，依据具体个案证实或证伪国际关系理论的适用性亦应为题中应有之义。在可能的情况下，冷战国际史研究者还可以就修正国际关系理论的阐释模式和概念设定提出自己的看法。

➢ 写作技巧

　　如下，以笔者发表在《历史研究》2016 年第 1 期上的《中美缓和与美韩同盟转型（1969—1972）》一文为例，简要谈一谈专题论文写作过程中的一点体会。

　　这篇文章源自本人对于第一届尼克松政府时期美韩关系的思考，亦是冷战时期美韩同盟信任危机研究的一个有机组成部分。阅读了大量一手文献后，我大体上确认 1969—1972 年美韩同盟内部持续出现信任危机。为了对此次信任危机予以解读，笔者选取了 EC-121 危机、驻韩美军削减和中美和解三个个案。写作期间，韩国的应对策略吸引了我的注意力。与以往历次信任危机不同，青瓦台一改过去以威胁为主、配合为辅甚至试图通过制造危机改变美国既定政策的做法，而更多的是对华盛顿的立场和举动表示理解，并顺应"尼克松主义"对自身内外战略作出调整。据此，文稿的最初标题被设定为《顺势而为：尼克松政府东亚战略转型与韩国的应对（1969—1972）》。投稿过程中，在编辑的提点下，为了进一步深入阐释最为重要的个案，文章删除了 EC-121 危机和驻韩美军削减两个案例，而仅仅从中美和解的角度讨论"尼克松主义"对美韩同盟关系的冲击与影响。相应地，论文的标题改为《中美缓和与美韩同盟转型（1969—1972）》。原有论文架构的设计最大的缺陷在于分析太过分散，三个案例都有所涉及，但均未深入讨论。修改后的文稿主攻一个案例，可以更为清晰、有力、集中地展现"尼克松主义"影响下美韩同盟关系的变动。

　　摘要是对整篇文章内容的"浓缩"，需要十分准确且高度精练。本文的摘要共有六句话。第一句话属于点题，说明文章题目中的"中美缓和"与"美韩同盟转型"之间的关联。[1]第二句话和第三句话则概括了全文的主旨，即中美关系改善加剧了美韩同盟信任危机。[2]第四句话对"美韩同盟转型"进行了定位——韩国独立性和自主意识的不断增强。[3]第五句话和第六句话试图提升本文的立意，将东亚崛起与中美和解关联起来，从整个东亚的范围来分析中美和解的后续历史影响。[4]简言之，摘要的撰写重在"取"，而不在"舍"。也就是说，在短短的两三百字中作者一定要考虑好究竟要向读者传递哪些信息。除了文章的主要内容外，在篇幅允许的情况下，或许还可以体现论文选取的观察视角、采用的研究方法甚至是利用的主要文献。

开头在一篇文章中必须起到引领的作用。一般来说，对于冷战国际史研究领域的论文而言，在这一部分作者要交代清楚选题的价值、过去的研究成果、本文的文献来源以及视角选择等不可缺少的关键信息。本文的开头部分分为两段。第一段的主要意图在于指出本研究课题的学术价值，即"尼克松主义"引发的美国东亚同盟体系内部互信程度的下降不仅反映了冷战转型期西方阵营内部关系发生的激烈变动，更显示出美国这一超级大国在维持自身战略地位和盟友信任之间的两难处境。第二段旨在阐明既有研究状况及本文突破点。因为近年来涉及中美关系缓和对朝鲜半岛影响的研究成果较多，笔者将这些前期讨论大致分为驻韩美军撤出、联合国在朝鲜半岛的存在、韩国的内政与外交以及中朝关系四大类，进而认定学界相对忽略了中美和解与美韩同盟转型之间的关联。讲清楚了为什么要做这项研究之后，还要说明何以能做。接下来，笔者一一列举了一手文献来源，从而表明本文追求美韩双边档案互证。在此基础上，最后点出文章的视角（大国关系变动与地区同盟转型）和落脚点（尼克松政府东亚战略转型期间美国亚太同盟体系的适应性调整）。

1　东西方关系的变动始终是影响美韩同盟战略互信的重要因素。

2　尼克松政府上台伊始，美韩两国已处于互不信任的状态，中美缓和特别是美国采取的秘密外交的方式则进一步加剧了韩国的疑虑。虽然华盛顿一再重申对韩国的安全承诺，汉城亦不断表达推动朝鲜半岛和平的意愿，但美韩同盟内部并未重新建立互信。

3　20世纪70年代上半期，韩国决定走向多边外交和自主国防，美国则通过各种方式防止朴正熙政府单方面进攻朝鲜。

4　中美关系缓和不仅促使美韩同盟的性质发生转向，还在不同程度上导致日本、菲律宾和泰国等国家对美国信任度的下降，最终促使日本和菲律宾与中国建交。从这个意义上讲，中美缓和为20世纪70年代东亚国家打破意识形态壁垒、推动经济持续繁荣奠定了基础。

　　说到正文的结构安排，可能既要考虑到历史演进的先后次序，又要照顾到总体逻辑的周严性。在多数情况下，两者之间并无孰轻孰重，而应尽可能予以兼顾。第一部分（"东西方关系变动影响下的美韩同盟"）实际上就是背景介绍，重在阐释笔者的一个核心判断：在东西方关系阶段性改善的大场景下，1950 年代上半期到 1970 年代初美韩同盟不时受到信任危机的困扰。在第二部分（"中国联合国代表权与韩国对美外交"）和第三部分（"尼克松访华前后的韩美交涉"）中，本人从 1970 年代初中美关系缓和的历史进程中选取中国重返联合国和尼克松访华两个典型事例，用以具体说明中美走向和解期间美韩两国之间的沟通与交涉，从而细致地展现该同盟内部的互不信任尤其是韩国对美国对华政策的疑虑。之所以还要打破叙述的时序设置第四部分（"朴正熙政府的应对策略"），主要是为了回应文章标题中的后半部分——美韩同盟转型，切入点便是 1970 年代韩国追求外交自主、国防独立和经济自立。

　　得出结论可能是文章写作过程中最为难以处理的一环。相对文章的其他部分而言，结论是最具开放性的。正如"一千个读者就有一千个哈姆雷特"一样，即便是针对同一个研究主题，不同的作者得出的结论可能也会呈现出迥然各异的形态。但总的来讲，结论的设计需要倚重于发散性思维。"发散"的方向可以是纵向上的时间前后延展（有时是从观察延续性和变化的角度，有时是从观察影响的角度，甚至可以朝着贯通历史与现实的方向努力），也可以是横向上的地域范围扩展（经常是从比较研究的角度，乃至于放眼全球寻找被考察个案在更大范围内观察呈现出来的共性与个性）。本文的结论旨在阐释三个基本判断。其一，从同盟内部互信关系的角度，论证第一届尼克松政府时期美韩同盟陷入了一场信任危机。之所以要这样做，是因为这是继续展开论述的根基。其二，与此前的信任危机相比较，重点说明此次韩国应对美国政策变动手段的明显调整，进而引申出美韩同盟非对称性降低的观点。其三，将观察的时间和空间范围均加以扩大，揭示出尼克松政府时期美国东亚外交的悖论——既希望单方面同中国握手言和又试图继续维持乃至巩固东亚同盟体系，进而揭示 1970 年代东亚国际关系剧烈变化背后的动因。作为考察美韩同盟转型的落脚点，笔者最后指出，"可以将中美缓和视作东亚地区实现政治经济关系正常化进而走向持续繁荣的前提条件"。

"小题大做"：如何以小切口阐发大问题

梁　志

1968 年 1 月 11 日凌晨，美国间谍船"普韦布洛"号悄悄驶离日本佐世保港，迂回前往朝鲜东海岸进行电子情报侦察。23 日，"普韦布洛"号及其船员遭朝鲜扣押。11 个月后，船员们才得以与家人团聚，而"普韦布洛"号则一直被朝鲜扣留至今。此即"普韦布洛"号危机。

对于研究者来说，此次危机是一个"可遇而不可求"的典型案例。"普韦布洛"号危机是美国情报史上的一件大事，此次危机给美国带来了难以估量的情报损失。事后观察，"普韦布洛"号危机在一定程度上推动美国国际危机管理程序走向正规化，并为此后美国决策者处理类似国际突发事件提供了重要的经验和教训。"普韦布洛"号危机可能是冷战时期美国与社会主义国家之间唯一一次通过长时间双边秘密谈判解决的人质事件，对于理解国际危机谈判策略具有不可替代的价值。"普韦布洛"号危机期间，美韩同盟和苏朝同盟内部均进行了密切的沟通与互动，为我们展现了一幅"尾巴摇动狗"的生动图景。

➢ 选题由来

2000 年，《美国对外关系文件》1964—1968 年第 29 卷第一部分"朝鲜"出版。那时，笔者正在东北师范大学攻读硕士学位，选题方向是艾森豪威尔政府对韩国的经济援助政策。在翻看这部档案集的过程中，我发现其中包含一个名为"Pueblo Crisis"的专题，共收录了 100 多份档案。众所周知，《美国对外关系文件》收录文献的范围非常有限，但既然编辑愿意划出如此大的篇幅给这次危机，想必此事是非常重要的。由于对"普韦布洛"号危机完全不了解，于是笔者便出于好奇调查了一下国内外研究状况，结果却没有发现基于一手文献的实证性研究。硕士毕业以后，我进入烟台师范学院（现鲁东大学）马列部从教，教学之余开始仔细阅读这批文件。很快，此事件的"突发性"、曲折性和戏剧性便深深地吸引了我，遂很快决定将"普韦布洛"号危机作为自己长期关注的课题。此后十余年间，又有大量美国、苏东国家和韩国的相关解密档案公开，我的注意力也始终没有离开过该选题。

➢ 研究历程

启动一项新的研究往往是从最基本的史实梳理开始的。由于国内外的相关实证研究还没有开展起来，已有的简单叙述又存在一些史实上的讹误，所以笔者做的第一件事就是主要依据《美国对外关系文件》撰写了一篇始末体文章，试图描述事件的大体经过。文章首先大略介绍了危机发生后美国决策者对朝鲜意图的判断分析以及外交施压辅以武力威胁对策出台的讨论经过。随后，按照美国立场的变化，笔者将历时近 11 个月的美朝"普韦布洛"号危机板门店秘密谈判划分为四个阶段：预备性会谈（第一次至第四次会议）；"先放人、后调查"（第五次至第十一次会议）；"有条件致歉"（第十二次至第十九次会议）；"另签"（第二十次至第二十五次会议）。最后，在详细叙述各主要阶段谈判过程的基础上，文章讨论了危机得以解决的原因。2002 年，这篇专题论文被收录于恩师崔丕教授主编的文集《冷战时期美国对外政策史探微》中。[1]

"巧妇难为无米之炊"，大多数有关外交史的研究课题都明显依赖于相关政府档案文献的搜集程度。在接下来的数年中，笔者一直没有赴美国各大档案馆查找未刊

---

[1] 参见梁志：《"普韦布洛危机"始末初探》，载崔丕主编：《冷战时期美国对外政策史探微》，北京：中华书局，2002 年，第 169—189 页。

档案的机会，那时国内亦尚未引进美国外交档案电子数据库。因此，此项研究也没有取得明显进展。期间，仅就美朝"普韦布洛"号危机板门店秘密谈判对国际危机谈判策略的启示以及危机期间美韩同盟互信关系变化进行了初步的探讨，并相应地撰写了几篇小文。[1]

大约从 2008 年开始，笔者通过各种渠道陆续获取了有关"普韦布洛"号危机的新文献。其一，借助国内引进的美国外交档案电子数据库《解密文献参考系统》(*Declassified Documents Reference System*)[2] 和《数字化国家安全档案》(*Digital National Security Archive*)，进一步扩大美国官方资料的来源；其二，2008 年 9 月 8—9 日，美国伍德罗·威尔逊国际学者中心北朝鲜国际文献项目与韩国北韩大学院联合召开了题为"朝鲜半岛的危机与对抗（1968—1969 年）"的国际学术讨论会，并公布了 300 件美国、朝鲜以及苏东国家的相关档案。[3] 2010 年 6 月，北朝鲜国际文献项目与杜鲁门总统图书馆又公布了一批有关"普韦布洛"号危机的多国档案文件，标题为"有关北朝鲜的新证据"。[4] 这些多国文献集的问世为"普韦布洛"号危机研究打开了多边档案互证的通道；其三，好友吉林省社会科学院的孙艳姝研究员惠赠本人一批有关"普韦布洛"号危机的《大韩民国外交文书》。

依托新获取的档案文献，笔者从不同的角度扩大了美国"普韦布洛"号危机决策的讨论范围。危机爆发后，几乎所有的美国重要决策者都认为苏联对朝鲜抓捕"普韦布洛"号的行为是默许甚至支持的，所以华盛顿首先想到的解决方法就是推动苏联迫使金日成政权尽快还船放人。而事实证明，苏联对平壤抓人扣船的行动一无所知。于是，两个超级大国围绕"普韦布洛"号危机的对话便产生了戏剧性效

1　参见梁志：《国际危机谈判策略初探——以"普韦布洛"号危机秘密谈判为例》，《国际论坛》2008 年第 4 期，第 19—24 页；《"普韦布洛"号危机与美朝秘密谈判》，《历史教学》2008 年第 8 期，第 49—52 页；《1968 年：朝鲜半岛紧张局势与美韩信任危机》，载《变化中的国际环境：机制·形象·竞争力》（上海市社会科学界第六届学术年会文集），上海：上海人民出版社，2008 年，第 216—220 页。

2　该数据库现已更名为 "U.S. Declassified Documents Online"。

3　James Person, Mitch Lerner, Jong-Dae Shin (eds.), *Crisis and Confrontation on the Korean Peninsula: 1968–1969*, July 7, 2011, The North Korea International Documentation Project.

4　James Person (ed.), *New Evidence on North Korea*, June 2010, The North Korea International Documentation Project. 其他相关文献可另参见 Mitchell Lerner and Jong-Dae Shin (eds.), *New Romanian Evidence on the Blue House Raid and the USS Pueblo Incident*, North Korea International Documentation Project, E-dossier #3, March 2012。

果：美国敦促苏联干预，苏联表面上要求美朝直接对话，私下里却通过多种方式暗示对方，莫斯科已经介入此事，且不希望华盛顿公开求助勃列日涅夫政府；在继续暗中要求苏联向朝鲜施压的过程中，约翰逊政府逐渐发现莫斯科对平壤的影响力极其有限。该案例显示出，虽然中苏两国已明显决裂，但"共产主义铁板一块"的观念在美国主要决策人的脑海中依旧挥之不去。更加令人深思的是，虽然苏联援助源源不断地流向朝鲜，但莫斯科对平壤的"普韦布洛"号危机谈判策略却几乎不具有影响力。可以毫不夸张地说，"普韦布洛"号危机为学者们观察美苏两个超级大国的冷战外交决策困境提供了一个非常好的例证。因此，我依据美国、苏联和东欧国家档案文献，从美苏交涉的角度对此次危机进行了扩展性讨论。[1]

"普韦布洛"号危机中，美国实际上是在两线作战，一面应对朝鲜，一面安抚韩国。为什么要安抚韩国？无论是在1966—1968年朝鲜非军事区武装冲突加剧期间，还是在"青瓦台事件"爆发后，美国都极力压制韩国对朝鲜采取军事报复行动的请求。然而，"普韦布洛"号及其船员被俘却促使美国向朝鲜半岛周围海域大规模调兵遣将，并与朝鲜就此次危机进行双边秘密会谈。华盛顿对待韩国安全的如上态度令朴正熙政府对美国"保护伞"的有效性产生了深深的怀疑。为了修复同盟内部关系，约翰逊总统作出了一系列努力——两次致函朴正熙、大幅增加对韩国军事援助、派遣特使访问韩国、与朴正熙举行高峰会谈、就板门店谈判策略与韩国密切沟通、完善同盟安全协商机制。韩国政府一边竭力提高国防自立程度，加强自身国家安全，一边渐渐地开始接受美朝秘密谈判，减缓了对美国的抗议和威胁。1968年下半年，美韩信任危机明显呈现出消退的迹象。针对该案例，笔者与孙艳姝研究员在美韩双边档案文献互证的基础上讨论了冷战时期美韩同盟信任危机的形成动因、外在形态和典型特征。[2]

随着美国档案资料的日益丰富以及个人有关思考的不断深入，笔者发现有必要从国际危机管理的角度重新讨论美国"普韦布洛"号危机决策，可以实现的突破之

1　参见梁志：《1968年"普韦布洛"号危机初期的美苏交涉》，《俄罗斯研究》2011年第4期，第130—146页。

2　参见梁志、孙艳姝：《冷战时期美韩同盟信任危机析论——以1968年美韩外交争执为中心》，《东北师大学报》（哲学社会科学版）2013年第3期，第77—83页。

处至少有以下四点：第一，可以将危机前后美国决策者的认知与判断作一个贯通性的考察，从而更为清晰有力地展现"共产主义铁板一块"观念在华盛顿高层头脑中的根深蒂固；第二，从避免两线作战、公众舆论、法理依据以及人质安全等多个层面揭示约翰逊政府没有对朝鲜动武的根由；第三，借助人道主义与冷战政治两个概念重新评价美国板门店秘密谈判策略；第四，将战后美国国际危机管理机制搭建与政策实施作为一个整体，观察"普韦布洛"号危机在美国国际危机管理史上扮演的角色和发挥的作用。于是，本人尝试把以上四个方面作为突破口，撰写了一篇对美国"普韦布洛"号危机决策进行再探讨的文章。[1]

一般来说，针对同一个主题断断续续进行了长达十余年的研究后，便可以筹备成书了。但此项安排似乎从来没有正式进入我的考虑范围内。一个非常主要的原因可能是，在笔者对"普韦布洛"号危机进行系列研究的过程中，国际同行们也陆续展开了相关讨论，并产出了一批具有相当分量的学术成果。[2]在这种情况下，如何撰写一部有别于既有研究的著作便成为本人无法回避的问题，这也是笔者从未设想以此为题成书的潜在原因。正值此时，恩师崔丕教授几次鼓励我将约翰逊政府"普韦布洛"号危机决策作为主线写一本书，更为我提供了最新的美国档案文献。我也由此下决心尝试并完成这项本以为无法胜任的工作。[3]如果说这部著作存在"个性"的话，那可能在于它将美朝关系、美苏关系、美韩关系作为三条平行的主线来讨论

---

1 参见梁志：《"普韦布洛"号危机决策与美国的国际危机管理》，《中国社会科学》2011年第6期，第167—183页。

2 Mitchell Lerner, "A Failure of Perception: Lyndon Johnson, North Korean Ideology, and the Pueblo Incident," *Diplomatic History*, Vol.25, No.4 (Fall 2001), pp.647−675; *The Pueblo Incident: A Spy Ship and the Failure of American Foreign Policy*, Lawrence: University Press of Kansas, 2002; "A Dangerous Miscalculation: New Evidence from Communist-Bloc Archives about North Korea and the Crises of 1968," *Journal of Cold War Studies*, Vol.6, No.1 (Winter 2004), pp.3−21; Richard A. Mobley, *Flash Point North Korea: The Pueblo and EC-121 Crises*, Annapolis Md: Naval Institute Press, 2003; Sergey S. Radchenko, "The Soviet Union and the North Korean Seizure of the USS Pueblo: Evidence from Russian Archives," Cold War International History Project Working Paper #47; David P. Houghton, "Reconstructing the U.S. Response to the Pueblo Hostage Crisis of 1968: A Cognitive Perspective," A Paper Presented at the Annual Meeting of the International Society of Political Psychology, Portland, Oregon, July 2007; Jack Cheevers, *Act of War: Lyndon Johnson, North Korea, and the Capture of the Spy Ship Pueblo*, New York: NAL Caliber, 2013.

3 梁志：《冷战与情报：美国"普韦布洛"号危机决策史》，北京：世界知识出版社，2014年。

美国"普韦布洛"号危机决策，而没有像绝大多数前人研究成果那样在纵向上严格以时间演进为轴展开叙述。不同的叙事框架并非源自"标新立异"的"冲动"，而是因为差异性的观察视角。前已述及，我的前期研究多围绕美国处理此次危机过程中涉及的对朝、对苏和对韩三条战线铺开，此中蕴含的是对冷战时期美国国际危机管理实践困境的体察与把握。

当然，即便撰写并出版了一部专著，依旧还有很多遗留下来的问题等待自己或其他研究者继续进行探讨。比如，"普韦布洛"号船员回国后的遭遇。该议题美国学者勒纳等人已经有所论及，不过既有研究使用的材料多来自口述采访，还没有较为充分地利用美国第二国家档案馆等机构收藏的相关文献。[1] 由是观之，就"普韦布洛"号船员进行带有实证性的个人史研究仍属必要。

➤ 写作技巧

如下，以笔者发表在《中国社会科学》2011 年第 6 期上的《"普韦布洛"号危机决策与美国的国际危机管理》一文为例，简要谈一谈专题论文写作过程中的一点体会。

就史学专题论文而言，取一个准确、凝练、吸引人的题目至关重要。题目的功用不仅仅在于让读者一目了然地了解文章的主要内容，有时还可以展现作者观察问题的视角和方法甚至是史料来源。一个好的标题，至少要能够贴切地反映文章的主旨。另外，大部分学术期刊都将文章题目的长度限定在 25 个字以内，因此标题选取切忌冗长。有些情况下，起标题还需要考虑是否能够引人入胜。显然，一个形象生动且富于冲击力的题目能够在很大程度上激发阅读者的兴趣。[2] 不过，很多时候

1　2015—2016 年，笔者作为访问学者在美国第二国家档案馆进行文献研究，发现该档案馆藏有四盒有关"普韦布洛"号船员的档案，但当时还未解密。2018 年底，再次尝试请赴美访问的学生调阅这部分档案，得到的答复依旧是暂时无法公开。

2　这方面并非无范例可循。例如，北京大学历史学系的王立新教授在《中国社会科学》2008 年第 3 期发表了一篇长文，标题为《在龙的映衬下：对中国的想象与美国国家身份的建构》。在笔者看来，这就是一个"形象生动且富于冲击力"的题目。

拟定标题并非是撰写学术文章的第一步，而是最后一步，原因是只有全文成稿后作者才能够反过来思考究竟应该给它取一个怎样的"名字"。具体到笔者撰写的美国"普韦布洛"号危机决策一文，最初我的想法是在标题中凸显文章得出的三个结论：在危机爆发前后，由于心存"共产主义铁板一块"的偏见，美国决策者屡屡作出误判；由于受到越南战争、人质危机、公众舆论、国际法依据等多重制约，约翰逊政府最终决定保持克制；"人道主义"绝非指导美国危机决策的核心要素，而仅仅是华盛顿为了尽快摆脱外交困境而寻找的"漂亮借口"。因此，笔者草拟的第一个标题为《误判、克制与迟到的"人道主义"——美国"普韦布洛"号危机决策再探讨》。随后，考虑到标题务必简洁，又退而求其次改为《美国"普韦布洛"号危机决策再认识》。最终，在编辑的提点下，文章定名为《"普韦布洛"号危机决策与美国的国际危机管理》。该标题不仅简练贴合，而且将此项个案研究置于更为宏大的主题和视域之下，凸显出了具体案例与整体关怀之间的关系，无形中明显增加了文章的受众面。[1]

　　刚刚进入学术研究领域时，笔者并没有很快意识到论文摘要的重要性，认为它不过是文章发表之前杂志社要求提供的一个"要件"。正因为如此，最初我在撰写摘要的过程中不仅没能做到字斟句酌，更多地使用的还是描述性语言。慢慢地，本人才发现摘要对于一篇学术论文的真正意义所在。如果说标题是文章的"灵魂"，那么摘要就是文章的"脸面"。读者对于文章的第一印象大多来自摘要。若摘要不能够较为充分地反映文章的新意，那么读者就很难再有耐心阅读正文了。一般而言，编辑部都将专题论文的摘要字数设定在 300 字之内。换言之，很多情况下摘要的篇幅也就是五六句话。那么，如何将一篇一万多字甚至是几万字的文章浓缩在这短短的两三百字中呢？要想做到这一点，首先应该明确的是摘要的主要功能为呈现作者的核心论点和判断而非其他，摘要的语句必须是论述性而非描述性的。

1　当下，随着电子数据库的日益发达，纸媒的读者群明显下降。单单就学术期刊来说，在中国从事学术研究的人群获取中文期刊论文大多通过"中国知网"。期间，相当一部分人习惯于"篇名"检索。因为本文最终标题《"普韦布洛"号危机决策与美国的国际危机管理》中含有重要检索词"国际危机管理"，这完全有可能使之进入国际关系史和国际关系理论研究者的查找范围。

以《"普韦布洛"号危机决策与美国的国际危机管理》一文为例，摘要的第一句话[1] 主要交代的是美国政府在危机发生前后作出的错误判断及其原因。第二句话[2] 简要表明华盛顿在反复讨论后决定对朝鲜保持克制。值得注意的是，这里本应简要罗列出约翰逊总统反对动武的理由，但由于摘要篇幅实在有限，反复思量只得作罢。第三句话[3] 则直接点明本文的基本观点之一，即冷战政治对人道主义的致命压制。第四句话[4] 重点表达的是此次危机与美国国际危机管理机制确立与政策实践之间的关联。从中可以看出，摘要的四句话分别对应文章的四个部分，每一句话概括一个核心论点和判断。之所以采用这样的布局，主要的考虑便是让读者阅读了摘要之后能够大体掌握文章的基本观点，甚至体察到作者观察问题的视角和方法。可以毫不夸张地说，阅读摘要后的感受在一定程度上将决定大多数读者是否会浏览全文。

作为文章的开头，东西方学者之间的表达方式存在明显差异，前者多采用论述的形式，后者中至少有相当一部分习惯于描述的方式。两种表达模式之间很难讲孰优孰劣，只能说各有利弊。仅就中国学者撰写冷战国际史研究方面的论文而言，开篇可能至少要交代以下三方面内容。其一，文章主题，也就是所谓的"点题"，目的是帮助读者迅速获知作者的研究对象。其二，既有研究状况，即通常我们所说的研究综述。几乎所有的研究工作都是站在巨人的肩膀上瞭望，因此作者务必要展现前人的讨论究竟达到了怎样的程度。那么，囿于篇幅限制，究竟应该呈现哪些研究成果呢？大概至少要包括不同国家主要学者的代表作，其中尤其需要注意的是应尽可能避免遗漏最新的论著。当然，罗列既有研究成果绝非越多越好，而应择其要者加以介绍。更为重要的是，绝不能只述不评，务必是由"述"而

---

[1]　面对中苏同盟已然破裂的时局，1968 年"普韦布洛"号危机发生前后约翰逊政府最高决策层以及大部分情报和军事部门在很大程度上依旧坚持"共产主义铁板一块"的观点，对朝鲜抓捕"普韦布洛"号的可能性和意图作出了错误判断。

[2]　权衡利弊之后，美国并未对朝鲜采取报复行动，而是接受了朝鲜的谈判提议。

[3]　在美国政府确定谈判策略的过程中，人道主义关怀明显从属于维护国家声望与避免伤害盟国等政治考虑，板门店秘密会谈久拖未决。

[4]　虽然"普韦布洛"号危机是加速美国国际危机管理程序制度化的动因之一，也曾促使美国致力于防止海上冲突事件的再次发生，但此后的美国决策者却未能顺理成章地从中汲取应有的经验教训。

"评"，"评"重于"述"。唯有如此，才能做到既尊重前人的劳动成果和知识产权，又能够自然而然地引出自身研究的价值和意义。其三，本文的史料来源、视角选择和框架设计。冷战国际史研究领域的论文相当一部分可以被划归国际关系史或外交史范畴。此类讨论基本上属于实证研究，因此史料基础至关重要。这里所说的"史料基础"主要指是否较为全面地利用了已经公布的特别是最新公布的档案文献。其中，最高的要求是较为全面地利用了相关各当事国的官方资料。诚然，并非所有的文章都要执着于新史料的运用，视角的更新同样也是创新的源泉。正因为如此，一般情况下作者需要在文章开头阐明自己的观察角度，继而引出文章的框架结构。

　　至于说正文的结构安排，对冷战国际史研究的论文来讲，可能首先取决于作者在阅读档案文献过程中的理解。中国冷战国际史研究的领军人物沈志华教授在多年研究实践的过程中总结出了一套行之有效的档案文献整理方法，基本模式是按照官方资料的形成时间顺序逐条罗列每份文件的阅读笔记。2006 年，笔者从南开大学获得博士学位后有幸跟随沈志华教授从事博士后研究，并大体掌握了上述档案文献整理方法。在运用得当的情况下，这套方法不仅仅可以让档案文献研究者事半功倍地阅读和利用一手资料，更重要的是它能够极大地提高专题论文初稿的学术质量。在博士后及后续研究期间，随着各国官方一手资料的不断解密和公布，我明显感觉到科学地整理档案文献阅读笔记的重要性。只有做到这一点，才更有可能清晰地了解双边或多边关系以及重要历史事件的演进历程，并在此基础上逐步形成对文章布局的唯一方案。落实到美国"普韦布洛"号危机决策，在阅读和整理史料的过程中，本人体会到事件大体可以划分为这样几个阶段：危机前后美国决策者或相关决策部门的判断；危机初期华盛顿在动用军事力量和外交手段之间的抉择；美国在板门店秘密谈判期间的策略变化；"普韦布洛"号危机对美国国际危机管理的深远影响。而且，从撰写专题论文的角度来考虑，每一个阶段的原始史料都是较为充分的。于是，笔者便决定将文章划分为四个部分，节标题依次为"危机发生前后的研判""外交施压辅以武力威胁""从'先放人、后调查'到新的'有条件致歉'"以及"美国国际危机管理制度化的开启"。设计出一个相对合理的论文框架，接下来的写作便有了基本的前提和基础。

  论文初稿写作的最后一步可能也是最为关键的一步便是得出结论。以下笔者将分别以《"普韦布洛"号危机决策与美国的国际危机管理》一文的四个部分为例加以说明。

  第一节，"危机发生前后的研判"。在阅读一手和二手文献时，我发现"普韦布洛"号危机爆发前后美国的决策均出现了失误，根本原因在于华盛顿认为苏联依旧对绝大多数社会主义国家拥有明显的影响力，或者说社会主义阵营仍然是"一家"，彼此存在频繁的政策沟通和协调。在查阅了苏联和东欧国家档案后，本人认为约翰逊政府所作出的判断[1]是错误的，朝鲜抓捕"普韦布洛"号之前并没有"请示"过苏联，更不是为了支援越南民主共和国。那么，接下来可能还需要回答另外一个问题，那就是美国作出如上误判是偶然的吗？当我们将观察的视野从纵向上扩大到1966年秋朝鲜半岛局势紧张以来美国对朝鲜意图的认知并从横向上延展至美国对巴拿马和多米尼加危机的判断便可发现，约翰逊政府时常将第三世界发生的剧烈局势变动认定为社会主义阵营的"阴谋"，一贯将朝鲜、古巴等第三世界国家首先界定为社会主义国家而非民主主义国家。也就是说，虽然"普韦布洛"号危机只是一项微观研究，但依旧需要将其放在约翰逊政府对朝鲜半岛政策乃至全球战略的框架下加以考量，如此才能揭示出它真正的学术价值。

  第二节，"外交施压辅以武力威胁"。这部分主要讨论了美国在危机初期的决策过程。在阅读《美国对外关系文件》中收录的相关会议记录的过程中，笔者留意的主要有三个问题，即美国决策层内部的意见分歧、主要决策者前后态度的变化以及最终决策出台的经过。其中，希望实现突破的重点在于究竟是哪些因素促使美国放弃了对朝鲜实施军事打击的念头。在进行相关思考时，我将观察的范围尽可能扩大，将美国在亚洲的处境、危机的性质、公众舆论以及国际法依据等可能产生影响的层面统统纳入考量范畴。之所以如此，是因为作为超级大国的美国在作出重大外交决策时需要考虑的因素是多重而复杂的。当然，解决该问题仅仅依靠外交档案是远远不够的，还必须广泛地搜集和阅读二手文献，包括前人的研究成果、报刊资料以及当事人回忆录和口述史材料等。与此相关的另外一个问题

---

1 苏联能够约束社会主义阵营中的小伙伴，使之避免抓捕美国间谍船；苏联对朝鲜抓捕"普韦布洛"号事先知情甚至予以怂恿，平壤对美国间谍船动手是为了支持北越。

是，美国决定将外交施压作为主要手段是否明智。诚然，作出该判断并不容易。不过从朝鲜对美国武力威胁的反应、中苏与朝鲜的同盟关系、美国在韩国的防务状态以及华盛顿自身的军事能力看，大体上还是可以初步断定约翰逊政府摒弃武力选择是符合美国总体国家利益的。论说至此，似乎还有一个疑问没有得到解答，那就是如何综合评价约翰逊总统个人在危机初期的判断与决策。是有理有据还是主观臆断？是僵化盲动还是灵活沉稳？事实上，在历史研究的过程中，很多问题研究者都无法给予一个确切的回答。呈现在我们面前的是一幅十分复杂的场景：在"共产主义铁板一块"惯性认知的作用下，约翰逊对朝鲜的行为动机作出了错误的判断，甚至一度主张对朝鲜予以强有力的还击，但最终还是决定从外交领域入手争取和平解决危机。不过，仔细解析这位美国总统的政策分析与主张，仍旧还是能够从中找到一条符合逻辑的线索：在很大程度上恰恰是由于约翰逊认定朝鲜的行为是"共产主义世界"整体对外政策的一部分，进攻朝鲜很可能导致美国与中苏两国间的一场大战，在历经了最初的冲动之后他才坚决反对动武。以此为出发点，大概可以将约翰逊本人在危机初期的外交概括为"基于僵化的思想作出的理性决策"。

　　第三节，"从'先放人、后调查'到新的'有条件致歉'"。此处主要探讨的是美国的危机谈判策略。在这里，笔者遇到的第一个难题便是如何简要概括持续接近11个月的美朝秘密谈判过程。思来想去，最终决定依照美国谈判策略的变化将会谈经过划分为五个阶段，分别加以叙述。[1] 接下来，我选取"沃恩克建议"作为例证重新评价了美国的危机谈判策略。1968 年 3 月 11 日，美国负责国际安全事务的助理国防部长保罗·沃恩克（Paul C. Warnke）向国防部副部长保罗·尼采发去一份题为《"普韦布洛"号事件法律与策略问题》的备忘录，详细阐明了他的相关思考和对策主张。笔者将这份备忘录的主要内容称之为"沃恩克建议"。虽然"沃恩克建议"没有得到采纳，但此份文件却从另外一个侧面昭示出美国"普韦布洛"号危机决策过程中人道主义冲动与冷战政治考量之间的较量及其结果。为什么会择取

1　划分阶段的方法不仅仅适合于美朝"普韦布洛"号危机秘密谈判。冷战国际史研究中有很多课题涉及长时间历史过程描述，要想让读者清晰地理解这些历史事件或双边关系演进的历程，最好的解决办法可能就是以阶段性的方式对研究对象加以呈现。

人道主义和冷战政治这样两个概念来解读美国的谈判主张呢？在笔者于南开大学攻读博士学位期间，恩师王晓德教授不断教导我一定不能将自己的阅读面仅仅限定在相对狭窄的研究领域范围内，不同学科、不同研究方向的知识都是相通的，广泛的阅读最终必然带来新的灵感和思路的出现。北京大学历史学系的牛大勇教授在《世界历史》2005 年第 3 期上发表了一篇题为《缓和的触角抑或冷战的武器：美国政府 20 世纪 60 年代初期对中国粮荒的决策分析》的专题论文。文章的重要结论之一便是：标榜人权的美国政府在处理对外关系时实际上总是把冷战政治放在最优先的地位，把本属于人道主义和生命权的问题从属于社会制度、意识形态、对外政策等政治考虑，加上台湾当局在中美关系中所扮演的捣乱（trouble maker）角色，致使美国错失了一次缓和对华关系的机会。笔者在梳理美国板门店秘密谈判策略时发现，牛大勇教授在上文中使用的人道主义和冷战政治对立的观察视角同样适用于自己的研究对象。于是，在探讨"沃恩克建议"没有得到决策者采纳原因的过程中，笔者便引入了这一视角，并结合其他历史事实对美国"普韦布洛"号危机谈判策略进行了有别于既有认识的评价。以上尝试说明，就美国外交史研究而言，很多问题是互通的，某些现象会反复地出现在美国外交决策中。换言之，一种观察视角在一定范围内可能适用于不同的案例研究，后来者完全可以从前辈学者带有示范性的研究成果中获得思考方向上的启发，从而更新自己的研究框架。

第四节，"美国国际危机管理制度化的开启"。历史学的研究不仅仅注重对事件背景和过程的描述与评价，更注重对事件后续影响的挖掘与揭示。只有如此，才能称得上是讲了一个相对完整的故事。"古巴导弹危机"过后不久，美国将国际危机管理提升到了国家战略的高度。在美国国际危机管理史上，"普韦布洛"号危机无疑是具有典型意义的案例。在这里，笔者从两个方向上作出了努力。一方面，在梳理 20 世纪六七十年代美国国际危机管理机制演变以及美苏防止海上冲突谈判过程的基础上，阐释"普韦布洛"号危机对美国国际危机管理程序制定产生的明显影响。另一方面，从历史记忆的角度出发，选取 EC-121 危机、"马亚克斯"号事件和伊朗人质危机等相关案例，分析"普韦布洛"号危机遗留下来的经验教训在美国国际危机管理实践中发挥了怎样的作用。

如何谋篇布局？
——以《中日和平友好条约》缔约研究为例

徐显芬

1978 年 8 月 12 日，中华人民共和国与日本国签订《中日和平友好条约》，以法律形式确认了《中日联合声明》的各项原则，完成了中日邦交正常化的国内立法程序。一般来说，"和平"条约是对过去曾经发生过战争的两国关系的一个总结，而"友好"条约则是对两国关系的未来的规定。中日两国将两者合二为一作为一个条约来签订，其实反映了中日关系的复杂性。

条约签订后两个月，作为新中国成立以来首位访问日本的国家领导人，时任副总理的邓小平出席条约批准书互换仪式。邓小平高度评价这一条约"不仅在事实上，而且在法律上、政治上，总结了我们过去的关系。更重要的是，从政治上更进一步肯定了我们两国友好关系要不断地发展"。[1] 现在一般认为，该条约奠定了中日关系长远发展的政治基础，是规定当前中日关系的四个政治文件之一。

条约文本很简略，由简短的前文加上五个条款构成。但是，中日双方为缔结该条约所耗费的时间和精力却不少。从《中日联合声明》中定下要就缔结和平友好条约进行交涉开始至缔约，历时六年。实际缔约谈判历时四年，经历了预备谈判、一度中断后的重启缔约谈判的外交摸索以及正式缔约谈判三个阶段。谈判的

---

1 《邓小平年谱（1975—1997）》（上册），北京：中央文献出版社，2004 年，第 406—407 页；「福田総理・鄧副総理会談記録（第一回目）」（1978 年 10 月 23 日）、日本外務省外交史料館所蔵『開示文書』3/01-1980/1。

分歧点聚焦于反霸条款，这个分歧反映了中日两国不同的东亚秩序观：中国设定存在"霸权"，并极力想把日本拉入国际反霸统一战线，日本则强调坚持日美关系为"基轴"，"日中是日中、日苏是日苏"，只与中国发展重视实务往来的友好合作关系。中日建立正式外交关系后摸索出来的两国关系的基础，是经济上的互惠关系，而非战略上的合作关系。中日两国对国家安全和战略利益的考虑，是迥异的。

➤ 选题由来

1949 年成立的中华人民共和国，直到 1972 年才与邻国日本建立外交关系，其标志是时任日本首相田中角荣偕外相大平正芳和内阁官房长官二阶堂进访华，中日两国政府发布了《中日联合声明》。曾经有过战争交恶的两个国家要建立外交关系，为什么不是本该签订的和平条约，而是联合声明，这是研究战后中日关系的人都会产生的疑问。而实际上，标志中日两国恢复外交关系的《中日联合声明》中的第八条就明确写着：中华人民共和国政府和日本国政府为了巩固和发展两国间的和平友好关系，同意进行以缔结和平友好条约为目的的谈判。那么为什么要签订的不只是"和平条约"，而是"和平友好条约"？为什么要到六年后的 1978 年才签订？这一过程中两国间进行过什么样的外交谈判？这些都是我开始研究中日关系之后一直关注的问题。

但是，关于《中日和平友好条约》的研究，在中日两国的外交档案都没有公开的情况下，主要都是每逢五周年十周年的纪念文章，基本主旨在于弘扬和平友好条约精神、促进当前中日关系发展。另外，还有一些关于领导人在促进和平友好条约缔结过程中发挥了巨大作用的文章，从中可以知道时任副总理邓小平在缔约中发挥了重要作用，片段性地了解 1975 年 9 月在联合国开会期间中日两国外长会谈无果，以及中方批判日方提出的关于缔约的宫泽四原则，等等。仅凭既有研究，很难把缔约的整个过程梳理清楚，更难知道中日双方在缔约交涉中的分歧所在。

2001 年日本颁布《情报公开法》。依据该法律，有学者申请公开关于《中日和平友好条约》缔约的外交谈判记录，日本外务省外交史料馆以"开示文书"¹的形式公开了这批档案。我大约是在 2006 年前后到外务省外交史料馆复制了这批档案。这批档案包括 12 次预备会谈，5 次一度中断后为重启缔约谈判的外交会面，16 次正式缔约谈判，以及为缔约而访华的日本时任外相园田直与黄华外交部部长的三次部长级会谈，及与邓小平、华国锋总理分别会谈的记录。于是，我开始研读这批档案，决定对《中日和平友好条约》的缔约谈判过程进行深入研究。

➤ 研究历程

笔者于 2000 年进入日本大学的研究生课程学习时，开始着手进行战后中日关系研究。除了大量阅读关于战后中日关系的研究书籍外，亦大量收集相关史料。这期间，大概通过三个途径进行收集：一是大学图书馆，我所在的早稻田大学的中央图书馆有着丰富的藏书，还有大量的学术杂志和社会团体活动记录刊物；二是一些相关的研究机构和社会团体的资料室，比如我在综合研究开发机构（NIRA）的资料室查阅了好几个星期的资料，阅读并收集到了大量关于大平正芳、大来佐武郎等人的资料；三是日本外务省外交史料馆，查阅并收集了很多关于战后中日关系的外交档案。在这个过程中，我确立了日本对华政府开发援助作为我的论文选题，直到 2009 年向早稻田大学提交博士学位申请论文并获得学位。日本政府决定对华提供政府援助与中方决定接受日本援助的过程，正是在中日邦交正常化实现后至 1979 年间，这一时期也正是中日两国实现邦交正常化后进行关于缔结中日和平友好条约的谈判的过程。所以，同时收集了相关资料和研究文献，并获得了关于这一时期中日关系发展情况的片段性的知识。比如，1972 年邦交正常化后中日之间开始就缔结四个实务协定进行交涉；1974 年开始进行中日和平友好条约的谈判；1975 年 9 月宫泽四原则受到中国的批判后谈判中断；1978 年 8 月在北京签订了条约；等等。同时，知道了正是由于《中日和平友好条约》得以签订，中日关系进入了新的阶

---

1 日本的外交档案有两种：一种是"外交记录"，原则上以 30 年为期限逐年定期公开，到 2008 年为止公开了 21 批，2009 年以后每年公开三至八次不等。还有一种是"开示文书"，依据《情报公开法》不定期公开。

段，日本对华援助才得以实现，了解到了《中日和平友好条约》的签订对中日关系发展的重要性。

2012 年入职华东师范大学历史学系世界史教研室后，在冷战国际史研究中心主任沈志华教授的支持下，笔者开始整理从日本带回来的史料，特别是外交档案的"开示文书"中关于中日关系的那部分档案，并按照专题开始进行编辑和翻译的工作。笔者最初编译的第一个专题是"日中领导人互访会谈记录"，第二个专题就是"日中和平友好条约缔约谈判记录"。

第一个专题"日中领导人互访会谈记录"包括了 1972 年田中角荣首相访华、1974 年大平正芳外长访华、1978 年邓小平副总理访日、1979 年大平正芳首相访华、1980 年华国锋总理访日、1982 年赵紫阳总理访日和铃木善幸首相访华、1983 年胡耀邦总书记访日和 1984 年中曾根康弘首相访华等的中日双方领导人互访的会谈记录。其中在内容上与《中日和平友好条约》缔约直接有关的是 1978 年邓小平副总理访日的那部分史料。从中我们可以知道，邓小平是以参加《中日和平友好条约》互换批准书仪式为目的而访日的；《中日和平友好条约》是经过两国国会（中国是全国人民代表大会）的讨论并通过的法律文件，是全民认可的政府文件，两国政府高度评价这个条约，等等。

第二个专题专门是关于《中日和平友好条约》的缔约谈判的外交文件。这些解密档案的具体内容包括：① 从 1974 年 11 月至 1975 年 5 月的中日间 12 次预备性会谈的记录；② 从 1977 年 11 月至 1978 年 3 月日本驻华大使佐藤正二为摸索重启谈判而与中方的五次接触的会谈记录；③ 从 1978 年 7 月至 8 月的 16 次外交谈判代表团的正式会谈记录，以及为缔约而访华的园田直外相与黄华外交部部长的三次部长级会谈、与邓小平副总理和华国锋总理的各一次会谈的记录；④ 1978 年 10 月至 1979 年 1 月，日本外务省整理拟定的在国会就中日和平友好条约问题答辩用的《拟问拟答》，涵盖的内容非常广泛，包括了与《中日和平友好条约》相关的所有日本国内所关心的问题，比如《波茨坦公告》《开罗宣言》、日美安全保障条约、战争赔偿要求权问题、日苏关系、日本与东南亚关系以及条约文本的解释，等等。以上这些外交谈判的记录都已经编辑翻译成中文，并作为沈志华教授领衔的国家社会科学基金特别委托项目"中国周边国家对华关系档案收集及历史研究"第一批成果装订成册。

同时，笔者将其中一些重要的外交会谈记录进行细致深入的编辑修改后，投到相关的学术杂志上刊登。比如笔者节选了时任日本外相园田直访华（1978 年 8 月 8 日—13 日）的相关会谈记录，即日本驻华大使佐藤正二发回日本外务省本部的五份电报（内容包括园田外相与黄华外交部部长的三次会谈、与邓小平副总理的一次会谈、与华国锋总理的一次会谈的记录），登载在《历史教学问题》上。[1] 从中不仅可以看到中日双方在和平友好条约问题上的分歧与一致，还能感受到当时中日领导人对中日关系以及国际形势的担忧与期待。另外，节选编译了由日本驻华大使佐藤正二与中国外交部副部长韩念龙各自率领的正式外交谈判代表团于北京进行的 16 次正式谈判记录，总共是 23 份佐藤驻华大使发回日本外务省本部的电报，刊登在《冷战国际史研究》上。[2] 从中可以解读出中日双方就和平友好条约问题在谈判时的分歧，以及最后达成一致的过程及其背后的思考。

在进行相关档案编辑翻译工作的同时，笔者就相关问题的研究心得在各种学会以及国内外的国际学术会议上进行报告，得到了学界同行的批评和建议。2016 年 10 月 29 日在以"世界历史上的权力、权威与秩序"为主题的长三角世界史联席会议上，作了题为"1970 年代中日两国关于反霸权之争"的学术报告。在该报告中，笔者首先讨论了为什么思考中日关于反霸权之争这个问题，然后梳理了"反霸条款"问题的起源，接着具体讨论了"反霸权之争，到底争什么"的问题。在报告后的讨论环节中，多位专家就霸权、反霸、同盟与不结盟、日本的和平主义等问题进行了深入的讨论，加深了笔者对日本的东亚权力秩序观的思考。

接着，2017 年 1 月 9 日笔者在日本早稻田大学举办的国际学术会议上，作了同样以"1970 年代中日两国关于反霸权之争"为题的学术报告。本场会议的参加者主要都是笔者在早稻田大学学习与工作期间的老师及同事，所以讨论非常激烈，犹如早稻田大学的导师为自己的研究生开的研究指导课，针对报告的每个章节甚至于每一个遣词造句都进行了讨论。比如，权力、权威与秩序的关系，霸权主义的定

1　徐显芬：《日中和平友好条约谈判日本档案（上）——园田直日本外务大臣访华相关会谈记录》，《历史教学问题》2017 年第 1 期，第 130—136 页；《〈日中和平友好条约〉谈判日本档案（下）——园田直日本外务大臣访华相关会谈记录》，《历史教学问题》2017 年第 2 期，第 129—136 页。

2　徐显芬编译：《〈日中和平友好条约〉缔约谈判文件——日本外交档案"开示文书"》，《冷战国际史研究》（第 25 辑），2018 年 9 月，第 233—289 页。

义以及霸权与和平的关系，中美《上海公报》与中日《联合声明》中的"反霸条款"的不同意义，为什么要"反霸"以及反对什么，日本的和平宪法与如何反霸，等等。这次学术报告及讨论不仅加深了笔者对日本的东亚权力秩序观的思考，而且大大地促进了笔者关于中日两国对国际社会的权力、权威与秩序看法异同的思考。

2017 年 5 月 27 日，笔者参加了苏州科技大学人文学院主办的"十月革命与 20 世纪世界史"学术研讨会。在这次会议上，国内多数苏俄史著名专家就座，作为小辈的笔者专门就"中日和平友好条约缔约过程中的苏联因素"作了研究报告。多位大家从苏联的视角提出了问题，指出在 1974 年至 1978 年中日就和平友好条约缔约谈判过程中苏联干预谈判进程的战略思考，促使笔者更加深入地理解了在缔约过程中"反霸"到底反谁、为什么反霸、怎么反霸等根本性问题。

2018 年是《中日和平友好条约》缔结四十周年，报刊及会议对中日和平友好条约问题的讨论骤然增多。笔者在这年的 6 月 24 日参加了在上海纽约大学举办的第三届"中国和周边国家及地区的关系：历史与现实"国际学术研讨会，在报告中专门探讨了日本在缔约过程中所表现出来的东亚秩序观，指出了以下几点初步的想法：① 日本不参与国际政治秩序建构的大国较量；② 日本外交始终强调以日美关系为"基轴"；③ "日中是日中，日苏是日苏"的方针；④ 强调照顾东南亚各国的考虑；⑤ 不与中国发展战略关系，而与中国发展务实的友好合作关系；⑥ 强调与世界上所有的国家都维持和发展友好关系的"全方位外交"。在会后的讨论中，笔者与多位专家探讨了中国在此过程中对东亚国际格局的考虑，由此加深了对中国的东亚秩序观的认识。

就这样，笔者把自己在每个阶段的研究心得和疑问都借助参加学术会议的机会讲出来，讨教各个领域的专家，从而推进了笔者对问题的思考。

同时，同样就"《中日和平友好条约》缔约"这个课题，笔者作了另外一个尝试，即把它作为研究生授课的内容来讲。笔者想看看自己到底是否能够讲清楚一些问题。华东师范大学历史学系开设了研究生专业选修课"世界主要大国外交决策研究"，笔者承担一讲。在这个课上，以中日和平友好条约签订为例，来探讨日本对华政策的决策过程。为了探讨日本对华政策的决策机制问题——日本的议院内阁制与总统制的区别、哪个机构的谁（比如日本首相、外相或内阁官房长官等）在决策过程中发挥什么作用、政治主导还是官僚主导、日本的对华政策决策的影响要素，以及国际环境与国内政治分别对两国相互作用的影响等问题。笔者在课上详细地讲授了《中日和平友好条约》的缔约谈判过程：第一阶段是《中日和平友好条约》缔约的提出及问题的缘由；第二阶段是从 1974 年 11 月至 1975 年 9 月，12 次预备性会谈和两次外长在联合国大会期间的会谈；第三阶段是经过一段时间的中断后于 1977 年 11 月至 1978 年 3 月，日本驻华大使佐藤正二为重启谈判而与中方相关人员的五次接触；第四阶段是 1978 年 7 月至 8 月，16 次中日外交事务级别正式会谈和园田直外相访华之际与黄华部长的会谈以及受到华国锋总理和邓小平副总理的接见会谈。

在详细梳理了缔约谈判过程之后，又从谈判分歧问题的角度对缔约谈判过程进行了分期：第一阶段是日本反对把"反霸条款"写进条约转变到同意把反霸条款写进条约的前文，并提议增设"第三国条款"；第二阶段重启谈判的外交摸索，实际上是日本同意并与中方确认把反霸条款写进条约正文，同时主张写进"第三国条款"；第三阶段的正式外交谈判，实际上就是关于如何表述"第三国条款"的协商。这样就把问题整理清楚了。

此后，笔者把已经梳理清楚的中日缔约谈判的过程写成小论文，发表在北京大学日本研究中心编的《日本学》集刊上。[1] 在此基础上，笔者再次回到前述在几次学术会议上的报告中所思考的问题，即中日两国在和平友好条约缔约的谈判过程中所表现出来的分歧以及最后签订条约，到底反映了中日双方怎样的东亚权力秩序观，它们的分歧何在等问题上，撰写了一篇对《中日和平友好条约》缔约谈判过程进行再探讨的文章。[2]

关于《中日和平友好条约》缔约谈判的研究，至少还有以下几个问题今后需要进行更加深入的探讨：① 美国因素；② 苏联因素；③ 东南亚因素。笔者此前的研究只是把中日两者的基本问题搞清楚了，而对这里所列的几个方面都还没有进行充分的讨论。今后将这些问题都搞清楚以后，即可筹集成书，从而将东亚国际格局的基本框架通过对《中日和平友好条约》缔约谈判这一事例的实证研究呈现出来。

---

1 徐显芬：《〈中日和平友好条约〉缔约谈判过程》，《日本学》（第二十辑），北京：世界知识出版社，2018 年，第 143—161 页。

2 徐显芬：《〈中日和平友好条约〉缔约谈判过程研究》，《中共党史研究》2018 年第 11 期，第 76—86 页。

➢ 写作技巧

下面，以笔者发表在《中共党史研究》2018 年第 11 期上的《〈中日和平友好条约〉缔约谈判过程研究》为例，简要谈一谈专题论文写作过程中的一点体会。

一篇专题论文，放在最前面的是题目和摘要。取一个准确而又富有魅力的题目，写一段精炼却又富有内容的摘要，无疑是至关重要的。说它们决定了这篇论文的生命力，可能也不为过，因为是否能吸引读者去看在很大程度上取决于它们，也因此它们往往是最后才敲定的，是经过反反复复地推敲，可能很多时候是在作者与编辑间的共同努力下才最终完成的。

一个好的论文题目，也需要达到信达雅的要求：信，即准确，要用准确的语词，通常是一个名词或者名词性词组来表述，要让读者一目了然地知道文章的主题；达，即通达，要能够贴切地反映文章的主旨，有时还能展现文章独到的视角及方法，展示主题人物的思想理念，或者主题事项的结果效用，等等；雅，即优雅，它要引人入胜，具有激发读者阅读兴趣的功效。同时，大部分学术期刊都要求文章题目不可太长，控制在 25 个字以内，因此题目要简练。就本文的题目而言，最初笔者的想法是要凸显论文的主旨，因此草拟了《〈中日和平友好条约〉缔约谈判——兼论日本的东亚秩序观》作为题目。随后考虑到文章并不只是讨论日本问题，同时兼顾中国方面的考虑，更多的是关注中日的互动以及中日的异同，于是又拟了如下标题《中日不同的东亚秩序观——以〈中日和平友好条约〉缔约谈判为例》。后因该标题似嫌过于凸显"中日的不同"，所以又回到了第一次草拟的题目，并决定去掉副标题"兼论日本的东亚秩序观"部分。而剩余的主标题"《中日和平友好条约》缔约谈判"就显得很模糊，到底是研究什么不清楚，是谈判的内容还是技巧，是条约文本的解读还是政策决策的探讨，都难以确认。最后，将题目定为《〈中日和平友好条约〉缔约谈判过程研究》，明确是对中日两国就和平友好条约的缔约所进行的外交交涉进行研究，并强调是关于"谈判过程"这种外交决策过程的研究。外交决策过程的研究，也就内含了将对决策的决定因素进行探讨这一研究主旨。但是，最终这个题目最多只能说是达到了"信"及"达"的要求，而远远没有达到"雅"的境界。

如果说论文的题目给读者造成"第一印象"的话，那么论文的摘要带给读者的就是"第六感觉"了。但是，这个要给读者形成良好"第六感觉"的摘要，却不能是描述性的，而必须是论述性的，因为摘要的主要功能是向读者呈现论文的核心观点以及意欲提升的普遍性见解。再加上编辑部对论文摘要是非常吝啬的，分配给摘要的容量非常之小，一般字数都限制在 300 字以内。因此，摘要的写作也是要求作者要绞尽脑汁的。我想，在摘要中，作者要以极其精练的语言表达出以下三层意思：论述的问题，论述的角度及方法，论文的核心观点及引申意义。

仍以拙文《〈中日和平友好条约〉缔约谈判过程研究》为例，笔者先拟了一个520 字的摘要草案，之后修改成了 230 字的摘要。草案中第一句话交代了《中日和平友好条约》的签订在中日关系中的重要性，但限于字数并考虑到与主题的直接相关性，在正式摘要中删去。摘要的第一句话[1]就直截了当地说清楚《中日和平友好条约》缔约谈判经历了三个阶段。第二句话[2]明确点出缔约谈判的分歧点聚焦于反霸条款上。草案中概括了不同谈判阶段谈判议题的变化及其分歧点，最终都删去了。第三句话[3]直接点明这个分歧点所反映出来的中日两国不同的东亚秩序观。草案中接着写了在不同东亚秩序观的影响下所形成的中日关系的基本框架，即不是战略关系，而是实务关系。但思量再三，还是割爱了。最后摘要的第四句话[4]则是引申至对当前的中日关系的观察及其启示。

文章的前言，有几个基本的构成部分：① 点题，即交代清楚论文的研究对象；② 先行研究状况，在研究史中对本文加以定位，强调论文的独创性及研究价值，这里特别要注意的是不能篇幅太长、面面俱到、简单罗列，而要整理出研究史的逻辑发展并对自己的研究进行客观的定位。③ 本文的史料来源、视角选择和框架设

---

1 《中日和平友好条约》的缔约谈判经历了预备谈判、一度中断后的重启缔约谈判以及正式缔约谈判三个阶段。

2 谈判的分歧点聚焦于反霸条款。

3 这个分歧反映了中日两国不同的东亚秩序观：中国在设定主要敌国的基础之上，旨在把日本拉入国际反霸（反苏）统一战线中；日本则坚持日美关系为"基轴"的基本外交政策，采取"日中是日中，日苏是日苏"的方略，只与中国发展重视实务往来的友好合作关系。

4 当前中日两国的战略猜疑，根源就在于缺乏安全保障问题上的制度性安排。

计，这里主要讨论实证研究的文章，史料基础是文章生命力的源泉，阅读多国多边档案进行互证研究对世界史的论文来说至关重要。同时，用简短的话语交代清楚文章的研究角度和章节结构。文章的前言，应简明扼要，提纲挈领，把读者顺利引入正文。

正文的结构安排，是在阅读档案文献的过程中逐步形成的。一般来说，论文的章节结构如何安排，要看文章需要论述什么问题。也就是说，论文的主旨、核心观点决定了论文的框架，知道要论述什么，才能安排怎么展开论述。并不是说史学论文，都是按事件的起因、经过、结果这样三段论式来写就的。所以，论文的灵魂，是论文的核心观点。论文的框架，要由这个灵魂作为主线贯穿其中，它们是支撑这个灵魂的几根支柱。关于框架设计，也有几个基本思路：比如，一个事件或现象，按照时间顺序分为几个发展阶段，每个发展阶段就是一根支柱，设计为一节；再比如，一个事项或理念，按照其内涵及外延将其分为几个构成要素，每个构成要素就是一根支柱，设计为一节，最后都将论文引到结语部分去讨论论文的核心观点。基本思考逻辑是，"分"（章节安排）是为了"总"（结语）。

就拙文来说，笔者经过前述"研究历程"后，想通过详细解读历次会谈的记录，把《中日和平友好条约》的缔约谈判的整个过程梳理清楚，逐个确认每一时间节点上中日两国各自关注的问题点及其处理方式，从而阐明中日两国在缔约谈判的分歧中所反映出来的东亚权力秩序观的不同，进而探讨两国建立正式外交关系后摸索出来的两国关系的政治基础到底是什么。笔者发现，《中日和平友好条约缔约》过程可以分为四个阶段：缔约构想的提出、预备性谈判阶段、为重启缔约谈判的外交摸索阶段以及正式缔约谈判阶段。于是，笔者便决定将文章划分为四个部分再加上结语，节标题依次为"《中日和平友好条约》的构想与提出""预备谈判""重启缔约谈判的摸索""正式缔约谈判"和"结语：中日两国不同的东亚秩序观"。

按照这个框架来写作，结语部分要论述的问题已经清楚，而每一节的论述的关键就是，逐个确认每一时间节点上中日两国各自关注的问题点及其处理方式，并总体把握各个阶段所发生的渐进的变化。以下笔者将以拙文为例对每一节进行说明。

第一节："《中日和平友好条约》的构想与提出"。中日这两个经历长期战争交恶的国家要建立外交关系，本应首先缔结"和平条约"宣布结束战争状态，从而实现邦交，之后才是为建立"友好"关系而签订协议或条约等。而实际上，中日两国是于 1972 年发表《中日联合声明》，宣告结束之前的"不正常状态"，从而实现邦交正常化的。与此同时，联合声明的第八条写道：两国同意进行以缔结和平友好条约为目的的谈判。由此可知，中日缔结和平友好条约是中日实现邦交正常化的第二步，即第一步为"声明"，第二步为"条约"，这一步才是需要经过国内立法程序的法律文件。中日为实现邦交正常化，需要分两步走，两步之间还需要花去六年时间，可见中日关系的复杂性，为讨论中日不同的东亚秩序观作好铺垫。

第二节："预备谈判"。这一阶段的谈判，包括从 1974 年 11 月 14 日的第一次预备会谈开始到 1975 年 5 月 7 日的第十二次预备会谈，再加上 1975 年 9 月两国外长在联合国大会期间举行的两次会谈。对这个过程的考察，既有研究或者只是批判外长会谈上日本外相宫泽喜一提出的"宫泽四原则"，或者就是很少提及，因为它基本没有"成果"。而笔者着力关注的是，什么问题成了议题？而分歧点又在哪里？通过阅读相关的会谈记录可知，到 1975 年 1 月 16 日的第二次预备谈判为止，双方就已经基本确定了条约的性质和内容，并确认了问题所在。台湾问题、历史问题以及废除《中苏友好同盟互助条约》问题都没有成为双方谈判的分歧点，谈判的分歧点聚焦于"反霸条款"上，即中方主张写进条约而日本反对。实际上日方也有过妥协的暗示，即 4 月 30 日的第 11 次会谈上提议以某种形式在条约前文中加以表述。而"宫泽四原则"中的"反霸不针对特定的第三国"（即所谓的"第三国条款"）原则，是为了寻找在条约中写进反霸条款后日本应对苏联批判的"保险措施"。对此，中方都没有同意。之后，谈判趋于停滞。其实，经过这一阶段的谈判后，反霸条款应写进条约已成为谈判的前提，"第三国条款"怎么表述才成了后来谈判的焦点。

第三节："重启缔约谈判的摸索"。对这一阶段的动向，笔者着力关注中日双方的互动以及缔约的进展状况。既有研究主要谈及邓小平复出政界后对促进缔约所发挥的积极作用，因为没有利用日本外务省外交史料馆的解密档案，基本没有提及 1977 年 11 月至 1978 年 3 月日本驻华大使佐藤正二在北京与中方的五次接触。通过解读档案文献后可知，邓小平复出后于 1977 年 9 月会见日中友好议员联盟访华团时做了"一秒钟就解决"的发言，促使日本首相福田赳夫于 1977 年 10 月派二阶堂进议员（五年前作为内阁官房长官跟随田中角荣首相访华实现邦交正常化）访华，二阶堂进在与邓小平的会谈中提出"私案"表明日方同意将反霸条款写进条约，并主张增设"第三国条款"。接着福田首相决定让佐藤临时回国述职，因此才有了佐藤在述职前后跟中方进行的五次接触。佐藤确认了中方表明不管何时何地重启谈判都没有问题后，表明以反霸条款写进条约为前提，具体讨论了中日各自的解释办法，打探中方对日本外相园田直访华的态度，并提出将"第三国条款"与"反霸条款"分开来写的建议。实际上，最后缔结的条约第二条就是"反霸条款"，而"第三国条款"就成了第四条。而这个"第三国条款"如何表述，就成了之后正式缔约谈判中的争论焦点。

第四节："正式缔约谈判"。对这一阶段的谈判，笔者特别关注从 1978 年 7 月 21 日至 8 月 11 日间中日双方谈判代表团进行的 16 次会谈上双方的争论焦点，以及 8 月 8 日至 13 日访华的园田直外相与黄华部长的三次会谈、与邓小平副总理和华国锋总理的各一次会谈上，双方各自谈话的焦点及异同。谈判代表团的谈判，基本上是日方提议、中方回应、双方争论的流程，焦点就在于如何表述第三国条款的问题。第二次会谈上日方提出"本条约并非针对特定的第三国"的表述，第七次会谈上中方提出"本条约并非针对不谋求霸权的第三国"的修改方案，第八次会谈上日方提出"本条约并非针对某一个第三国"的修改方案，双方都互不同意。第 11 次会谈上日方又提出"本条约不影响缔约各方同第三国关系的立场"的修改方案，中方谈判代表仍然反对。最后，是在 8 月 9 日下午的第二次外长会谈上，黄华告诉园田直中方接受第 11 次会谈上日方的提案。至此，缔约谈判取得成功。

第五节："结语：中日两国不同的东亚秩序观"。史学研究不仅注重史实的挖掘及重构，而且更注重对史实背后所反映的理念的揭示与思考。只有这样，才可能通过一个具体事例来揭示事例背后所反映的一般逻辑和规律。在和平友好条约的缔约谈判中，中日间提及了五大问题，但分歧聚焦于"反霸条款"一点上。结语部分就着力去分析这一分歧所反映出来的两国东亚秩序观的不同到底在哪里。中国设定存在"霸权"并极力想把日本拉入国际反霸统一战线，日本则强调坚持日美关系为"基轴""日中是日中，日苏是日苏"来反对与中国结成战略关系。这反映的一个实质问题是，中日两国对国家安全和战略利益的考虑是迥异的。

如何从公开史料中挖掘和开展外交史的"话语"课题研究

陈　波

在中越关系历史研究中，中苏关系的变化无疑是一个重要的因变量。20 世纪60 年代前半期，随着中苏关系逐步恶化乃至走向分裂，越南劳动党的对华和对苏政策都受到了极大的影响。从取得抗美战争胜利的角度，越南需要维护与苏联和中国的友好关系，从而获取更多的援助和支持。因此，越南积极奔走于中苏之间，希望促成双方的合作，避免国际共产主义走向分裂状态。而此时期越南党在公开场合对中苏关系的评价，往往含糊不清或刻意回避，至赫鲁晓夫去世前，才开始集中"批判修正主义"。这个案例给研究者提供了一扇窗口，观察大国冲突之下，越南在中苏之间游走或犹疑的境况。

➢ 选题由来

对于冷战时期的中越关系研究来说，以目前档案的开放状况并非最佳的时段，主要原因在于中越双方对相关档案的开放和利用条件不如人意。[1] 就越共党史的研究材料而言，目前越南国家一级的政府档案馆——位于河内的第三国家档案馆可

1　有关越南第二和第三国家档案馆更为详细的馆藏介绍，可参见黎皇灵、游览：《越南国家档案馆及馆藏简介》，《冷战国际史研究》第 21 辑，北京：世界知识出版社，2016 年，第 363—373 页。

供学者们研究利用，但与越共党史、越南对外关系史研究最密切的越共中央档案馆、越南外交部档案馆和国防部档案馆并不对公众和学者开放。越南共产党中央执行委员会、书记处、政治局的政策、指示、总结报告等核心材料现大多由越共中央办公室的档案局收集及保管，一般的研究者几乎没有查看、利用的可能。因此在现行条件之下，越南政府公开出版的文献就是必须借助的资料。实际上，越南公开出版的、可资利用的文献集是很可观的。越南国家政治-真理出版社与人民军出版社出版了相当多的越南战争时期涉及越南党、政、军、外交等方面的文献，绝大部分是目前国内图书馆所未收藏的，也极少为研究者所用，其价值不容忽视。除了本选题涉及的《越共文件全集》《胡志明全集》和越共机关报《人民报》外，值得关注的还有《胡志明年谱》《长征选集》《范文同选集》《黎可漂选集》《黎笋选集》等。

虽然核心档案无法查阅，但这并不能成为在研究中回避中越关系史重要课题的理由。我们应该思考的是如何利用现有可见文献进行"外围攻坚"。而有些题目，恰恰可以主要不依赖于核心档案，更多地借助于文献资料开展研究。可以说，通过公开出版物的报道、社论和文件来观察越南在中苏分裂过程中的"表达"就是一个典型的案例。

➤ 研究历程

应该说，这一课题处于中越关系、中苏关系和国际共运历史三个领域的交叉点。课题的写作起源于本人对中苏分裂在社会主义阵营内部影响的持续关注。1956年波匈事件后，中共在国际共运中的地位也急速上升，越来越被东欧和亚洲兄弟党看作是与苏联同等重要的社会主义大党。但与此同时，中苏之间的裂隙逐步加大，两党围绕国际共运领导权的明争暗斗将两国关系也推向了分裂和冲突的边缘。在社会主义阵营内部关系问题上，实际上有三个层次值得关注：第一个层次是大国之间，如中苏之间的关系；第二次层次是大国与较小行为体之间的关系，如苏联与东德，中国与越南之间的关系；第三个层次是小的行为体之间的关系，如东德与朝鲜、捷克斯洛伐克与越南之间的关系等等。从学术界现有的研究状况来看，无论是外文还是中文著述，第一层次的成果显然比较多。对历史研究来说，新的研究选题的确定似乎总是有赖于新档案、新史料的出现。近些年，随着冷战史"新研究"蔚然成风，尤其是苏东剧变之后东欧国家档案的快速开放，使得第二层次的研究如春笋般呈现出来，大国与小国之间关系的讨论也逐渐上升到理论层面。[1] 这两个层次研究的成长和成熟，为本课题带来很大的启发：大国关系变动之下，小的地区行为体如何利用其国际政治资源谋求生存之道？在面临大国关系急遽调整时，他们如何在大国之间辗转、周旋，以最大化地维护本国的利益？这些国家的博弈空间有多大，局限又在哪里？

　　具体到本选题，有参考价值的学术成果可分为两类，一类是中越关系史研究[2]，一类是社会主义国家或共产党、工人党对中苏分裂的反应研究。[3] 从已有研究来看，正是因为涉及决策过程的核心档案，如政治局会议记录、领导人对重要问题的讨论、批示无法查阅，对越南的政策大多粗略带过，无法完整、系统地还原。结合目前可见的报刊、文件全集等公开文献，特别是联系到近些年在国际关系研究中"热门"的"话语分析"，本人认为能够从越南党对中苏分歧、分裂的"认知与表达"入手来进行研究，既规避了档案文献缺乏堵塞的研究路径，又可尝试着从"宣教"的角度书写越共党史和越南对外关系史，可谓一举两得。或者说，越南党对中苏分

1　比如"尾巴摇狗"（The tail wags the dog）常常被用来描述弱势盟国与大国关系的一些现象，近些年比较有代表性的研究有：Hope M. Harrison, *Driving the Soviets Up the Wall: Soviet-East German Relations, 1953–1961*, NJ: Princeton University Press, 2003; Balázs Szalontai, *Kim Il Sung in the Khrushchev Era: Soviet-DPRK Relations and the Roots of North Korean Despotism, 1953–1964,* Chicago: Stanford University Press, 2005; Elena Agarossi and Victor Zaslavsky, *Stalin and Togliatti: Italy and the Origins of the Cold War,* Chicago: Stanford University Press, 2010。

2　如李丹慧："中苏在援越抗美问题上的分歧和冲突"，载李丹慧编：《中国与印度支那战争》，香港：天地图书公司，2000年；王淑会：《1960年代国际共运中的中越关系》，华东师范大学硕士学位论文，2015年；Nicholas Khoo, *Collateral Damage: Sino-Soviet Rivalry and the Termination of the Sino-Vietnamese Alliance*, NY: Columbia University Press, 2011。

3　如郭洁：《国际共运与中苏关系——二十世纪五六十年代美国中央情报局的评估》，《历史教学》（高校版）2009年第8期；陈弢：《中苏破裂背景下的中国和民主德国关系（1964—1966年）》，《当代中国史研究》2012年第3期；陈弢：《中苏分裂与中蒙关系（1960—1966）》，《当代世界社会主义问题》2015年第4期；高嘉懿、沈志华：《思维的惯性和改革的开启——中苏分裂下的法国共产党》，《上海行政学院学报》2016年第2期。

裂在公开场合的"表达"不仅是对外政策信号的一种释放，也是对内教育广大群众的手段——表明这一课题同时是一个内政与外交相互影响的典型案例。

基于对以上研究意义的判断，本人开始着手进行资料的梳理和分析。越南党对中苏关系的认识和表达，从可见史料上有三种来源：一是越南党报《人民报》上的社论，其措辞和版面编排都值得用心推敲；二是越南党内的刊物如《学习》《宣训》等，相对而言观点更鲜明和直白；三是中国驻越南大使馆的信息收集，包括与越南党重要领导人物的谈话等，虽是第一手的信息，但经使馆提炼、概括后难免有误差。这三类文献需交错使用、相互印证。在这个环节，对档案解读能力的要求更高，研究者也需花更多的气力。

首先，从写作前的知识储备上，这个课题不仅要求对中苏和中越关系史熟悉，也要对越共党史和越南现代史熟悉。因为不清楚越共党史，不清楚越共在这一阶段的内外纲领和政策，特别是抗美战争的方针，实际上是无法理解越南党和政府对国际共运和中苏关系的心理的。同时，研究者还应了解越南党的组织和工作方式，知晓《人民报》、《学习》杂志和《宣训》刊物这些不同媒体的不同功能，如此才能对各类史料的地位、作用和解读方式有基本的判断，对从不同史料中提取不同的历史信息有明确的思路。

其次，由于这一课题的史料限制，除了《人民报》之外，其他文献都非常不完整，证据的链条可能会出现多处断裂。已出版的《越共文件全集》在外交方面的文献编选很有限，且并未按照本研究选题所设定的线索辑录。而公开的报刊本身在使用时就"陷阱重重"，往往与档案文献所包含的信息差别巨大。所有这些无疑会极大增加历史写作的难度。对此，研究者在写作前既要有丰富的知识储备，还应有充分的心理准备。

➢ 写作技巧

不同研究路径、视角的论文在写作过程中自然会有不同的写作技巧。在这篇论文写作的过程中，有几点心得值得总结和回味。

　　第一，从公开文献的"字里行间"捕捉历史信息。在现有资料条件下，评估越南党对中苏关系和国际共运的"态度"时，不得不基于大会的报告、声明和《人民报》的社论。无论是越南代表团在莫斯科会议上的发言还是《人民报》对中苏论战的转载，都能够解读出表面、字面背后的深意。比如，对比1960年莫斯科会议和1957年莫斯科会议越南代表团的发言，从前者出现的"总的来看""基本上"这些副词，就能体察出越南党对苏共的报告有所保留，而不像1957年完全支持莫斯科宣言的草案。从这一点来说，世界史研究确实离不开语言，有的时候不仅要做到理解字面的基本含义，还要熟悉对象国的语言文字习惯，甚至与之关联的文化心理。

　　又比如，在中苏分歧初现、两家论战刚刚开始时，越南的《人民报》对中苏两党机关报的社论转载是非常谨慎的。经常出现的情况是，为了避免让人有对中苏两家"高下之分"的错觉，报纸将两家社论同时转载，并"左右排列"，甚至不多加评议，仅仅是刊登出来"让读者学习和参考"。报纸在转载中国领导人讲话或发言时，进行"摘编"，把涉及中苏关系的文字和段落都删去不报。与此同时，"团结"一词成为见诸越南党各种宣言、报告和社论中的"高频词"。这就让人不免思考：为何越南党如此强调"团结"？除了它希望弥合中苏分歧、提高在社会主义阵营中的地位这个原因外，在国家的现实利益方面也是不难理解的——在越南战争越来越激烈的情况下，需要获得更多援助的越南自然不希望中苏分裂。因为一旦分裂，越南将不得不在中苏之间做出选择，而任何一种选择都意味着失去另外一国的支持。

　　第二，公开史料与档案史料的互证解读。从上述公开的文献我们能够感受到越南党的左右为难，但并不是直接的证据。而档案史料则提供了大量的直接的、更为直观的信息。越南党的领导人长征在会见中国驻越南代办时，就"私下里"表达了越南政府面对中苏两家在党报上公开论战的态度：不是没有自己的意见，而是不好表达意见。胡志明赴莫斯科见赫鲁晓夫，后者让越南做中共的思想工作，而胡志明则说，这对我们越南人来说有些难办，我们与中国人是近邻啊。这些比比皆是的例子都说明公开史料与档案史料形成了相互印证。

　　第三，论文写作过程中总有意外收获，有的时候是"意外"的史料，可以修正一些重要的传统认识；有时则是新的理论思考对原有知识结构形成补充。课题的选择和论文写作初衷，就是梳理出越南对中苏关系变化的内部反应、公开表达的变化——从游移不定到"反对修正主义"的转变。但是随着大量史料的阅读和研究，我们会发现另外一个值得探讨的问题：越南党是如何看待中苏分歧以及背后的实质的。从越共党内的文件可以看出，中苏分裂一出现，河内就在思考背后的实质是什么。在这一点上，越南清楚中苏之间争夺的是国际共运的主导权，同时也是一种"道路之争"。或者说，越南党在中苏争论中寻求自身的位置及未来发展方向。它也意识到中国革命代表的亚洲经验对越南更具有借鉴意义。在这种"选择困境"中，"自力更生"自然成为越南党更为现实的考虑。"自力更生"不是摆脱外援，而是更强调自身的主动性。越南党内围绕中苏分裂及其实质的争论，打开了越南根据自身国情探索革命和发展道路的一扇理论之门。这就跟20世纪80年代越南的"革新开放"联系起来了。由此，我们很容易理解越南党为何面对中苏分歧，在公开场合表达"国际共运的团结"而在党内则不断强化"独立自主"的认知。

如何"发现"问题？
——以对 1964 年中国与联邦德国伯尔尼接触的研究为例

葛　君

1964 年 5 月至 12 月间，中国与联邦德国曾就改善双方贸易关系在伯尔尼进行过四次官方接触性会谈。联邦德国受中法建交之触动，想要大力提升与中国的贸易关系，且出于对当时中苏关系的判断，希望能先与中国达成一项包含有"柏林条款"的易货协定。然而，在谈判过程中，德国的方针时时受制于美国。对于这一轮的接触，中国方面则从反帝反修的外交政策出发，意图通过对"第二中间地带"国家的斗争策略，开展对联邦德国的工作，以达到孤立"美帝"的目的。但中国又不愿授"苏修"以柄，因而坚决拒绝在与联邦德国的协定中接受任何形式的"柏林条款"。最终双方在伯尔尼的接触无果而终。

中德 1964 年伯尔尼接触的这个个案非常典型地反映了中国在当时发展对外关系以及如何定位自身利益时的理念和思维方式。通过梳理这一历史事件的具体过程，便能够深入理解中国从中苏分裂开始到中美缓和为止的这一时期的对外战略理念。

➤ 选题由来

任何的学术研究选题一定来自研究者的"发现"。对于一篇历史学的研究论文而言，这种"发现"一般是通过两种途径来获得的。一种是在对某一领域的既有研究进行梳理的过程中"发现"既有研究中的盲点和可商榷之处，由自己作出更进一步的细究和探讨。另一种是在直接阅读史料过程中的"发现"，从而反过来调查有关这个"发现"的既有研究成果，再从中寻找到进一步研究的可能性。

本文的选题由来属于后者。在研究生学习阶段，由于承接了一项翻译若干篇德文档案的任务，在这个过程当中受首都师范大学姚百慧教授之赠，获取了《联邦德国对外政策文件集》（AAPD）1964 年卷的上半部分。在浏览这部档案集目录的过程当中，发现了其中有四份文件直接涉及中德的"伯尔尼接触"。由于过去从未了解甚至听说过这一事件，因此在当时可以被视为是一个"发现"。

于是马上面临的一个问题就是需要调查有关伯尔尼接触的既有研究成果，如果既有的研究已经十分充分且完善了，那么这个所谓的"发现"实际上也就会变得毫无意义。不过经过笔者调查后发现，对于"伯尔尼接触"这一问题的研究，仅有中国社会科学院欧洲研究所潘琪昌研究员发表在《德国研究》2002 年第 3 期上的《伯尔尼会谈——中德关系史上的一段秘史》一文（以下简称"潘文"）谈及，而在阅读了这篇论文后更加坚定了本人对这个问题进行研究的决心。

首先从历史学研究的学术规范来看，潘文在史料出处的引注上存在缺憾。整篇论文一共只有寥寥五个注释，显然这会让读者对于此文所叙述内容的可靠性产生怀疑。[1] 其次在结论方面，对于伯尔尼接触的最终失败，潘文认为"事后来看，它的流产几乎是必然的"。原因在于"联邦德国低估了中国对外政策中的原则性……对德国问题的政策上中国不能放弃自己的原则，当时社会主义阵营的概念和原则还存在"。[2] 对于历史研究者而言，当读到类似"事后来看……几乎是必然的"这类措辞的时候，会条件反射般地产生一种警觉。对于纷繁复杂、具有无数偶然性和可能性的历史进程而言，作出任何带有独断性的结论都是值得怀疑的。此外，潘文在回答伯尔尼接触必然流产的原因时，仅仅以"中国不能放弃自己的原则"，但是对于这

1　在之后的研究过程中，笔者也确实发现潘文在一些具体时间以及人物姓名上存在错误。

2　潘琪昌：《伯尔尼会谈——中德关系史上的一段秘史》，《德国研究》2002 年第 3 期，第 18 页。

个原则以及"不放弃原则"的原因都没有作出具体论述。

以上这些都是应该通过进一步的研究试图予以补缺和解答的。于是，也就明确了以"中德1964年伯尔尼接触"作为论文选题仍然有可以研究的空间和价值。

➢ 研究历程

冷战国际史研究的特色在于利用多国档案文献开展研究。就本文的选题而言，首先需要获得来自中德双方的档案文献，因此收集档案史料是开展研究的第一步。

联邦德国方面的档案文献主要是利用之前提及的《联邦德国对外政策文件集》的1963年和1964年两卷。中国方面的档案文件主要得自于当时仍处于最开放状态的中国外交部档案馆，笔者通过在档案馆进行一周时间的工作，将涉及1964年中德伯尔尼接触这个课题的馆藏全面地作了抄录，这些档案成为本文最终能够完成乃至实现立论的最重要的组成部分。

在收集和浏览主要史料的过程中，仍然会继续产生一些边缘问题，对此仍然需要一个个地通过史料或者既有研究去进行梳理和解决。本文的研究对象虽然是中德1964年伯尔尼接触，但实际上就接触本身而言仅仅只是联邦德国与中国的外交代表在中国驻瑞士大使馆内举行的四次会谈，因此要真正理解把握这个事件的意义，还需要把它放在当时的具体国际环境之下才能够作出进一步的解读。为此，还需要熟悉把握诸如1963年联邦德国艾哈德政府上台后的外交政策、1964年中国外交战略的特点、中法建交对于西欧和美国的影响以及这一时期的中国与民主德国的关系、联邦德国与美国的关系等各种背景性主题。

在基本背景比较清楚的情况下，才可以开始着手对中德双方的史料进行整理和细读。这项工作的目的在于把伯尔尼接触事件的始末和具体过程梳理清楚，在这个过程中就发现了潘文在一些史实上所存在的讹误。也就是在整理和细读史料的过程中，笔者形成了一个清晰的认识，那就是本文的讨论对象虽然是中德1964年伯尔尼接触，但其实真正有意义的工作不是去论述事件本身的经过，而是去分析中德两国政府在这个双边接触的过程中所表现出来的各自决策。

从联邦德国外交文献中所能反映出来的是，联邦德国在决策过程中处处自觉或者不自觉地顾及美国的看法。因此需要再去调查美国方面的档案文献，通过对《美国对外关系文件集》（FRUS）的查阅以及从《美国解密档案在线》（USDDO）[1]数据库内检索到的文献，将美国的立场和态度以及联邦德国的配合以及坚持的程度基本上梳理清楚后，这样从联邦德国方面掌握其基本决策的线索就十分清晰了。

但是完成史实梳理仅仅是第一步，更高的要求在于如何在叙述具体历史的过程中解答以往被忽视的问题，或者纠正以往的误解。在阅读中国外交部档案的过程中，发现一个关键词便是"第二中间地带"。1964年的中法建交和中德伯尔尼接触都被中国视为是在毛泽东所提出的"第二中间地带"理论指导下的外交实践。所以如果要把握这一时期中国对于伯尔尼接触过程中的决策理念，就需要再进一步了解当时毛泽东所提出的"第二中间地带"理论的基本内涵。而恰恰是在阅读有关"第二中间地带"理论研究文献的过程中，发现了本文最终打算回答的一个问题。

对于"第二中间地带"理论的阐释，国内学者基本上以正面评价为主，认为这是中国在当时的一种新的对外战略思想，对当时中国外交摆脱两面敌对、寻找新的战略空间具有现实意义，并且也为中国发展和改善同西方资本主义国家的关系奠定了理论和政策基础。[2] 这就造成了一个疑问，如果"第二中间地带"真如之前的学者们所言，是一种对外战略的话，那么为什么在"第二中间地带"提出之后，中法建交成功了而中德伯尔尼接触却失败了？同时，在中国外交部档案中提到"对第二中间地带的做法有别于对第一中间地带"，这种区别到底体现在什么方面？

这就需要对中法建交和中德伯尔尼接触这两件事进行比较，而比较的结果却是出现了令普通人感到难以理解的现象。中德伯尔尼接触失败的关键在于中国拒绝在与联邦德国的任何贸易协定中包含"柏林条款"，但是如果从一般外交的角度去考察，接受"柏林条款"事实上不会对中国的核心利益造成丝毫的损害，但是中方为什么就是坚决拒绝接受？与此相反的是，在中法建交的过程中，中方事实上在台湾

---

1 当时该数据库被称为《解密档案参考系统》（DDRS）。

2 参见钱庠理：《历史的变局——从挽救危机到反修防修（1962—1965）》，香港：中文大学当代中国文化研究所，2008年，第456页；宫力：《毛泽东的国际战略视野与新中国大国地位的确立》，《当代世界与社会主义》2010年第3期。

问题上作出了让步，即不坚持法国与中国台湾必须在中法宣布建交之前"断交"，而是把这个过程放在宣布建交到互换大使期间——这里存在的外交风险是，一旦无法完全"驱蒋"，中法则有再次断交的危险。[1]台湾问题乃触及中国核心主权利益的问题，但是为什么在核心利益有可能受损的情况下，中国反而同意与法国建交呢？

因此在中德伯尔尼接触的这个案例中，可以发现在当代中国的外交实践中出现了这样的现象：中国政府在一些完全可以妥协的、无关切身利益的问题上却坚持不妥协；而在一些旁人看来不应该妥协的问题上反而妥协了。这表明如果从一种习惯的现实主义外交战略的角度去理解"第二中间地带"理论有可能是错误的，因为现实主义的外交理念要求国家必须愿意在一切并非至关重要的问题上达成妥协。而杨奎松教授曾撰文指出，基于阶级斗争理念的革命外交思想左右了新中国早期的外交实践，这往往会导致对自身民族国家利益的严重损害。同时中国共产党的"统战"理念也是理解当代中国外交的一种路径。[2]

这一思考路径在解释上述有关1964年中法建交以及中德伯尔尼会谈的疑问时是十分有力的。在选择和什么样的西欧资本主义国家亲近时，中国的主要标准并不是看对方国家在事关自己主权核心利益的台湾问题上的立场如何，而是更加看重对方国家的对美态度如何。这才是之前潘文中所说的"原则"的真正内容。就如同毛泽东在1964年9月曾说过的那样，联邦德国的问题就是听美国话太多啦。[3]因此针对西欧国家提出"第二中间地带"，本质上是一个团结更多力量反对美国的统战策略。通过以上的思考，就最终为本文结论和问题意识找到了"靶心"。

➢ 写作技巧

作为一名刚刚踏入史学研究大门的青年学者，难以大言不惭地说明自己是在文

1　姚百慧：《中法建交谈判中关于台湾问题的"三项默契"——〈周恩来总理谈话要点〉形成考释》，《当代中国史研究》2012年第2期。

2　参见杨奎松：《新中国的革命外交思想与实践》，《史学月刊》2010年第2期。

3　《我们很欣赏法国这种独立政策》（1964年9月10日），中华人民共和国外交部、中共中央文献研究室编：《毛泽东外交文选》，北京：中央文献出版社、世界知识出版社，1994年，第542页。

章的哪一部分自觉地采取了哪一种有规律可循的"写作方法"，抑或是在哪些文字的处理上采取了哪一种所谓的"写作技巧"。个人的体会是，所谓的"写作技巧"在很大程度上只有通过不断地写作和修改才能慢慢体会和掌握到，而且这种修改一定是"陌生化"的。因为在论文初稿写作完成之后，立刻着手进行修改的话，不见得有效。因此如果把初稿放置一段时间后，此时文章已经对作者变得陌生了，那么再去着手修改的话，往往就可以发现文章更多的问题与不足。当然更好的办法是拜托在修辞和逻辑上值得信赖的老师或学长帮助修改，他们对于一篇完全陌生的文章，所提出的修改意见将会是更加中肯和客观的。就本文而言，只能就一些能自觉意识到的写作上需要注意的问题谈一些粗浅的见解：

1. 题目的设置

本文初稿的总字数（包括注释）达到了三万多字，对于伯尔尼接触事件的背景及其始末过程都作了比较细致的梳理和论述。因此完成初稿后，一度将题目设定为《1964 年中国与联邦德国在伯尔尼接触性会谈的历史考察》，类似这种将研究对象直接设置为题目的处理方式是一种比较中庸的方法，反映了一种"不求有功，但求无过"的心态，无法突出文章的特色之所在。之后在最终发表前，由于期刊字数的限制要求，不得不删除一些细枝末节的论述以及许多详细的分析史料的部分，同时考虑到本文最终所要试图回答的问题，所以就把"第二中间地带"作为题目的一个组成部分。最终的题目为《"第二中间地带"策略与 1964 年伯尔尼接触》，这样将最终所要在结论中重点探讨的"第二中间地带"这个概念率先设置在题目内，可以让读者从题目中就能立刻把握本文所要讨论的问题和对象分别是什么。

2. 摘要的写作

写作论文摘要的目的在于达到让读者"见摘要如见全文"的效果。因此，一定要考虑将全文中最关键的信息传递出去。以本文为例，第一句话——"1964 年 5—12 月，中国与联邦德国曾就改善双方贸易关系在伯尔尼进行了四次官方接触性会谈。"——是在一句话内将论文所要研究的伯尔尼接触的这一事件的时间、内容、目的、行为主体都包括在内。第二句话——"联邦德国希望能与中国达成一项包含'柏林条款'的易货协定，而中国则力图通过对'第二中间地带'国家的斗争策略，达到孤立美国的目的。"——交代中国与联邦德国两个行为主体各自在伯尔尼接触事件上的决策目标。第三句话——"但同时，中国又不愿授苏联以柄，拒绝接受任何形式的'柏林条款'，双方在伯尔尼接触最终无果而终。"——交代了事件的最终结果，以及造成这个结果的最为重要的原因。最后一句话——"这一接触反映出中国在'第二中间地带'策略指导下的革命外交，具有不同于一般现实主义外交的特性。"——是将论文所要回答的最终极问题揭示出来，并且明确本文的论点是什么。因此这四句话分别照顾到了一般对于一篇冷战国际史研究论文所关心的几个问题：研究的事件是什么？行为体在事件中的目标如何？事件的结果如何？造成这一结果的原因何在？从更宏观的层次上可以揭示出什么问题？

3. 结论

根据自身并不丰富的教学经历以及阅读研究生的毕业论文的过程中认识到，大家最为关心或者说最难以把握的问题是如何在结论部分进行"提升""拔高"的问题。大家撰写完一篇论文，把一个事件的前因后果、细枝末节作了一个比较清晰的梳理，但是往往会遭遇到一个"那又怎么样"的质疑和挑战。因此在结论部分，需要树立起一种"对话意识"，也就是最终的结论除了对整篇论文的总结和概括，更好的处理方式是寻找一个对象展开对话。这种情况往往可能是可遇而不可求，虽不能至但也需心向往之。学生阶段应有意识地朝这个方向去锻炼。问题的关键其实还是在于能否通过细读文献从而寻找到自己立论的切入点。一旦这项工作得以完成，在结论部分的写法上就可以以一种问题导入式的方式进行，而不必像通常令人感到枯燥的"一、二、三"进行总结的方式。

以本文为例，潘文始终是本文的一个要去对话的对象，因此最终的结论也需要从潘文当中引出。潘文认为伯尔尼接触最终失败的原因在于联邦德国误认为中国会接受"柏林条款"，而实际上中国坚持了原则，根本不会接受"柏林条款"。本文的结论就是从引用这一结论开始，通过一层层地思考来最终表达出自己的结论。从史实层面上看，这个结论完全正确，但是进一步的问题是为什么中国坚持不接受"柏林条款"呢？从而引申到去回答"第二中间地带"策略的本质到底是什么？然后进一步通过与通常的现实主义外交理念的比较来回答其本质的特殊性，从而最终达到对于当时中国革命外交特性的展示，并对"第二中间地带"策略的目标取得某种同情的理解。

问题与逻辑
——以中法就派遣商务代表的互动研究为例

高嘉懿

在中华人民共和国成立伊始，考虑到印度支那问题、美国对华政策、中苏签订盟约等种种原因，作为西方阵营中的主要成员国，法国决定暂时不承认新中国。随着 1954 年日内瓦协议的签署和法国退出印度支那，中法之间的直接冲突因素消融，法国国内要求发展对华商贸、建立外交关系的声音日益增多。在这样的背景下，法国开始寻求以经贸文化关系推动政治关系发展的道路，此为建交之前法国对华政策的特点之一，最为突出的案例是 1956 年和 1957 年法国参议员罗希洛两次率领经贸代表团访华，其背后带有浓厚的官方色彩，反映了当时法国政府对华政策的矛盾心态：既希望扩大中国市场、开展商贸往来，又顾忌美国对华政策、不敢建立正式的官方关系。同时，罗希洛代表团访华时期也正值中国对外政策出现调整之际，通过中国的对法经贸和政治政策，可以看到中国在和平共处的总体外交方针下所逐步形成的"两个中间地带"的外交战略。

➢ 选题由来

笔者在攻读硕士学位期间的研究主题是第一次印度支那战争，此为战后亚洲地区的一次重要军事冲突，并且由于冷战的开启，使得战争性质发生转变，从殖民战争演变为两大阵营间的较量，涉及中美法苏越等多国关系。但那时条件有限，能够利用的主要是中国和美国的档案资料。因此，当获得了赴法攻读博士学位的机会，笔者自然想要利用在法国寻找档案资料的便利优势来研究冷战时期法国的印度支那政策。然而，法国导师希望笔者能够介绍和利用中方档案资料来研究中国的外交决策，这是法国学界较为薄弱的研究领域。如此两相结合，笔者决定在中法关系领域进行耕耘和拓展，利用中法双方的档案资料来研究冷战跨阵营交往时两国关系所面临的问题，即中法两国如何既维护自身的意识形态，又以现实主义的态度发展国家间关系。

从冷战背景下大国关系的整体研究来看，中法关系受到的关注相对较少，但由于 1964 年 1 月中法建交事件被视为冷战时期大国突破意识形态和阵营对立以现实主义态度采取独立外交政策的一大标志，长期受到学界的关注。然而，对于中法关系中的其他议题，特别是经贸和文化关系，研究仍有很大不足。事实上，在中法恢复邦交之前，虽然两国的官方往来极为有限，但是社会层面的交往并未断绝，存在民间团体、政党甚至半官方性质的经贸文化交流。探讨这种特殊时期的相处模式，能够了解两国对外政策所考虑问题的优先顺序及关切重点，还能了解社会层面对于两国关系发展的认知及态度。

作为中法建交之前经贸关系发展中的一个案例，法国参议员罗希洛两次率领经贸代表团访华一事得到了笔者的关注，遂决定将其作为一个专题来进行研究，主要考察三个方面的问题：一是借助罗希洛代表团访华一事探讨其背后法国官方的对华态度及政策变化；二是通过中国政府对法国经贸代表团的态度来分析中国对法国乃至西欧总体外交政策的考量过程；三是研究并讨论中法双方存有以经贸关系带动政治关系发展的意愿以及罗希洛经贸代表团最终未能促成建交议题谈判的原因。

➢ 研究历程

在开展一项课题的研究前，阅读前人的相关研究成果是一项基本且必需的工作，可以对选题的情况有一个整体的了解。关于中法建交之前的经贸往来，最为关键的一本著作是蒂埃里·罗班（Thierry Robin）的《雄鸡面对龙：20 年法中经济关系》。[1] 作者从两国经贸关系的角度，阐述了法国的公共权力部门和私人企业为维护和促进法国在华经济利益，所采用的战略和行动方式。此外，作者还指出了法国对华经济政策与法国在印度支那经济利益之间的关系，以及在对中国的多边贸易管制下，法国是如何受制于美国政策的。罗班认为法国政府的对华态度与政策是有连续性的，也是机会主义的，想要与中国建立最大限度的经济关系，并以此带动政治关系的发展，但是这种设想及目标未能真正实现。作者分析后指出，关键性原因在于当时的法国政府无法踏出美国对华政策的底线，虽然在对华贸易禁运问题上通过例外程序采取了一些积极做法，但不能改变其对华经贸政策的根本性困境，同样地在外交及政治问题上也难以突破。此外，黄庆华的专著《中法建交始末：20 世纪40—60 年代中法关系》也部分涉及中法建交前的经贸关系。作者运用了不少中国外交部、法国外交部以及台湾方面的档案，梳理了从"二战"后到中法建交时期的两国政治外交关系的变化过程，着眼点放在了中法建交的谈判过程及后续事宜上。不过，作者在介绍中法民间交往情况时，也提到了两国经贸关系发展的问题，尤其是对罗希洛率领经贸代表团访华一事有着较为详细的叙述，并能从中国的视角来看待该问题，指出中国政府对于罗希洛代表团的态度及政策重点不在于经贸议题，而是更为关切政治议题，即是否能借此机会谈及中法建交事宜。论文方面，安吉拉·罗曼诺（Angela Romano）注意到日内瓦会议后不久法国对华经济政策的变化，即通过鼓励和扶持商贸团体来从事对华贸易工作、开拓中国市场，并借此提出派驻商务代表来提升与中国大陆的关系。与罗班的观点不同，罗曼诺更多地肯定了商业外交对法中关系的改善作用，"贸易和合作代表团不仅是为了实现法国在这一地区的利益，它们也被法国外交部看作是为未来建立官方关系奠定基础的政治工具"。[3]

总的来看，这些研究都注意到了建交之前中法关系中的政经互动问题，即两国政府都怀有以经贸手段推动政治关系发展的意愿，同时政治关系的难以突破也限制

1　Thierry Robin, *Le Coq face au Dragon: deux décennies de relations économiques franco-chinoises*, Paris: Librairie Droz, 2013.

2　参见黄庆华：《中法建交始末：20 世纪40—60 年代中法关系》，合肥：黄山书社，2014 年。

3　参见安吉拉·罗曼诺：《承认之前：法国对中华人民共和国的政策》，《冷战国际史研究》第 19/20 辑，北京：世界知识出版社，2015 年。

了经贸关系的进一步拓展。不过，关于经贸关系是否真正推动了政治关系的发展，研究者们有着不一致的观点。正是这种差异的存在，使得笔者决定开展进一步的研究分析。此外，笔者也注意到，受到档案文献及视角的限制，国外学者的研究重点在于法国政府的政策，而国内学者则强调中国政府的政策，至于两国政府的政策差异则缺少比较研究。事实上，中法政策的差异和执行过程中优先程序的不同，应该是导致以经贸关系促政治关系发展存在有限性的原因，值得展开具体研究。最后，笔者通过对前人研究成果的整理，关注到罗希洛经贸代表团访华事件都得到了研究者不同程度的笔墨书写，反映了该事件在中法政经关系互动问题中具有代表性和特殊性，且资料也较为丰富。因此，笔者确立了以该事件为主线索来进行研究的想法。

确立了基本的研究主题和具体的研究事件后，第二步就是要尽可能地广泛收集档案文献，以便考察研究资料是否充分，能否支撑对于目标事件的整体性研究。考虑到罗希洛经贸代表团访华虽然属于半官方性质的经贸活动，但背后牵扯的经济政治利益与政府的外交政策密切相关，因而有必要去法国外交部档案馆和中国外交部档案馆查找和收集相关资料。冷战时期法国与各国关系的档案被归于政治事务系列，按照地区国别划分各个卷宗。中国卷（1944 年以后）的档案分类号是 119QO，下属分卷按照内政、外交、经贸、文化等不同领域进行划分整理，可以通过纸版目录查找相关内容的具体卷号，档案文件的类型则包括外交部与驻各地使馆的往来电报和公文、外交部亚大司递交的备忘录和报告、会议的记录；等等。由于罗希洛经贸代表团访华事件既涉及中法政治关系也与经贸关系有关，经过查找目录，发现主要文件分列在第 211 号、第 483 号和第 522 号档案卷中。

中国外交部档案馆保存了中华人民共和国成立以来的外交档案，虽然目前已开放的档案不够全面和系统，有些事件仅找到零碎的记录，对于了解事件整体的发展脉络存在困难，但是电子化的查阅方式较为便捷，搜索关键词可以查询所需的档案文件。另外，关于高层外交决策的材料不多，但是会谈记录、接待代表团的各项报告等资料还是较为丰富的，可以从中找到一些有价值的材料。对于本案例研究来说，罗希洛经贸代表团的两次访华作为中法建交以前仅有的几次商贸接触，且具有半官方性质，因而得到了中国政府一定程度的重视。相对其他的交流活动来说，关于此事件的各类文件资料保存得较为完整，可以确保研究的进行。

第三步，按照研究主题对所收集的档案进行整理。主要方法是按照事件发展的时间线索，将法国派遣代表团之前的政策设想和目标、实际的接触过程、对事件的报告及评估等一一整理，同时对于中方的对策及态度也按照时间顺序归纳整合。这样做的目的一是使史实发展脉络变得清晰。比如，本案例可以看到日内瓦会议后法国存有改善与中国的关系、与中国发展经贸文化交流的意愿，但是经过内部研究认识到当前环境下承认中国是不可行的，只能设法采取渐进性步骤，因此想通过罗希洛代表团向中方提出派遣商务代表的建议，目的是先建立一定的官方联系，等待时机成熟后再考虑建交问题。梳理史料的第二个目的是发现值得探讨的问题。例如，从法国外交部亚大司的报告中可以发现，之所以法方提出先派驻商务代表然后再逐步建立外交关系，是因为中国与埃及的建交就采取了这种方式：先派经贸代表团确立商贸合同，然后互相设立商务代表处，最后建立正式的邦交关系。不过，在罗希洛等人的具体接触过程中，中国方面却迟迟不给予明确的答复，直到最后才表示不同意设立商务代表，而是希望建立直接的官方关系。这就让法国政府产生了疑问，为什么中国与埃及可以设立商务代表团，不直接采取建交方式，而法国却不可以？显然，这个不仅是法方的疑惑，也让研究者产生了兴趣，即中国对埃及和对法国的政策为何有所不同。

第四步，根据档案资料整理过程中发现的疑问来凝聚具体的问题意识。比如上述提出的问题：为什么法国通过经贸代表团提出的设立商务代表处的提议遭到中方的拒绝，而中国与埃及的建交却可以采用这种模式？从这点出发，经贸关系对于政治关系的发展究竟是否能产生推动作用？经过思考后，可以认识到，法国政策的失利实质是中法对于建交问题和外交政策重点认知存在差异，法国没有意识到中国对不同国家的外交政策存在区别对待的问题。因此，这是值得重点研究的问题。有了问题意识，研究就能够有针对性地展开，并且有可能提出创新的观点。笔者通过对中国当时总体外交政策的梳理，可以发现之所以中国对法国和埃及采取不同的态度，在于中国当时所重构的"中间地带"外交理论。中国将美国和社会主义阵营之间的广大地区都纳入"中间地带"，并且愿意改善和发展与法国、英国、意大利等西欧国家的关系。但是，中国的政策重点在于发展与亚非第三世界国家的关系，特别是对于那些采取中立或不结盟政策的国家，中国愿意作出让步并理解对方的政策困境，在达成建交默契后，同意他们在不与台湾断交的情况下，先设立商务代表团。至于西方国家，中国仍然存有怀疑和警惕的心理，认为他们会玩弄"两个中国"议题，因此需要谨慎对待。从中国对外政策的这种区别对待来看，可以认识到中国在 1950 年代中期的对外政策已具有"两个中间地带"的雏形。

➤ 写作技巧

确立了研究主题和问题意识，并通过档案资料梳理了基本史实之后，就可以构建写作的框架。一般说来，学术论文可以分为引言、正文和结论三个部分。引言部分起到导论的作用，将读者带入所要阐述的主题，介绍已有的学术成果，在前人研究的基础上摆出自己的问题意识。引言还需要突出论文的创新性，可以是发掘使用了新档案资料，抑或是利用了新的研究方法，还可对于某项理论或结论提出了补充或批驳。引言所提出的问题意识以及所介绍的创新点，是吸引读者继续全文阅读的关键所在，值得花时间多修改几遍。

论文的正文部分是对所述主题的整体论述和分析过程，一般可分为三到四个小部分。历史论文的论述结构多依靠时间线索来确立，将事件发展的不同阶段作为划分各部分的标准。此外，也可以依据事件的不同方面或试图阐明的分论点来划分。不过，以时间顺序划分在逻辑上更为清晰，可以方便读者了解事件的发展脉络，发现过程的变化特点，也有利于作者对变化原因以及影响作用作出分析解释。笔者就采取了以时间线索划分事件发展脉络的办法，将正文划分为四个部分。

第一部分的标题是"'一边倒'方针下的中法经贸接触"。该部分的写作目的是向读者介绍新中国初期的对外政策和中法关系特点等方面的背景知识。在具体论述中，笔者又进行了细分，归为三小点。① 在意识形态指引下，中国对于西方资本主义国家有强烈不信任感。此时，对于印度等亚洲资本主义国家，态度上比对英国积极，但没有特殊优待。② 新中国的经贸政策与建交政策有所不同，更为灵活务实。③ 法国有与中国进行经贸活动的意愿，但因美国的禁运而停滞。民间的中法贸易通过法共进行，但缺乏政治保障，经贸关系十分脆弱。在第一部分的最后，笔者作了小结，即经贸活动的开展需要政治外交关系的跟进。这也解释了为何之后法国在提出发展对华贸易的同时认识到要建立部分的官方关系来保障商贸活动的原因，从而引出了第二部分。

第二部分的标题是"中法关系的缓和与法方酝酿派遣商务代表"。同样，要先确立这部分的写作目的，即介绍法国是如何派遣罗希洛经贸代表团访华并提出派驻商务代表的原因，将事件的起因告知读者。为了理清这一点，笔者也通过三小点来论述。① 日内瓦会议以后，法国酝酿新的对华政策，考虑到美国及台湾因素，提出渐进式的发展官方关系的过程，即先经贸文化接触、签订商贸协议、派驻商务代表（建商务代表处），再视时机而定。② 对应阐述中国的对法政策。因台海问题，中国更为警惕国际上玩弄"两个中国"的阴谋，但为了扩展对外关系，顺应和平共处方针，愿意与法方先发展经贸文化关系。③ 主要指出由于中方的态度存在善意，使得法国对中国的政策发生误解，认为中国拒绝政治上的官方关系，担心造成"两个中国"的既成事实，但同意在经贸文化事务上发展"官方关系"。因此，法国认为派驻商务代表是可行的方案。那么，中国对此提议的态度如何呢？这就引出了下文的内容。

第三部分的标题是"法方提出派驻商务代表与中方的拖延态度"，主要回答了中方对派驻商务代表的态度。同样地，具体的论述过程也可以细分。① 中国热情接待法方商务代表团并签署商贸协议，但对派驻商务代表一事迟迟不表态。② 法国感到失望且疑惑为何中国对埃及和对法国态度不同。③ 以此现象导出笔者的观点，中国是根据"敌友划分"来作"区别对待"的，与亚非国家的交好优先于西欧国家。④ 指出中国拖延回复的原因是既警惕和怀疑法国用意，但又不想轻易放弃机会。因而，中国最后的答复是可以允许法国派遣非正式的商务代表，这也是罗希洛第二次访华的原因。

根据中国的回复，法国提出再次派遣由罗希洛领队的商贸代表团，同时也在考虑合适的临时性商务代表人选。由此引出了第四部分，即"法方再派经济代表团与中国对政治问题的试探"。具体内容按照发展过程分为四点。① 面对法国再派罗希洛代表团的提议，中国对法国进行了外交试探，认为法国不会诚意商讨建交问题。同时，受苏伊士运河事件影响，中法关系有所退步。② 在中国倒逼之下，法国再次研究对华承认问题，认为时机仍不成熟，最终考虑放弃派遣商务代表一事。③ 中国同意接待法国商贸代表团，但与前次相比，未达成具体贸易协议。④ 最后，中国国内政治气氛转变，中法关系降温，即两国的经贸关系尚未能推动政治关系发展。

可以看到，在文章的组织结构中，需要层层递进的逻辑关系，每个部分要将所表述的主要内容浓缩在小标题中，并依次展开。在写作中还需要注意，把握每个部分的篇幅，过长或过短都会影响整体结构，对于所述内容以及引用的资料要有一定的取舍，堆砌史料也会使行文累赘繁琐，最好能让读者在阅读时能一气呵成，对整体事件发展脉络有清晰的把握。同时，历史论文切忌有史无论，避免成为流水账，无法引人思考。在事件论述中，必须分析政策设计与实施差异的原因、简要分析研究对象的特点、阐明事件产生的作用或影响。但值得注意的是，行文中的分析评论要有适时性、简明性，能够连接上下文而不显得突兀。在正文论述中长篇大论并不适合，可以放在最后的结论部分。

以笔者的论文为例，结论部分主要是对文章所提出的总问题进行回答。引言部分提出的问题意识可以分成两方面来回答，一是是否存在以互派商务代表促成建交的可能性？笔者通过正文的论述和分析得出，是存在可能性的，有三点原因，即中国外交政策趋缓、法国有改善对华关系的意愿、存在中埃建交的例子。二是既然存在可能性，但派遣商务代表促成官方建立关系的机会为何会失去？笔者通过三个层面来进行分析，首先是国际层面，当时的大国格局并未改变，法国仍依赖美国，中苏关系愈加紧密。其次是国家层面，比较中法两国政策可以发现双方政府在发展两国关系上的侧重点不同，对建交的级别和步骤存在明显分歧。中国重政治，法国重经贸。最后，分析中国对于建交的原则性态度，即中国可以采取灵活性政策，但前提条件是要得到原则性的保证，即维护一个中国。

在对问题意识作出回答后，有必要对文章思想进行升华，补充现有理论，展现文章的创新点。笔者借牛军等学者已有的观点，指出朝鲜战争后中国开始重构"中间地带"外交战略。在此基础上，根据本文的阐述和分析，可以清楚地看到当时的"中间地带"理论已经出现对亚非国家和对西欧国家的"区别对待"，并应用于实际，形成了"两个中间地带"的雏形，这使得中国的建交政策既有原则性又有灵活性。

对"老问题"的"新探索"
——以对1949年斯大林调整对华政策的研究为例

郝江东

通过1945年雅尔塔会议关于远东问题的"秘密协定"与《中苏友好同盟条约》，斯大林确立了二战后初期的对华政策，他选择了同以蒋介石为首的国民政府结盟，来实现苏联在华的一系列现实利益。此后，中国问题在莫斯科外交决策议程中的紧要性大幅下降。至1947年底1948年初，中国东北局势日益明朗，莫斯科开始重新关注中国问题。1948年底1949年初，在中国革命取得全国胜利前夕，斯大林开始直接掌握对华政策决策。1949年2月，斯大林派遣时任苏联部长会议副主席米高扬秘密访问中共中央所在地河北西柏坡，同中共高层就当时双方认为重要的历史、内政、外交等问题举行会谈并达成共识。以米高扬秘密访华为标志，苏联对华政策发生根本转轨，开启了同中共结盟的进程。

➤ 选题由来

苏联对华政策问题是老问题，也是一个"常试常新"的问题。这一历史涉及的时段距今超过半个世纪，大批相关档案文献、见证人的传记、日记等已经解密和出版，学术界业已出现大量研究成果。然而，近些年来，随着文献与资料的不断公开，历史环境、意识形态等因素的变迁以及新的观察解读视角的应用，学术界对这一问题的探索有了全新的面貌与不同的答案。近年来出现的不少新的文献与资料还表明，战后苏联对华政策的演变及最终发生转轨的过程远较以往研究中所揭示出来的要复杂得多。其中应特别注重并有必要重新审视苏联外交决策体制中那些负责对华事务的中下层机构对苏联对华政策的演变到底产生了多么重要的影响，而以往在中苏关系与冷战架构中的宏观分析，以及专注于斯大林这样的领袖人物的研究，很可能忽视或低估了这些中下层机构在历史中的真实作用。

　　这一问题之所以"久热不冷"并不断推陈出新，一方面是由于已有的相关研究受档案史料、意识形态、研究方法等因素制约，在基础史实建构方面存在严重问题。随着档案史料不断公布，关于其间许多重大历史事件的探讨受到了越来越多史实方面的挑战。另一方面，苏联对华政策问题受到持续关注，根本还在于这一问题本身所独具的研究价值。它不仅关系到中苏关系的演变、苏联对华战略以及远东战略的变迁，还与新中国外交的缘起、冷战在东亚的兴起、朝鲜战争爆发等许多重大问题存在直接而内在的联系。有关这一问题的探讨透彻与否，将直接关乎对上述一系列重大问题的理解。这就是本文最初选题的缘起。

➤ 研究历程

　　苏联对华政策演变过程中一系列历史现象，促使笔者开始重新思考1949年初斯大林调整对华政策的原因。通过对一系列现象的深入观察，形成核心困惑并做"大胆假设"，应是一切学术性研究的起点。在此之后的关键，应是通过大量的阅读作"小心求证"的工作，检验已有的思考是否能够实现逻辑的自洽，以及是否具有推进学术探讨的价值。

　　第一步的"求证"，即是作学术史回顾，需要广泛、大量地阅读。

　　这种阅读分为两类，一类是集中性阅读，即系统阅读学术界关于这一问题的已有的专门研究成果，梳理这些研究关于本文所提问题的基本观点、史料运用、研究方法、研究视角以及行文逻辑等，思考这些解释是否已经充分解答了自己提出的困惑。如果已经解决了，那么自然就没有继续研究的必要；如果没有，则要思考其中的原因以及继续推进的空间。通过这一过程，反复推演自己"大胆假设"的合理性与研究价值。第二类是要广泛阅读，拓宽自己对研究课题的观察视角，增进对相关问题的理解。具体来说，为写作本文，笔者不仅阅读了有关战后苏联对华政策的专门研究，还阅读了苏联史、苏联外交等方面的著作，以及主要历史人物的传记等。

正是通过这种阅读，笔者发现已有研究普遍存在对莫斯科决策层过分关注、对决策进程研究过度抽象，以及对中下层涉外执行机构所起作用过于忽视的问题。基于一种常识判断：虽然以斯大林为首的莫斯科决策层对外交决策有着毋庸置疑的决定影响，但由此认为他们能够完全掌控、全面把握并层层推进苏联外交进程，认为只需研究斯大林等人的决策行为就足以理解苏联外交决策的根本逻辑，显然不能令人信服。斯大林那些为数不多、时断时续的论述并不足以解释苏联对华政策的连贯性和政策转变中的许多现象。此外，由于许多研究采取宏大的历史叙事，既无法充分描述这段历史的许多关键细节，最终结论也通常陷入历史必然性的窠臼。因此，笔者深感，若不充分、细致地探讨二战后初期苏联对华政策决策机制的复杂性，重新审视苏联外交体制中那些负责对华事务的中下层机构发挥的作用，对 1949 年初苏联对华政策转轨的理解至少是不完整的。

在阅读期间，笔者受美国学者祖博克《失败的帝国：从斯大林到戈尔巴乔夫》一书启发较大。该书基于对战后初期苏联对外决策机制的观察，提出了中下层机构对决策进程的重要影响。作者指出，战后斯大林处理对外事务时经常站在具有扩张主义倾向的下属一边，会有效调动起这些官员的沙文主义情绪，"一方面利用当地革命组织和民族主义组织，另一方面又更喜欢发起受他们控制的运动，以便进一步推进自己的目标"，把"地区性的以及国内的民族主义动员结合起来"，以维护苏联这个庞大的帝国。然而，那些中下层机构通常在意识形态与民族情绪驱使下走得更远，促使形势的演变超出莫斯科的掌控，反过来推动苏联政策的演变。[1] 这本著作虽然没有太多谈到苏联对华政策的问题，但其对当时苏联外交决策机制的探讨为笔

1　［美］弗拉迪斯拉夫·祖博克：《失败的帝国：从斯大林到戈尔巴乔夫》，李晓江译，北京：社会科学文献出版社，2014 年，第 61 页。俄文版见：*Зубок И.М.* Неудавшаяся империя: Советский Союз в холодной войне от Сталина до Горбачева, Москва: РОССПЭН, 2011 г.

者提供了重要的观察视角，促使笔者思考那些处理对华政策的苏联中下层机构是否发挥了类似重要的作用？带着这些困惑，笔者开始阅读包括回忆录在内的相关史料，在其中的两份史料中找到了佐证。

第一份史料来自曾在 1942—1952 年任职于苏联驻华大使馆的前外交官、著名学者 A．M．列多夫斯基。列多夫斯基根据履职经历，指出战后初期苏联对华政策的重要特征，即"在上层是一种性质，在中层和下层则完全是另一种性质"。[1] 据他撰写的具有回忆录性质的《斯大林与中国》一书描述，这一时期苏联驻华机构中普遍存在同情中共、憎恶国民政府的情绪，这些机构的人员在同国民政府保持正常关系的同时，"偏重于同中共的联合"，给莫斯科的报告也基本是"为中共领导的所有行为作辩护"。至于原因，列多夫斯基的解释是：第一，中共与苏联有相同的意识形态，能被苏联驻华官员视为"思想上的盟友"，并得到后者的"完全支持"；第二，这些驻华苏联官员们拥有"自我保护"意识，会刻意避免"被怀疑同情国民党的'资产阶级地主的制度'"；第三，苏联驻华官员长期"受到阶级原则和社会主义思想的教育"，具有一种阶级"自觉"。

第二份史料来自曾在 1946—1948 年担任苏联驻华大使馆秘书的克鲁季科夫（Крутиков К.А.）。他在回忆录中提到，1946—1948 年间，苏联"在满洲的军方以及其他代表并没有将情况全部汇报给莫斯科，而莫斯科也没有经常向驻华大使馆及时通告信息"。很多时候，苏联驻华使领馆对中国东北局势的了解，仅仅限于来自莫斯科的联共（布）中央"简要指示里所列举的信息"。鉴于这种情形，苏联驻华大使馆掌握的关于现实形势的信息，通常十分"有限"，并且往往"自相矛盾"。[2]这些外交官们的回忆性文字能够帮助加深对 1945—1949 年苏联对华政策演变过程中许多现象的理解。除上述两份史料，笔者还仔细阅读了战后初期美苏国共复杂交涉的历史资料，基本确认了自己的判断，即苏联外交体制中那些直接负责对华事务的中下层机构对苏联对华政策的演变发挥了重要影响。

1　［俄］A．M．列多夫斯基：《斯大林与中国》，陈春华、刘存宽等译，北京：新华出版社，2001 年，第 246 页。

2　*Крутиков К.А.* В гоминьдановском Нанкине 1946–1948 годы// Новая и новейшая история, 2004г., №.2.cc.138, 147.

历史研究依赖于对史料的掌握，以及对已掌握史料的解读，正所谓"有一分史料说一分话"。搜集与阅读史料，是对已有"假设"作"小心求证"的第二步。本文的选题主要涉及中共与苏联方面的史料。最重要的是苏联档案。冷战结束后，俄罗斯联邦政府对苏联档案一度提供开放查阅，该国学术界也陆续出版了一批苏联对华政策档案集，当时驻华苏联官员的许多回忆录等也陆续面世。以各种形式出现的苏联对华政策史料几乎涵盖了本篇论文涉及的各种苏联驻华机构，较重要的如驻东北苏军与驻华大使馆等。

整体来看，虽然目前关于这一问题的许多关键性历史档案仍然处于被封存、不开放、未解密的状态，但若充分利用目前公开的文献与史料，足以厘清1948—1949年斯大林调整对华政策的基本脉络。只是，如何"读懂"这些"浩如烟海"的史料，并从"繁复杂芜"的现象与历史细节中提炼出经得起推敲的史实脉络，并在其上形成一条能够自洽的逻辑链条，是对研究者更为关键的问题。当然，这项工作完成的水准取决于研究者的能力与阅历，以及建立其上的"史识"。

➢ 写作技巧

一般来说，历史学特别是冷战国际史研究论文的布局谋篇首选的方案就是按照时间顺序将研究主题划分为几个阶段，然后分别加以叙述。本篇论文便是如此，共分为三个部分：

第一部分主要阐述1948年中苏两党高层就国共内战与未来问题的互动。1948年3月，东北民主联军结束"冬季攻势"后，中共已基本控制整个东北。这一事实开始成为主导战后东北问题的支配性因素。然而，除了一些中下层机构或职能部门开始关注与思考苏联在中国东北的利益外，莫斯科决策层并没有表现出对中国革命运动的热情。莫斯科决策层根据获得的情报，仍然认为国民党军虽然在东北战场上遭受重创，但在全国范围内并无"灭顶之灾"，而且美国干涉中国革命的风险依然存在。加上受同一时期爆发的苏南冲突与柏林危机的影响，斯大林再次拒绝了毛泽东的访苏请求。甚至直到1949年1月斯大林开始直接掌握对华政策问题时，最先考虑的仍是控制中国革命运动的进程，根本目的仍是确保苏联那些通过远东雅尔塔体系保障的外交与现实利益。

第二部分讲述东北内战最终胜利前后，中苏两党在东北层面的互动及产生的重要影响。由于中共在东北取得胜利，中苏两党在该地区的战略性互动效应逐渐超出地方层面，对莫斯科处理对华政策问题的既有决策机制提出愈发强烈的挑战，成为促使斯大林直接掌握对华政策的关键性因素之一。而双方在东北层面的战略性关系，则成为斯大林重新思考对华政策的重要基础和起点。为降低中国革命将会对战后远东雅尔塔体系造成的潜在冲击，确保苏联在这一体系内获得的现实利益，斯大林在1949年初曾试图控制甚至限制中国革命运动的胜利进程。但他很快便放弃了这种尝试，开始重新审视与调整对华政策，并最终决定不再将国民政府作为处理对华关系的主要对象。在此过程中，正是中苏两党在东北地区层面的良性互动和战略关系促使斯大林更愿意将中共视为苏联在华利益的新支点与合作伙伴。

第三部分讲述了1949年初米高扬秘密访华的历史过程以及这一历史事件的重大意义。以往关于米高扬秘密访华的探讨，对这一历史事件的重大意义鲜有明确表述。本文基于对这一事件的性质（中苏两党最高领导人的直接沟通）与双方会谈内容的判断，断定米高扬此行标志着斯大林已经将对华关系的主要对象由国民政府完全转向了中共，判断依据在于：第一，相对此前在局部地区援助中共的策略，斯大林此时已经开始从国际层面重新思考对华政策，第一次明确表达了支持中共建立全国性政权的立场，以及未来同中共新政权发展关系的意愿；第二，斯大林明确表达了对中共领导下的中国革命经验的认同，首次确认中共领导的革命运动属于国际共产主义运动，提出中共加入以苏联为首的社会主义阵营的相关问题；第三，斯大林开始重新思考中苏结盟问题，并谈及重签同盟条约，重新为中苏关系奠定基础，毛泽东则明确表示要同苏联签署一份"类似苏波条约的苏中互助条约"。[1]

---

1 《米高扬与毛泽东会谈纪要：新政府的组成和任务》（1949年2月6日），沈志华主编：《俄罗斯解密档案选编：中苏关系（1945.1—1949.2）（壹）》，上海：东方出版中心，2015年，第442页。

材料阅读与研究思路的建构
——以冷战时期在华越南实习生的思想政治研究为例

游　览

接收外国实习生来华进行技术培训是冷战时期中国对外经济技术援助的一种重要方式，而这个问题本身也是以往考察中国对外援助历史时很容易被忽视的一部分。由于在冷战时期中国接收的外国实习生来自不同国家，其制度、背景各不相同，中方的培训目标和方式也存在差异，因而研究者对于每个国家来华实习生的具体考察往往都会有一些独到的发现和认识。

其中，对于同为社会主义国家的越南民主共和国（简称"北越"），中国向其提供的实习生培训任务在长达 28 年的援越工作中几乎贯穿始终。而从实际情况来看，中国对越南实习生的培训工作根本目的是为了帮助北越支撑长期战争的现实需要。同时，考虑到越南劳动党在冷战时期国际共运中的微妙地位，中方在培训过程中也试图对越南实习生进行思想政治教育，促使他们在意识形态路线方面向己靠拢。当然，随着中越之间的嫌隙自 20 世纪 60 年代后半期以后趋于扩大，中国对越南实习生的上述培训目标也注定终将陷入困境。从这个角度来说，对在华越南实习生思想政治教育的考察对于理解冷战时期社会主义国家间关系中的某些特殊性矛盾显然具有生动的示范意义。

➢ 选题由来

对于越南在华实习生这个选题的考察实际上源于 2010 年前后华东师范大学历史系冷战国际史研究中心以蒋华杰、葛君等为首的研究生发起的一项多人参与的研究项目。项目发起人在上海市档案馆进行文献调研的过程中，发现了数量可观的涉及冷战时期来华接受技术培训的外国实习生的档案材料，认为这是一个不可多得的考察冷战时期社会主义国家间关系的全新视角。经过筛选分析，项目小组确定了阿尔巴尼亚、朝鲜、越南、古巴四个国家的来华实习生作为初期的研究对象。在此过程中，笔者被吸收进入小组，具体负责越南实习生的相关子课题。在此之后的一年多时间里，笔者在赴全国各地进行档案调研的过程中始终留意收集与此相关的文献材料。

➢ 研究历程

对于培训外国来华实习生这样一个前人研究绝少涉及的全新课题，所应遵循的研究顺序还是从最基础的文献材料的收集整理入手。最初，笔者对于该课题也只有一种笼统性的概况认知，主要原因是对于已有史实材料的认识尚处于感性阶段。在此期间，笔者初步确定的目标是基于上海市档案馆所藏涉及越南来华实习生的材料，系统考察冷战时期在沪越南实习生的培训工作，换而言之，就是将研究的计划限定在上海这个区域之内并将研究的优先目标确定为搞清楚在沪越南实习生培训工作的来龙去脉。

在确定了这个范围和目标之后，笔者与课题小组的其他成员相互配合，逐批从上海市档案馆复制、抄写所需的档案材料。在文献收集工作进行的同时，着手对已有档案进行整理、解读和摘抄。正是在这一过程中，笔者通过与研究小组其他成员的交流，意识到存在两个问题。一是上海市档案馆馆藏涉及外国实习生的材料数量极多，仅越南实习生的卷宗数量就有近四百份，其内容涵盖甚广，包括越南在沪实习生的生活、学习、工作等等诸多方面，可以说是事无巨细，相当琐碎。如果要将冷战时期在沪越南实习生的方方面面都纳入研究和写作的范围，不仅需要耗费更多的精力和时间，同时也会削弱研究的着力点。第二就是通过与课题小组其他成员收集的档案材料进行比较，可以看到各个国家在沪实习生的培训工作都经历过开端、起步、发展、收缩、结束的过程。如果仅仅是把这个过程描述出来，完全没有必要按照国别加以区分研究，直接写一篇冷战时期在沪外国实习生的研究报告就足够了。而之所以要具体落实到四个国家，就是要通过考察在华实习生的培训工作来进一步深入思考冷战时期中国与这几个社会主义国家间关系的实质内容。

考虑到以上两个问题，笔者在接下来的档案收集和整理的过程中开始重点留意挑选那些能够反映越南实习生培训工作中深层次特殊性内容的材料，从这个角度来说，针对该课题的研究目标和先前相比有所收缩。在此过程中，笔者曾有过多个不同角度的设计安排，包括对在沪越南实习生的技术学习进行考察，对在沪越南实习生的生活状况进行考察，甚至考虑过选择材料相对集中的某个工厂企业的越南实习生进行考察。不过随着对文献材料的整理、解读愈加深入，笔者逐渐发现，在这些文字中能够透露出冷战时期各个阶段中越两国关系变化迹象的内容更多地集中在中方对越南实习生开展的思想政治教育工作中。

事实上，对于越南实习生的思想政治教育工作，在20世纪50年代并没有被中国方面摆在一个突出的位置。这一时期，国内外局势相对稳定，意识形态因素尚不突出，中国政府对越南实习生的培训基本上遵循了国家间技术援助的正常教学模式，思想政治工作的辅助性作用更多地是针对作为个别现象而存在的大国主义思想和实习生违反纪律的行为。[1] 而这也是笔者在刚开始阅读20世纪50年代的越南实习生档案时对政治思想工作并没有过多留意的原因。

不过随着档案材料的跨度进入20世纪60年代，可以看出的是，中方对于越南实习生的思想政治教育工作显而易见地出现了与之前迥然不同的变化。特别是1961年苏共二十二大之后，随着中苏关系再次趋于恶化，中国方面在外国实习生培训工作中针对思想政治工作的指导方针进行了调整，将其摆在了一个十分重要

1　游览：《技术援助中的意识形态输出——冷战时期中国对在华越南实习生的思想政治教育》，《外交评论》2012年第6期，第34页。

的位置。在此之后，中方在培训外国实习生的基本目的和方针中明确加入了反对现代修正主义的条款。[1] 而针对越南实习生，随着中越两党两国关系自 1963 年底越南劳动党三届九中全会明确提出反对修正主义路线后达到一个前所未有的融洽程度。可以从档案文献中直观地感受到，从 1964 年起上海地区接受越南实习生的厂矿企业开始在思想政治教育中普遍加大以反对现代修正主义为主的意识形态宣传的力度。这一趋势到 1966 年"文化大革命"爆发后进一步加强，对其积极宣传中国革命和建设成就以及中国党的方针政策成为实习生主管部门对各培训单位的一再要求。[2]

基于已经掌握的上述思路，通过对上海市档案馆所藏有关越南在华实习生培训工作的档案文献的梳理，笔者已经初步确定将研究的目标进一步缩小至对越南实习生的思想政治教育问题。但也正是由此开始，笔者发现从 1967 年下半年往后的档案文献里，有关越南实习生接受思想政治教育的情况汇报材料明显减少，特别是那些反映思想政治工作形势喜人的说法较之 1966—1967 年的高峰时期出现了一个很突兀的降温。考虑到这一阶段中国内外政治形势的状况，可以想见这一局面的出现是很不正常的。但遗憾的是，仅仅从上海市档案馆已开放的档案材料中，笔者没能再找到更多可以对此加以说明和佐证的信息。

在这种情况下，笔者考虑将档案材料收集的范围扩大至其他地区，而不仅限于上海。于是在 2011 年上半年及暑假期间，笔者多次前往江苏省档案馆、广东省档案馆以及广西壮族自治区档案馆等处查找材料。果不其然，在这些地方终于找到了可以解释上述疑问的文献佐证。根据其他各省市外国实习生培训办公室汇报至国务院经委的情况，从 1967 年年中开始，全国各地有关越南实习生抗拒中方的政治思想教育工作的事件层出不穷，甚至发生了一些相当严重的外交纠纷。对于这一局面，越南方面在 1967 年 10 月底于北京召开各地实习生团长会议，决定在思想政治教育工作方面做出向中国妥协的姿态。此外，在 1968 年年中，中共中央转发毛泽

1　游览：《技术援助中的意识形态输出——冷战时期中国对在华越南实习生的思想政治教育》，第 36 页。

2　游览：《技术援助中的意识形态输出——冷战时期中国对在华越南实习生的思想政治教育》，第 39 页。

东关于对外宣传工作和外事工作的批示，要求在对外宣传中不可强加于人。[1] 在这种情况下，中方对于在华越南实习生的政治宣传工作从 1968 年以后开始趋于降温。

在把以上基本线索弄清之后，考虑到已有的档案文献已经足够支撑将计划解决的问题说清楚，笔者最终确定了该子课题研究的范围和目标是：将在华越南实习生的考察对象扩大至全国范围，将研究的目标确定为在华越南实习生的思想政治教育工作。在此基础之上，笔者接下来的档案解读和收集工作才算真正能够做到有的放矢，包括在资料卡片的制作方面，由于研究范围和目标已经完全明确，因而相关的工作效率也得到提高，文章的基本框架亦很快确定，得以迅速投入写作。

以上即是笔者在接手在华越南实习生课题之后展开相关研究的基本历程。在笔者看来，对于冷战国际史领域任何一个课题的研究来说，事实上都需要经历从感性认识上升到理性认识的过程。这里的感性认识指的是研究者对文献材料的直观感受和基本逻辑，而理性认识在形式上是对文献材料内在逻辑的重组，而在结果上则并不是唯一的。就像对于在华越南实习生的考察，完全也可以以史料为基础从其他的角度切入进行研究，思想政治教育只是笔者在研究活动中建构的考察路径之一。这种情况在课题小组其他成员的相关成果中都可以得到体现，[2] 而最终得出的多样性的结论和视角也正是课题本身的意义所在。

➢ 写作技巧

对越南在华实习生这一课题的考察，事实上是笔者首次在利用地方档案文献的基础上进行的研究和写作。在这一过程中，一方面依靠自己的摸索总结，另一方面则是吸取了其他老师前辈的建议。关于其中的写作技巧，重点谈下面两个感受。

一方面，如何带着问题意识从庞杂的史料文献中撷取最有用的部分运用于写

1　游览：《技术援助中的意识形态输出——冷战时期中国对在华越南实习生的思想政治教育》，第 45—47 页。

2　如梁志：《作为政治任务的技术培训——朝鲜实习生在上海（1953—1967）》，《近现代国际关系史研究》（第十辑），北京：世界知识出版社，2016 年；蒋华杰：《公共外交的意识形态化：冷战时期中国培训阿尔巴尼亚实习生计划解读》，《外交评论》2012 年第 4 期。

作。这里有几点需要给予特别的关注。其一，问题意识的导向地位直接决定了文献整理及写作的落脚点和工作量。如上所述，经过实地调查，可以看到在全国各地档案馆中有关在华越南实习生的材料十分庞杂，如果说没有相对精确的问题意识，而只是笼统地将在华越南实习生培训工作作为考察目标，那么在文献收集和后期整理方面所需投入的精力和时间可想而知。更为重要的是，这很可能会给行文造成处处着力、形散意散的局面。在这里有一点建议是，对于刚刚进入一个全新领域的研究者来说，在动笔之前完全可以初步设立若干个问题方向，然后在后期的文献阅读整理过程中再进行取舍。其二，在研究和写作的问题意识基本确定之后，在行文的过程中往往还会遇到一个问题，就是如何对文献材料进行遴选，也就是说选择哪些文字材料作为论述的依据。考虑到在实际情况中时常会遇到面对一堆可用材料但却难以抉择的状况，笔者遵循的基本原则是在每个自然段落的书写中集中选择能够反映该段落主旨的材料，而对这些材料使用的数量和层次又必须考虑到整篇文章的主旨。以笔者关于在华越南实习生的论述为例，在反映 1967 年对越南实习生的思想政治教育工作正面效果的材料中，可以看到几乎每个培训单位都有越实习生积极热情学习毛泽东思想的汇报，但在使用这些材料的过程中需要注意，首先它是培训单位概括自身工作的一种程式化的书写方式，其次即使每个单位都有对思想政治教育反应积极的越南实习生，但也无法改变他们在整体上的抵触局面，因而对于越生努力进行思想政治学习的情形，在一个段落中举出一两个实例加以简单说明即可，完全不必喧宾夺主，去冲淡全文主旨。[1] 其三，如何把遴选出来的材料自然地、了无痕迹地融入写作，这实际上涉及如何避免出现生硬地堆砌材料的现象。一般来说这种情况在使用外文材料时表现得更为明显，就是我们常说的翻译痕迹较重。具体到使用中文材料的情况，依然要努力避免。这要求作者要及时地根据实际行文需要将档案材料的文字进行改写、剪切、概括，使之与自己的写作风格融合起来，做到直接与间接引用灵活切换。

另一方面，如何避免冷战国际史方向的论文书写流于表层的故事叙述。从写作的基本要求出发，将一个问题、事件的来龙去脉说清楚是重要的前提。但对于学术

1　游览：《技术援助中的意识形态输出——冷战时期中国对在华越南实习生的思想政治教育》，第 42—43 页。

研究的成果来说，仅仅达到这个要求还是不够的。在最初撰写的有关越南在华实习生的论文中，笔者即忽视了这一方面，在利用大量材料对问题本身进行详述之后，论文的结语中仅仅是对最终的结果进行了一般性的描述。为此，《外交评论》的相关编辑老师与笔者进行了多次交流，目的即希望能够进一步凸显文章的主旨，将中国对越南实习生的思想政治教育工作置于冷战背景下意识形态与国家利益冲突的矛盾中加以反思。从最终的修改结果来看，尽管和之前相比有所改进，但依然远非理想状态，而这其中主要还是受制于笔者本身的思考深度及理论视野。当然，要在短时间内克服这一限制并不是一件容易的事情，它需要相关的研究者在较长的时间里不断地通过积累经验加以改善。而具体到一些技巧上的建议，笔者有两点意见：其一，可以借鉴传统国际关系史的一些案例研究，这些案例往往已经具备比较成熟的理论支撑，如危机处理、力量平衡、利益让渡等等，对于冷战国际史相关问题的研究具有一定的参考作用。当然需要加以提醒的是，不要本末倒置，强行用国际政治的相关理论进行生搬硬套；其二，可以集合集体思考的力量，通过向前辈学者的请教和同辈学人之间的交流集思广益，使得文章的升华能够跳出个人思维的窠臼。而在学术论文的写作过程中，类似的现象并不少见，特别是在自己所掌握的文献材料的基础上进行书写的研究者，在最后阶段很容易被困在自己的思维胡同里，在这个时候作为局外人的看法往往具有醍醐灌顶的作用。

学位论文的选题写作与发表：
以个人硕士论文为例

谷继坤

1954 年 10 月中华人民共和国国庆五周年之际，赫鲁晓夫率苏联党政代表团访华。会谈期间，赫鲁晓夫向毛泽东提出，建议"中国派 100 多万名工人到西伯利亚来帮助开发这里巨大的森林资源"[1]。事后赫鲁晓夫将人数降至 20 万人，待中苏就此问题签署协议时人数再次降为 8 万。最终，只有 2 000 名中国工人前往苏联。1955—1963 年，这 2 000 名中国工人最长在苏联工作了 8 年。此即中国工人"赴苏援建"问题。

对于研究者来说，该问题很大程度上是中苏关系史上"不为人知的一页"。这也为研究中苏关系提供了一个"反向"的典型案例：其一，大多数情况下，中苏关系史中为大众所熟知的是苏联对中国的援助，鲜有中国"反向"援助苏联的情况发生；其二，中国工人在苏联工作的 8 年，恰是中苏由"蜜月"经"分歧"直至走向分裂的时期，这也成为考察同时期中苏关系变迁的一个"晴雨表"；其三，1963 年中苏分裂已成定局的情况下，大部分中国工人选择回国，但也有人因在苏联娶妻生子等原因选择留下。时至今日，当年的青壮年工人很多已经故去，但其在苏联的孩子已经长大成人，这也就带来存续至今的"问题"——留苏的中国工人及其子女对自我的身份认同等问题。而且，在研究视角和分析框架日益多元化的今天，该问题

1　［苏］赫鲁晓夫著：《最后的遗言——赫鲁晓夫回忆录续集》，上海国际问题研究所等译校，北京：东方出版社，1988 年，第 386—388 页。

无疑也为从跨国史、民间交往 / 公共外交史、身份认同与历史记忆等视角进行进一步的探讨提供了很好的研究对象。今日观之，该问题可能是冷战时期中国唯一一次对苏联进行"援助"的事例，这对于理解和丰富中国对外援助历史的复杂性和多样性也具有重要价值。此外，中国"赴苏援建"工人本身的经历也提示研究者，冷战时期或主动或被动地置身于国家间行为中的"普通人"，其命运变迁也是研究者在选题和研究过程中不应忽视的对象。

➤ 选题由来

中国工人"赴苏援建"的选题，并不是笔者本人发现的，而是笔者的恩师沈志华教授提供给笔者的。时至今日，笔者个人依然认为，硕士研究生阶段选题的来源无非有两种情况：第一，自我在阅读研究著述和档案文献中发现问题，进而确定研究选题，所谓"看不到即想不到"[1]；第二种情况是导师提供选题，毫无疑问，导师对每个人的研究之路的成长尤其是起步阶段有着决定性的影响，至少于笔者而言是如此，因为导师长期对某一领域或问题的研究使其对研究选题的捕捉和是否具有可行性有着敏感的"嗅觉"。导师能够"看到学生看不到的东西"。如果自己在学术研究起步阶段没有坚定且明确的想法，听从导师的建议是个不错的选择。笔者在学术上愚钝而且起步晚，这不是自谦，事实如此，因而属于第二种情况，即导师给的选题。

笔者本科毕业于山东省滨州学院历史与社会学系，那是一个漂亮如花园般的学校，大学四年的师生交往给笔者留下了美好的回忆。但不能否认，自己在学术上落后同龄人太多。2010 年考研进入华东师范大学历史系学习，蒙沈先生不弃，将笔者收入门下。来华东师范大学之后，知道了自己的差距，研一一年疯狂读书和翻书，但翻来翻去也没有翻到问题，更别提选题。结果到了研二论文选题时，自己想

---

1 如果笔者记得没错的话，"看不到即想不到"是笔者在硕士阶段选修崔丕教授课程时崔老师提出的。说来惭愧，课程内容基本忘得差不多了，但对这句话和崔老师授课时可以脱稿说出档案出处甚至页码等至今记忆犹新。

来想去，想了好几个题目，比如那时想能不能利用上海市档案馆的材料做个类似于上海与俄国有关的题目。记得很清楚，那是在 2011 年 9 月新学期开学，在教师之家沈老师请所有在校学生聚餐，先生挨个问同门的情况。问到笔者时，笔者说了几个备选"题目"，先生也没直接否定，只是说："你那些题目，都没啥意思，我给你出个题目，说啊，有这么一档子事，赫鲁晓夫访华时曾提出派中国人去苏联帮忙搞建设，后来这事到底怎么样了，没人知道，我也不清楚，现在俄国学者在文章中提到过确实有中国工人去过苏联，但也都说得不清楚，你底子薄，如果你能把这个问题弄明白，那你研究生就可以毕业了……"笔者当时想，导师都觉得有意思的题目，那估计肯定有意思，再加上自己也没有明确且坚定的选题告诉导师说自己就研究哪个选题，于是就将该选题作为了自己的硕士论文主攻方向。这就是笔者的选题由来。

现在来看，当初的选择是对的，这个选题从史料收集到梳理写作直至最后发表论文，使笔者有了一个完整的学术经历，大大提升了笔者的史料收集能力、心理承受能力以及学术信心，感觉就好像要想学会游泳就把自己扔到水里面，这是学会游泳最快的方法。此外，收获不仅仅是学术上，通过采访当年赴苏的工人，得知这些工人出国时是十八九岁的壮小伙，至今已是白发苍苍，对生活有了更深刻的体验。而他们对生活的体验与经历又会影响到自己的学术感悟，至少于笔者而言是这样。在 2013 年硕士毕业之后，笔者博士论文虽转至蒙古问题，但对于中国工人赴苏援建问题的关注和思考从未间断，一直持续至今。

➤ 研究历程

笔者对中国工人"赴苏援建"问题的研究历程与收集档案的过程紧密相关，档案收集的过程占了研究历程的大部分内容。对于目前仍处于学术研究起步和探索阶段的笔者而言，该选题的研究历程，更多的是笔者收集档案史料的过程和基于此的心路历程。因为是导师给定的选题，所以确定选题之后，笔者开始回过头来找寻既有相关研究成果。笔者首先去查阅检索中国知网等数据库，去寻找是否有相关研究论著，结果一无所获。后来想起，沈志华老师在饭间提到过赫鲁晓夫同毛泽东会谈时提及此事，因此笔者开始寻找毛泽东和赫鲁晓夫的有关著述，比如毛泽东的文集、年谱等，结果还是没有任何发现。最后在赫鲁晓夫的回忆录中找到了赫鲁晓夫对此事的回忆，但也就一两段话的内容，而且没有涉及诸如中国具体什么时候、哪些地方派出的工人，此后虽多方找寻，也再难在中文著述中找到任何信息。此时，笔者基本判定，这个选题国内没有人进行过学术研究。

一筹莫展之际，笔者再次寻求导师的指点，找到导师汇报上述调研工作时，导师也赞同笔者的研判，即国内对该问题尚未有学术意义上的研究，并建议笔者将目光转移至俄罗斯学界，于是笔者开始以"中国工人在苏联"（Китайские рабочие в СССР）等词句在俄罗斯的搜索引擎和俄罗斯大全数据库中找寻，最终找到了两篇有关文章[1]。这两篇俄国文章篇幅都不大，重要的是俄国学者在文章中提到，赴苏的中国工人来自中国河北省。随后笔者开始去图书馆翻阅河北省的省市地方志，并从地方志中又获得了一些信息，即除了河北省之外，山东省和河南省也向苏联派出过工人。笔者记得很清楚，有一次在冷战史研究中心碰到了蒋华杰师兄，聊起了彼此的近况和研究选题，恰好蒋师兄在收集地方档案，于是他给了笔者一份河北省档案馆的档案[2]。这是笔者第一次接触中国地方档案。看到后笔者非常兴奋，从这份档案记载中可以看到动员的范围至少涉及河北、山东、安徽、江苏、河南五个省。那么接下来的行动目标就非常清楚了，去地方省档案馆找档案。这也是笔者正式启动该问题研究的第一步，寻找原始档案材料。

研究历史需要一定的经济支持。2011 年下半年至 2012 年初的时候笔者是研究生二年级，作为一名学生没有课题项目经费自然经济非常窘困。我记得那时候硕士研究生每个月的国家补助是 250 元，也没有能力帮助导师做课题，而买车票、住宿都要花钱，于是做家教等兼职成为积累路费等费用的办法。沈老师知道后，让笔者申请了东方历史研究基金会的资助，方才改变了这一窘况，笔者至今尤为感念。也

1　*Крушанова Л.А.* Китайские рабочие в СССР（1945–1960-е годы）//Россия и АТР, 2007, №3, c.118-122；*Дацышен В.Г.* Китайская трудовая миграция в Россим. Малоизвестные страницы истории // Проблемы Дальнего Востока, 2008, №5, c.99-104.

2　《中组部关于抽调随同赴苏联工人出国的干部的通知》（1955 年 4 月 1 日），河北省档案馆藏，档案号 857-1-135。

正因为如此，笔者也更为感激大学本科即滨州学院的同学。笔者本科同班 50 人左右，有 30 人左右考上了全国各地的研究生，而笔者要去的这五个省都有同学在当地省会城市读研究生——潘友义、王馨英、庄桂萍、仝夏雪、侯卫、廖金城、李凯学，笔者基本是借住在本科同学的宿舍。笔者第一站去的是北方某省档案馆，到了档案馆出示了介绍信，很快调来了一摞大概五卷档案。正当笔者要看时，一位阅览室工作人员过来又将案卷收走了，说："年轻人，你先喝水，我们还要研究一下。"结果喝了两小时水，最后被告知因为内容涉外，不能看。笔者当时万分失落，颇受打击。第二站去了江苏，开始有了收获，在江苏省档案馆笔者找到了几份关于动员宣传和总结简报的档案[1]。江苏省档案馆的档案透露出一个重要信息，即中方 1955 年开始动员中国工人赴苏，之后不久又暂停了动员，什么原因档案中没有提及，此刻笔者开始体会到了查档的乐趣，就好像拼图游戏，已经找到了部分图案同时愈想把拼图拼接完整。第三站笔者去了河南省档案馆和山东省档案馆，均有不少收获，而且分别去了两省下面的新乡市和潍坊市档案馆以及临朐县档案馆。到这时收集的档案已经可以确定，即中国派往苏联的工人既没有 100 万，也没有赫鲁晓夫回忆录中提到的 20 万，而只有 2 000 人，即河北省 1 000 人和山东、河南两省1 000 人。

最后一站去了河北省，最大的收获也在河北。在河北收集的档案解决了该选题的核心问题——高层谈判与底层动员以及在苏联的工作生活情况。笔者先到了河北省档案馆，彼时河北省档案馆对档案利用者非常友好和开放，该馆馆藏的档案内容都指向了一个地方——河北省清苑县。于是笔者马不停蹄地赶至清苑县，对于当时的情形笔者记忆犹新。到了清苑县档案馆时已经快下班关门了，笔者正准备先找个旅馆歇歇。那时的笔者一身尘土，挎着个军用水壶，背着个军用背包。档案馆一位好心的阿姨看我这么奇怪，就主动问了笔者的情况，说明来意后，那位阿姨说"小伙子，你可来得真是时候，我们的馆长刚编了个集子就是你说的这件事"，说着给了笔者一本，并告诉笔者馆长的家就在附近。笔者一翻书，是文件汇编和赴苏回

---

1 如国务院出国工人管理局：《出国工人简报第一期》（1955 年 4 月 9 日），江苏省档案馆藏，档案号3072-2-271。

国老工人的采访录[1]，当时的感觉真是太好了。万分感谢之后，拿着书就去找档案馆馆长的家，敲门进了清苑县档案局局长和档案馆馆长李新锁先生的家。说明来意后，李馆长将我带至他的书房，一番畅聊之后，告诉笔者清苑县 1 000 人赴苏联的整个来龙去脉。笔者当时一下豁然开朗，就和前面笔者在江苏、河南、山东等地看的材料衔接起来了。李新锁告诉笔者其在任馆长期间一直和当年带队出国的清苑县县长段鸣琴的儿子段秀峰致力于做这批工人的史料收集和口述访谈工作，而且从中央档案馆复制了文件，并告诉我前往中央档案馆的往复艰辛历程，表示如果我需要可以给我，之后约定第二天一起吃饭。第二天，李新锁约了段秀峰同笔者一起吃了饭，席间喝了酒，聊得很愉快。段秀峰告诉笔者他小时候跟随父亲段鸣琴带队的工人前往苏联的经历，并表示虽然现在有一本资料集，但还是准备去俄罗斯的伊尔库茨克，但因为各种原因始终未能成行，没有俄国材料也成为一大缺憾。笔者说，这个工作笔者来办，早晚有一天笔者会抵达俄罗斯找到这些材料。总之，相谈甚欢。

后来，笔者从李新锁馆长那里复印了中央档案馆文件的有关复制文件，这批档案文件成为该选题的核心史料。具体而言，这批档案解决了三个核心问题：其一，从中方的档案证实了中国工人赴苏援建是赫鲁晓夫提出的请求，因为有俄国学者认为是毛泽东提出的要求，进而怀疑中国派人前往苏联的动机；其二，对诸如高层谈判过程中协议的签署、合同的制定、人员选拔的标准等问题可以梳理清楚了；其三，对于整件事情进程当中的一些波折争议点也能够解释清楚，如有一份 1955 年4 月 15 日赫鲁晓夫致毛泽东的信[2]，赫鲁晓夫在这封信中主动提出暂停派遣，理由是其本人回国后在国内动员发掘了新的劳动力，这就解决了笔者在江苏、山东等地收集地方档案时遇到的困惑，即为什么各地方突然停止了动员。同时，赫鲁晓夫在信中强调只是暂停动员，这为分析中苏高层在此问题上的动机提供了重要依据。李馆长又介绍笔者去清苑县档案馆查档，收获了不少基层的动员材料。后来，李新锁和段秀峰又为笔者提供了一些清苑县赴苏老工人的地址，笔者又前往进行了口述采

1　段秀峰、李新锁编：《清苑·1955·赴苏援建》，北京：新华出版社，2011 年。

2　《苏共中央书记赫鲁晓夫给中国共产党中央委员会主席毛泽东同志的信》（1955 年 4 月 15 日），中央档案馆藏，档案号 137-1-11。

访。可以这么说，如果没有李新锁先生的鼎力无私帮助，笔者就无法找到该选题的核心史料，也就无法完成该选题的研究。至此，笔者完成了该项选题研究的第一步即史料收集工作。

第二步笔者开始对收集到的史料进行梳理，包括做目录、做卡片，并对关键的材料进行摘抄。在梳理的过程中基本就确定了硕士论文的写作框架了。这里要提一下沈志华教授"发明"的一套档案整理和文献摘抄的方法。笔者有幸跟随沈老师学了一学期的文献整理的方法课程，基本是按照时间顺序对文献史料进行整理排序，如此很容易就可以确定文章的写作框架。2013 年，笔者完成了硕士论文的写作，通过了硕士论文的答辩。[1] 其实，现在再看自己的硕士论文，写得真是"不忍卒读"。后来笔者在硕士论文的基础上先后改写发表了两篇文章[2]。虽然笔者近几年的研究以蒙古问题为主，但对该问题的关注一直没有中断。2015 年，笔者前往俄罗斯西伯利亚联邦大学访学，同俄国学界研究该问题的达齐生教授建立了联系，也进行了探讨，同时逐渐弄清楚了俄国方面对该问题的馆藏情况。2019 年 3 月笔者赴莫斯科，专门前往俄罗斯国家档案馆和经济档案馆，收集到了关于该问题的俄国档案。现在看来，笔者对该问题的研究历程或者心路历程至今大概有八年时间。接下来，笔者准备整合手中的文献资料，写本小书。基本上这就是笔者的研究历程，谈不上经验，仅供参考。

➤ 写作技巧

如下，以笔者发表在《中共党史研究》2013 年第 10 期上的《中国工人"赴苏援建"问题的历史考察（1954—1963）》一文为例，简要谈一谈专题论文写作过程中的一点体会。这篇文章是在前述硕士论文第一章的基础上修改而来。当时笔者正

---

[1] 谷继坤：《中国工人"赴苏援建"的历史考察——以河北省清苑县为中心（1954—1963）》，华东师范大学，硕士学位论文，2013 年。

[2] 谷继坤：《中国工人"赴苏援建"问题的历史考察（1954—1963）》，《中共党史研究》2013 年第 10 期；谷继坤：《对河北省清苑县工人"赴苏援建"问题的历史考察（之二）》，《冷战国际史研究》2018 年第 2 期。

值博士一年级，这也是笔者第一次在公开刊物上发表文章，彼时根本不知道怎么写一篇能够在史学刊物上发表的专题研究论文。怎么办呢？——"照猫画虎"。笔者找来了导师的一篇文章[1]，然后仔细研究，从标题到分标题一直到文风表达，全面进行学习模仿。初稿被《中共党史研究》编辑部接收后，责任编辑吴志军老师前前后后指导笔者改了七遍。对的，你没看错，是七遍，真的是让我受益匪浅，比如在行文过程中尽可能避免大段的直接引用、同一个意思尽量用不同的词汇来表达，等等，这些都是通过和吴老师的往复修改过程中学到的。后来文章发表后被人大复印资料《中国现代史》全文转载和《历史学文摘》摘要转载，笔者很兴奋地给吴老师打电话表示感谢。现在来看，这篇文章对笔者的影响很大，不仅是毕业找工作需要文章这些功利性的因素，还提高了笔者的学术信心。更重要的是，经过此次文章的往复修改之后，笔者无论是在后续发表文章的写作还是博士论文的写作过程中明显有了一个"无形准绳"，写文章的感觉也在慢慢积累。

首先是论文题目，一个好的题目犹如一篇文章的"眼睛"，应尽量准确地反映出文章的主要内容和想要表达的主题，应尽可能传神，吸引读者的眼球。但如果处于研究的起步阶段，不知道怎么起题目的话，不妨模仿学习其他研究者同类型的研究文章，看看别人是如何起题目的，进而逐步慢慢形成自己的写作习惯。笔者最初起的题目是《对中国工人"赴苏援建"问题的历史考察：基本状况与政策变化》，基本是完全模仿沈老师的那篇文章，意在说明文章的主要目的是考察整件事的来龙去脉。但这个题目稍显冗长，一般的论文题目不应超过25个字。最后，在吴老师的提点下改成了《中国工人"赴苏援建"问题的历史考察（1954—1963）》，字数减少至21个字，同时加上了时间段限，在明确文章主题和讨论范围的同时，也留下了思考的"余白"。

其次是文章摘要，文章摘要一般400字左右，3—5句话。摘要的目的似应以简洁的语言告知读者文章的核心内容和观点，也是最能体现研究者功力的地方。处于起步阶段的研究者，包括现在的笔者，应时刻提醒自己注意避免过多描述性的内容。应主要体现文章的核心论点和观点。但往往是知易行难，笔者也是在不断

---

1 沈志华：《对在华苏联专家问题的历史考察：基本状况及政策变化》，《当代中国史研究》2002年第1期。

地探索和学习如何才能把摘要写好。以《中国工人"赴苏援建"问题的历史考察（1954—1963）》为例，摘要的第一句话[1]主要交代的是文章所属的研究领域，即冷战时期社会主义国家间的人员往来。第二句话[2]点出文章的讨论主题和史料依据。第三四句话[3]表明文章研究对象的特殊性，即这是新中国成立后中国政府主导的第一次大规模人力援外，同时中苏双方都有"不言自明"的猜测对方的心态。最后，指出文章对中苏关系和社会主义国家间关系领域的研究意义[4]。现在来看，摘要仍有进一步改进的不足之处。简而言之，摘要部分是非常见研究者功力的地方，需要反复斟酌。

再次是文章的正文部分。正文之前应是文章的标头或题首。该部分大致应该从文章的研究对象或主题、既有研究现状综述、材料来源、研究视角等方面进行评述。尤其是对研究现状的综述，不应简单罗列，而是要评述结合。仍旧以"中国工人'赴苏援建'问题的历史考察（1954—1963）"一文为例，笔者当时的研究目标还是在史实的梳理，因而基本侧重于史学实证的研究，而没有所谓研究视角的概念和考虑。2017年底前后，夏亚峰教授和梁志教授着手筹备组织发表一批关于冷战时期社会主义国家间人员往来的英文文章，笔者有幸参与其中。通过学习梁老师撰写的范例文章，笔者开始留心关注梳理所谓的"跨国史"研究视角和方法，并在此基础上尝试主动有意识地从"跨国史"的角度再次思考本文提到的中国工人赴苏援建问题，进而发表了第二篇有关文章[5]。此次经历也使笔者认识到，不应仅满足和局限于梳理历史过程，还应留意学习其他研究者的研究视角和方法，也可以为自己的研究课题提供借鉴，进而更新自己研究和分析问题的框架，对于文章标头的写作也大有裨益。接下来就是文章的主体内容部分，《中国工人"赴苏援建"问题的历史

1　向国外派遣人员进行援助，是冷战时期社会主义国家间关系的重要内容。

2　本文以大量档案史料为依据，讨论1954—1963年2 000多名中国工人赴苏援建的基本状况与政策变化。

3　这是在苏方的主动要求下，中国政府主导的新中国成立以来第一次大规模的人力援外。但在具体办理过程中，中苏双方各自的民族感情裹挟其间，均有猜测与试探对方的心态。

4　本研究对理解同时期中苏关系的变迁和分析社会主义国家间关系具有重要意义。

5　谷继坤：《对河北省清苑县工人"赴苏援建"问题的历史考察（之二）》，《冷战国际史研究》2018年第2期。

考察（1954—1963）》这篇文章主要是梳理历史史实，因而从缘起、实施、变化和结果四个部分梳理了整件事的来龙去脉。

最后是结语。结语是整篇文章最后的提炼和升华部分，应避免单纯复述文章正文内容。笔者在《中国工人"赴苏援建"问题的历史考察（1954—1963）》这篇文章中最初的结语就是简单地重复正文内容。后来，在吴志军老师的指导下，笔者开始重新思考结语的写作。具体而言，其一是直面正文部分核心和不确定的问题，即赫鲁晓夫缘何会有态度的变化，为何触动了毛泽东的民族感情，对于不确定的问题进行了推测，如此便对正文部分进行了补充。其二是受沈志华教授关于社会主义阵营国家之间往往因意识形态的同一性而掩盖各自国家利益的实际需要等结构性矛盾观点的影响，从此角度对中苏领导人各自的心态进行了分析。

把握学术前沿的必要性
—— 以冷战背景下中国的动物外交研究为例

刘晓晨

作为对外宣传的重要武器，以大熊猫为主角的动物外交在新中国成立初期便已开始。近些年来，网络新媒体异军突起，以"iPanda 熊猫"频道为代表的官方账号，以短视频的方式，通过微博等社交媒体宣传大熊猫，使得大熊猫在世界上的影响力已经突破了动物园的空间限制，得到了更加广泛的传播。与此同时，萦绕在大熊猫周围的政治色彩并没有完全消失。与美国圣迭戈动物园因租借协议到期归还大熊猫"白云"和她的小儿子"小礼物"形成鲜明对比的是，2019 年 5 月中国选定四川卧龙神树坪基地的大熊猫"园园"前往奥地利美泉宫动物园陪伴"阳阳"。奥地利总统范德贝伦称大熊猫肩负"外交使命"，是中国派到奥地利的"第二大使"，是奥中两国"友谊的象征"。[1] 笔者在查阅档案的过程中，发现以动物作为"国礼"赠送的外交活动，并不局限于大熊猫。国与国之间围绕动物产生的活动涉及多重领域，不仅包括外交层面，还有科研、文化交流等诸多层面，亦有民间对民间、民间对官方、官方对官方等多重形式。

坦率地说，时至今日，中国的动物园及动物管理体制仍未完全摆脱苏联模式的影响。一些老牌动物园馆舍陈旧、丰容（Enrichment）[2] 水平较低、动物福利薄弱，

---

1 《维也纳正式欢迎中国"第二大使"大熊猫园园进驻》，新华网，http://m.xinhuanet.com/2019-05/21/c_1124523914.htm，2019 年 5 月 21 日。

2 丰容是指构建和改变动物的环境，给动物提供行为选择的一个动态过程。在此过程中，每个物种都能展示其适宜的行为和能力，享受动物福利。齐新章：《西宁动物园丰容工作开展规律研究》，《野生动物学报》2017 年第 38 期，第 313 页。

在管理理念上仍把动物当作科学展览冷冰冰的展示品，忽视每一个动物个体的特殊性。新中国推行的"动物外交"是新中国初期向苏联学习浪潮中的一朵浪花，在推行的过程中受制于不同历史时期外交政策的变化。从某种意义上来说，以大熊猫为代表的动物外交可以被视为冷战时期中国外交的风向标，而这一模式至今依然存在。从这个问题出发，回顾中国动物园建立的历史过程，以及在其基础上形成的"动物外交"，对于理解冷战和后冷战时期中国社会的变化，仍有一定的现实意义。

➢ 选题由来

对于动物外交这个选题的考察源于 2013 年上海动物园为新出生的大猩猩幼崽征名活动过程中发生的舆论危机。在这次征名活动中，大猩猩幼崽的备选名由网友提供，其中之一的选名是"空知英秋"。空知英秋是日本人气漫画《银魂》的作者。在他的漫画中，经常会出现猩猩的形象，并以猩猩来代替自己，《银魂》也不例外。由于《银魂》在国内拥有庞大的粉丝群体，因此在投票中"空知英秋"的票数一路领先。当然，以空知英秋来为大猩猩命名并不妥当，甚至可能引发侵权等一系列问题。征名投票后期出现了异常增长数据，最后上海动物园选择关闭投票通道，选择了票数偏低的"海皮"作为大猩猩幼崽的名字。上海动物园的处理方式在当时诱发了舆论的强烈反弹，从而引发了笔者对于国内动物园以及围绕动物园相关问题的兴趣。在北京、上海、广东等地进行文献调查的过程中，笔者发现了很多和动物园建设以及此后，动物外交有关的档案材料。通过对一手材料的解读发现，冷战时期以动物为媒介的外交活动，不仅仅是民间外交的延伸，在社会主义国家中这种外交活动常常被赋予了官方色彩，带有浓厚的政治意味。而学界对于动物外交这一问题尚未有较为系统的考察，笔者认为这是一个比较新颖的考察冷战时期中国社会史、政治史和外交史的一个视角，旨在理解动物在人类社会中被赋予的文化和政治色彩。与此同时关注动物外交延伸的动物福利和动物保护问题，也具有一定的现实意义。

➤ 研究历程

关于动物外交这一选题，学界之前研究对象多以关注大熊猫为主，当事人回忆和新闻媒体的报道等构成了研究基础。民国时期，大熊猫一度被视为"害兽"，有外国人来到中国捕猎大熊猫甚至偷运大熊猫幼崽出境。20世纪30年代一只名叫"苏琳"（Su-Lin）的大熊猫幼崽被带到美国并在芝加哥动物园进行展出，苏琳在美国的展现引发了一阵大熊猫热。宋美龄曾以国民政府的名义赠送两只大熊猫［潘弟（Pan-Dee）和潘达（Pan-Dah）］给美国救济中国难民委员会，感谢美国在抗战期间为中国提供的帮助，并呼吁美国继续为抗战中的中国提供更多的救济和援助。大熊猫代表的"诚实、温和、和平"的形象以及其在当时的中美关系中起到的作用，使得大熊猫在西方人眼中从珍奇异兽转变为某种程度上的"国家象征"。这种象征意味在新中国成立后变得愈发明显。在中美关系解冻前，中国和社会主义国家间的动物交换非常频繁，而大熊猫作为最为珍贵的国礼仅仅赠送过苏联和朝鲜。

东北师范大学历史文化学院张民军副教授的《中英"麋鹿外交"》（原文载于《中国浦东干部学院学报》2013年第3期）一文使用了英国外交部解密档案（FO），详尽地还原了50年代英国伦敦动物学会试图通过向中国赠送麋鹿换取大熊猫以建立双边联系的过程。众所周知，长期以来，英国在中国，特别是在上海有着巨大的经济利益，英国大部分对华投资都集中在上海。因此，在对华关系上，英国的立场并没有时刻和美国保持一致，英国更成为第一个承认新中国的西方大国。英国伦敦动物学会的这一打算在早期受到了英国官方的关注乃至介入。北京市园林局从1952年起便同苏联、东欧社会主义国家建立了动物交换的关系，而英国伦敦动物学会则是最早试图同中国动物管理部门进行联络的机构，这场以麋鹿为由头开展的交流活动背后隐藏着英国和中国官方的身影，但是最终仅仅将其定性为"民间行为"。[1]张民军副教授的这篇论文丰富了动物外交的研究内涵，给了笔者很大的启发和触动。从中我们可以看出，这场麋鹿外交夭折的根本原因在于冷战时期双方意识

---

[1] 张民军：《中英"麋鹿外交"》，《中国浦东干部学院学报》2013年第3期，第108页。

形态领域的冲突，中国对外的动物交换活动同时还承担着政治宣传和对外交往甚至是寻求一定经济利益的使命，而英国方面对于麋鹿外交的推手左派人士蒙塔古也并不信任。

随着笔者对于动物外交这一问题的深入思考以及问题意识的不断外延，对于该问题的探究从大熊猫在 20 世纪中国外交史上扮演着怎样的角色，扩大到更加广泛的保护动物群体；从单纯的外交活动扩大到考察新中国成立后动物园的社会主义改造以及中国野生动物管理体制的形成与发展。观察范围的扩大势必需要尽己所能搜集文献材料和一手档案。新中国成立后，承担动物外交责任的动物园主要集中在北京、上海和广州等地，在确立这个范围和目标后，笔者先后前往上海市档案馆、北京市档案馆以及广东省档案馆搜集有关动物外交这一问题的档案。虽然北京市档案馆的档案开放程度有限，但幸运的是笔者购买到了《北京动物园志》（内部发行版），并且在中国外交部档案馆中查阅到了部分相关档案。

在阅读文献和整理笔记的过程中，笔者逐渐厘清了写作的思路。如果将动物外交置于冷战时期中国外交的大框架之下考量的话，离不开外交政策的变化这一大背景的影响。动物外交的发展演变过程时常带有明显的意识形态色彩。由此看来，动物外交作为公共外交和民间外交的一部分，基层和高层之间屡屡交织，把握这个核心点之后才能将一个个的个案归类，从而以此来观察中国在冷战时期的外交政策总体变化的趋势。从动物外交的对象来看，主要分为社会主义国家和西方资本主义国家两大阵营。从时间上来看，以 20 世纪 70 年代中美外交关系解冻为分水岭。因此，笔者将这段横跨 40 余年的动物外交的历史按照意识形态的不同分为两大部分，社会主义阵营中的对象国以苏联和朝鲜为主，资本主义阵营中的对象国以美国、日本、英国等国为主。为什么要简单地按照意识形态来划分，是因为在五六十年代相当长的一段时间，在处理对外关系特别是同西方国家的关系上，中方的态度是比较克制、冷淡，甚至可以说是"有所提防"的，即便是在社会主义阵营内部，按照亲疏远近对待不同国家的方式也有所不同。

首先，需要明确的是，以动物交换为基础开展的外交活动，前提是要有规模庞大的现代化动物园。社会主义动物园的兴建和管理，始于对苏联的学习。和西方国家不同，苏联式的动物园宣传进化论和改造自然的思想，从而为群众服务。东欧社会主义国家及亚洲的中国、朝鲜、越南等国的动物园和动物繁育都受到了苏联模式的深刻影响。早在 1954 年北京西郊公园（现北京动物园）便成立了专门负责交换事务的"动物交换科"。1954—1959 年，中国和苏联之间的动物交换非常频繁。1957 年是俄国十月革命胜利 40 周年，是年 5 月苏联最高苏维埃主席团主席伏罗希洛夫在访华期间表示希望中国能赠送一对大熊猫给苏联。应苏联的要求，中方以北京市市长彭真的名义将"平平"（Ping-Ping）和"碛碛"（Qi-Qi）赠送给苏联，作为友谊的象征。苏联回赠给中国的礼物是斑点蝾螈、黑天鹅和绒鼠，其珍贵程度无法和大熊猫相提并论。但是不久之后，中苏关系遇冷。此后，北京动物园和莫斯科中央动物园之间的动物交换关系随着中苏分裂迅速冷淡下来。

其次，在社会主义国家中间，中国作为国礼赠送给朝鲜的动物品种最为珍稀、次数频繁、数量庞大。1965—1980 年，中国不仅先后赠送给朝鲜五只大熊猫，还多次应朝鲜方面要求向平壤动物园赠送了大量珍禽异兽。朝鲜在 1963 年和 1964 年分两批回赠北京动物园总计 168 只珍稀动物，这也是北京动物园自新中国成立以来接受的最大规模的赠送。其根本原因在于中朝关系的特殊性，以及中国领导人对于中朝关系不同寻常的重视。

非社会主义阵营方面，在 1972 年中美关系缓和之后，中国和西方国家之间的动物外交关系也随之迎来了转机。1972 年 3 月，应中央的要求，四川省委在宝兴县挑中了大熊猫"玲玲"（Ling-Ling）和"兴兴"（Hising-Hising）作为对美动物外交。在两位"友谊大使"抵达华盛顿国家动物园时，仅开馆一个月参观者就达到 100 余万。1972—1982 年，中国对外赠送了将近 20 只大熊猫，其中有四只赠送给了日本。日本是冷战期间接受中国赠送大熊猫最多的资本主义国家，日本民众对大熊猫的痴迷和狂热超乎想象。坦率地说，中国赠送给美国和日本的大熊猫是七八十年代双边外交蜜月期最好的注脚，也是对于传统的以意识形态对立的外交观的一种突破。大熊猫的憨态可掬成为和平和友好的象征，是对中国国家形象最好的宣传。

但是另一方面，对于动物外交不能一味地褒奖。由于当时中国动物园管理体制的局限，在检疫制度方面把控不严，加之动物医学水平落后，在对外赠送和对内接收动物的过程中经常出现动物的非正常死亡。从 70 年代末期，国际上一些机构对于中国肆意捕猎珍稀动物表示遗憾，希望中国表态采取有效措施保护珍稀动物。以乔治·夏勒为代表的一些动物学家也婉转地批评中国的大熊猫保育计划无法剥离政治性。

由此，我们需要考虑的是历史研究对于当下的社会现实能够提供怎样的借鉴？中国动物管理体制是如何建立起来的？其根本性的弊端在何处？珍稀动物是如何划分的？动物保护观点应当如何确立和推广，在民众心中落地生根发芽？在当下，如何评价公立和私立动物园？如何平衡科普、保护动物和经济利益之间的关系？以上是笔者这些年来进行动物外交这一课题研究时遇到的问题。在笔者看来，对于该课题应该进行长时间的关注，所有的思考和批评都需要建立在扎实的史料基础之上，通过对史料的阅读和梳理，分析其内在的逻辑，读十份百份史料说一份话，切不可将个人的感性的认识凌驾到史料之上，将史料当作预设结论的填充物。这也是历史研究者在研究过程中最需要警惕和避免的事情。

➢ 写作技巧

以下，以笔者发表的《无言的使者——冷战背景下中国的动物外交研究》为例，简要谈一谈专题论文写作过程中的一点体会和心得，以及在论文的选题和撰写过程中如何尽可能地避免一些容易出现的错误。

首先，一篇论文的成败关键在于文章的结构是否合理。文章的结构一般由标题、摘要、章节和文末小结组成。一篇合格的学术论文要有画龙点睛的标题、精练紧凑的摘要、围绕文章标题层次分明展开的各章节以及升华而成的论文小结。恰当的标题和凝练的摘要是读者了解这篇论文的一扇窗户。标题要准确地表达论文的核心论点，可以使用一些生动的比喻对论文的主题词进行修饰，明确论文的研究对象，使得读者可以通过标题抓取论文试图传达出的学术观点。如短标题不够用，也可以采用二级标题的形式。

论文的摘要是对整篇文章的高度概括，提取论文各部分的精华整合而成，一般单刀直入，以研究主题为切口展开论述。通常情况下，论文的摘要以300—500字为佳，摘要的第一句提出论文的核心问题。在此基础上梳理文章的基本叙述逻辑，提出研究该问题的方法，阐明该问题的基本内容，最后提升出本文的观点和学术启示。如本文中，摘要第一句明确动物外交的三大基本方式：动物交换、学术交流和外事活动。第二句指出在冷战时期动物外交带有的浓厚意识形态色彩。第三句明确中国对两大阵营的区别对待。第四句指出这种区别对待的原因所在。最后两句指出研究动物外交的意义在于可以将其视作冷战时期中国外交的风向标和晴雨表，并且这种模式时至今日仍有一定的影响力。当然如果是学位论文的话，则不用拘泥于三百字、四句话的限制，可以在此基础上进行相应的扩展。

论文的各章节则要按照时间顺序或者论述的问题层次逐级展开。小结部分是很多研究者在写作上相对薄弱的环节。在论文写作过程中，容易陷入史料的堆砌，往往虎头蛇尾，一到结尾部分就"泄气"。究其原因，一是在于学术积累较为薄弱，二是思辨能力较差，三是理论修养尚待提高、笔力不足所致。因此，研究者们在平时的阅读过程中一定要注意知识的积累。

在学术研究过程中，经常会遇到一个非常棘手的问题，那就是如何进行学术阅读以及如何进行"知识管理"。对于世界史研究而言，当下是一个最好的时代，同时对于世界史学科的研究者而言，也意味着更大的挑战。与几十年前甚至十年前相比，史料的获取方式更便捷。研究者面临的问题不是找不到史料，而是史料大爆炸，对于冷战史的研究者而言更是如此。几乎每位冷战史研究者手里都积攒着成千上万份、以 TB 为单位计算的档案资料。外文书籍的获取相对而言也更为迅捷，研究者可以很方便地通过亚马逊的 Kindle 书店购买外文书籍的电子版，也可以通过各个外文数据库获取最新的研究成果。从根本上而言，论文的写作是一个输出的过程，前提便是源源不断的输入——这取决于平日里阅读的积累。随着研究成果的增加阅读量亦是直线上升的，因此阅读必须事半功倍，必须在阅读过程中做好知识整理。

阅读一般分为泛读和精读。无论是泛读还是精读，尽量随读随记，边记录边思考。阅读的最终结果是通过记录、思考和总结，构建个人的知识体系。以历史学为例，知识体系包括史学理论、史学常识（中国史和世界史）、研究方法和技巧、读书笔记、个人研究大方向以及附属的多个子课题，等等。研究者可以在阅读的过程中对有效内容进行摘录并按照时间顺序制成资料卡片。每一个单独的研究课题都需要有相应的资料卡片的积累。资料卡片应包括重要事件发生的时间、地点、主题、内容以及资料来源，方便进行查找。资料卡片可根据内容的重要程度进行拆分和合并，如涉及冷战时期各国重大事件或外交决策的资料卡片可以整合后单独做一个文档，每次论文写作的时候都可以此作为参考。对于卷帙浩繁的多国档案，研究者需要将每一份档案的时间、地点、人物和主题翻译提炼出来，通过 Excel 表格对档案文献进行分类管理，亦可通过超链接的方式将每一条档案一一关联原文。除了 Word 和 Excel 外，研究者也可以通过一些笔记类软件，如 OneNote、GoodNotes、MarginNote、印象笔记和有道云笔记等，来进行资料的管理和检索。当然，无论使用哪种软件进行知识的碎片化管理，核心的问题在于使用事件、时间、关键词等标签进行排序和整理。

通过日常阅读积累了大量知识卡片后，研究者可以将其归入到知识树的不同分支，在论文的写作前通过思维导图等形式拟定文章的基本脉络，再将知识卡片一一提取出来，为文章的筋骨增添血肉，并在文章的结尾处提升出应有的观点和启示。

第二部分 学界研究动态

当代中国外交史研究二十年：回望与前瞻

梁　志

　　无论从课题本身的重要性与复杂性来看，还是就史料来源的丰富性与多样性而言，当代中国外交史都是一个充满挑战却又令人着迷的研究领域。

　　当代中国外交大体上经历了革命外交和发展外交两个阶段，分界线基本可以划定在 20 世纪 60 年代末 70 年代初。在此期间，中国逐渐由现存世界秩序的挑战者转变为世界新秩序的参与者、维护者与建设者。受制于档案文献的解密时限，既有学术成果主要讨论了革命外交阶段的中国外交政策。彼时的中国应该可以被认为是除美苏两个超级大国之外对冷战态势产生最重大影响的地区大国，"在冷战发展的一些关节点和关键问题上，中国甚至占据了中心地位"[1]。中国至少以三种方式在不同程度上塑造了两大阵营对抗与缓和的基本形态：一是调整对美、对苏外交战略，进而有意无意地改变东西方力量对比；二是参与局部战争（如朝鲜战争和越南战争）、介入社会主义阵营内部纷争（如波匈事件）和第三世界危机（如老挝危机），以及参加国际会议（如日内瓦会议和万隆会议），在地区局势变动方面发挥作用；三是借助经济技术援助和文化艺术交流同美国或苏联展开"人心之争"，影响其他社会主义国家或第三世界国家民族解放与发展道路的选择。反过来，与外部世界的交往也改变了中国自身的面貌，20 世纪 50 年代学习苏联以及 70 年代从西方国家大规模引进先进工业设备与技术都充分说明了这一点。

1　陈兼：《关于中国和国际冷战史研究的若干问题》，《华东师范大学学报》2001 年第 6 期。

　　大约从 20 世纪 90 年代中后期开始，随着西方主要国家和中国相关档案文献不断解密以及国际学术界新的研究方法陆续传入，中国学者有关当代中国外交史的讨论进入了以实证研究为主要特征的新阶段，冷战时期中国外交史研究逐渐发展成一门显学，并引起国际同行关注。鉴于此，本文拟从史料、理论与方法以及若干热点选题共七个方面观察 21 世纪以来的当代中国外交史研究[1]，着重展现此项研究取得的进展、存在的缺憾和未来的发展前景。[2]

一、新史料的不断涌现

　　21 世纪以来，中国学者之所以在当代中国外交史研究方面成绩不俗，最重要的前提是新史料不断涌现。

　　自 2004 年起，中国外交部档案馆接连公布了三批档案，档案自身形成年限分别为 1945 年至 1955 年、1956 年至 1960 年以及 1961 年至 1965 年，总量超过八万卷。外交部解密档案内容十分丰富，涉及政治、经济、军事、文化、边界、人员交流、侨务等中国对外交往的主要领域。与此同时，外交部档案馆还编辑了三部档案集，主题分别为日内瓦会议、万隆会议与建交[3]。迄今为止，中国外交部档案馆馆藏档案仍旧是当代中国外交史研究者最常用的一手史料。还应该指出的是，除西藏、

1　关于本文论述的范围，需作如下几点说明：第一，主要介绍利用中外各国档案文献进行的研究，兼及具有明显思想性、理论性或采用新颖视角的相关成果；第二，重点关注中国大陆学者在中国大陆范围内发表的学术成果，少部分涉及港澳台学者、海外华人学者的研究，以及中国大陆学者在海外发表的著作和论文；第三，为了行文方便，在"当代中国外交史"和"当代中国对外关系史"之间不作严格区分，尽管两者的学术内涵、关注范围和研究路径不尽相同；第四，文中的"外交"并非局限于传统意义上的、纯粹的国家行为（即所谓高端政治），还包括受到国家对外关系影响的下层跨国交往。

2　关于 20 世纪 80 年代后半期到 90 年代后半期当代中国外交史研究的基本状况，以及改革开放之后 40 多年这一学术领域的进展和存在的问题，已有学者进行过总结。但总的来看，21 世纪以来当代中国外交史研究呈现出来的新形态还有待观察和梳理。参见章百家：《中共对外政策和新中国外交研究的起步与发展》，《当代中国史研究》2002 年第 5 期；牛军：《三十年来当代中国外交研究》，《中共党史研究》2010 年第 7 期；Xia, Yafeng (2007). "New Scholarship and Directions in the Study of the Diplomatic History of the People's Republic of China". *The Chinese Historical Review*, 14 (1), pp.114–140。

3　参见中华人民共和国外交部档案馆编：《中华人民共和国外交档案选编》（第 1 集），世界知识出版社，2006 年；中华人民共和国外交部档案馆编：《中华人民共和国外交档案选编》（第 2 集），世界知识出版社，2007 年；中华人民共和国外交部档案馆、人民画报社编：《解密外交文献——中华人民共和国建交档案（1949—1955）》，中国画报出版社，2006 年。

新疆等少数几个省区市外，大部分地方档案馆均对外开放。开放涉外档案数量和种类较多的是上海市、江苏省、福建省、河北省、陕西省、甘肃省、湖南省、湖北省、广东省档案馆以及台湾地区各档案收藏机构。这些文献也是研究当代中国外交史的宝贵资料，并已在一定程度上为研究者所利用。[1]

　　除了中国的档案文献外，其他主要国家官方资料的相继解密和公开也是当代中国外交史研究的重要前提和基础。从 20 世纪 70 年代后半期开始，美国、英国、法国和德国等西方国家陆续开始大体按照时间顺序公布有关中华人民共和国的原始档案，文件形成时间的下限已到 80 年代。这些国家对华关系档案文献解密和公开的程序较为规范，呈现形式多样（包括档案馆未刊档案、纸质档案文献集、电子数据库、缩微文献等），获取也相对容易。[2] 另一个令人振奋的变化是，苏东剧变后，前苏东国家的官方档案大批量对社会开放，其中相当一部分涉及对华关系。虽说从前苏东国家档案馆收集文献要付出较为高昂的经济代价，但毕竟还是为冷战时期中国外交史研究打开了一扇新的大门。而且，近年来上述国家出版了数量可观的涉及本国与中国关系的档案文献集，这些资料相对更容易获取[3]。总的来看，从事当代中国外交史研究的学者已经较为普遍地使用西方国家档案文献，但对苏联档案的利用仍不充分，对东欧国家档案的关注则刚刚开始。

1　参见姚百慧主编：《冷战史研究档案资源导论》，世界知识出版社，2019 年，第 323—362 页。

2　参见姚百慧主编：《冷战史研究档案资源导论》，第 1—150、206—303 页。

3　俄罗斯出版的中苏关系档案集主要包括：*Мясников В. С. (под ред.)* Китайская народная республика в 1950-е годы, Сборник документов, т.1, Взгляд советских и китайских ученых, Москва: Памятники исторической мысли, 2009; *Мясников В. С. (под ред.)* Китайская народная республика в 1950-е годы, Сборник документов, т.2, Друг с союзник нового Китая, Москва: Памятники исторической мысли, 2010; *Ледовский А.М., Мировицкая Р.А., Мясников В.С. (сост.)* Русско-китайские отношения в ХХ веке, Документы и материалы, Том V, Советско-китайские отношения, 1946-февраль 1950, Книга 1: 1946–1948гг., Москва: Памятники исторической мысли, 2005; *Ледовский А.М., Мировицкая Р.А., Мясников В.С. (сост.)* Русско-китайские отношения в ХХ веке, Документы и материалы, Том V, Советско-китайские отношения, 1946-февраль 1950, Книга 2: 1949-февраль 1950гг., Москва: Памятники исторической мысли, 2005; *Ледовский А.М., Мировицкая Р.А. (сост.)* Русско-китайские отношения в ХХ веке, Документы и материалы, Том IV, Советско-китайские отношения, 1937–1945гг., Книга 2: 1945г., Москва: Памятники исторической мысли, 2000. 俄罗斯、东欧档案解密情况，以及关于东欧国家与中国关系的档案文献集情况，参见姚百慧主编：《冷战史研究档案资源导论》，第 151—205 页；沈志华总主编：《东欧各国社会制度转型档案文献编目》，社会科学文献出版社，2019 年，"总序"、第 9 卷"副篇三"。

　　中国周边国家的档案文献同样是当代中国外交史研究不可或缺的史料。近些年，日本、韩国、蒙古、印度以及缅甸、越南、老挝、柬埔寨、泰国、马来西亚等东南亚国家均陆续解密和公布了大量档案文献，其中一部分涉及对华关系，档案形成时间的下限至少到 20 世纪 60 年代，有的下延到 80 年代甚至 90 年代上半期。上述国家中，日本和韩国的档案文献公布数量最多，管理最为规范，获取也最为便捷。[1]但总的来看，对这些档案文献的利用基本上均处于初步阶段。

　　学者们在涉华外国档案的整理和研究方面作出了大量努力。相关文献集的面世为一些尚未掌握相关外国语言或暂时无法获取外国档案的研究者带来了便利，至少为他们进一步收集史料提供了线索[2]。

　　2013 年，华东师范大学周边国家研究院启动"冷战时期中国与周边国家关系和边疆问题"研究项目，并于 2015 年获得国家社会科学基金特别委托项目资助。此项目的核心目标是广泛收集、整理和翻译周边国家对华关系档案，并在双边甚至多边档案互证研究的基础上重新讨论冷战时期的中国外交政策。项目组多次赴美国、英国、俄罗斯、澳大利亚、日本、韩国、蒙古、缅甸、越南、老挝、柬埔寨、泰国、新加坡、马来西亚、印度尼西亚等国家的档案收藏机构调研和收集文献，已经编辑了 100 多卷的档案文献集。[3]

　　为了配合项目研究工作，2014 年，华东师范大学-东方历史研究基金会当代文献史料中心成立，主要致力于冷战时期各国（包括中国）有关中国内政与外交的档

1　参见姚百慧主编：《冷战史研究档案资源导论》，第 304—322、386—466 页。

2　近 20 年，沈志华、陶文钊、牛军、张曙光、杨奎松、周建明和姚百慧等学者组织翻译并出版了一系列涉及冷战时期中国对外关系的外国档案文献集。参见沈志华执行总主编：《苏联历史档案选编》第 1—34 卷，社会科学文献出版社，2002 年；沈志华主编：《朝鲜战争：俄国档案馆的解密文件》上、中、下册，台北"中研院"近代史研究所，2003 年；陶文钊主编：《美国对华政策文件集（1949—1972）》第 1—3 卷，世界知识出版社，2003—2005 年；张曙光、周建明编译：《中美"解冻"与台湾问题：尼克松外交文献选编》，香港中文大学出版社，2008 年；沈志华、杨奎松主编：《美国对华情报解密档案（1948—1976）》（1—8），东方出版中心，2009 年；沈志华编译：《俄国解密档案：新疆问题》，新疆人民出版社，2013 年；沈志华主编：《俄罗斯解密档案选编——中苏关系》第 1—12 卷，东方出版中心，2015 年；《中国与苏联关系文献汇编（1949 年 10 月—1951 年 12 月）》，世界知识出版社，2009 年；《中国与苏联关系文献汇编（1952 年—1955 年）》，世界知识出版社，2015 年；姚百慧编：《中法建交多国档案选编》，社会科学文献出版社，2016 年。

3　近十年来，该项目组成员在《中共党史研究》和《冷战国际史研究》上发表了一系列文章，介绍相关档案文献情况。

案，特别是周边国家对华关系档案的整理、编目和数据库建设。东方历史研究基金会还联合几家国内高校举办了一系列以青年学者为主的研习营活动，加强其文献解读能力[1]。此外，出于逐步突破语言瓶颈的考虑，2017年至2018年，华东师范大学周边国家研究院开设俄语、越南语、缅甸语和泰语集训班，数十位师生接受了培训。

二、新理论与新方法的陆续引入

严格意义上讲，对历史研究者来说，史料永远是不充分的。因此，如何驾驭和解读相对有限的文献资料并在可能的情况下进一步扩充史料来源，便成为历史学方法论的努力方向之一。作为历史学分支的当代中国外交史研究亦是如此。正如有学者所指出的那样，从事当代中国外交史研究不能仅仅依赖外交档案，不能在研究方法上因循守旧，而应当及时了解国际学术思潮，注重同其他学科之间的交流，采用跨学科研究方法[2]。事实确实如此，近些年相关领域的国际学术潮流在很大程度上成为当代中国外交史研究者开掘新史料、更新观察视角的出发点与依据[3]。

作为当代中国外交史研究的重要参照物，美国外交史研究很早便开始自省。自20世纪60年代起，传统的美国外交史研究先后受到新社会史和新文化史等新兴学术思潮冲击。最终，"国际化"和"文化转向"成为其革新和再造的两个主要努力方向。长期以来，美国外交史研究单方面利用美国档案文献，有意无意地沿袭"美国中心论"视角，忽视他国对美国外交决策的制约和影响。与之相对应，"国际化"的主张则强调将美国外交决策置于全球环境中加以审视，采用多边视角，运用多国档案，着重揭示美国与其他国家交往的历史过程，而非片面地观察美国对外部世界

1　2015年，东方历史研究基金会主办、华南师范大学历史文化学院承办了第一届"当代史：文献与方法"研习营，近30位研究生学员参加，10余位教授参与授课。第二届至第五届研习营由华东师范大学（2016年、2019年和2021年）、大连外国语大学（2017年）和广西民族大学（2018年）承办。

2　参见牛军：《当代中国外交史研究的几个问题》，《近现代国际关系史研究》第11辑，世界知识出版社，2017年，第2—24页。

3　当然，多年前也有学者提出当代中国外交史研究的"本土化"问题，批评对西方流行的方法论和研究方法的盲目崇拜和教条主义运用。在笔者看来，这与重视国际学术思潮的主张并不矛盾，应该适当借鉴而非照搬照抄国际学术界提出的新理论和采用的新方法。参见肖佳灵：《当代中国外交研究"中国化"：问题与思考》，《国际观察》2008年第2期。

的重塑和改造。部分地受到该主张影响，笔者近来连续撰文呼吁当代中国外交史研究者采用"多国多边档案互证"研究方法[1]。所谓"文化转向"是指越来越多的美国外交史学者倾向于从文化的视角阐释美国对外关系，他们在很大程度上将国家间关系视为一种文化关系。具体的研究范畴和路径包括：信仰、情感、价值观、成见等因素如何塑造美国领导人的决策行为；美国如何在外部世界开展文化、宗教、教育等相关活动，其产品、思想和生活方式如何在海外传播；如何从普通大众的视角探寻美国外交政策背后的文化力量；如何阐释外交文献的语言和修辞、对外交决策进行话语分析；等等。[2] 与此相类似，已有中国学者指出，当代中国外交史研究应该重视对意识形态和思想观念的考察[3]。

　　前已述及，中国是东西方冷战时期国际格局的一个重要支点。从这个角度讲，完全可以将当代中国外交史研究划归冷战史研究领域。就研究方法而言，冷战结束以前，所谓冷战史研究"几乎完全以美国与西方国家的资料为依据，实际上往往只是美国外交史研究以及与之相关的美苏两大国关系研究的一部分，至多也只能说是美国对外关系史研究的一种延伸"。相应地，在观察视角、方法论和研究对象选择上，明显体现出"美国中心"倾向，过分强调纯粹物质意义上的权力，且集中讨论高层政治。20 世纪 90 年代上半期，美国著名冷战史专家约翰·加迪斯（John Gaddis）大力倡导开展"冷战史新研究"（The New Cold War History）或曰"冷战国际史研究"（Cold War International History Studies），即在冷战结束赋予研究者的全新时空框架内，利用多国多边档案，挣脱"美国中心论"的羁绊，重点关注第二世界和第三世界，并重新认识意识形态在冷战中的影响力。事实上，"冷战史新研究"之所以能够形成学术潮流，与中国学者特别是旅美中国学者所起到的推动作用是分不开的。[4] 反过来，新世纪以来尤其是近十年，从事冷战史研究的众多中青年

1　参见梁志：《当代中国外交史研究应当注重多国档案文献互证》，《中共党史研究》2019 年第 4 期；梁志：《当代中国外交史研究如何利用多国档案文献》，《中共党史研究》2020 年第 4 期。

2　参见王立新：《试析全球化背景下美国外交史研究的国际化与文化转向》，《美国研究》2008 年第 1 期；夏亚峰、栗广：《美国外交史研究现状》，《史学集刊》2015 年第 2 期。

3　参见牛军：《关于当代中国对外关系史研究的几点看法》，《中共党史研究》2019 年第 4 期。

4　参见陈兼、余伟民：《"冷战史新研究"：源起、学术特征及其批判》，《历史研究》2003 年第 3 期；戴超武：《"新冷战史"与当代美国外交史学思潮》，《美国研究》1999 年第 1 期；曲升：《约翰·L. 加迪斯冷战史研究的方法论转向》，《史学理论研究》2018 年第 2 期。

学者进入当代中国外交史研究领域，他们有意无意地将"冷战史新研究"所提倡的方法与视角应用到新的研究当中。

自 20 世纪 80 年代末 90 年代初起，国际史学界开始在研究方法上强调"去国家化"，跨国史研究由此兴起。从事跨国史研究的学者主张超越民族国家的传统疆域界限，将其历史置于全球特别是跨国语境中加以理解和考察，重点关注非国家行为体、跨国人口流动、新兴交通和通信工具、国际人权史、国际体育史，以及现代性观念跨国传播史等。跨国史研究试图"在别人身上看到我们自己"，即于国家疆界之外"发现"影响本国发展进程和人类命运的历史。极而言之，跨国史研究方法的出现和推广已经或将会改变许多国家"国史"研究的基本面貌，当代中国外交史亦在其列。[1] 或许正是在这一新的学术思潮促使下，已有中国学者倡导采用"跨国史"视角研究当代中国外交史[2]。

长期以来，当代中国外交史研究的学科归属问题始终困扰着国内学界。主流看法似乎认为它理应属于中国史研究，但以下现象也在引起越来越多的人注意：新世纪以来，很多原本从事国际关系史尤其是冷战史研究的中青年学者转而关注当代中国外交。过去他们致力于了解中国以外的世界，利用的史料大多为外国档案，因此习惯性地将当代中国外交置于更为广阔的国际环境下加以考察，注重挖掘对象国的档案文献，在此基础上从双边乃至多边互动的视角诠释中国外交政策制定、执行与调整的背景、动因和影响，进而令当代中国外交史研究带上了某种"世界史"色彩。由此可见，将当代中国外交史研究划为中国史与世界史研究的交叉学科，或许更为妥当和符合实际。抑或说，应更为均衡和全面地看待影响当代中国外交走向的内外部因素。或许正因如此，21 世纪以来，一批中国学者不失时机地引进、有意无意地借鉴了"复兴和再造"后的美国外交史研究、"冷战史新研究"、跨国史研究所倡导的史学理念，利用中外各国新近出现的档案文献，围绕中国在冷战中的地位、意识形态在冷战时期中国外交政策中扮演的角色、冷战政治对中国普通民众产

1　参见王立新：《在国家之外发现历史：美国史研究的国际化与跨国史的兴起》，《历史研究》2014 年第 1 期；王立新：《跨国史的兴起与 20 世纪世界史的重新书写》，《世界历史》2016 年第 2 期。

2　参见徐国琦：《从"跨国史"和"共有的历史"角度推进当代中国外交史研究》，《中共党史研究》2019 年第 4 期。

生的影响，以及中国的跨国交往等问题展开了研究。

三、建交问题研究

中华人民共和国成立后，在不同时段、针对不同国家采取的建交方针存在明显差异。例如，有的经过了建交谈判，有的则没有；总体上坚持将"一个中国"作为与对方建交的前提，个别情况下也会变通处理。近年来，学者们选择典型案例，利用中国和建交对象国的档案文献对建交问题展开研究，不仅展现了大量被遮蔽的历史面相，更从多个侧面描绘了新中国的建交政策乃至其在不同时期的国际处境与对外战略。

缅甸是第一个承认新中国的非社会主义国家。范宏伟最早讨论了中缅建交问题，认为缅甸国内左派政治团体要求与新中国建交的呼声是吴努政府很快承认新中国的主要动因[1]。笔者则试图在补充利用缅甸、美国和印度等相关国家档案的基础上，挖掘缅甸承认新中国的内外部双重动力。笔者认为，缅甸承认新中国是对中共政权未知心理和英联邦国家态度影响共同作用的结果。前者决定了缅甸几乎从一开始便确定要承认新中国，后者则决定了直到新中国成立后两个半月，缅甸才真正付诸行动。在这两个半月里，吴努政府与有关国家沟通，最终确认英国、印度决心承认新中国，缅甸承认新中国不会使自己在国际社会陷入孤立，于是抢在印度前面成为第一个承认新中国的非社会主义国家，以博得这个"北方强邻"的好感[2]。

印度尼西亚是第一个未经谈判而直接与新中国建交的非社会主义国家。张小欣较早关注中印尼建交问题，将其置于中-印尼-荷三方关系框架下加以阐释，认为新中国之所以同意不经谈判而与印尼建交，主要是因为与印尼总工会代表团进行了前期接触，且荷兰也宣布与台湾当局断交[3]。高艳杰秉持"国际史"的研究方法，综合利用中国大陆、台湾地区和美国档案，得出如下新认识：在中国国民党撤守台湾

1　参见范宏伟：《从外交部解密档案看建交初期（1949—1953）的中缅关系》，《云南社会科学》2008年第2期。

2　参见梁志：《一九四九年至一九五三年的中缅关系再探讨》，《中共党史研究》2016年第5期。

3　参见张小欣：《论中国与印度尼西亚建交》，《当代中国史研究》2011年第1期。

和中华人民共和国成立前后，在中共和国民党之间选择哪一方，印尼政府有一个观望的过程；斯大林决定承认印尼是促使新中国决定不经谈判直接与印尼建交的重要原因之一；两国建交后的几年间，由于对新中国心存疑虑、对美国过度依赖，印尼刻意与新中国保持距离，双方关系处于一种"建而不交"的状态[1]。此项研究在东西方冷战和非殖民化运动等多重视角下，借助史料日渐丰富的有利条件，较为清晰地展现了中印尼双方在相互承认和建交问题上的多重考虑和复杂心态。

印度是第一个同新中国进行建交谈判的国家，也是资本主义国家中首个同新中国建交的国家。潘敬国的研究表明，协商建交事宜之初，中印双方领导人内心均存有疑虑。1950年1月下旬，印度共和国成立和中苏条约谈判取得突破性进展推动了中印建交谈判的进程。中印建交具有明显的象征性意义，新中国第一次实践先谈判后建交模式，并进一步明确了同台湾当局断交和支持新中国恢复在联合国合法席位等基本谈判内容。[2]高国卫、高广景则着重展现了新中国成立初期印度政府内部在是否承认新中国与何时承认新中国问题上的明显分歧。他们认为，促使印度决定尽快承认新中国的主要推动力，是印美关系没有取得实质性进展和英联邦国家就早日承认新中国达成一致意见。反过来，在英国和印度之间，新中国选择优先处理与印度的建交问题。[3]

除周边国家外，与西方国家的建交问题也受到了学者们的关注。英国是第一个承认新中国的西方国家。也许正因如此，早在20世纪90年代就有学者利用英国档案考察了英国承认新中国的决策过程，包括其与西方国家和英联邦国家的磋商，以及内部讨论过程中反映出来的政治、经济和国际法等层面的相关考虑[4]。与此相对应，潘敬国展示了新中国对待英国承认问题的态度：将中苏新约谈判放在首位，不急于与英国建交；拒绝在与台湾当局完全断绝关系、新中国联合国代表权和国民党

1　参见高艳杰：《"建而不交"：冷战前期的中国与印尼关系（1949—1954）》，《世界历史》2018年第3期。

2　参见潘敬国：《中印建交与新中国外交抉择》，《当代中国史研究》2008年第1期。

3　参见高国卫、高广景：《中印建交的历史考察》，《党史研究与教学》2011年第3期。按：还有学者对中国与韩国建交的过程进行了探讨。篇幅所限，兹不详述。参见董洁：《中韩建交中的中国外交决策再探讨》，《中共党史研究》2019年第8期。

4　参见金光耀：《1949—1950年英国对新中国的承认》，《历史研究》1994年第5期。

香港财产问题上作出实质性让步。这表明在建交顺序上，新中国采取了先苏联及东欧各国，再周边国家，最后考虑西方国家的方针。[1] 徐友珍同时从中英双方切入，并把考察的时间下限延伸到 1954 年，将从 1950 年 1 月两国相互表达建交意愿到 1954 年 6 月宣布建立代办级关系的谈判作为一个整体加以观察。在她看来，中英能够在 1954 年建立代办级外交关系，主要基于以下原因：其一，国际局势缓和与新中国推行和平共处五项原则，使毛泽东等领导人转而在中英建交谈判问题上采取灵活立场；其二，双方政府对此次谈判高度重视，英国外交大臣艾登与中国外长周恩来亲自指导谈判进程；其三，两国官方和民间多层次的接触对谈判取得进展起到了推动作用。从谈判的整个过程来看，新中国的态度经历了由恪守原则到灵活务实的变化，并始终主导着谈判的节奏和走向。[2]

1964 年，中法建交，此事被媒体喻为"外交核爆炸"，不仅提升了双方的国际地位，更对世界格局产生了深远影响。翟强阐述了中国领导人决定同法国建交的动机和考虑。他分析道，根据毛泽东提出的"两个中间地带"理论，为了利用美法矛盾，中国在与法国建交问题上采取灵活务实的态度，没有将法国和台湾当局断交作为与法国建交的前提。中国领导人并未将中法建交模式视为日后处理类似问题的样板，而是把相关经验仅仅当成一个特别案例。[3] 姚百慧针对中法建交问题进行了系列研究。首先，他将 1963 年法国前总理富尔访华作为观察中法建交动力的切入点，强调此次访华是中国在"第二中间地带"理论指导下对欧战略、对法政策调整的结果，认为中法双方在追求独立自主外交、冲击美苏两极格局方面的一致诉求对两国最终建交起到了重要的推动作用[4]。其次，他更为细致地考察了作为中法建交方案的《周恩来总理谈话要点》（主要内容为两国关于台湾问题的"三项默契"）的形成过程，认为该文件是双方平等协商的结果，直接推动中法建立大使级外交关系。但在其他一些问题上，两国并未达成一致。[5] 再次，他利用台湾档案并

1　参见潘敬国：《新中国成立之初中英建交谈判中的中方决策因素》，《中共党史研究》2006 年第 3 期。

2　参见徐友珍：《走向半外交关系：1950—1954 年的中英建交谈判》，《史学集刊》2013 年第 5 期。

3　参见翟强：《从隔阂到建交：一九四九年至一九六四年的中法关系》，《中共党史研究》2012 年第 8 期。

4　参见姚百慧：《中国对法政策调整与富尔一九六三年中国之行》，《中共党史研究》2014 年第 5 期。

5　参见姚百慧：《中法建交谈判中关于台湾问题的"三项默契"——〈周恩来总理谈话要点〉形成考释》，《当代中国史研究》2012 年第 2 期。

辅之以法国、美国和中国等多边档案，在"国际史"的视野下，将讨论主题扩大到中法建交前后的台湾当局与法国交涉，展现了台湾当局对台法关系走向的误判及其影响。

1979 年，中美建交，这是中国调整中美苏三边关系、改善外部环境的重大外交举措。虽然有关中美建交的中方档案尚未解密，但美方的一手文献已经大量公开，学者们根据这些新史料展开了研究。中美建交的动力来自苏联的战略威胁和双方的经济需求，学界对此大致持相同看法。但在 1977 年美国国务卿万斯访华成效的问题上，学者们之间看法各异。董振瑞认为此次访问"很不成功"，因为双方在台湾问题上没有达成任何协议 [1]。韩长青和吴文成则判断说，万斯访华虽然并未取得立竿见影的效果，但作为一次战略试探，可以说卓有成效：初步了解了对方的利益关切（如对苏联安全威胁的共同认知）和利益冲突；建立起两国新领导人之间的高层联系渠道；彼此表达了推动中美两国最终实现关系正常化的愿景 [2]。此外，有学者还原了 1978 年 12 月邓小平与美国驻华联络处主任伍德科克四次建交会谈的历史过程 [3]。

总体上看，虽然由于受到各种条件限制，大多数研究者还未能使用三国或三国以上档案对中国与其他国家建交问题进行讨论，但他们普遍采用了"国际史"的观察视角，力求将建交这一双边关系问题放置在多边关系的网状结构中加以认识。在此基础上，研究者们揭示了影响中国处理与周边国家和西方国家之间建交问题的各种内外部因素，展现了中国在不同时段、对待不同国家的政策差异。

四、陆地边界问题研究

中国是世界上陆地边界线最长，也是陆地邻国最多的国家。20 世纪 50 年代后半期，中国逐步放弃"暂维现状"的方针，以缅甸为突破点，启动与周边国家的谈

1　参见董振瑞：《邓小平与卡特时期的中美外交博弈》，《党的文献》2012 年第 3 期。

2　参见韩长青、吴文成：《外交承诺与战略试探：万斯访华与中美关系正常化》，《外交评论》2014 年第 6 期。按：还有学者讨论了中国与瑞士建交问题。参见姚百慧：《从公使到大使：中瑞外交关系的建立与发展》，《当代中国史研究》2016 年第 5 期。

3　参见薛鹏程：《邓小平与中美建交最后阶段的谈判》，《上海党史与党建》2019 年第 9 期。

判，陆续同多个接壤国划定了陆地边界。21 世纪以来，随着中国外交部档案的解密和各地方，特别是边疆地区档案馆相关文献的开放，20 世纪五六十年代中国处理陆地边界冲突和划界问题逐步进入学者们的考察范围。

沈志华从总体上讨论了中国解决陆地边界纠纷的方针。他认为，在两大阵营对抗的冷战背景下，中国解决陆地边界问题的出发点是突破帝国主义的封锁和包围、缓和与周边邻国的紧张关系。这不仅促使中国在谈判中作出让步，而且影响了解决边界问题的方针原则的贯彻。[1] 此项研究为后来诸多个案研究提供了较为坚实的基础。

中缅边界是新中国成立后划定的第一条陆地边界，因此成为学者们关注的焦点。从还原史实的角度来看，冯越依据中国外交部档案和中国领导人公开文献所进行的历史叙述最为详尽[2]。对于中国解决中缅边界问题的评价，研究者们看法不一。齐鹏飞、张明霞等学者认为，中缅边界的划定确立了一个"率先垂范"的成功样板，开创了中缅睦邻友好关系的新历史，树立了中国负责任的地区大国形象，使和平共处五项原则逐渐成为国际关系准则，并留下了很多宝贵历史经验[3]。范宏伟分析道，中缅边界问题的解决推动了双方互信关系的发展，促成了两国对缅甸国民党军的联合作战行动。但他同时指出，划定边界对中缅关系而言不具有转折性意义，更不能认为该问题的解决改善了中国外交格局或者促使和平共处五项原则成为处理国际关系的指导原则。[4] 还有学者考察了印度对中缅边界谈判施加的影响。戴超武的研究表明，为了确认中印边界东段"麦克马洪线"的"合法性"，进而将缅甸牢牢纳入印度的势力范围，印度总理尼赫鲁对中缅边界问题采取了积极干预的政策，为缅甸提供相关文献资料，支持缅甸的边界主张，并向其通报同中国领导人商谈边界问题的情报[5]。关培凤则从另外一个角度判断说，1959 年先后在中印边境发生的朗

1　参见沈志华：《冷战年代中国处理陆地边界纠纷的方针》，《二十一世纪》2014 年 6 月号。

2　参见冯越：《中缅边界问题解决的历史过程（1954—1961）》，《南洋问题研究》2014 年第 3 期。

3　参见齐鹏飞、张明霞：《中缅边界谈判的历程及其基本经验》，《中共党史研究》2012 年第 1 期；冯越、齐鹏飞：《中缅边界谈判述略》，《湖南科技大学学报》2006 年第 6 期。

4　参见范宏伟：《中缅边界问题的解决：过程与影响》，《南洋问题研究》2010 年第 3 期。

5　参见戴超武：《中缅边界问题与尼赫鲁的干预及其战略意图（1956—1960）》，《中共党史研究》2016 年第 11 期。

久事件和空喀山口事件促使中国加快解决中缅边界问题的步伐。相反，缅甸希望利用中印边界冲突向中国施压，并尽可能照顾印方感受，转而在中缅划界一事上表现出消极态度。[1]

无论是从1959年中印边界冲突和1962年中印边境自卫反击战，还是从中印边界至今仍未划定的现实考虑，学者们都有充足的理由将中印边界问题作为重点研究对象。在相关成果中，戴超武依据中印双边档案进行的研究最具代表性，其中几项关键结论特别值得关注。其一，19世纪80年代至20世纪50年代，中国地图中印边界画法的演变凸显了中国中央政府对边疆地区认识和管辖能力的加强，显示出中国的边界主张具有历史权利的突出特点。印度地图画法的变化则是英国和英印政府在测绘、考察基础上在印度周边地区推行"前进政策"、实施"战略边界"政策的结果。[2]其二，1953年10月，中共中央驻藏代表张经武在发给外交部的题为《关于中印在西藏关系之诸问题》的电报中，建议中央在中印有关西藏问题的谈判中首先解决同印度的边界问题，但中央并未接受这一建议。这体现了中国"暂维现状"的政策。相应地，中国对印度占领"麦克马洪线"以南地区采取了忍让克制的态度。[3]其三，中国在处理1962年中印边境自卫反击战中印度战俘事宜时，进行了较为精心的准备和安排，保证了印俘的基本需求，并最大限度满足了印度在接运战俘时提出的要求。在教育印度战俘、处理同红十字国际委员会特别是印度红十字会的关系等问题上，中国的政策尚存在一些值得商榷的地方。[4]

另一个受到关注的议题是中苏边界问题，它的特点是边界线长、领土"旧账"多且曾引发军事冲突。早在20世纪90年代，学者们就已开始讨论1969年中苏边

1　参见关培凤：《1959年中印边界冲突对中缅边界谈判的影响》，《当代中国史研究》2014年第1期。

2　参见戴超武：《中国和印度有关地图边界画法的交涉及其意义（1950—1962）》，《中共党史研究》2017年第5期。

3　参见戴超武：《中央驻藏代表张经武1953年10月21日电报探析——兼论中国处理边界问题的"暂维现状"政策及其影响》，《华东师范大学学报》2015年第5期；戴超武：《中国对印度占领"麦克马洪线"以南地区的反应及其意义（1951—1954）》，《中共党史研究》2014年第12期；戴超武：《中国对印度占领"麦克马洪线"以南地区的反应及其意义（1951—1954）（续）》，《中共党史研究》2015年第1期。

4　参见戴超武：《中国对印度战俘的处理与中印交涉（1962—1963）——基于中国外交部档案的考察》，《冷战国际史研究》第15辑，世界知识出版社，2013年，第43—91页。

界冲突。李丹慧的研究表明，珍宝岛冲突绝非孤立事件，而是中苏边界长期冲突的继续、中国对苏联不断挑衅的反击，促使毛泽东决定打破对美关系僵局[1]。牛军进一步指出，中国决策层对中苏边界冲突的判断经历了一个从认为是偶发事件，到断定苏联有可能发动大规模侵华战争进而全面备战的变化过程，但并没有证据显示中国领导人有意识地利用此次事件为调整中美关系服务[2]。

21 世纪以来，李丹慧转而对中苏边界问题进行全景式的观察和思考。她认为，20 世纪 50 年代，在"同志加兄弟"的两党和两国关系影响下，中苏边界成为双方共同的边界，苏联承担着保卫中国边界的责任。60 年代，随着两党两国关系日渐恶化，中苏之间的界务纠纷逐渐政治化。在此过程中，中国主动出击，从意识形态斗争需要出发，公开提出中苏之间存在不平等条约问题，苏联被迫作出回应。相反，面对 1969 年边界冲突，苏方步步紧逼，中方则只能被动应付。这一切都从侧面显示，60 年代中国对外政策整体上在向"左"转。[3]

严格来说，上述研究都是个人努力；与之相对应的是，已有学者在陆地边界问题上展开了集体探索。2017 年，华东师范大学承担的国家社会科学基金特别委托项目"中国周边国家对华关系档案收集及历史研究"第二期中，就包含了一个涉及中国处理陆地边界问题的子项目。这应该是学界第一次针对该问题进行全面的实证研究。

综上所述，在陆地边界问题上，学者们既进行了总体上的探讨，又进行了多项个案研究，既有个人努力，也有集体协作。在研究视角的择取方面，大多没有就边界谈边界，而是将陆地边界冲突和划界问题置于双方关系乃至多边关系的场景下加以体认。就史料来源来看，多数研究者能够尽可能地利用中国外交部档案和中国领导人公开文献，并在条件允许的情况下采用双边乃至多边档案互证的研究方法，参考中国外交对象国和第三方的一手史料。

1　参见李丹慧：《1969 年中苏边界冲突：缘起和结果》，《当代中国史研究》1996 年第 3 期。

2　参见牛军：《1969 年中苏边界冲突与中国外交战略的调整》，《当代中国史研究》1999 年第 1 期。

3　参见李丹慧：《同志加兄弟：1950 年代中苏边界关系——对中苏边界问题的历史考察（之一）》，《国际冷战史研究》第 1 辑，华东师范大学出版社，2004 年，第 71—102 页；李丹慧：《政治斗士与敌手：1960 年代中苏边界关系——对中苏边界问题的历史考察之二》，《社会科学》2007 年第 2 期。按：还有学者讨论了中国与朝鲜之间的陆地边界问题。

五、经济援助、贸易往来与技术合作问题研究

新中国成立伊始，国内百废待兴，国外又面对美国等西方国家的贸易管制和禁运，但中国依旧积极进行易货贸易，向社会主义国家和新兴民族独立国家提供经济援助，并在社会主义阵营内部寻求技术合作。20 世纪 70 年代以后，随着中美关系逐步解冻和改革开放渐次展开，中国的对外经济技术联系更加频繁，范围也更加广泛。21 世纪以来，学者们在对外经济援助、贸易往来和技术合作等方面进行了大量个案研究。

针对社会主义国家的经济援助，学者们主要讨论了朝鲜和越南两个案例，从不同角度展现了中国对外援助政策服从于总体对外战略这一显著特点。沈志华和董洁考察了朝鲜战争结束后中国对朝鲜的经济援助。他们认为，中国是推动朝鲜战后重建的重要外部力量，援助金额一度超过了苏联和东欧国家的总和。[1] 董洁还在中苏朝三边关系变动的视角下，分析了 20 世纪 60 年代上半期中国对朝鲜的经济援助问题。在她看来，面对中苏分裂局面，为了争取朝鲜的支持，中国对朝鲜的经济援助政策呈现出两大特征：一是尽己所能，甚至超出合理负担范围；二是"只算政治账，不算经济账"。但从援助效果来看，中国大量的经济援助并未改变朝鲜的经济结构，在政治影响力方面的效果也很有限。[2]

张勉励讨论了 20 世纪 50 年代中国对越南的援助政策。她的研究表明，这一时期中国对越援助历经了由军事援助为主向经济技术援助为主、由党际援助为主向政府间合作为主的转型。[3] 邵笑将中国对外战略由"反美反苏"转变为"联美反苏"作为大背景，论述了越南战争期间中国对越南的援助政策。他的讨论显示，中国对越南的经济援助数量呈现增长—缩减—再增长—再缩减的态势，其间出现了 1965年、1967 年、1972 年与 1974 年四个高峰。总的来看，在推动双边关系层面上，中

1　参见沈志华、董洁：《朝鲜战后重建与中国的经济援助（1954—1960）》，《中共党史研究》2011 年第 3 期。

2　参见董洁：《中苏分裂后中国对朝鲜的经济援助（1961—1965）》，《外交评论》2014 年第 4 期。

3　参见张勉励：《中国对越南经济技术援助的历史起步》，《外交评论》2010 年第 5 期。

国经济援助的效果并不理想，双方互有不满。[1] 范丽萍另辟蹊径，利用广西地方档案探讨了 20 世纪 50 年代至 70 年代中越铁路联运这个以往极少受到关注的问题。她得出的结论是：中越铁路国际联运不仅与"胡志明小道"一起构成了越南获取战争最后胜利的后勤保障体系，而且为广西的经济增长乃至经济重心转移注入了动力。[2] 此项研究致力于挖掘地方文献，从"地方视角"观察中国对外经济援助政策，颇具新意。

亚非地区非社会主义国家也是中国对外经济援助的对象。其中，柬埔寨是新中国提供经济技术援助的第一个民族独立国家。张勉励指出，中国对柬埔寨的援助从 1956 年到 1970 年持续 14 年之久，总体上看取得了积极成果，包括推动两国建交并促进双方友好关系发展，加速了柬埔寨民族工业的成长，有助于中国在印度支那地区战略目标的实现[3]。李一平、曾雨棱分析道，1958 年至 1965 年，中国对印尼的援助情况同两国友好关系的发展进程并不完全同步，主要原因是中国在援助印尼的外交决策中将"革命"作为首要评判标准。印尼政府是否革命或者说是否有利于革命力量的发展，对中国援助印尼的态度起着至关重要的作用。[4] 周振在中国-尼泊尔-印度三边关系的图景下探讨了 20 世纪五六十年代中国对尼泊尔的经济援助政策。此项研究表明，印度始终是影响中国对尼泊尔援助数量和力度的重要因素，中国对尼泊尔的援助是助推两国友好关系平稳发展的动力之一。[5]

在中国对非洲经济援助的问题上，蒋华杰的研究最为引人注目。他从中国援建坦赞铁路、顶替台湾当局在非"农耕队"、培训非洲实习生和留学生等多个个案入手，详细考察了 1960 年至 1983 年中国对非洲国家的援助政策。此项研究不仅体现了其他研究者着重揭示的中国对外援助政策的冷战特征，还展示了社会制度移植和

1　参见邵笑：《越南战争期间中国对越援助与援越政策研究（1964—1975）》，《冷战国际史研究》第 25 辑，世界知识出版社，2018 年，第 53—86 页。

2　参见范丽萍：《冷战与地方社会：1955—1978 年五国铁路国际联运中的广西》，广西师范大学出版社，2015 年。

3　参见张勉励：《中国对柬埔寨经济技术援助的历史探析（1956—1970）》，《中国浦东干部学院学报》2014 年第 1 期。

4　参见李一平、曾雨棱：《1958—1965 年中国对印尼的援助》，《南洋问题研究》2012 年第 3 期。

5　参见周振：《20 世纪 50—60 年代新中国对尼泊尔援助问题探究》，《当代中国史研究》2017 年第 5 期。

跨文化碰撞在其中所扮演的角色。他认为，中国对非援助行为与通常所定义的发展援助有很大区别。对非援助行为不仅是中国组建国际反帝反修统一战线的政策工具，还体现出输出自身经济社会发展道路这一典型的冷战特征。中国的经验之所以并未被非洲国家接受，背后的原因是复杂的，既有政治、国际关系因素造成的阻碍，也有社会制度、种族、文化差异带来的挑战。随着走向改革开放，中国对非援助政策逐渐由"援助换政治"向"援助推发展"转型，其重心由实现革命外交转变为同时追求现代化发展与国家安全战略两大目标。[1]

在与社会主义国家的贸易关系方面，学者们进行了初步探讨。与过去学界着力突出苏联援助中国不同，姚昱关于中苏橡胶贸易[2]的研究另辟蹊径，凸显了中方对苏方的"反向援助"。他的研究证明，虽然中国的对外经济政策具有主动性和灵活性，但其相对有限的经济资源与苏联庞大的刚性需求之间存在着难以解决的矛盾，这导致中苏橡胶贸易合作时间早、规模大、内容广，但又结束得非常迅速。[3]葛君的研究展现出 20 世纪 50 年代上半期中国与民主德国贸易关系的特殊性，即民主德国在中国与联邦德国的贸易关系中扮演着代表中国的代理人角色。他认为，隐藏在这一现象背后的是民主德国谋求德国唯一代表身份和主导德国统一进程的深层政治考量。相应地，中国也从支持民主德国统一社会党政权稳定的角度出发，在双边贸易中给予对方特殊待遇。[4]金泉对中蒙贸易关系的研究揭示了社会主义国家间关系"政经分离"的一面。他认为，由于边境线漫长、彼此经济需求明显、经济结构互补性强等原因，中蒙贸易在双方政治关系敌对时期仍呈现出"藕断丝连"的状态，

1　参见蒋华杰：《冷战时期中国对非洲国家的援助研究（1960—1978）》，博士学位论文，华东师范大学 2014 年；蒋华杰：《现代化、国家安全与对外援助——中国援非政策演变再思考（1970—1983）》，《外交评论》2019 年第 6 期。

2　这里所说的橡胶贸易有两层含义：一是中国帮助苏联从东南亚地区大量代购橡胶；二是中国在华南地区帮助苏联补植橡胶。

3　参见姚昱：《橡胶合作：中苏经济关系的个案研究》，沈志华、李滨（Douglas A. Stiffler）主编：《脆弱的联盟：冷战与中苏关系》，社会科学文献出版社，2010 年，第 168—205 页；姚昱：《20 世纪 50 年代初的中苏橡胶贸易》，《史学月刊》2010 年第 10 期；姚昱：《新中国华南橡胶垦殖中的科技争论》，《中国科技史杂志》2011 年第 1 期。

4　参见葛君：《试论新中国与民主德国的早期贸易关系（1950—1955）》，《中共党史研究》2016 年第 11 期。

为之后的"触底反弹"预留了足够的回旋空间。[1] 白林的研究更为细致，专注于考察 1949 年至 1955 年中蒙贸易关系的确立与初步发展，落脚点是内外部影响因素孰轻孰重。在他看来，这一时期中蒙贸易关系的变化主要受到朝鲜战争和中苏对外政策调整等外部因素影响。[2]

在与西方国家的贸易关系方面，研究成果相对比较丰富。以往学界对于中国冲破美国等西方国家对华贸易管制的手段很少关注，而张夏婷的研究恰恰是这样一个选题。她利用广东地方档案讨论了新中国成立之初与资本主义国家进行的易货贸易问题。在她看来，此举有助于打破西方的经济封锁，获得了大量国家建设所需生产物资，但也暴露出处理危机时缺乏计划性、各地方之间缺乏联系，以及干部思想和业务水平有待提高等问题。[3] 高嘉懿考察了 20 世纪 50 年代后半期中法之间就互派商务代表而进行的外交磋商。她比较了中国在设立商务代表处问题上对待埃及的积极态度和面对法国时相对消极的态度，认为此时在中国的对外战略中，法国处于"中间地带"和"敌对阵营"之间的"灰色地带"。[4] 葛君和王若茜分别探讨了 20 世纪 60 年代联邦德国和意大利寻求加强与中国商贸往来的问题。虽然就结局而言，一个失败一个成功，但两个案例从不同侧面说明，毛泽东提出"第二中间地带"理论并非意在改善与西欧国家的关系，而是要利用它们与美国的矛盾达到反帝的目标。[5] 20 世纪 70 年代的中美贸易关系是中国改革开放史研究无法回避的课题。戴超武认为，美国"贸易自由化"政策开启了中国从美国和其他西方国家大量引进先进技术设备的历史进程，这为改革开放奠定了政策、技术和物质基础[6]。邓峥云则更

1　参见金泉：《"政经分离"：冷战时期中蒙贸易关系历史考察》，《冷战国际史研究》第 21 辑，世界知识出版社，2016 年，第 233—252 页。

2　参见白林：《中蒙贸易关系的建立和初步发展（1949—1955）》，《中共党史研究》2020 年第 3 期。

3　参见张夏婷：《中国对资本主义国家的易货贸易研究（1950—1952）——以华南区为例》，《中共党史研究》2015 年第 5 期。

4　参见高嘉懿：《一九五五年至一九五七年中法围绕商务代表问题的外交互动探析》，《中共党史研究》2017 年第 8 期。

5　参见葛君：《"第二中间地带"策略与 1964 年伯尔尼接触》，《中国社会科学内部文稿》2013 年第 4 期；王若茜：《中国外交在"第二中间地带"的成功实践——对 1964 年中意互设商务代表处的历史考察》，《党的文献》2012 年第 5 期。

6　参见戴超武：《美国"贸易自由化"政策与中国"改革开放"（1969—1975）》，《史学月刊》2010 年第 2 期。

多地从相互认知差异的角度来看待这一时期的中美贸易关系，着重阐释中国对尼克松政府"中国许可证清单"出台的冷淡反应以及双方就中国对美纺织品出口配额问题的交涉[1]。

　　研究者们还就对外技术合作相关问题展开了讨论。董志凯这样概括中国科技发展的特点：在自力更生的方针下引进吸收，在消化吸收的基础上有所创新，形成工业经济的完整体系（或产业链）[2]。具体到从苏联引进技术，张柏春等人认为，1949年至1966年苏联向中国转移技术的行为主体是政府，形式包括技术输出、技术贸易、技术援助和技术合作，技术本身是混合式的，大多数属于中间技术，但也包含先进技术、尖端技术以及较为落后的技术。这是中国历史上首次比较系统、完整且效果较好的一次技术转移，推动了现代技术在中国的体制化以及技术科学在中国的发展，但在一定程度上也使得中国在20世纪六七十年代长期吃苏联技术的老本。[3]

　　在与其他社会主义国家进行技术合作时，中国基本上扮演的是技术输出的角色。王勇忠以中国科学院为研究对象，考察了中国与古巴、朝鲜、越南的技术合作，并得出如下结论：中古两国科学院的农业技术合作虽然受到两国关系波动的影响，却从未中断；中国科学院和朝鲜科学院的技术合作则受两国关系影响较大，双方运行体制的不同也明显阻碍了合作的深入进行；受制于越南战争和越南国内科学水平，中国科学院与越方的科技合作以人员往来为主，在科研项目和科研仪器方面的支援很少[4]。董洁也讨论了中朝技术合作问题，切入点是朝鲜技术考察团。同样是

1　参见邓峥云：《尼克松政府"中国许可证清单"的出台与中国的反应》，《世界历史》2016年第4期；邓峥云：《多面互动：二十世纪七十年代中美关于纺织品问题的交涉》，《中共党史研究》2017年第3期。按：学者们还讨论了20世纪60年代初中国与加拿大的粮食贸易问题。参见李瑞居：《迪芬贝克时期加拿大与中国小麦贸易探析（1957—1963）——基于对加拿大政府解密档案的解读》，《冷战国际史研究》第24辑，世界知识出版社，2017年，第155—177页；瞿商、许天成：《1960年秋至1961年5月中国自加拿大和澳大利亚的粮食进口》，《当代中国史研究》2017年第4期。

2　参见董志凯：《自力更生与引进、消化相辅相成——1949—1978年中国科技发展回顾与启示》，《当代中国史研究》2019年第5期。

3　参见张柏春等：《苏联技术向中国的转移（1949—1966）》，山东教育出版社，2004年，第401—415页。

4　参见王勇忠：《1963—1969年中古两国科学院的科技合作》，《当代中国史研究》2015年第1期；王勇忠：《中朝两国科学院的科技合作（1953—1976）》，《冷战国际史研究》第25辑，第109—126页；王勇忠：《中国与越南的科学技术合作（1964—1976年）——以中国科学院开展与越南科学技术合作为中心的研究》，《东南亚纵横》2018年第6期。

个案研究，相较而言，此项研究更具理论张力。董洁认为，中国开展对朝科技合作的原动力在于政治，这是一种争取政治盟友的重要方式，中朝科技合作与中朝政治关系因此呈现正相关关系。正因为在两国技术合作过程中，政治属性被过度强化、技术本位相对缺失，合作的效果大打折扣。[1]

20世纪60年代初，由于中苏关系恶化，苏联停止了对中国成套技术设备的供应，中国转而致力于与西方国家展开合作。牛建立指出，从西方国家引进成套技术设备推动了中国的科技进步，在一定程度上解决了国民经济发展中的关键问题，为20世纪70年代初扩大对外引进规模和以后的对外开放创造了条件，并在某种意义上为中国与西方国家建交奠定了基础[2]。周磊选择的切入点更为微观，考察了20世纪70年代初"四三方案"期间中国大规模进口法国工业技术和成套设备的情况。他断言，这次技术引进是冷战时期中法经济关系中的里程碑事件，不仅促进了中国工业薄弱部门的发展，而且重振了低迷的中法贸易，对此后的中法经济关系和中国改革开放亦产生了积极影响。[3]与20世纪六七十年代相比，80年代中国的技术引进更具开放性。陈弢选择20世纪80年代后半期至90年代初期的桑塔纳轿车国产化问题作为研究对象，揭示出大众集团、中国中央政府、上海地方政府三者之间的复杂互动和各自考量，展现了中国经济如何通过此次具有代表性的技术引进工程，进一步加入全球生产和交换网络之中[4]。

简言之，21世纪以来，学界关于中国对外经济技术联系的研究已遍布各相关领域，且普遍利用了中国外交部档案，必要时还参考了各省市地方档案和美国、英国、法国、德国等对象国档案。这些研究成果在很大程度上展现了20世纪50年代至70年代中国对外援助、经贸往来和技术合作的宏观走向。在一些具体的案例研究中，学者们还对有关对外经济技术联系的成效作出了研判，总结了经验教训。不

1　参见董洁：《解读中朝科技合作——以朝鲜技术考察团为中心》，《冷战国际史研究》第28辑，世界知识出版社，2019年，第79—92页。

2　参见牛建立：《二十世纪六十年代前期中国从西方国家引进成套技术设备研究》，《中共党史研究》2016年第7期。

3　参见周磊：《冷战时期中法经济关系发展的里程碑——"四三方案"期间中国大规模进口法国工业技术和成套设备情况》，《中共党史研究》2017年第1期。

4　参见陈弢：《中德有关桑塔纳轿车国产化问题的协商及其影响（1985—1991）》，《中共党史研究》2022年第2期。

过，相对于建交和边界问题，这一研究领域还未呈现出学术争鸣的态势。

六、文化交流问题研究

当代中国外交史研究并非仅仅依据一手文献讨论"高政治议题"或进行纯粹意义上的官方对外政策考察。21 世纪以来，一些学者开始转换视角，探索新的学术路径，尝试超越外交史的学科传统，从跨文化交流层面阐释中国与外部世界的互动。当然，此种"文化转向"只是初露端倪，从成果呈现和领域分布上看还显得较为零散、不成系统，主要体现在电影、美术、体育、建筑、国际博览会等几个方面，种族、性别等更具理论挑战的课题则很少涉及。

学者们已经注意到了新中国成立之初对待美国文化和苏联文化态度的巨大反差。杨奎松从宗教、教育、广播和电影四个方面展现了中国利用美国实施封锁这一契机清除其在华文化影响力，进而消除民众"亲美""崇美""恐美"思想的历史过程。与一般意义上的认知和判断不同，他认为，新政权本想利用五至十年的时间进行社会改造和文化统合，但朝鲜战争爆发与美国加强对华遏制政策迫使中国领导人不得不采取肃清美国文化影响的举措。[1] 储著武对 1949 年至 1956 年中国学习苏联文化的历程进行了解读。他将该历史过程划分为初步学习、全面学习和反思学习三个阶段，揭示了其中的教条主义和经验主义倾向。[2]

电影是中外文化交流的主要形式之一。王宇平的研究展示了 20 世纪 50 年代后半期中国对外电影交流背后存在的商业利益考量。她指出，1956 年至 1957 年，在"双百"方针指导下，中国一改之前几乎只参与社会主义电影或进步电影内部盛会的局面，积极参加包括戛纳电影节在内的各类国际电影节。这背后固然隐藏着意识形态和政治宣传的考虑，但更多的是希望借助电影节构筑的市场平台促进影片对外输出。[3] 王玉良则专注于讨论 1945 年至 1950 年美国电影在中国的际遇。他认为，

1　参见杨奎松：《新中国成立初期清除美国文化影响的经过》，《中共党史研究》2010 年第 10 期。

2　参见储著武：《文化范例：新中国学习苏联文化及文化建设经验的发展历程（1949—1956）》，《河北师范大学学报》2018 年第 1 期。

3　参见王宇平：《20 世纪 50 年代新中国电影与国际电影节》，《文艺研究》2016 年第 5 期。

在此期间，中国对好莱坞电影的批评历经了"个体式""集体式""全国性"三种模式，始终受到政治意识形态深刻影响。1950 年以后，中国大力宣传苏联、东欧等社会主义国家的影片，逐渐使之成为一种风尚，并在创作上为接下来的"十七年电影"[1]指出了不同于西方电影的另一种方向。但另一方面，美国电影在中国并没有销声匿迹，而是偶尔仍会作为学习或批判的样本，在一定范围内放映。[2]与这一判断相呼应，柳迪善指出，长达 30 年的美国电影禁令从未完全擦除中国普通观众对好莱坞的记忆，这构成了民间力量的一次"胁迫性挽留"。1979 年之后，中国开始采购美国影片。不过，在经济落后和意识形态制约的共同作用下，能够进入中国的美国影片依然有限，且多为二流作品。[3]这两项研究反映了美国电影在中国长时间的"隐性"存在。王瑞芳将视线转向苏联电影，梳理了 20 世纪 50 年代中国政府甄选、放映苏联电影，以及中国观众观看苏联电影的历史脉络。她的研究表明，苏联电影在一定程度上发挥了思想教育与文化娱乐的双重功能。[4]与之相反，张建华选择 20 世纪 70 年代意在宣誓俄国和苏联对乌苏里江流域主权的电影《德尔苏·乌扎拉》作为观察对象，描述了中国对这部苏联电影的严厉批判，展现了中苏交恶时期艺术背后的国家间政治[5]。

美术交流展是中国对外文化交往的另一种形式。胡清清按照交往国家类型详细讨论了 1949 年至 1966 年中国的对外美术交流展，阐释了中国学习苏联社会主义现实主义美术体系，以及通过美术交流提高自己在新兴民族独立国家中的地位、加强对日本和少数几个欧洲国家民间外交的大体经过。此项研究从一个侧面诠释了中国"文化先行、外交殿后"的理念。[6]赖荣幸的研究更为细微，聚焦 1950 年在苏联和

1　"十七年电影"，指从 1949 年新中国成立到 1966 年"文化大革命"爆发前中国大陆的电影。

2　参见王玉良：《"清算"好莱坞：论战后中国对美国电影的批评模式（1945—1950）》，《文化艺术研究》2016 年第 2 期。

3　参见柳迪善：《美国电影在民间中国（1949—1980）》，《北京电影学院学报》2019 年第 2 期。

4　参见王瑞芳：《寓教于乐：20 世纪 50 年代苏联电影对中国民众生活的影响》，《当代中国史研究》2020 年第 3 期。

5　参见张建华：《〈德尔苏·乌扎拉〉：冲突年代苏联电影中的"中国形象"与中苏关系》，《俄罗斯研究》2015 年第 2 期。

6　参见胡清清：《新中国的对外美术交流展研究（1949—1966）》，博士学位论文，南京艺术学院，2016 年。

东欧国家举办的中华人民共和国艺术展览会。该案例的特殊性在于它是新中国成立后中国文化"走出去"的第一次重大活动和新中国美术对外交流的重要开端。参展的现代美术作品是新中国第一批革命现实主义画作,中方有意通过这种形式接受苏联的检阅,向苏联学习。[1]

体育交往是当代国家间关系的重要组成部分,有时甚至成为外交的一部分,对中国来说也不例外。1963 年印度尼西亚举办的第一届新兴力量运动会,是二战后第三世界国家主导的首次重大国际体育赛事。张小欣的研究显示,中国将全力支持新兴力量运动会作为推动召开第二次亚非会议和实施反帝反殖革命目标的重要手段,中国和印尼两国在此事上的合作有助于打破西方对国际体坛的垄断[2]。"乒乓外交"是中美关系缓和期间的一段佳话。李洪山从中美文化关系而非纯粹意义上的外交关系角度展开讨论,认为此次活动开启了两国文化交流的"乒乓模式",即政府主导、民间实施、短期交流。20 世纪 70 年代,中美之间数以千计的科学、技术、教育、医药、体育、艺术等各界人士以个人或团体方式进行的横跨太平洋的交往,基本上都遵循了这一模式。[3]徐国琦也研究了中美之间的"乒乓外交",但他的视野不仅局限于美国乒乓球代表团访华,还论及中国乒乓球代表团回访美国,认为"乒乓外交"是两国一段"共有的历史",不但加速了中国的国际化,而且在很大程度上改变了中美关系,重新塑造了世界政治格局[4]。赵青峰则选择建交前的中韩体育交流作为研究对象,这是一个以往几乎没有受到中国学者关注的课题。他断言,20世纪 80 年代中韩之间的体育往来完全由政府主导,与两国关系的发展轨迹相吻合,具有浓重的政治色彩。体育交流是双方累积信任并最终走向建交的助推器。[5]沙青青更是独辟蹊径,将目光投向棒球运动在新中国的趋热、遇冷与缓慢复苏,从军事

1　参见赖荣幸:《新中国第一次中国艺术海外展的模式与意义——1950 年苏联"中国艺术展"》,《美术研究》2014 年第 2 期。

2　参见张小欣:《新兴力量运动会的缘起与中国和印尼的关系》,《当代中国史研究》2014 年第 2 期。

3　参见李洪山:《中美文化冷战结束之开端——"乒乓外交"新探》,《社会科学论坛》2012 年第 6 期。

4　参见徐国琦:《体育与中美关系的历史发展——纪念"乒乓外交"50 周年》,《美国研究》2021 年第 3 期。

5　参见赵青峰:《水到渠成:建交前体育交流与中韩关系发展》,《冷战国际史研究》第 25 辑,第 127—150 页。

体育、统战体育和外交体育三个层面展开论述。此项研究表明，意识形态的复杂性和政治局势的多变性必然导致棒球运动在新中国只能短暂繁荣。[1]

　　苏联对新中国的影响极其广泛，建筑艺术也在其列。李扬指出，1954年建成的北京苏联展览馆是一道苏联式文化景观，它不仅是新北京的城市地标，更充分体现了北京都市文化中的苏联印记。该展览馆及其附属建筑莫斯科餐厅（俗称"老莫"）、电影院、露天剧场等在当时刮起了一股"苏联风"，引领着中国首都的娱乐文化与消费时尚。[2] 张建华专注于探究作为公共空间的莫斯科餐厅在"文化大革命"前后从"政治符号"到"文化符号"的转变[3]。洪长泰则反其道而行之，着力阐释苏联专家在天安门扩建问题上影响的有限性。此项研究认为，苏联专家将红场作为原型来协助扩建天安门广场，但中国领导人不愿把天安门广场改建为"红场第二"，而是秉持"洋为中用"的精神，希望作为政治符号的天安门广场能够体现出中国的独立自主。两国专家在天安门大小和形状等方面均不同程度地存在分歧，天安门广场的规模和布局最终由毛泽东亲自确定。[4]

　　参加国际博览会是中国展示国家形象、增进其他国家对自身了解的途径之一。1951年至1957年，中国共参加了20多场国际博览会。夏松涛指出，这让中国向世界展现了自己的工业建设成就和传统文化，国家形象得到较大提升。[5] 其他学者的研究较多聚焦莱比锡国际博览会。陈弢认为，由于经验不足和情况不明等原因，中国参加1951年春季莱比锡国际博览会时，在布展方面出现了诸多问题。尽管如此，此次参展仍在很大程度上起到了宣传新中国建设成就、纠正部分欧洲人对中国的认识，以及促进中国与民主德国乃至整个欧洲经济交往的作用。此后几年，中国

1　参见沙青青：《在新中国打棒球：一项体育运动的境遇变迁及其多重角色》，《中共党史研究》2014年第2期。

2　参见李扬：《"苏联式"建筑与"新北京"的城市形塑——以1950年代的苏联展览馆为例》，《首都师范大学学报》2017年第2期。

3　参见张建华：《北京"老莫餐厅"：公共空间的苏联形象与中苏关系变迁的映像》，《俄罗斯学刊》2018年第4期。

4　参见洪长泰：《空间与政治：扩建天安门广场》，《冷战国际史研究》（第4辑），北京：世界知识出版社，2007年，第138—173页。

5　参见夏松涛：《1951—1957年新中国参加国际展览活动的形象探析》，《当代中国史研究》2020年第3期。

加大投入，不仅继续参展，还提升了规模和级别。在民主德国和苏联等社会主义国家大力支持下，中国借助莱比锡国际博览会对欧洲展开的公共外交取得明显进展。尤为值得注意的是，中国参加莱比锡国际博览会，并不完全意在体现"无产阶级国际主义"，还希望凸显"中国特征"。[1]关于没有参加 1962 年春季莱比锡国际博览会的缘由，中方的解释是外汇不足，民主德国则认为是中苏分歧。童欣的研究表明，双方的说法都不全面，真正原因在于中国与民主德国之间积累了越来越多的矛盾，以及中国国内出现经济困难。[2]

宏观来看，上述新近问世的研究成果呈现出如下特点：其一，大多数研究采用了文化与政治互动的视角；其二，苏联和美国依旧是多数学者在探讨中外文化交流时优先选择的观察对象；其三，虽然讨论的是"低政治议题"，可以摆脱高度依赖官方档案的常规模式，但并非不需要利用一手文献，一些研究者在史实还原的过程中还是借助了中国外交部和各省市地方的档案以及对象国的官方史料；其四，部分研究成果展现了中国对外文化交流的独立性、官方与民间态度的反差，以及商业利益方面的考量等，带有明显区别于既有研究的个性化特征。

七、外交史中的"普通人"问题研究

外交决策基本上处于政治精英的掌控之中，一般公众只能置身其外，但一部真正意义上的外交史却绝不能少了普通人的身影。20 世纪五六十年代，随着新中国缓慢融入国际社会，跨国人员流动逐渐增加，他们是那个时代中国与外部世界关系的见证人与亲历者。21 世纪以来，部分学者将视线转向这些普通人（主要是专家、实习生、留学生和工人），通过考察他们跨国交流的经历来展现中国和其他国家之间的互动。就研究场域的转换而言，这样的尝试给当代中国外交史研究注入了一股"革命性"气息。

20 世纪 50 年代苏联对华经济援助的一个重要侧面，是向中国派遣了约两万名

1　参见陈弢：《新中国对欧公共外交的开端——以莱比锡博览会为中心的考察》，《中共党史研究》2018 年第 2 期。

2　参见童欣：《中国未参加一九六二年莱比锡春季展览会原因探析》，《中共党史研究》2019 年第 6 期。

专家。沈志华的研究显示，中国一开始就从心理上把苏联派出专家和提供其他援助视作国际主义原则下理所应当的政府行为，而赫鲁晓夫则把派遣专家作为迫使中国在理论和政策分歧上就范的外交筹码。结果，在华苏联专家成为政治牺牲品。[1]

为了"增进社会主义阵营的团结和繁荣，发展我国同民族主义国家的友好关系，和打击以美国为首的帝国主义阵营的侵略和扩张活动"[2]，新中国成立伊始就在"一穷二白"的基础上义无反顾地开始了对外经济技术援助，培训外国实习生便是其中的重要组成部分。蒋华杰从总体上讨论了冷战时期中国培训外国实习生的政策。他认为，这并非单纯的技术转移问题，而是意识形态宣传和社会主义联盟的政治问题。随着 20 世纪 50 年代末社会主义阵营逐渐走向分裂，中国的实习生培训工作超越社会主义阵营的旧有范畴，转而成为支持第三世界国家革命的手段，意识形态输出逐步升级为首要政策目标。[3] 董洁和笔者分别以北京和上海为例展示了朝鲜实习生的在华经历。董洁将来华特别是在京朝鲜实习生作为中朝关系的一个缩影，认为意识形态是决定双方所有交往的唯一标准。[4] 笔者则从政府与民间、党际关系与国家间关系的双重视角考察了在沪朝鲜实习生问题。该研究认为，20 世纪 50 年代，政府塑造和民间自发共同勾画了这段中朝民间友好的历史轨迹。60 年代中期前后，随着中朝两党两国关系由亲密转向冷淡，两国工人的关系也由和谐融洽转为矛盾丛生。在沪朝鲜实习生这一案例表明，由于党际关系左右着国家间关系，技术培训更多地只是从一个侧面扮演着中朝两党关系晴雨表的角色，并未真正成为两国关系的重要推动力。[5] 游览有关中国培训越南实习生的案例研究表明，与传授专业技术相比，中方更重视思想政治教育。但这种意识形态输出并未取得理想效果，越

1　参见沈志华：《苏联专家在中国（1948—1960）》，北京：社会科学文献出版社，2015 年。

2　《中央批转陈毅同志和李富春同志〈关于加强对外经济、技术援助工作领导的请示报告〉》（1958 年 10 月 29 日），上海市档案馆藏，档案号 B134-1-11。

3　参见蒋华杰：《解读冷战时期中国对外经济技术援助：以外国实习生培训项目为个案》，《近现代国际关系史研究》第 9 辑，世界知识出版社，2016 年，第 130—165 页。

4　参见董洁：《对在京朝鲜实习生的历史考察：基本状况及政策变化》，《华东师范大学学报》2011 年第 6 期。

5　参见梁志：《作为政治任务的技术培训——以在沪朝鲜实习生为例（1953—1959）》，《党史研究与教学》2016 年第 3 期；梁志：《作为政治任务的技术培训——朝鲜实习生在上海（1953—1967）》，《近现代国际关系史研究》第 10 辑，北京：世界知识出版社，2016 年，第 127—163 页。

南实习生之所以对华亲近，主要源于与培训人员特别是师傅的个人友谊，而非受到中方思想政治教育感召。[1] 蒋华杰从公共外交行为的角度对中国培训阿尔巴尼亚实习生作出了解读。他指出，中方将培训的目的定为塑造老师傅和实习生的个人友谊、缔造两国两党友谊。然而，由于对"社会主义劳动者"这一概念认知迥异、双方的民族性格和文化差异十分明显，以及中国调整对外战略，20 世纪 70 年代，中阿友谊彻底破裂。[2]

20 世纪五六十年代，中国向苏联派出大量留学生，同时也接受了许多社会主义国家和第三世界国家的留学生。白冰研究了 20 世纪 50 年代初至 60 年代中期的留苏潮，展现了中方对留苏学生的政治审查过程，以及两党两国关系变化对中苏师生交往的影响。他认为，虽然一度受到中苏关系恶化或国内"左"倾错误影响，但及至 90 年代，曾经的留苏学生开始不同程度地在科技、艺术乃至政治等领域发挥重要作用。[3] 游览的研究表明，20 世纪 60 年代中苏关系恶化使中国留苏学生陷入尴尬境地：既要继续完成学业，又必须顶住苏联政府的压力，根据国内指示战斗在反修斗争最前线。从本质上讲，他们的身份依然是学生，并不适合从事政治斗争，结果反修活动屡遭挫折，非但没能"以斗争促团结"，反而将本已剑拔弩张的中苏关系进一步推向敌对的边缘。[4] 蒋华杰则将视线聚焦于 20 世纪 60 年代在华非洲留学生的退学现象，展现了深受西方文化观念乃至政治价值观影响的非洲学生，在面对中国教育部门革命教育改造时的"水土不服"[5]。

冷战前期，中国还通过派遣工人的方式援助苏联和蒙古的社会主义建设。谷继坤指出，在就中国工人"赴苏援建"问题进行交涉的过程中，中苏双方均夹带着民族感情，抱有猜测与试探对方的心态以及"碍于情面"的心理。这是因为在社会主

---

1 参见游览：《技术援助中的意识形态输出——冷战时期中国对在华越南实习生的思想政治教育》，《外交评论》2012 年第 6 期。

2 参见蒋华杰：《公共外交的意识形态化：冷战时期中国培训阿尔巴尼亚实习生计划解读》，《外交评论》2012 年第 4 期。

3 参见白冰：《中国学生赴苏学习问题的历史考察（1951—1965）》，《中共党史研究》2017 年第 12 期。

4 参见游览：《中苏关系走向破裂的见证者——20 世纪 60 年代中国留苏学生的历史考察》，《中共党史研究》2014 年第 10 期。

5 参见蒋华杰：《二十世纪六十年代在华非洲学生"退学现象"分析》，《党史研究与教学》2016 年第 2 期。

义国家之间，意识形态的同一性替代了各自国家利益的实际需要。从民间交往的角度来看，中国工人为苏联建设作出了贡献，得到了当地企业的认可，同当地居民之间也结下了深厚的个人友谊。但值得注意的是，选择定居在苏联的中国工人从未放弃自己的中国国籍，这体现出他们在国家和民族身份认同上不同于一般"劳工"的一面。[1]谷继坤还从历史记忆、地缘政治和社会主义阵营内部关系等多个角度研究了中国工人"赴蒙援建"问题，描述了中国工人与蒙方发生的矛盾和纠纷，揭示出蒙古迫切需要中国工人但又对他们怀有戒心的复杂心态，以及中国坚决拒绝从内蒙古地区大量派遣蒙古族工人背后的考虑，并以此阐释中蒙之间党际关系掩盖甚至替代国家关系的现象[2]。白林大量补充利用蒙古国档案，更为细致地还原了 1949 年至 1964 年中国工人"赴蒙援建"的历史过程，呈现了中国工人在蒙经历与两国外交决策之间的互动[3]。

　　仔细观察可以发现，上述研究主要考察的是中国与其他社会主义国家之间的跨国人员流动。研究者们不但关注普通人的经历，更有意识地将他们的命运与宏观时代背景联系在一起，借助不同案例、从不同角度对社会主义阵营内部党际关系与国家关系的张力进行理论思考，呼应和印证了中苏关系研究中的"结构失衡论"观点。同时，以上讨论还揭示出历史记忆、价值观和文化差异等过去往往被忽视的因素，对中国与其他国家跨国人员交往的深刻影响。

八、回顾与展望

　　21 世纪以来，从纵向上看，中国学者有关当代中国外交史的研究至少在如下三方面实现了令人瞩目的推进：其一，努力发掘中国、俄罗斯、美国、法国、德

1　参见谷继坤：《中国工人"赴苏援建"问题的历史考察（1954—1963）》，《中共党史研究》2013 年第 10 期；谷继坤：《对河北省清苑县工人"赴苏援建"问题的历史考察（之二）》，《冷战国际史研究》第 26 辑，北京：世界知识出版社，2018 年，第 107—133 页。按：还有学者考察了山东工人赴苏援建的历史。参见郭本意：《1956 年至 1964 年山东省对苏劳务援助初探》，《安徽史学》2018 年第 5 期。

2　参见谷继坤：《中国工人"赴蒙援建"问题的历史考察（1949—1973）》，《中共党史研究》2015 年第 4 期。

3　参见白林：《中国赴蒙援建工人研究（1949—1964）》，博士学位论文，华东师范大学，2019 年。

国、日本、韩国，乃至缅甸、蒙古、马来西亚、印度等国家新公布的档案，采用"国际史"的文献研究方法，在中国与各国建交、解决陆地边界问题、对外经济技术联系，甚至"夫人外交""动物外交"[1]等诸多子领域推陈出新，开发了许多新课题，揭示了大量被尘封的历史事实，在一定程度上为未来重新搭建当代中国外交史的解释框架打下了一定的基础；其二，将电影、美术、体育、建筑、博览会等文化要素纳入考察范围，追求当代中国外交史研究的"文化转向"，从文化与政治互动的角度呈现当代中国与外部世界的跨文化交流；其三，不断扩大观察视野，秉持"跨国史"视角，从重点关注高层交往到适当兼顾底层往来（如援华专家、外国实习生、留学生、援外工人等），将普通人的命运置于大的时代背景下加以观察，并从多个角度探讨了意识形态在中国外交决策中扮演的角色。

从国家类型上看，21世纪以来中国学者的研究主要针对中国与社会主义国家、第三世界国家的关系，对资本主义国家的关注相对较少。具体到国别和地区，在社会主义阵营内部关系方面，主要的研究对象是苏联、民主德国、朝鲜和越南，对其他东欧国家、蒙古和古巴等涉猎较少。在与第三世界国家的关系方面，重点国别是缅甸、印度和印度尼西亚，重点地区是亚洲和非洲，与拉丁美洲地区的关系几乎还没有进入学者们的视野[2]。至于与资本主义阵营的关系，美国自然最受关注，中国与英国、法国等西欧大国的关系也在一定程度上得到了考察，其他西欧小国和北欧诸国则很少引起学者们的兴趣。

值得注意的是，在当代中国外交史研究领域，国内已形成了华东师范大学周边国家研究院（前身为冷战国际史研究中心）和首都师范大学历史学院南北两大学术研究和资料收藏中心。前者主要从事中国与社会主义国家、周边国家关系研究，收藏有大量相关国家对华关系档案文献以及中国外交部、各省市县地方档案；后者重点关注中国与资本主义国家关系以及各国冷战史档案资源的开放和利用状况，收藏有数量十分可观的西方国家对华关系档案文献。

---

1 参见蒋华杰：《革命外交的张力：关于新中国夫人外交的历史考察（1950—1965）》，《中共党史研究》2016年第5期；刘晓晨：《兄弟之盟：新中国同社会主义国家间的动物外交》，《史林》2015年第2期。

2 在关于中国与拉丁美洲地区关系的研究中，较有见地者不多。参见张琨：《比森特·罗维塔与原生书店——试论冷战时期毛泽东思想在拉丁美洲的传播》，《冷战国际史研究》第25辑，第151—172页；孙洪波：《中墨关系（1950—1960）：基于中国外交档案的分析》，《拉丁美洲研究》2013年第4期。

　　整体而言，当代中国外交史研究尚且存在如下几方面明显缺陷：其一，相当一部分学者致力于从事"阐释性"研究，即片面地依靠《人民日报》等官方报刊资料，至多点缀性地使用少量档案文献，对中国外交决策或对外关系作出完全正面的阐释，而未从正反两方面辩证评价成败得失、客观总结经验教训；其二，部分中青年研究者机械地套用而非批判性地借鉴"软权力"概念、外交决策分析模式、层次分析法、需求层次理论等国际关系理论学界研究成果，用以分析中国外交决策或对外关系，以论代史或选择性使用史料，偏离了外交史研究与国际关系理论研究相互促进的初衷；其三，或许是为了获得学位、晋升职称等功利性目标，一定范围内存在着既无新史料又无新观点的"炒冷饭"式的重复研究，这突出表现在中苏关系、中美关系以及领导人的美国观、苏联观等研究领域；其四，既有研究大多着力于史实还原，对于文化传统、民族主义情绪、反帝反殖思想、主权国家观念、"大国身份"意识如何塑造当代中国外交决策等更具理论性的议题关注得很少；其五，由于受到史料多寡等因素影响，既有研究对国家间关系讨论得比较多，对党际关系的讨论则明显偏少。

　　若要更为准确地概括当代中国外交史研究的成就和不足，还需将其置于国际学术发展进程中加以观察。近年来，随着各国相关档案文献的不断公布以及中国国家实力的逐步增强和国际地位的不断提高，当代中国外交史成为国际学术界高度关注的研究对象[1]。中国学者关于中苏、中朝、中印和中缅关系的研究已然居于世界前列，前述陆地边界、外国实习生、援外工人等课题，国际学术界更是未曾触及。中国学者的一些研究成果受到国际学术界普遍认可。如，2017 年 4 月（第41 卷第 2 期）美国外交史学家学会（Society for Historians of American Foreign Relations，SHAFR）会刊、国际学术界公认的外交史和国际关系史领域最顶尖的学术期刊《外交史》（*Diplomatic History*）集中刊发了一组题为"来自中国的冷战史新观点"的专栏文章，包括夏亚峰和笔者的一篇 20 世纪中国对美国政策研究综述以及王栋和詹欣的两篇中美关系史专题论文。2018 年秋（第 42 卷第 4 期）和 2019

1　例如，国际知名智库和研究机构伍德罗·威尔逊国际学者中心（Woodrow Wilson International Center for Scholars）近年来一直致力于收集、翻译世界各国有关冷战时期中国外交政策的档案文献，并开发了"中国外交政策数据库"（The Chinese Foreign Policy Database）。

年夏（第 43 卷第 3 期），韩国庆南大学主办的东亚问题研究知名学术杂志《亚洲视角》（*Asian Perspective*）以"中国与邻国关系：当下问题的历史视角"为主题，接连刊发了两组以中国中青年学者为主的有关当代中国与周边国家关系的专题论文。2019 年 8 月（第 19 卷第 3 期）香港中文大学创办的著名中国问题杂志《中国评论》（*The China Review*）则以"冷战时期中国与社会主义国家间的人员交流"为主题，通过专刊的形式发表了一组中国中青年学者的专题论文。由此可见，从事当代中国外交史研究的中青年学者已经逐渐成长起来，其研究成果特别是研究方法和视角已经得到国际主流学术界认可。

应该指出的是，在利用中国外交对象国的档案文献方面，国际学界总体上仍走在中国学界前面。例如，哈佛大学助理教授杰里米·弗里德曼（Jeremy Friedman）利用中国、苏联、南非、塞尔维亚、莫桑比克、智利等十个国家的官方档案，细致地勾勒了中国与苏联两个社会主义大国在亚非拉地区展开竞争的历史过程。此项研究最大的学术价值在于摆脱中美苏"大三角"关系的传统视角，从争夺第三世界的层面描绘了中苏关系的又一重面相——独立于资本主义和社会主义两种制度"人心之争"以外的"另一种冷战"（Shadow Cold War），或者说革命意识形态之争。[1] 又如，2017 年 6 月《中华人民共和国史评论》（*The PRC History Review*）杂志曾集中刊发八篇各国学者撰写的利用珍稀史料研究冷战时期中国对外关系的短文，相关档案来源地包括坦桑尼亚、赞比亚、阿尔及利亚、摩洛哥、墨西哥、俄罗斯和德国等国家。相较而言，相当一部分中国学者还只是利用中方档案文献进行当代中国外交史研究。此外，外国学者的一些选题视角比较独特，值得中国学者借鉴，比如中国政府利用杂技表演推动中美和解、20 世纪 70 年代中美石油外交等 [2]。在中国学者暂未涉猎的一些研究课题上，外国学者迈出了探索的步伐，例如冷战时期中美两国在第三世界的竞争、可口可乐与中国改革开放初期的中美关系、美中贸易全国委员会

---

1 参见 Friedman, J. (2015). *Shadow Cold War: The Sino-Soviet Competition for the Third World*. Chapel Hill: University of North Carolina Press。

2 参见 Zhang, Tracy Ying (2016). "Bending the Body for China: The Uses of Acrobatics in Sino-US Diplomacy during the Cold War". *International Journal of Cultural Policy*, 22 (2), pp.123-146; Minami, Kazushi (2017). "Oil for the Lamps of America? Sino-American Oil Diplomacy, 1973-1979". *Diplomatic History*, 41 (5), pp.959-984。

如何促进中美经贸和外交关系发展、20 世纪 60 年代末至 80 年代初西欧与中国的关系、20 世纪 70 年代的中英科技关系、西方经济学家怎样通过与中国改革者的互动影响中国经济体制改革进程、1949 年至 1972 年中国的对日人民外交、20 世纪 50 到 60 年代中国与华约的关系，等等[1]。

　　未来若干年，在当代中国外交史研究领域，中国学者或许可以尝试从以下几方面取得突破性进展：其一，在中国外交部档案馆和各省市县档案馆文献开放程度不理想的情况下，通过提高外语能力，大力发掘国外档案，在中国之外"发现中国"，针对一些选题空白点进行开拓性研究，比如中国与拉丁美洲、非洲、东欧、北欧国家的关系等[2]。其二，在继续进行外交决策过程研究的同时，将部分注意力转移至中国对外决策机制、外交理论、领导人思想和意识形态等过去较少受到关注的议题[3]。其三，将视线下沉到"低端政治"，在跨国文化和人员交流方面加大探索力度。这方面可以讨论的话题还很多，比如苏联文学作品在新中国的阅读史、中国与周边国家之间的跨境民族流动、归国留美和留苏学人群体等。其四，在专注于某一时间段的中国对外战略、双边关系、重大历史事件或重要人物等个案研究的同时，亦进行带有"通史"性质的宏观和长时段考察。其五，针对合适的选题，适当汲取国际关系学、心理学等其他学科养分，主要是其概念和视角，以此丰富当代中国外交史研究的理论资源。

1　参见 Brazinsky, G. (2017). *Winning the Third World: Sino-American Rivalry during the Cold War*. Chapel Hill: The University of North Carolina Press; Kraus, C. (2019). "More than Just a Soft Drink: Coca-Cola and China's Early Reform and Opening". *Diplomatic History*, 43 (1), pp.107–129; Talley, C. (2018). *Forgotten Vanguard: Informal Diplomacy and the Rise of United States-China Trade, 1972–1980*. Notre Dame: University of Notre Dame Press; Albers, M. (2016). *Britain, France, West Germany and the People's Republic of China, 1969–1982: The European Dimension of China's Great Transition*. London: Palgrave Macmillan; Agar, J. (2013). "'It's Spring Time for Science': Renewing China-UK Scientific Relations in the 1970s". *Notes and Records of the Royal Society of London*, 67 (1), pp.7–24; Gewirtz, J. (2017). *Chinese Reformers, Western Economists, and the Making of Global China*. Cambridge: Harvard University Press; Wits, C. (2015). "The Japan Hands: China's People's Diplomacy towards Japan, 1949–1972". Ph.D. dissertation, Doshisha University; Lüthi, L. (2007). "The People's Republic of China and the Warsaw Pact Organization, 1955–63". *Cold War History*, 7 (4), pp.479–494; Ciorciari, J. (2014). "China and the Pol Pot Regime". *Cold War History*, 14 (2), pp.215–235。

2　已有学者尝试聚焦小语种、关注度相对较低的国家，例如湖北大学巴西研究中心程晶正在利用巴西档案，辅之以中国大陆和台湾地区档案，对冷战时期中国与巴西的关系进行研究。

3　参见李潜虞：《试论新中国对外国驻华使馆的管理（1949—1965）》，《外交评论》2013 年第 5 期。

笔者认为，坚守"中国中心"、秉持世界眼光[1]是当代中国外交史研究未来的方向，相信随着新史料不断问世并得到开掘、年轻一代学者快速成长，以及国内外学术交流的持续加强，在不久的将来，当代中国外交史研究这块远未完全开垦的土地上必会结出更为丰硕的果实。

---

1 坚守"中国中心"、秉持世界眼光，指研究者要兼具中国史和世界史两个一级学科的知识结构，同时利用中国和外交对象国乃至"第三方"的档案文献，从中国国内形势与国际处境两个方面理解中国外交。

近二十年中国冷战史研究：
进展、缺憾与未来突破点 *

梁　志

21 世纪以来，或许是由于接连受到了新社会史、新文化史以及全球史、跨国史等不同学术潮流的冲击，在欧美学术界传统的政治史、军事史和外交史研究在某种程度上显露出式微的迹象，冷战史研究同样也不例外。与此相反，20 世纪 80 年代中期冷战史研究在中国起步以来，一直处于上升势态。过去 20 年，这一趋势尤为明显：在"冷战史新研究"（The New Cold War History）学术思潮的导引下，利用各国不断解密和公布的档案文献，在各种科研项目经费的支持下，中国冷战史学界至少在以下四个方向上进行了集体性的探索，形成了一道独特的学术景观：经济冷战；心理战、隐蔽战与核战略；冷战中的科学与文化；冷战时期中国与周边国家关系。无论是相对于中国学者以往的相关成果而言，还是与国际同行比较，上述研究在很大程度上都意味着一种明显的进步，其中不乏开拓性的探索。就目前的情形来看，随着研究队伍不断壮大、经费投入与日俱增、文献发掘日益广泛、视角渐趋多样化、国际影响力逐步增强，未来 20 年处于"后发优势"中的中国冷战史研究完全有可能在国际冷战史学界占据重要位置。

---

* 本文主要评述中国大陆学者以中文发表的研究著作和论文（包括期刊论文、学位论文和会议论文），偶尔论及个别旅美学者的相关研究，且重点选择基于原始档案文献的实证性研究予以介绍。此外，笔者并无意全面追溯 21 世纪以来中国冷战史研究状况，而只是选取其中受关注度较高的若干领域作为描述对象，以期借此提炼出中国冷战史研究的主要特征。本文属国家社会科学基金特别委托项目"中国周边国家对华关系档案收集及历史研究"（15@zh009）阶段性成果。

近些年，已有数位学者从不同的角度对中国冷战史研究状况予以评介，但多未将中国冷战外交相关成果纳入观察范围，且由于成文时间较早而没有涵盖近十年特别是近五年的研究。[1] 虑及于此，本文拟尝试对标国际冷战史学界研究现状，分析2001 年以来中国冷战史研究所取得的进展和存在的缺憾，进而针对今后可能出现的新趋向或如何实现新的重大突破提出自己的认识与判断。

一、内外部动力来源

就相对宏观的背景而言，可以从学术理念支撑、新史料挖掘和经费支持三个方面来理解近十余年中国冷战史研究大踏步前进的主要动力。

20 世纪 80 年代末至 90 年代初，全球范围内的冷战随苏东剧变戛然而止，加之在此前后中国、苏联和东欧国家档案文献大量地开放，国际冷战史学界首次有机会探察"铁幕"的另一边，并将冷战作为一个静态的历史过程予以研究。基于这一崭新的情势，20 世纪 90 年代上半期美国著名冷战史专家约翰·加迪斯（John Lewis Gaddis）大力倡导开展"冷战史新研究"或曰"冷战国际史研究"（Cold War International History Studies），即在冷战结束赋予研究者的全新时空框架内，利用多国多边档案，挣脱"美国中心"论的羁绊，重点关注"第二世界"和"第三世界"，并重新认识意识形态在冷战中的影响力。[2] 加迪斯的看法，特别是对社会主义国家档案开放对冷战史研究推动作用的乐观估计遭到了部分学者的质疑，[3] 但他对冷

1　崔丕：《中国学术界对国际冷战史研究的现状与课题》，《冷战国际史研究》（第六辑），北京：世界知识出版社，2008 年；梁志：《近十余年中国冷战史研究新气象》，《世界历史》2012 年第 4 期；夏亚峰：《冷战国际史研究在中国：二十年评述》（Yafeng Xia, "The Study of Cold War International History in China: A Review of the Last Twenty Years"），《冷战研究季刊》（*Journal of Cold War Studies*），第 10 卷，2008 年第 1 期，第 81—115 页；梁志、夏亚峰：《中国冷战史研究新趋势（2000—2014）》（Liang Zhi and Xia Yafeng, "New Trends in Cold War History Studies in China, 2000—2014"），《世界历史研究》（*World History Studies*），第 1 卷，2014 年第 1 期，第 89—111 页。关于 20 世纪最后二十年中国冷战史研究起步阶段的基本状况，参见白建才、田华：《二十年来我国学术界对冷战史的研究》，《世界历史》1999 年第 2 期。

2　约翰·加迪斯：《我们现在知道了：冷战史再思考》（John Lewis Gaddis, *We Now Know: Rethinking Cold War History*），牛津大学出版社，1997 年。

3　理查德·勒博：《我们仍旧不知道！》（Richard N. Lebow, "We Still Do Not Know!"），《外交史》（*Diplomatic History*），第 22 卷，1998 年第 4 期，第 627—632 页；梅尔文·莱夫勒：《冷战："我们现在知道了"什么？》（Melvyn P. Leffler, "The Cold War: What Do 'We Now Know'?"），《美国历史评论》（*American Historical Review*），第 104 卷，1999 年第 2 期，第 501—524 页。

战史研究未来趋势的判断却得到了一定的响应，并逐渐受到国际学术界的广泛关注甚至普遍认同。[1] "冷战史新研究"学术潮流出现后不久，中国学者（包括旅美中国学者）便在中文权威杂志上予以了详细介绍且做出正面评价。[2] 同时，中国学者也陆续翻译了一批国际冷战史学界权威专家和新锐学者的著作，这可被变相地视为传播"冷战史新研究"主张的另一个途径。[3] 与此相契合的是，此时的中国史学界正在日益强调实证研究和摆脱西方，特别是美国中心主义。正因为这样，越来越多的中国冷战史学者开始在相关研究中自觉或不自觉地实践"冷战史新研究"倡导的基本理念。

冷战结束后，各主要涉及国家的档案文献大量开放，为中国冷战史研究者提供了极为丰富的资料来源。其中，美国档案的开放程度最高、管理最为规范、涉及主题最多，而且可以通过国家和各总统档案馆、网络、纸本、缩微、数据库等多种方式获取，利用起来十分便捷。与此同时，英国、法国、德国和日本也通过档案馆、纸本，甚至缩微和数据库公开了大量与冷战时期东西方对抗有关的档案资料。相比较而言，更令中国冷战史学界兴奋不已的是苏联和中国档案的渐次开放。这些文献的问世令研究者有机会较以往更为真切地窥见冷战另一方的战略思考和外交决策。[4] 相应地，就中国冷战史档案文献收藏而言，主要集中于国家图书馆、华东师范大学和首都师范大学，这三家机构采购了包括绝大部分已刊的各大国纸本档案集，至少

1　例如，挪威著名冷战史研究者文安立（Odd Arne Westad）指出，意识形态、技术和第三世界可能将成为冷战史新研究的三个研究范式。参见文安立：《新冷战国际史：三个（可能的）研究范式》（Odd Arne Westad, "The New International History of the Cold War: Three (Possible) Paradigms"），《外交史》（*Diplomatic History*），第 24 卷，2000 年第 4 期，第 551—565 页。

2　戴超武：《"新冷战史"与当代美国外交史学思潮》，《美国研究》1999 年第 1 期；陈兼、余伟民：《"冷战史新研究"：源起、学术特征及其批判》，《历史研究》2003 年第 3 期。

3　例如，[挪] 文安立：《全球冷战：美苏对第三世界的干涉与当代世界的形成》，牛可等译，北京：世界图书出版公司，2012 年；[美] 梅尔文·莱弗勒：《人心之争：美国、苏联与冷战》，孙闵欣等译，上海：华东师范大学出版社，2010 年；[美] 雷迅马：《作为意识形态的现代化：社会科学与美国对第三世界政策》，牛可译，北京：中央编译出版社，2003 年；[美] 王作跃：《在卫星的阴影下：美国总统科学顾问委员会与冷战中的美国》，安金辉、洪帆译，北京：北京大学出版社，2011 年；安德鲁·鲁宾：《帝国权威的档案：帝国、文化与冷战》，言予馨译，北京：商务印书馆，2014 年；[日] 松田武：《战后美国在日本的软实力：半永久性依存的起源》，金琮轩译，北京：商务印书馆，2014 年。

4　有关冷战各主要国家档案文献的解密和收藏情况，详见姚百慧主编：《冷战史研究档案资源导论》，北京：世界知识出版社，2015 年。关于上述文献给中国冷战史研究者带来的机遇，参见沈志华：《冷战史新研究与档案文献的收集和利用》，《历史研究》2003 年第 1 期。

十余种使用较为广泛的档案数据库以及大量缩微文献。不仅如此，以沈志华、杨奎松、陶文钊、牛军、张曙光、周建明为代表的一批中国学者还组织翻译和编撰了数量十分可观的档案文献集，[1]华东师范大学冷战国际史研究中心出版的杂志《冷战国际史研究》[2]亦不断刊载各国专题系列档案。事实证明，上述档案编译工作给中国冷战史研究者提供了极大的便利。

中国的冷战史研究之所以能够在近十余年取得明显进步，固然与学者们的主观努力分不开，但也和政府的重视程度和财力支持不无关系。2011年，教育部颁布新版《学位授予和人才培养学科目录》，历史学由原来的一个一级学科变为世界史、中国史、考古学三个一级学科。部分地由于这一原因，最近几年冷战史研究成为政府重点支持的学科发展方向之一。国家社会科学基金项目是中国最高层次的政府研究经费支持。此类科研项目下面设有特别委托项目、重大项目、重点项目、一般项目和青年项目等各个类别。而在所有类别中，相对世界史这个一级学科而言，冷战史研究的课题均占有较高比例。[3]毋庸置疑，以国家社会科学

1　沈志华主编：《俄罗斯解密档案选编：中苏关系》，上海：东方出版中心，2015年；沈志华编译：《俄国解密档案：新疆问题》，乌鲁木齐：新疆人民出版社，2012年；沈志华、杨奎松主编：《美国对华情报解密档案（1948—1976）》，上海：东方出版中心，2009年；沈志华主编：《朝鲜战争：俄国档案馆解密文件》，中央研究院近代史研究所，2003年；沈志华主编：《苏联历史档案选编》，北京：社会科学文献出版社，2002年；陶文钊主编：《美国对华政策文件集（1949—1972）》（第一卷）（上、下），北京：世界知识出版社，2003年；陶文钊主编：《美国对华政策文件集（1949—1972）》（第二卷）（上、下），北京：世界知识出版社，2004年；陶文钊、牛军主编：《美国对华政策文件集（1949—1972）》（第三卷）（上、下），北京：世界知识出版社，2005年；张曙光、周建明：《中美"解冻"与台湾问题：尼克松外交文献选编》，香港：香港中文大学出版社，2008年。

2　2004年创刊，半年刊，第一辑名为《国际冷战史研究》，由华东师范大学出版社出版，从第二辑开始更名为《冷战国际史研究》，并改由世界知识出版社出版，目前已出版至第二十六辑。

3　在特别委托项目方面，最引人注目的是华东师范大学沈志华教授领衔的研究团队获得的该类别项目的资助，课题名称为"中国周边国家对华关系档案收集及历史研究"，项目运作方式为滚动研究，两年为一个周期，每期资助额度为200万元。目前，该项目已进入第三期研究阶段。在重大项目方面，主要课题包括张广翔（吉林大学）："苏联核计划档案文献资料翻译整理研究"，2015年；余伟民（华东师范大学）："苏联解体过程的俄国档案文献收集整理与研究"，2014年；沈志华（华东师范大学）："东欧各国冷战时期档案收集、整理与研究"，2012年；孟庆龙（中国社会科学院）："中英美印俄五国有关中印边界问题解密档案文献整理与研究（1950—1965年）"，2012年；徐蓝（首都师范大学）："20世纪国际格局的演变与大国关系互动研究"，2011年。一般来说，目前重大项目支持力度为80万元左右，个别情况下还可以申请追加经费。在重点项目、一般项目和青年项目方面，比例最高的为2012年和2015年，约为15%，具体立项名单略去。当前，重点项目可获得35万元的经费支持，一般项目与青年项目经费约为20万元。这里需要特别说明的是，严格来讲，在国际问题研究等其他学科类别中，也有部分课题应被纳入冷战史研究范畴。但为了统计方便，此处仅将世界史一级学科纳入考察范围。

基金项目为代表的各级政府项目资助是冷战史研究人员团队建设、资料搜集和设备购置的主要经费来源。同样需要特别指出的是，随着中国经济的稳步高速发展，国家留学基金委员会、地方政府以及各高校和科研院所逐步加大了对包括硕博士研究生在内的科研人员出国交流的资助力度，并渐次扩大资助范围和增加资助类别。冷战史研究者普遍积极申请各种海外访问项目，赴国外进行档案搜集和学术切磋。其中，个别博士研究生在攻读博士学位期间能够出访两个甚至更多的国家。[1]

二、集体开掘的四个研究领域

中国的冷战史研究大约始于 20 世纪 80 年代中期，最初主要利用《美国对外关系文件》（*Foreign Relations of the United States*）集中探究二战后十年间的美国对华政策。80 年代末 90 年代初，随着冷战的终结和社会主义国家档案的开放，朝鲜战争、越南战争、中国对美政策、中苏关系与苏联外交政策等以往受关注不多的课题开始进入中国冷战史研究者的视野。21 世纪以来，利用新的研究方法和档案文献，凭借着相对充足的学术研究与国际交流经费支持，在师承关系与共同学术旨趣的促使下，诸多中国学者有意无意地合力开辟了四个新的研究领域。

1. 制度优越性之争：经济冷战研究

冷战时期，美苏两个超级大国均费尽心思地考虑如何削弱对方的经济实力，展现本国所代表的社会制度的优越性，以吸引更多的第三世界国家采纳自身的发展模式。因此，在全球冷战这幅宏大的历史图景中，经济冷战是不可或缺的重要组成部分。所谓"经济冷战"，从广义的角度讲，至少包括如下三个层面：美苏以及两大阵营之间的经济遏制与反遏制；两个超级大国及其各自阵营中的其他地区大国对第

1　此处需要特别指出的是，中国冷战史研究界也在努力铺设新的国际学术交流渠道。2011 年 8 月 15 日，华东师范大学在美国著名智库伍德罗·威尔逊国际学者中心建立了"华东师大—威尔逊中心冷战研究美国工作室"。此后，该工作室每年从中国国内各高校和科研院所遴选十名左右从事冷战史研究的博士研究生或青年学者前往威尔逊中心访问，时间为三到六个月。至今，已先后接收了 50 余位来自华东师范大学、北京大学、南京大学、武汉大学、暨南大学、东北师范大学、首都师范大学和上海科学院等单位的访问者。

三世界的经济援助行为；两大阵营内部国家间的经济合作。

在经济冷战方面，中国学者最为关注西方国家，特别是美国的贸易管制政策。20 世纪 90 年代初，冷战史研究者着手探讨新中国成立初期美国对华经济战问题。[1] 此后不久，西方世界对社会主义国家的贸易管制政策逐渐成为学者们关注的焦点，其中最具开创性的是崔丕综合利用美国、日本和英国档案所做的系统研究。他将美国冷战战略划分为全球、地区和国别三个层次，对巴黎统筹委员会、中国委员会的兴衰史进行了全景式考察。[2] 此外，崔丕还就北约对苏联石油设备禁运和"东芝事件"等相关案例进行了讨论，并得出以下结论：20 世纪 60 年代北约对苏联禁运大口径输油钢管和相关输油管线设备，此举开创了美国利用多边防务机制推行对苏联经济遏制战略的先例，这也是冷战时期东西方贸易管制政策史上的特例；20 世纪 80 年代上半期，日本东芝机械公司秘密向苏联出口 9 轴数控机床。事件曝光后，美国政府趁机促使日本同意与美国联合开发 FSX 战斗机，且进一步在巴黎统筹委员会管制体系之外强化了"类巴统管制体系"。相应地，为迎合美国的"不扩散"和"反扩散"战略，日本将"安全出口管制"作为出口管制体系的核心要素。[3] 除对社会主义经济进行直接遏制外，美国还向第三世界提供了相当数量的经济技术援助。其中，中国冷战史学界尤为关心的是华盛顿对台湾当局和韩国的经济援助行为。特别值得注意的是，牛可与梁志分别就战后中国台湾地区和韩国的经济发展展开讨论，并得出了相似的认识：美国对中国台湾地区和韩国经济的"起飞"起到了明显的推动作用，但并未能使当地成功地移植"自由发展主义"这一资本主义经济增长

---

1 张汉林、蔡春林：《试论美国对华出口管制政策及前景》，《美国研究》1991 年第 2 期；陶文钊：《禁运与反禁运：五十年代中美关系中的一场严重斗争》，《中国社会科学》1997 年第 3 期；林利民：《试析朝鲜战争期间美国对华全面经济战》，《世界历史》1998 年第 5 期。

2 崔丕：《美国的冷战战略和巴黎统筹委员会、中国委员会（1945—1994）》，北京：中华书局，2005 年。

3 崔丕：《冷战转型期的美日关系——对东芝事件的历史考察》，《世界历史》2010 年第 6 期；《北约组织对苏联能源设备禁运政策的缘起与影响》，《世界历史》2016 年第 1 期。其他相关研究包括张曙光：《经济制裁研究》，上海：上海人民出版社，2010 年；姚昱、郭又新：《1953—1956 年美国的橡胶政策与国内政治》，《世界历史》2007 年第 6 期；刘子奎：《英美在对苏东国家出口控制上的冲突与合作（1961—1963）》，《史林》2009 年第 5 期；《肯尼迪政府对苏东国家的出口管制政策》，《历史研究》2013 年第 2 期；李继高：《"中国差别"的废除与英美关系（1955—1957）》，《中共党史研究》2016 年第 2 期。

模式。[1] 偶尔也有学者从东西方意识形态竞争的角度探讨美国对西欧的援助计划。[2]

　　严格来说，至今中国学者还没有深入探究社会主义阵营如何抵御西方世界的贸易和技术管制。[3] 关于社会主义国家对第三世界的经济技术援助，中国学界的研究尚处于起步阶段，最具代表性的是蒋华杰在广泛参考中国政府各部门档案文献的基础上对 20 世纪 60 年代至 80 年代中国在非洲援助行为所进行的研究。他将中国对非洲的经济技术援助划分为工业与交通基础设施、农业、教育和医疗四个方面。在蒋华杰看来，中国援助非洲的根本目的为联合中左派力量以结成反帝反修国际统一战线，同时向当地展示和传授自身的革命与建设经验，引导它们学习中国道路。然而，事实证明中国关于自身政治、经济和社会发展的经验最终并没有为非洲国家所接受和实践，背后的原因既有政治、国际关系因素，亦有社会制度、种族、文化差异。[4] 相对来说，中国学者研究最为深透的当数社会主义国家之间的经济合作，不仅揭示出了大量过去被遮蔽的历史事实，而且尝试进行了某种具有理论色彩的讨论。21 世纪以来，首先进入冷战史研究者视野的是中苏经济合作。沈志华深入研究了新中国成立前后中苏经济合作以及在华苏联专家等问题。[5] 姚昱详细还原了 20

1　牛可：《美援与战后台湾地区的经济改造》，《美国研究》2002 年第 3 期；梁志：《冷战与"民族国家建构"——韩国政治经济发展中的美国因素（1945—1987）》，北京：社会科学文献出版社，2011 年。其他相关研究可参见刘雅军：《美国对台湾地区的援助政策初探（1949—1953 年）》，《当代中国史研究》2005 年第 6 期；崔丕：《艾森豪威尔政府对台湾地区政策的演进》，《华东师范大学学报》（哲学社会科学版）2009 年第 5 期；董向荣：《韩国起飞的外部动力——美国对韩国发展的影响（1945—1965）》，北京：社会科学文献出版社，2005 年。

2　李昀：《马歇尔计划时期美国对西欧的文化宣传》，《兰州学刊》2011 年第 9 期；《美国国内围绕欧洲复兴计划议案的辩论及其影响》，《世界历史》2014 年第 1 期；《"自由"话语与冷战初期美国国内政治动员——以欧洲复兴计划为中心》，《世界历史》2016 年第 4 期。

3　就笔者观察，与该主题略微有些关系的研究仅见曲韵：《新中国成立初期封锁禁运对私营进出口业的影响分析（1950—1952）》，《中国经济史研究》2016 年第 6 期。

4　蒋华杰：《国际冷战、革命外交与对外援助——中国对非援助政策形成的再考察（1956—1965）》，《外交评论》2016 年第 5 期；《农技援非（1971—1983）：中国援非模式与成效的个案研究》，《外交评论》2013 年第 1 期；《中国援非医疗队历史的再考察（1963—1983）——兼议国际援助的效果与可持续性问题》，《外交评论》2015 年第 4 期；《二十世纪六十年代在华非洲学生"退学现象"分析》，《党史研究与教学》2016 年第 2 期；《冷战时期中国对非洲国家的援助研究（1960—1978）》，华东师范大学博士学位论文，2014 年。

5　沈志华：《对中苏同盟经济背景的历史考察——中苏经济关系（1948—1949）研究之一》，《党的文献》2001 年第 2 期；《新中国成立初期苏联对华经济援助的基本情况——来自中国和俄罗斯的档案材料（上）》，《俄罗斯研究》2001 年第 1 期；《新中国成立初期苏联对华经济援助的基本情况——来自中国和俄罗斯的档案材料（下）》，《俄罗斯研究》2001 年第 2 期；《苏联专家在中国（1948—1960）》，北京：新华出版社，2009 年。

世纪 50 年代初中国在橡胶种植和采购方面向苏联提供援助的基本历史事实，展现了中国"反哺"苏联"老大哥"的一面。[1] 此外，朝鲜战争结束后中国还曾向朝鲜提供巨额经济援助。沈志华和董洁对这一问题展开了研究。[2] 同样引人注目的是，董洁、梁志、游览、蒋华杰和葛君在深挖中国外交部和各省市地方档案馆馆藏文献的基础上，分别从不同的角度考察了中国向朝鲜、越南、阿尔巴尼亚和古巴实习生提供技术培训的总体状况及其背后隐藏的意识形态目标。中国培训外国实习生问题是国际学术界几乎还没有触及的问题。上述研究一方面生动地展示了中国中央、地方和个体三方之间复杂的互动联系，另一方面也再次证明了社会主义阵营内部经济联系服从于政治考虑的基本特质。[3]

2. 揭示那段隐秘的历史：隐蔽战、心理战与核战略研究

二战刚刚结束不久，冷战尚未完全展开，美国就已着手制订和实施隐蔽战与心理战战略。艾森豪威尔政府执政后，继续将隐蔽战和心理战作为国家安全战略的重要组成部分，并强调二者与政治经济常规手段之间的相互配合。[4] 与此相类似，冷战开始后不久苏联便极大地提高了反美宣传的力度。同样属于机密手段的是，冷战中的各主要参与国，特别是美国和苏联，均制订了核战略，包括核武器开发、核遏制、核战争计划与核部署等多个层面。随着各国机密档案文献的渐次开放，中国学者陆续启动了隐蔽战、心理战与核战略研究。

20 世纪 90 年代中期，美国隐蔽行动战略受到中国学者的瞩目，但当时的探索

1　姚昱：《橡胶合作：中苏经济关系的个案研究》，载沈志华、李滨（Douglas A. Stiffler）编：《脆弱的联盟：冷战与中苏关系》，北京：社会科学文献出版社，2010 年，第 168—205 页。

2　沈志华、董洁：《朝鲜战后重建与中国的经济援助（1954—1960）》，《中共党史研究》2011 年第 3 期；董洁：《中苏分裂后中国对朝鲜的经济援助（1961—1965）》，《外交评论》2014 年第 4 期。

3　董洁：《对在京朝鲜实习生的历史考察：基本状况及政策变化》，《华东师范大学学报》（哲学社会科学版）2011 年第 6 期；梁志：《作为政治任务的技术培训：朝鲜实习生在上海（1953—1967）》，《近现代国际关系史研究》（第十辑），北京：世界知识出版社，2016 年；游览：《技术援助中的意识形态输出：冷战时期中国对在华越南实习生的思想政治教育》，《外交评论》2012 年第 6 期；蒋华杰：《公共外交的意识形态化：冷战时期中国培训阿尔巴尼亚实习生计划解读》，《外交评论》2012 年第 4 期；葛君：《"政治任务"下的技术培训：对在沪古巴实习生的历史考察（1962—1965）》，第一届"国际关系史青年论坛"会议论文，首都师范大学，2011 年 3 月 19—20 日。关于冷战时期中国培训外国实习生政策的总体演进走向，参见蒋华杰：《解读冷战时期中国对外经济技术援助：以外国实习生培训项目为个案》，《近现代国际关系史研究》（第九辑），北京：世界知识出版社，2016 年。

4　《国家安全委员会第 162/2 号文件：基本国家安全政策》（"NSC162/2, Basic National Security Policy"），1953 年 10 月 30 日，《数字化国家安全档案》，档案号：PD00353。

仅限于个别个案。[1] 及至 21 世纪初，学者们才开始对这一课题展开或宏观或细微的深入探讨。在宏观方面，数白建才的研究最具系统性，他廓清了"隐蔽行动"的概念，将冷战时期美国隐蔽行动战略的制定和实施划分为四个阶段，并指出美国隐蔽行动战略的实施对促使苏东剧变起到了不可忽视的作用。[2] 在微观方面，中国学者从国别的角度对美国隐蔽行动战略进行了一系列案例研究。此类研究揭示出了一些过去鲜为人知的历史片段，如美国秘密策动西藏分离运动的具体决策和实施过程。[3]

相对美国隐蔽战而言，中国学者对美国心理战的关注较晚，但从未来趋势看似乎会更为持久。郭又新、史澎海、彭凤玲等学者从宏观上考察了冷战初期美国的对外宣传政策。[4] 其他学者则从单个心理战项目以及国别和地区心理战计划两个层面进行了微观研究：就前者而言，主要关注"青年领袖项目"、"特洛伊计划"、"学说宣传项目"、"叛逃者项目"、海外图书馆项目、国际展览项目和体育外交等；[5] 就后

1　时殷弘：《激变战略与解放政策——冷战初期美国政府对苏联东欧内部状况的政策》，《世界历史》1995 年第 3 期。

2　白建才：《"第三种选择"：冷战期间美国对外隐蔽行动战略研究》，北京：人民出版社，2012 年。

3　高艳杰：《艾森豪威尔政府秘密支持印尼"外岛叛乱"的缘起》，《世界历史》2015 年第 1 期；舒建中：《美国的"成功行动"计划：遏制政策与维护后院的隐蔽行动》，《世界历史》2008 年第 6 期；赵学功：《简论肯尼迪政府对古巴的隐蔽行动计划》，《南开学报》（哲学社会科学版）2007 年第 5 期；《肯尼迪政府对古巴的应急作战计划》，《历史研究》2013 年第 2 期；程早霞、李晔：《一九四九年前后美国中情局谍员秘密入藏探析》，《历史研究》2009 年第 5 期；程早霞：《"十七条协议"签订前后美国秘密策动达赖出逃历史探析》，《中共党史研究》2007 年第 2 期。

4　郭又新：《东西方文化交流与艾森豪威尔政府的冷战宣传攻势》，《俄罗斯研究》2007 年第 2 期；《从国际新闻署到美国新闻署——美国对外宣传机构的演变》，《东南亚研究》2004 年第 5 期；史澎海：《美国心理战略委员会及其心理冷战行动（1951—1953）》，《河北师范大学学报》（哲学社会科学版）2012 年第 2 期；史澎海、王成军：《从心理战略委员会到行动协调委员会——冷战初期美国心理战领导机构的历史考察》，《陕西师范大学学报》（哲学社会科学版）2010 年第 5 期；彭凤玲、史澎海：《冷战初期美国对外心理战机制研究》，《西安交通大学学报》（社会科学版）2015 年第 5 期。

5　张扬：《20 世纪 60 年代美国"青年领袖项目"初探》，《世界历史》2012 年第 4 期；于群：《"特洛伊计划"——美国冷战心理宣传战略探微》，《东北师大学报》（哲学社会科学版）2007 年第 2 期；《社会科学研究与美国心理冷战战略——以"学说宣传项目"为核心的探讨》，《美国研究》2007 年第 2 期；厉荣：《美国心理战略委员会"叛逃者项目"探微（1951—1953）》，《世界历史》2012 年第 5 期；常贝贝：《冷战初期美国的海外图书馆项目与心理宣传战》，《东北师大学报》（哲学社会科学版）2010 年第 3 期；胡腾蛟：《冷战时期美国海外图书输出的主旨探析》，《武汉大学学报》（人文科学版）2013 年第 1 期；《文化冷战背景下美国图书的海外传播与国家形象塑造》，《中南大学学报》（社会科学版）2016 年第 2 期；《20 世纪 50 年代美国国际展览项目探析》，《世界历史》2014 年第 5 期；《美国海外"和平"形象宣传运动探略（1953—1955）》，《安徽史学》2018 年第 1 期；杨茂：《文化冷战：艾森豪威尔政府对第三世界国家的体育外交》，《体育科学》2013 年第 6 期；温显娟：《美苏体育外交初探》，《外国问题研究》2015 年第 1 期；俞大伟：《苏联对新中国体育援助的历史审视》，《北京体育大学学报》2015 年第 4 期。

者而言，主要关注对华心理战，[1]兼及苏联、西欧、中东、东南亚、日本等国家与地区。[2]将以上研究拼接在一起，大体上可以窥见美国政府在全球范围和各地域通过多种手段实施心理战的基本过程及其成效。与此同时，值得特别指出的是，中国学者已开始对苏联反美宣传进行实证性考察。[3]

2001 年以来，核战略成为中国冷战史学界集中研究的新话题。在核开发方面，最受关注的是核武器对美苏冷战的影响以及中国和苏联发展核武器问题。[4]就核遏

1　翟韬：《战后初期美国新闻处在华宣传活动研究》，《史学集刊》2013 年第 2 期；《"冷战纸弹"：美国宣传机构在香港主办中文书刊研究》，《史学集刊》2016 年第 1 期；《冷战语境下的新"华夷之辨"：美国对华宣传与两岸政权形象的塑造》，《史学月刊》2016 年第 2 期；《美国对东南亚华人宣传机构研究（1949—1964）》，《首都师范大学学报》（社会科学版）2007 年第 4 期；《"华人的美国梦"的叙事与美国国家形象的塑造——兼论 20 世纪五六十年代美国政府对华侨的宣传政策》，《美国研究》2017 年第 2 期；郭永虎：《"争夺心灵和思想"：20 世纪五六十年代美国对华心理宣传战初探》，《史学集刊》2015 年第 3 期；《20 世纪五六十年代美国在香港的意识形态宣传和渗透》，《当代中国史研究》2016 年第 2 期。

2　郭又新：《"争夺心灵和思想"——杜鲁门政府如何展开对"苏东国家"的冷战宣传》，载于群主编：《美国国家安全与冷战战略》，北京：中国社会科学出版社，2006 年，第 294—344 页；胡腾蛟：《冷战早期美国对苏联"敌人形象"的塑造》，《俄罗斯研究》2015 年第 2 期；汪婧：《斯大林逝世与美国的反应和政策》，《世界历史》2009 年第 2 期；赵继珂、贺飞：《冷战初期美国对法国的心理战研究：以 PSBD-14c 的制订与实施为例》，《史学集刊》2015 年第 2 期；汪婧：《"消磁"计划与美国对意大利的心理冷战战略》，《历史教学》2010 年第 10 期；史澎海：《冷战初期美国对中东的心理战行动——以 PSB D-22 心理战略计划为中心的考察》，《陕西师范大学学报》（哲学社会科学版）2012 年第 2 期；史澎海：《冷战初期美国对伊朗的心理战研究》，《四川师范大学学报》（社会科学版）2014 年第 3 期；于群：《论美国在伊拉克进行的心理战（1945—1958）》，《东北师大学报》（哲学社会科学版）2010 年第 3 期；于群：《战后初期美国在伊朗开展的电影冷战宣传战略（1945—1953）》，载于群主编：《美国国家安全与冷战战略》，第 273—293 页；张杨：《以宗教为冷战武器——艾森豪威尔政府对东南亚佛教国家的心理战》，《历史研究》2010 年第 4 期；翟韬：《美国对东南亚华人宣传政策的演变（1949—1964）》，《美国研究》2013 年第 1 期；于群：《美国对日本的心理战略计划项目初探（1951—1960）》，《东北师大学报》（哲学社会科学版）2005 年第 5 期；白玉平、张杨：《美国对日本知识分子群体的心理战政策（1951—1961）》，《世界历史》2014 年第 5 期。

3　赵玉明：《文化冷战与冷战初期的苏联反美宣传：以中央宣传鼓动部解密档案为切入点》，《俄罗斯研究》2013 年第 1 期；张建华：《冷战背景下苏联对外政治中的"敌人形象"》，《史学月刊》2010 年第 7 期。

4　赵学功：《核武器、美苏关系与冷战的起源》，《历史研究》2018 年第 5 期；沈志华：《援助与限制：苏联与中国的核武器研制（1949—1960）》，《历史研究》2004 年第 3 期；詹欣：《约束与局限：试述台湾核武器计划与美国的对策》，《台湾研究集刊》2014 年第 3 期；刘玉宝、张广翔：《国外核情报与苏联原子弹的研制——基于俄罗斯解密档案文献的研究》，《历史研究》2015 年第 1 期；张泽宇：《二战期间苏联核战略启动决策述论：基于苏联解密档案的研究》，《战略决策研究》2012 年第 6 期；《核间谍与苏联原子弹研制：基于苏联解密档案的研究》，《军事历史研究》2014 年第 1 期；《二战后苏联对德国核资源的争夺与使用（1945—1949）》，《安徽史学》2014 年第 2 期；《苏联核工程的决策管理体系述论（1945—1955）》，《战略决策研究》2014 年第 1 期；《苏联核工程初级阶段人才培养研究（1945—1955）》，《西伯利亚研究》2014 年第 3 期。

制战略而言，中国学者主要讨论了美国和日本如何应对和管控中国核研发带来的"不利影响"以及华盛顿怎样利用核武器威慑中国。[1] 相应地，学者们也从某些角度揭示出了美国对苏联和中国的核打击计划。[2] 同样，近几年冷战时期美国防止核扩散及其在亚太地区核部署问题也进入到中国学者的视线。[3] 中国学者基于苏联、美国和日本等相关国家档案资料的上述研究不乏视角方面的创新：沈志华将苏联援助中国发展核武器作为观察对象，勾勒出赫鲁晓夫在政治上有求于中共却又对毛泽东心存疑虑的复杂心态；崔丕从美国援助日本和平利用原子能、向日本提供核保护以及美日宇宙空间技术合作的角度分析了中国核试爆的国际影响；刘玉宝、张广翔、张泽宇以核情报、德国核资源以及核工程管理体系与人才培养为切入点，重新阐释了苏联核武器研制问题。

3. 心智之战：美国冷战科学与海外教育援助研究[4]

二战期间，许多美国科学家及大学广泛地参与到战争中来，发挥了重要作用。1947年后，随着冷战在全球的渐次铺开，华盛顿开始全面动员包括智力和学术在内的各个领域、各种形式的力量和资源，以保卫"自由世界的安全"，一场"总体战"打响了。在此过程中，美国政府各部门和私人基金会投入大量资金支持与"国家安全"相关的科学研究。反过来，一部分科学家带着自己所掌握的专业知识积极主动地参与冷战决策，甚至转换身份成为政府官员。以上互动将美国的冷战战略与科学紧密联系在一处。与此并行的是，为了反击社会主义国家在世界范围内的"意

---

1 崔丕：《美日对中国研制核武器的认识与对策（1959—1969）》，《世界历史》2013年第2期；赵学功：《核武器与美国对朝鲜战争的政策》，《历史研究》2006年第1期；《核武器与美国对第一次台湾海峡危机的政策》，《美国研究》2004年第2期；《第二次台湾海峡危机与美国核威慑的失败》，《历史研究》2014年第5期。

2 刘磊：《肯尼迪政府时期美国对苏联核战争的设想》，《军事历史研究》2014年第2期；张扬：《SIOP与美国对中国的全面核打击计划》，《历史研究》2006年第5期；张扬：《中国战略核武器发展与美国早期ABM部署计划》，《当代中国史研究》2004年第1期。

3 关于前者参见刘子奎：《美国早期防扩散政策与美英苏禁止核试验谈判》，《历史研究》2015年第4期；《核扩散问题与艾森豪威尔政府和平利用原子能计划》，《世界历史》2016年第5期。关于后者参见陈波：《日美同盟与冷战前期美国在日本本土及琉球群岛的核部署》，《日本学刊》2010年第4期；《冲绳返还与美国在西太平洋的核部署》，《国际观察》2010年第3期；《"威慑"与"禁忌"：艾森豪威尔政府在韩国的核部署》，《历史研究》2012年第2期；等等

4 也有个别学者注意到苏联文学"冷战化"的现象，但类似的论题并未受到中国冷战史学界的集体关注。参见林精华：《文学国际政治学、战后苏联的文学格局和冷战》，《外国文学评论》2013年第3期。

识形态攻势"，美国政府和私人基金会广泛地进行对外教育援助，主要形式包括帮助其他国家组建教育机构、教科书援助、科研人员和科学信息交流、推广英语等。从这个角度讲，我们可以将冷战时期美国对外教育援助视为文化冷战的一种具体形式。

进入 21 世纪后，"冷战与科学"的话题进入中国冷战史学界的研究范畴。梁茂信详细论述了冷战对战后初期美国人才吸引机制形成的影响，於荣从宏观上讨论了冷战时期美国大学的学术研究，马鸿专门考察了冷战时期美国大学军事技术研究与联邦政府科技政策之间的互动，张杨重点探究了科学家与美国外层空间决策转型之间的关联，史宏飞则阐述了美国科学家推动杜鲁门政府建立国际核能控制机制的历史过程。[1]

更多学者将目光投向冷战与美国人文社会科学之间的共生关系。牛可率先对这一现象进行了总体上的概括。[2] 在美国人文社会科学的庞大谱系中，现代化理论和地区研究是与东西方冷战存在密切关联的两个分支学科。牛可对美国现代化理论兴起的政治背景予以了考察，梁志则论述了沃尔特·罗斯托"经济增长阶段论"的主要内容、意识形态内涵及其对肯尼迪政府第三世界经济援助政策的形塑作用。[3] 梁志从美苏冷战的角度讨论了美国"地区研究"兴起的历史根源，认为该新兴学科崛起的背后隐藏着联邦政府、私人基金会和学者三位一体的运作机制。[4] 与此同时，韩铁、吴原元、张杨、王子晖、张广翔、梁志和于展等学者还探讨了作为美国"地区研究"分支的中国学、苏联学、拉丁美洲学和非洲学。[5] 除此之外，牛可和翟韬

1　梁茂信:《冷战与美国人才吸引机制的形成（1945—1960）》,《历史研究》2014 年第 5 期；於荣:《冷战中的美国大学学术研究》,北京：北京师范大学出版社, 2008 年；马鸿:《美国研究型大学从事军事技术研究的历史考察（1945—1970）》,复旦大学博士学位论文, 2009 年；张杨:《冷战时期科学家与美国的空间决策——兼及肯尼迪政府科技政策转型的动因》,《世界历史》2006 年第 1 期；史宏飞:《核恐惧与美国科学家对核能国际控制的追求（1945—1946）》,《世界历史》2018 年第 6 期。

2　牛可:《国家安全体制与冷战知识分子》,《二十一世纪》2003 年 10 月号。

3　牛可:《自由国际主义与第三世界——美国现代化理论兴起的历史透视》,《美国研究》2007 年第 1 期；梁志:《"经济增长阶段论"与美国对外开发援助政策》,《美国研究》2009 年第 1 期。

4　梁志:《美国"地区研究"兴起的历史考察》,《世界历史》2010 年第 1 期。

5　韩铁:《福特基金会与美国的中国学（1950—1979 年）》,北京：中国社会科学出版社, 2004 年；吴原元:《隔绝对峙时期的美国中国学（1949—1972）》,上海：上海辞书出版社, 2008 年；张杨:《冷战与学术：美国的中国学（1949—1972）》,北京：中国社会科学出版社, 2019 年；王子晖、张广翔:《二战前后美国的苏联学家培训事业》,《史学月刊》2012 年第 9 期；张广翔、王子晖:《论战后初期美国苏联学的冷战化：以哈佛"苏联社会制度项目"为中心的分析》,《史学理论研究》2012 年第 4 期；（转下页）

还从知识与政治关系的视角，对作为冷战知识分子的美国社会科学家进行了个案研究。[1]

　　需要特别指出的是，也有中国学者认为，不宜过分强调战后西方人文社会科学发展的"冷战性"。牛可细致地探究了社会科学理事会在美国"地区研究"兴起过程中所扮演的领导者、推动者和规划者的三重角色，并在此基础上指出：美国"地区研究"兴起本身是一个学术性事件，过去的研究忽视和贬低了该新兴学科成长为一门"显学"背后深刻的文化关切以及丰富的学术和智识内涵。[2]与此相类似，林精华在详细讨论了冷战年代英美斯拉夫学界对苏联文学的相关研究后得出如下结论：受到斯拉夫学传统的影响，在苏联文学研究方面英美斯拉夫学界始终与"苏联学"保持着明显距离，话语上跨越了冷战意识形态的藩篱，在很大程度上维护着学术研究的本义。也正因为如此，英美斯拉夫学界才得以反过来对冷战末期甚至后冷战时代苏联/俄罗斯文学研究产生了巨大影响。[3]

　　在有关美国海外教育援助行为的诸多探讨中，张杨的研究最引人瞩目，她主要讨论了如下三个问题：美国政府和私人基金会怎样在对亚洲提供教育援助时努力构筑防范中国的"思想屏障"，巩固当地国家与美国的同盟关系或提高当地国家对美国的依附程度；亚洲基金会在香港中文大学创建的过程中如何推销"文化自由"并利用现代教育理念改造中国文化；以南洋大学为例说明美国怎样通过干预和影响东南亚华文教育来争取海外华人这一对遏制中国具有决定性意义的特殊群体。她的研究表明，私人基金会对外教育援助是美国政府同社会主义国家展开"人心之争"的重要工具。在"反共主义"的影响下，面对汉语言和中国传统文化，美国政府存

（接上页）王子晖：《20世纪五六十年代美国苏联学的发展及其影响》，《世界历史》2014年第4期；王子晖、张广翔：《20世纪70至80年代美国苏联学的危机及其应对》，《社会科学战线》2014年第6期；王子晖：《论冷战时期美国苏联学与政府决策的关系》，《史学月刊》2014年第6期；梁志：《知识与政治：冷战时期美国的拉丁美洲研究》，《社会科学战线》2012年第6期；于展：《美国非洲研究的历史考察》，《文明研究》（第一辑），杭州：浙江大学出版社，2014年。

1　牛可：《权力和良知：加尔布雷斯的政治》，《开放时代》2006年第5期；翟韬：《冷战知识分子白鲁恂的学术与政治》，《历史教学》2013年第10期。

2　牛可：《地区研究创生史十年：知识构建、学术规划和政治—学术关系》，《北京大学教育评论》2016年第1期。

3　林精华：《人文学术与国际政治之间的张力：冷战年代英美斯拉夫学界对苏联的文学把握》，《俄罗斯研究》2016年第2期。

在一种既希望加以利用又意欲严加防范的矛盾心理。[1] 此外，胡文涛在"文化冷战"的框架下从总体上论及美国私人基金会对外教育援助状况，曹曦则研究了 1951—1965 年美国对台湾地区的教育援助。[2]

4. 本土关怀：冷战时期中国与周边国家关系研究

在冷战时期，中国当属除美苏两个超级大国之外对东西方关系产生最重大影响的地区大国，"在冷战发展的一些关节点和关键问题上，中国甚至占据了中心地位"。[3] 总体上看，中国至少以如下三种方式在一定程度上塑造了两大阵营对抗与缓和的基本形态：与苏联结盟、同莫斯科争夺共产主义运动领导权和谋求中美和解，进而有意无意地改变东西方力量对比；通过参与局部战争（如朝鲜战争和越南战争）、介入社会主义阵营内部纷争（如波匈事件）和第三世界危机（如老挝危机）以及参加国际会议（如日内瓦会议和万隆会议）对地区局势变动发挥作用；借助经济技术援助和文化艺术交流同美国或苏联展开"人心之争"，影响其他社会主义国家或第三世界国家的发展道路。或许正因为如此，长期以来有关中国外交政策的探讨和争论一直是中国冷战史研究中的一个重要层面。

近些年，中国学者已就冷战时期中国外交政策进行了一些相对宏观的实证性讨论。陈兼将新中国界定为一个决心向现存国际秩序及其规范提出全面挑战的"革命国家"，并在基础上讨论了 20 世纪 50 年代中国对外政策的转变。[4] 牛军更多地从独立外交的角度理解中国的对外决策，认为新中国初期中国领导人将亚洲视为比中苏同盟更为持久的"落脚点"和"出发点"，是在美苏两大阵营之外展开新的战略竞争的一个主要舞台。同时，他也强调中国外交政策转向的国内动力，指出决策者在

1　张杨：《冷战共识：论美国政府与基金会对亚洲的教育援助项目（1953—1961）》，《武汉大学学报》（人文科学版）2013 年第 3 期；《亚洲基金会：香港中文大学创建背后的美国推手》，《当代中国史研究》2015 年第 2 期；《冷战前期美国对东南亚华文高等教育的干预与影响：以南洋大学为个案的探讨》，《美国研究》2015 年第 3 期。

2　胡文涛：《美国私人基金会参与文化外交的历程与动因》，《世界历史》2008 年第 6 期；《冷战结束前私人基金会与美国文化外交》，《太平洋学报》2008 年第 3 期；曹曦：《论战后（1951—1965）美国对台教育援助》，《学术探索》2011 年第 6 期。

3　陈兼：《关于中国和国际冷战史研究的若干问题》，《华东师范大学学报》2001 年第 6 期。

4　陈兼：《将"革命"与"非殖民化"相连接——中国对外政策中"万隆话语"的兴起与全球冷战的主题变奏》，《冷战国际史研究》（第九辑），北京：世界知识出版社，2010 年；《革命与危机的年代——大跃进和中国对外政策的革命性转变》，《冷战国际史研究》（第七辑）。

如何评估"大跃进"和应对经济衰退方面的不同意见及其争论的结果在相当程度上促使中国外交在 20 世纪 60 年代上半期发生"左转"。[1]沈志华讨论了中国解决陆地边界纠纷的方针。他认为，在两大阵营对抗的冷战背景下，中国解决陆地边界问题的出发点是突破帝国主义的封锁和包围，缓和与邻国的紧张关系，而非保证和维护国家的领土主权。结果是，一方面，在几乎所有的边界交涉和谈判中，中国均或主动或被迫地作出让步；另一方面，最初设定的在"和平共处"基础上解决边界问题的方针和原则也未能贯彻始终，在有些情况下甚至被放弃。[2]新中国成立后，很快便开始通过对外赠送、互换动物表达对他国的友好之意，开展国际间学术交流，进行保护野生动物合作，即所谓"动物外交"。刘晓晨探讨了冷战时期中国对社会主义国家的"动物外交"。她论证说，中国的"动物外交"很大程度上是学习苏东社会主义国家先进经验的结果，在实际推行过程中却又受制于不同时期对于阵营、路线的划分与认知，这种对外交往形式往往带有浓厚的意识形态色彩，其成功与否更多地取决于中国外交政策的成败与国际关系格局的变动，而不在于动物本身。[3]

落实到具体的国别和地区政策，或许是出于传统的地缘政治关怀，加之近来"一带一路"倡议下中国对周边外交的高度重视，冷战时期中国对亚洲国家的外交政策成为学者们集中关注的领域。[4]

在东北亚地区，中国学者涉猎最多的是朝鲜，具有代表性的成果绝大多数出自沈志华、夏亚峰与董洁，三位学者的研究大体涵盖了 1945—1975 年中朝两党与两国关系。沈志华的主要观点如下："世界革命"的观念与理论框架明显地影响着新中国成立前后中共对北朝鲜的政策；中朝同盟并非通常所说的"唇齿相依"的关系，而是充满内部矛盾的极不稳定的"政治联姻"；20 世纪 60 年代末，中朝关系

1　牛军：《冷战与新中国外交的缘起（1949—1955）》，北京：社会科学文献出版社，2012 年；《重建"中间地带"：中国亚洲政策的缘起（1949—1955 年）》，《国际政治研究》2012 年第 2 期；《1962：中国对外政策"左"转的前夜》，《历史研究》2003 年第 3 期。

2　沈志华：《冷战年代中国处理陆地边界纠纷的方针》，《二十一世纪》2014 年 6 月号。

3　刘晓晨：《兄弟之盟：新中国同社会主义国家间的动物外交》，《史林》2015 年第 2 期。有关中国动物外交的实证性研究还包括张民军：《中英"麋鹿外交"》，《中国浦东干部学院学报》2013 年第 3 期。

4　篇幅所限，此处略去有关中苏关系研究状况的介绍。

"破镜重圆"，但这并不意味着双方的意识形态分歧获得了解决，而只是暂时搁置了；20世纪70年代上半期，中国尽可能帮助北朝鲜实现和平统一。但北朝鲜太过乐观和自信，定了过高的目标，对中国的努力并不满意。[1] 夏亚峰认为，中美关系缓和让中国失去了越南，但北朝鲜却依旧维持着与中国的良好关系，原因是北京向平壤提供了大规模援助，且后者希望借助前者促使驻韩美军撤离，进而实现北朝鲜主导下的统一。中朝关系良好在一定程度上有助于抑制北朝鲜的攻击性战略。从这个角度讲，美国不宜试图离间中朝关系。[2] 在董洁看来，地缘安全考虑始终是主导中朝关系嬗变的首要因素。为了维护安全利益，两国可以抛弃意识形态分歧。[3] 此外，个别学者还讨论了冷战时期的中蒙关系、中日关系和中韩关系。[4]

　　在东南亚地区，学者们讨论最多的是中国对缅甸政策的演变，其中范宏伟的研究最为系统，梁志则在补充利用缅甸档案的基础上对1949—1955年的中缅关系进行了再探讨。[5] 齐鹏飞、张明霞、关培凤、冯越、胡礼忠、张绍铎、张安等学者

1　沈志华：《"唇齿相依"还是"政治联姻"？——中朝同盟的建立及其延续（1946—1961）》，《中央研究院近代史研究所集刊》第63期（2009年）；《面对历史机遇：中美关系和解与中朝关系（1971—1974）》，《华东师范大学学报》（哲学社会科学版）2014年第1期；《若即若离：战后中朝两党关系的初步形成（1945—1950）》，《近代史研究》2016年第2期；《破镜重圆：1965—1969年的中朝关系》，《华东师范大学学报》（哲学社会科学版）2016年第4期；《东北朝鲜族居民跨境流动：新中国政府的对策及其结果（1950—1962）》，《史学月刊》2011年第11期。

2　夏亚峰：《革命与缓和：中美和解进程中的中国对朝政策（1970—1975）》，《冷战国际史研究》（第十六辑），北京：世界知识出版社，2013年。

3　董洁：《"文化大革命"前期中朝关系的历史考察（1966—1970）》，《冷战国际史研究》（第十八辑），北京：世界知识出版社，2014年。此处还应列举包括沈志华和董洁在内的中国学者有关中国对朝鲜经济援助以及在华朝鲜实习生的研究，但为了避免与前文重复而略去。以下类似情况均同样处理。

4　谷继坤：《中国工人"赴蒙援建"问题的历史考察（1949—1973）》，《中共党史研究》2015年第4期；金泉：《政经分离：冷战时期中蒙贸易关系历史考察》，《冷战国际史研究》（第二十一辑），北京：世界知识出版社，2016年；章百家：《长期积累、见机而作——新中国对日政策与中日关系正常化》，《中共党史研究》2018年第10期；徐显芬：《二战后日本提供援助与中国放弃赔偿间关系的再探讨》，《武汉大学学报》（人文科学版）2017年第6期；《"中日和平友好条约"缔约谈判过程研究》，《中共党史研究》2018年第11期；李愿富：《论中国改革开放政策对中日贸易关系的影响（1978—1991年）》，《当代中国史研究》2018年第3期；祁建民：《周恩来与长崎国旗事件后的对日外交》，《中共党史研究》2014年第9期；赵青峰：《水到渠成——建交前体育交流与中韩关系发展》，《冷战国际史研究》（第二十五辑）。

5　范宏伟：《和平共处与中立主义：冷战时期中国与缅甸和平共处的成就与经验》，北京：世界知识出版社，2012年；梁志：《一九四九年至一九五三年的中缅关系再探讨》，《中共党史研究》2016年第5期；《走向和平共处：中缅关系的改善及影响（1953—1955）》，《中共党史研究》2018年第11期。

则从中缅边界、国民党残部、华侨等问题入手阐述了中国对缅甸政策。[1]20 世纪 50 年代到 20 世纪 70 年代中国与越南和印尼的关系是中国学者研究较为深入的另外两个课题，主要涉及承认与建交、中国经济技术援助与华侨三个层面。[2]此外，部分学者还对中国与柬埔寨、泰国、老挝和马来西亚关系有所涉足。[3]以上研究成果涉及诸多国际学术界缺乏实证研究或讨论十分不充分的问题，如缅甸承认新中国、印度干预中缅边界谈判以及中苏蒙朝越五国铁路联运等。

　　在南亚地区，中印关系是中国学者的首要研究对象，其中戴超武的研究最具原创性，主要涉及中印关于西藏币制改革交涉、印度对西藏的贸易管制和禁运、中印边界问题、中国处理 1962 年中印边界战争中印度战俘问题、中国迫使印度撤销

1　齐鹏飞、张明霞：《中缅边界谈判的历程及其基本经验》，《中共党史研究》2012 年第 1 期；齐鹏飞：《中缅边界谈判中的"麦克马洪线"问题之再认识》，《南亚研究》2014 年第 1 期；关培凤：《中缅边界谈判研究》，《史林》2014 年第 1 期；关培凤：《1959 年中印边界冲突对中缅边界谈判的影响》，《当代中国史研究》2014 年第 1 期；冯越：《中缅边界问题解决的历史过程（1954—1961）》，《南洋问题研究》2014 年第 3 期；戴超武：《中缅边界问题与尼赫鲁的干预及其战略意图（1956—1960）》，《中共党史研究》2016 年第 11 期；胡礼忠、张绍铎：《国民党军队残部在滇缅边境的活动及第一次撤退台湾始末（1950—1954）》，《史林》2011 年第 5 期；冯越：《中缅关于华侨双重国籍问题交涉过程的历史考察（1954—1960）》，《东南亚研究》2015 年第 4 期；张安：《二十世纪五六十年代缅甸华侨双重国籍问题再探》，《中共党史研究》2015 年第 8 期。

2　牛军：《中国援越抗法政策再探讨》，《外交评论》2012 年第 3 期；游览：《联合反修的形成与破裂——兼谈中越关系从合作到分歧的转折（1963—1965）》，《冷战国际史研究》（第二十六辑），北京：世界知识出版社，2019 年；李云逸：《1975—1979 年中越关系的流变——基于法国外交档案的考察》，《冷战国际史研究》（第二十六辑）；张勉励：《中国对越南经济技术援助的历史起步》，《外交评论》2010 年第 5 期；赵阳辉、王姝：《中国对越南军事技术人才培养的援助及意义——以哈军工的越南留学生为例（1958—1968）》，《哈尔滨工业大学学报》（社会科学版）2010 年第 4 期；范丽萍：《冷战与地方社会：1955—1978 年五国铁路国际联运中的广西》，桂林：广西师范大学出版社，2015 年；高艳杰：《"建而不交"：冷战前期的中国与印尼关系（1949—1954）》，《世界历史》2018 年第 3 期；张小欣：《印尼排华事件与两国关系的波动与稳定》，《当代中国史研究》2016 年第 6 期；《革命路线与外交合作：20 世纪 60 年代初期的中印（尼）关系发展》，《东南亚研究》2013 年第 6 期；李一平、曾雨棱：《1958—1965 年中国对印尼的援助》，《南洋问题研究》2012 年第 3 期；周陶沫：《华侨问题的政治漩涡：解析 1959—1962 年中国对印度尼西亚政策》，《冷战国际史研究》（第九辑）。

3　翟强：《中柬"特殊关系"的形成（1954—1965）》，《南洋问题研究》2013 年第 1 期；张勉励：《中国对柬埔寨经济技术援助的历史探析（1956—1970）》，《中国浦东干部学院学报》2014 年第 1 期；王阳林：《20 世纪 50 年代中泰关系中的西双版纳傣族自治区问题》，《当代中国史研究》2011 年第 3 期；潘一宁：《中国争取老挝中立的外交（1954—1957）》，《东南亚研究》2014 年第 2 期；冯一鸣：《"革命"与"中立"之间：中国对老挝初期政策探析——以第二次日内瓦会议筹备阶段为核心的考察》，《冷战国际史研究》（第二十一辑）；吴尔蓓密：《冷战时期中国银行马来亚经理处被迫停业事件探析》，《中共党史研究》2017 年第 7 期。

驻西藏商务代表处等。主要结论包括：新中国在处理对外关系时对印度依赖颇多，在巩固西藏稳定方面也需要印度的支持，两国的政治与经济关系明显不对等；随着 50 年代中后期中国外交战略的变化，中共中央领导人尤其是毛泽东开始重新认识尼赫鲁领导下的这类"民族主义国家"的性质和作用，将印度视为"反动的民族主义"。中印之间不对等的政治关系由此不复存在。而康藏、青藏公路和新藏公路在 1954 年 12 月和 1957 年 10 月的相继通车，很大程度上解决了西藏同内地的交通问题，极大改变了中印不对等的经济关系；印度对中国处理 1962 年中印边界战争中印度战俘问题的诸多指责并不符合历史事实；印度驻西藏商代处的撤销标志着中印关系进入一个新时代，也是西藏走向经济现代化的起点。[1]中国学者还讨论了 20 世纪 40 年代末到 20 世纪 60 年代中国与巴基斯坦、阿富汗和尼泊尔的关系。[2]

除以上四个新的研究领域外，中国冷战史研究者也针对如下诸课题进行了有益的探索：朝鲜战争与越南战争中的若干问题；[3]20 世纪六七十年代的美日关

1　戴超武：《中国和印度关于西藏币制改革的交涉及影响（1959—1962）》，《中共党史研究》2012 年第 5 期；《印度对西藏地方的贸易管制和禁运与中国的反应和政策（1950—1962）》（上），《中共党史研究》2013 年第 6 期；《印度对西藏地方的贸易管制和禁运与中国的反应和政策（1950—1962）（下）》，《中共党史研究》2013 年第 7 期；《中国对印度占领"麦克马洪线"以南地区的反应及其意义（1951—1954）》，《中共党史研究》2014 年第 12 期；《中国对印度占领"麦克马洪线"以南地区的反应及其意义（1951—1954）（续）》，《中共党史研究》2015 年第 1 期；《中央驻藏代表张经武 1953 年 10 月 21 日电报探析——兼论中国处理边界问题的"暂维现状"政策及其影响》，《华东师范大学学报》（哲学社会科学版）2015 年第 5 期；《中国对印度战俘的处理与中印交涉（1962—1963）——基于中国外交部档案的考察》，《冷战国际史研究》（第十五辑），北京：世界知识出版社，2013 年；《中国处理印度驻西藏商务代理处的政策措施及其影响（1961—1963）》，《四川大学学报》（哲学社会科学版）2016 年第 1 期；《中国和印度有关地图边界画法的交涉及其意义（1950—1962）》，《中共党史研究》2017 年第 5 期。其他相关研究还可参见高嘉懿：《区域集体安全的尝试：中印关系与印度支那和平问题研究（1954—1962）》，《中共党史研究》2019 年第 1 期；段彬：《尼赫鲁政府对藏政策的调整（1949—1951）》，《中共党史研究》2019 年第 3 期。

2　成汉河：《中国-巴基斯坦关系的嬗变（1962—1965）》，《南亚研究》2009 年第 4 期；《第二次印巴战争中中国对巴基斯坦的支援》，《外交评论》2012 年第 3 期；韩晓青：《新中国睦邻外交的典范：中巴关系研究（1951—1965）》，北京：人民出版社，2015 年；张安：《开辟空中"丝路"的尝试——20 世纪 50 年代中阿关于通航问题的交涉》，《世界历史》2018 年第 3 期；穆阿妮：《新中国睦邻外交大格局中的中尼关系研究（1949—1963）》，中国人民大学博士学位论文，2014 年。

3　沈志华：《保障苏联在远东的战略利益——试论朝鲜战争起因与斯大林决策机制》，《华东师范大学学报》（哲学社会科学版）2012 年第 4 期；张建华：《塑造"苏联形象"：越南战争中的苏联军事专家及其影响》，《俄罗斯研究》2014 年第 1 期；等等。

系；[1] 美国朝鲜半岛危机管理；[2] 美国的外层空间与南极洲政策；[3] 冷战与美国的毒品外交；[4] 冷战与美国的反恐战略；[5] 北约"现代社会挑战委员会"。[6]

三、成绩、隐忧与机遇

20 世纪 80 年代上半期到 20 世纪 90 年代末，可以被视为中国冷战史研究的起步阶段。那时，从事冷战史研究的学者群体规模偏小，史料来源较为单一，关注范围相对狭窄。相比较而言，近 20 年中国的冷战史研究明显呈现出整体繁荣的状态。这一点至少体现在如下多个方面：研究队伍不断壮大，而且由于师承关系和科研项目形成了若干或大或小比较稳定的研究团队；史料挖掘的范围逐渐由美国、俄罗斯和中国扩展到英国、法国、德国、东欧国家、日本、韩国、印度乃至类似于缅甸这样以往几乎无人涉足的国家；研究课题不再一盘散沙，逐渐形成了一些受到普遍关注的领域；研究者不断尝试探讨新问题，并就共同关注的议题展开争论；既延续了

1　崔丕：《冷战时期美日关系史研究》，北京：中央编译出版社，2013 年；《美日返还琉球群岛施政权谈判中的财政补偿问题》，《世界历史》2018 年第 2 期；崔丕：《美日两国政府应对本国国会审议返还冲绳协定的对策及其对钓鱼岛归属争端的影响》，《首都师范大学学报》（社会科学版）2018 年第 4 期；崔修竹：《1969—1972 年美日关于琉球群岛美军基地的谈判及其影响》，《世界历史》2015 年第 6 期；崔修竹、崔丕：《美日返还琉球群岛和大东群岛施政权谈判中的钓鱼岛问题》，《世界历史》2014 年第 5 期；崔修竹、崔丕：《美日返还琉球群岛施政权谈判进程中的民航权益问题》，《社会科学战线》2018 年第 3 期；《尼克松政府处理琉球群岛美军基地化学武器问题的政策与影响》，《华东师范大学学报》（哲学社会科学版）2019 年第 2 期。

2　梁志：《冷战与情报：美国"普韦布洛"号危机决策史》，北京：世界知识出版社，2014 年；梁志：《协调与猜忌：1969 年 EC-121 事件前后的美韩关系》，《华东师范大学学报》（哲学社会科学版）2014 年第 5 期；邓峰：《美国与 EC-121 危机：对 1969 年美国大型侦察机被朝鲜击落事件的研究》，《世界历史》2008 年第 2 期；邓峰：《1976 年板门店事件的缘起与美国的反应》，《世界历史》2015 年第 6 期。

3　张杨：《新冷战前沿：美国外层空间政策研究（1945—1969）》，长春：东北师范大学出版社，2009 年；郭培清：《美国政府的南极洲政策与"南极条约"的形成》，《世界历史》2006 年第 1 期；孙天兰：《冷战与美国军事利用南极政策（1945—1958）》，载于群主编：《美国国家安全与冷战战略》，第 135—159 页。

4　张勇安：《冷战背景下美国对土耳其的毒品外交（1965—1975）》，《中国社会科学》2012 年第 5 期；张勇安：《尼克松政府时期中美禁毒合作的尝试》，《世界历史》2013 年第 5 期。

5　张静：《从国际合作视角审视美国对华缓和的动因：以反劫机国际合作为例（1969—1971）》，《美国研究》2015 年第 5 期；张杨：《尼克松政府时期美国民航安全政策研究》，《史学集刊》2010 年第 5 期。

6　张勇安、孙洁：《美国与北约的"第三维"：以现代社会挑战委员会的建立为中心》，《南京大学学报》（哲学·人文科学·社会科学）2015 年第 5 期；张勇安：《尼克松政府毒品战的"新机制"：北约现代社会挑战委员会与国际禁毒合作》，《求是学刊》2016 年第 1 期。

对高层政治家的瞩目，又试图关怀下层群体的命运；不仅仅注重史实还原，亦在某些问题上提出了具有普遍解释力的理论框架和概念。[1]

即使是相对国际，特别是美国冷战史学界来说，近十余年中国冷战史研究所取得的进展也是显而易见的。一方面，就很多研究领域而言，中国学者的起步均较为滞后。例如，自 20 世纪 90 年代起美国学者便已针对隐蔽战和心理战展开了广泛的实证性讨论，中国学术界相关研究的启动则大约开始于 21 世纪初。[2] 类似的情况也存在于经济冷战以及冷战中的科学等其他研究领域。但不管怎样，经过十余年的努力，无论是在史料运用还是在研究的深度和广度上，中国学者都极大地缩小了与美国同行之间的差距；另一方面，在中国与周边国家关系、中国与社会主义国家之间人员往来以及朝鲜战争等和冷战时期中国外交有关的各领域，中国学者的研究明显领先于国际学术界，亦产生了不小的国际学术影响。

但另一方面，国外冷战史学界在某些方面仍然保持着相对中国冷战史学界的明显优势。首先，在史料运用方面，与中国学者相比，总体来看外国学者利用的档案来源更为多元。比如，哈佛大学助理教授弗里德曼使用中国、苏联等十个国家的官方档案，细致入微地展现了中国与苏联两个社会主义大国在亚非拉地区竞争的历史过程。该书的主要价值在于摆脱了中美苏大三角关系的传统视角，另辟蹊径，从争夺第三世界的层面勾勒出了中苏关系的又一重面相——独立于资本主义和社会主义两种制度"人心之争"以外的"另一种冷战"（Second Cold War）或者说革命意识形态之争。[3] 再如，多伦多大学助理教授尤因利用中国、法国、印度、印度尼西亚、缅甸、斯里兰卡、英国和美国档案，讨论了"科伦坡五国"（万隆会议的五个

1　比如，沈志华和李丹慧以中苏关系为个案，针对社会主义国家间关系提炼出了"结构失衡"论：其一，社会主义阵营领导结构发生变化以后，中苏两党平起平坐，争夺话语权就成为两者解决他们之间路线和政策分歧的基本手段，而目标则在于国际共运的主导权；其二，党际关系掩盖甚至替代了国家关系。从本质上讲，在这种结构中没有主权意识，没有平等观念。上述结构性缺陷成为中苏同盟必然走向破裂的深层原因。参见沈志华、李丹慧：《结构失衡：中苏同盟破裂的深层原因》，《探索与争鸣》2012年第 10 期。董洁、梁志和谷继坤针对中朝关系和中蒙关系的相关研究验证了该理论的解释力。

2　美国学术界隐蔽战和心理战研究状况，参见白建才：《美国学术界关于冷战期间美国对外隐蔽行动的研究》，《世界历史》2009 年第 2 期；翟强：《国际学术界对冷战时期美国宣传战的研究》，《历史研究》2014 年第 3 期。

3　杰里米·弗里德曼：《冷战阴影：中苏在第三世界的竞争》（Jeremy Friedman, *Shadow Cold War: The Sino-Soviet Competition for the Third World*），北卡罗来纳大学出版社，2015 年。

发起国）的外交政策。这项研究有助于增进人们对亚洲冷战的理解，在一定程度上比以往相关研究更为清晰地展现了亚洲本土国家的"外交自主性"。[1] 其次，在有些研究方向上，中国学者才刚刚起步，而国外学者已经有所斩获。比如，伦敦政治经济学院主办的著名期刊《冷战史》（Cold War History）2018 年第 3 期组织了一期题为《克里姆林宫掌控之外？——冷战年代的东欧与中国》的专刊，集中探讨了冷战时期中国与匈牙利、捷克斯洛伐克、保加利亚、波兰和匈牙利的关系。显然，中国学者关于这方面的研究还寥寥无几。再次，在中国学术界至今似乎还没有一部学术专著意义上的冷战史通史类著作。相反，却不断有外国学者致力于在更为宏大的历史视野下进行冷战通史研究。例如，著名冷战史专家哈佛大学教授文安立 2017 年出版新著《冷战：一部世界史》。该书将冷战的起源向前推进至 19 世纪末，并力求"讲述全球冷战在各大洲的历史，从而展示不同人群所经历的不同的冷战冲突"。[2]

换言之，虽然近年来中国冷战史研究呈现出一派欣欣向荣的景象，但此中亦存在诸多不容忽视的隐忧：其一，由于作为冷战主角的美国长期深入介入全球事务，且美国档案解密和公开的程序较为严格和常规化，文献量大，容易获取和解读，因此中国冷战史研究者依旧主要利用美国文献，以美国的冷战政策作为重点研究对象。这种格局显然不利于研究者更全面地了解在世界范围内发生的东西方冷战；其二，中国冷战史学界已经尝试"自下而上"地观察冷战对普通人日常生活的影响，但绝大多数研究者还是主要关注高政治议题，包括高层政治决策、军事冲突、危机管理、经济遏制等。更进一步讲，在高政治议题中，中国冷战史研究者更多地讨论的是东西方两大阵营之间的敌对行为，而较少探讨美苏两个超级大国及其盟友之间在经济往来、文化交流、疾病防治、打击毒品犯罪等方面的合作；[3] 其三，大部分研

1　辛迪·尤因：《科伦坡国家：第三世界的外交谋划与亚非国家在万隆的崛起》（Cindy Ewing, "The Colombo Powers: Crafting Diplomacy in the Third World and Launching Afro-Asia at Bandung"），《冷战史》（Cold War History），第 19 卷，2019 年第 1 期，第 1—19 页。

2　文安立：《冷战：一部世界史》（Odd A. Westad, The Cold War: A World History），基础图书出版社，2017 年。该书书评参见夏亚峰：《冷战与当今世界：评 Odd A. Westad, The Cold War: A World History》，《二十一世纪》2018 年 12 月号。其他外国学者撰写的冷战通史类著作还可参见梅尔文·莱夫勒：《人心之争：美国、苏联和冷战》（Melvyn P. Leffler, For the Soul of Mankind: The United States, the Soviet Union, and the Cold War），希尔与王出版社，2007 年；贝恩德·施特弗尔：《冷战（1947—1991）：一个极端时代的历史》，孟钟捷译，桂林：漓江出版社，2017 年。

3　已有中国学者关注到该问题，参见张勇安：《冷战国际史书写"遗忘的维度"》，《历史研究》2014 年第 6 期。

究人员的史料来源集中于各国政府档案，采用的是传统叙事史学的路径。对于大多数课题而言，这种研究方法是适用的，能够有效地完成史实重建的基本使命。但研究者若希望在浩如烟海的史料中就冷战时期某些相似的国家间关系提出具有规律性的认识，抑或讨论性别观念对美国外交决策以及对自身或他者认知的影响，则需要借鉴国际关系理论和社会性别理论等跨学科理论，寻找新的解释工具。[1] 然而，令人感到遗憾的是，中国冷战史学界在这方面的努力才刚刚开始；[2] 其四，虽然中国冷战史研究的相关成果基本上都使用了有关国家的档案文献，但真正利用多国多边档案的学者仍只有极少一部分人。客观来讲，双边关系史并非两国彼此对对方外交政策的简单叠加，而更多情况下应将其视为多边关系中的一个有机组成部分。换言之，一国对外政策既不是单方面对他国进行外交输出，亦不是纯粹的双边互动，而是在更为广阔的地区乃至于全球范围内的多边联动。或许我们可以将上述现象称之为国际关系的"多边互动属性"。也正是从这个意义上讲，冷战史研究领域的相当一部分课题理应从多国多边档案入手加以考察，进而揭示出历史本身所具有的复杂面相；其五，目前从事冷战史研究的学者选择的课题绝大多数属于个案研究，少有对冷战时期重大历史问题的宏观思考，比如两大阵营内部同盟关系的异同、东西方对抗背景下的中立主义与不结盟运动、跨国力量在美苏冷战过程中扮演的角色、全球性问题与冷战的关系、技术进步对冷战进程产生的影响等。

　　倘若将 2001 年以来的约 20 年界定为中国冷战史研究的大踏步发展阶段，那么我们有理由认为此后 20 年中国的冷战史研究将日益走向成熟。可能出现的主要生

1　中国学者的相关见解，参见张曙光：《冷战国际史与国际关系理论的链接——构建中国国际关系研究体系的路径探索》，《世界经济与政治》2007 年第 2 期；王立新：《跨学科方法与冷战史研究》，《史学集刊》2010 年第 1 期。

2　已有部分中国学者着手借鉴国际关系理论的概念和框架就危机管理和同盟关系等冷战现象进行研究，参见荣正通、胡礼忠：《国际危机管理的"有限理性"——以古巴导弹危机为例》，《国际论坛》2007 年第 1 期；梁志：《国际危机谈判策略初探——以"普韦布洛"号危机秘密谈判为例》，《国际论坛》2008 年第 4 期；汪伟民：《冷战时期的美日韩安全三角——准联盟理论与联盟困境的视角》，《国际政治研究》2005 年第 4 期；王帆：《从二次台海危机看美台军事合作困境》，《历史教学》2006 年第 10 期；梁志：《朝鲜停战谈判与美韩同盟的形成》，《韩国研究论丛》（第十八辑），北京：世界知识出版社，2008 年；梁志：《"同盟困境"视野下的美韩中立国监察委员会争端（1954—1956）》，《华东师范大学学报》（哲学社会科学版）2011 年第 6 期；梁志、孙艳姝：《冷战时期美韩同盟信任危机析论——以 1968 年美韩外交争执为中心》，《东北师大学报》（哲学社会科学版）2013 年第 3 期；张杨：《美国的外层空间政策与冷战——兼论冷战的知觉错误与过度防御心理》，《美国研究》2005 年第 3 期。

长点至少包括以下三个方面：

第一，逐步摆脱以大国，特别是美国为主要研究对象的境况，转向将中小国家作为关注主体。至少从亚洲地区来看，东南亚（例如越南、老挝、柬埔寨、缅甸、泰国、马来西亚和印度尼西亚等）、南亚（例如印度和斯里兰卡）和北亚（例如蒙古）诸多国家的档案文献均处于开放状态，且大多属于尚未被中国乃至国际冷战史学界开发的处女地。随着中国学者语言能力的增强[1]和对本地区其他国家关注程度的提高，相信上述档案将逐渐为中国冷战史学界所利用。[2]同样值得期待的是，随着中小国家的官方文献渐次得到发掘，一些适合利用多国多边档案的课题将成为中国冷战史研究者重新探讨的对象。与此相类似，亚洲本土国家特别是中小国家在冷战时期的外交政策也是未来可能实现突破之处。[3]

第二，借鉴跨国史研究方法，从其他史学分支中汲取"营养"，开辟新的研究方向和领域。20 世纪 90 年代以来，美国史学界渐渐兴起了一股去"国家化"的研究潮流，主张超越民族国家的传统疆域界限理解和书写历史，重点关注国际非政府组织、跨国人口流动、新兴交通和通信工具、国际人权史、国际体育史以及现代性

1　针对冷战史研究领域小语种人才匮乏的现状，华东师范大学历史学系周边国家研究院自 2017 年底起陆续开设非通用语言培训班，第一期涉及缅语、越南语、泰语和俄语四个语种。

2　事实上，中国学者在这方面的工作已经开始了。2013 年，华东师范大学冷战国际史研究中心启动了"冷战时期中国与周边国家关系和边疆问题"大型研究项目，并于 2015 年获得国家社会科学基金特别委托项目资助。该项目研究人员分为中亚和北亚、东北亚、东南亚和南亚四个子项目组，旨在广泛收集、整理和翻译周边国家对华关系档案，并在双边甚至多边档案互证研究的基础上重新讨论冷战时期中国外交政策。截至 2022 年，项目组已访问了俄罗斯、澳大利亚、日本、蒙古、缅甸、越南、老挝、柬埔寨、泰国、新加坡、马来西亚、印度尼西亚、菲律宾、斯里兰卡、尼泊尔等国家的档案收藏机构，进行文献调研和收集。其中，部分项目组成员已经将调研成果撰写成了文献介绍类综述，比如梁志：《缅甸国家档案馆冷战时期中缅关系英文档案评介》，《冷战国际史研究》（第十八辑）；陈洪运：《缅甸国家档案馆馆藏当代中缅关系档案资料评介》，《中共党史研究》2019 年第 6 期；《缅甸国家档案馆冷战时期英文外交档案评介》，《近现代国际关系史研究》（第十二辑），北京：世界知识出版社，2017；白林：《蒙古国家档案总局馆藏中蒙关系档案评介》，《中共党史研究》2019 年第 1 期；《蒙古国外交部中央档案馆馆藏中蒙关系档案资料评介》，《中共党史研究》2018 年第 1 期；彭永福：《澳大利亚国家档案馆所藏冷战时期中国与新马印（尼）关系档案评介》，《中共党史研究》2018 年第 4 期。游览：《柬埔寨冷战时期档案文献的收藏与利用》，《冷战国际史研究》（第十八辑）；赵文杰：《泰国国家档案馆冷战时期泰中关系档案介绍》，《冷战国际史研究》（第二十一辑）；黎皇灵、游览：《越南国家档案馆及馆藏简介》，《冷战国际史研究》（第二十一辑）。

3　中国学界在这方面已经进行了初步探索。参见梁志：《缅甸中立外交的缘起（1948—1955）》，《世界历史》2018 年第 2 期；《朝鲜战争的缅甸回响：吴努政府中立外交缘起再议》，《华东师范大学学报》（哲学社会科学版）2018 年第 5 期。

观念跨国传播史等，此即跨国史研究。[1] 近几年，王立新从多个层面讨论了美国外交史的"跨国转向"，促使中国冷战史学界较为及时和全面地了解了这一新的史学研究潮流。[2] 实际上，此前中国学者已有意无意地回应跨国史研究倡议，就社会主义国家间的移民和工人跨界流动以及美国体育外交等相关议题展开了探讨。但显而易见的是，未来中国冷战史学界必将有意识地、更多地从跨国史研究方法中汲取灵感，借助观念史、性别史、文化史、技术史、科学史等史学分支提供的理论概念和观察视角，就已然受到关注的课题进行进一步讨论，并设计新的研究方向，涉足新的研究领域。

第三，在个案或者说微观、中观研究的基础上，尝试推进宏观研究或带有理论意义的探讨。经过三十余年的不懈努力，中国冷战史学界已经在冷战时期的大国外交、大国关系、两大阵营内部同盟关系、冷战中的第三世界等诸多研究方向上进行了深耕。在已有的具体研究的基础上，借鉴国际冷战史学界的相关研究成果，中国冷战史研究者完全可以尝试针对冷战时期产生全局性影响或具有理论色彩的重大问题展开探讨，甚至在此基础上撰写中国学者自己的冷战史通史类著作。

近十余年来，一批 20 世纪七八十年代乃至是 90 年代出生的新生代力量陆续加入到中国冷战史研究队伍中来。他们均受过正规甚至是非常严格的学术训练，[3] 博士学位论文选择的课题较为新颖，大多具有良好的外语基础，曾赴一个或多个国家留学。这批青年研究者多数在高等院校或科研院所工作，拥有固定的研究领域，曾经或正在承担国家级研究课题。随着他们日益成长为骨干科研力量，中国的冷战史研究必将拥有一个更好的未来。

1　夏亚峰、栗广：《美国外交史研究现状》，《史学集刊》2015 年第 2 期。

2　王立新：《试析全球化背景下美国外交史研究的国际化与文化转向》，《美国研究》2008 年第 1 期；《在国家之外发现历史：美国史研究的国际化与跨国史的兴起》，《历史研究》2014 年第 1 期；《跨国史的兴起与 20 世纪世界史的重新书写》，《世界历史》2016 年第 2 期。

3　这里所说的"学术训练"并非完全是传统意义上的课堂教育与导师指导，还包括其他形式的学术交流活动。比如，近年来华东师范大学当代中国史研究中心和冷战国际史研究中心（现周边国家研究院）举办了一系列以博士研究生和青年学者为主的研讨班和研习营活动，意在加强年轻研究人员的文献解读能力。再比如，2011 年以来首都师范大学历史学院连续举办了三届"国际关系史青年论坛"，每次论坛参与者均在 80 人以上，其中从事冷战史研究的青年研究人员占有较大比重。事实证明，类似的学术活动能够较好地与课堂教育和导师指导结合在一起，有助于进一步夯实青年研究者的学术基础，有效地开阔他们的学术视野。

第三部分　部分相关专题论文

中美缓和与美韩同盟转型
（1969—1972 年）*

梁　志

摘要：东西方关系的变动始终是影响美韩同盟战略互信的重要因素。尼克松政府上台伊始，美韩两国已处于互不信任的状态，中美缓和特别是美国采取的秘密外交的方式则进一步加剧了韩国的疑虑。虽然华盛顿一再重申对韩国的安全承诺，汉城亦不断表达推动朝鲜半岛和平的意愿，但美韩同盟内部并未重新建立互信。20世纪 70 年代上半期，韩国决定走向多边外交和自主国防，美国则通过各种方式防止朴正熙政府单方面进攻朝鲜。中美关系缓和不仅促使美韩同盟的性质发生转向，还在不同程度上导致日本、菲律宾和泰国等国家对美国信任度的下降，最终促使日本和菲律宾与中国建交。从这个意义上讲，中美缓和为 20 世纪 70 年代东亚国家打破意识形态壁垒、推动经济持续繁荣奠定了基础。

关键词：尼克松；朴正熙；中美关系；驻韩美军；信任危机

20 世纪 60 年代末，美国的东亚战略出现重大调整，主要内容之一便是改善对华关系。在此过程中，为了防止东亚同盟体系走向崩溃，尼克松政府一再表示会继

* 本文为国家社会科学基金青年项目"朝鲜半岛紧张局势与美韩信任危机研究（1953—1976）"（12CSS006）、国家社会科学基金特别委托项目"中国周边国家对华关系档案收集及历史研究"（15@zh009）以及上海市教育委员会科研创新重点项目"冷战时期朝鲜半岛危机与美韩同盟互信关系研究"（13ZS031）的阶段性成果。感谢两位匿名外审专家对文稿修改提出的建设性意见。

续信守对"自由世界"的安全承诺，但日本、韩国、菲律宾和泰国等反共盟友还是不同程度地怀疑华盛顿意欲撤离亚太。该现象不仅反映了冷战转型期西方阵营内部关系发生的激烈变动，更显示出美国这一超级大国在维持自身战略地位和盟友信任之间的两难处境。

　　近几年，众多学者从不同层面讨论了中美缓和对朝鲜半岛的影响，焦点集中于驻韩美军撤出、联合国在朝鲜半岛的存在、韩国的内政与外交以及中朝关系四个问题，而并未深入探讨中美关系改善对美韩同盟的形塑作用。[1] 鉴于此，本文将综合利用美国第二国家档案馆馆藏文献、《美国对外关系文件》（FRUS）、《美国对日政策文件集》（第 26—28 期）[2]、韩国外交史料馆馆藏文献以及《朝鲜半岛缓和的起起伏伏（1970—1974）》多国档案集等原始资料，以同盟关系转型为切入点，着重考察中美关系解冻过程，中美韩双方的战略判断、内部交涉及其结果，进而从某个侧面揭示尼克松政府东亚战略转型期间美国亚太同盟体系的适应性调整。

一、东西方关系变动影响下的美韩同盟

　　1953 年初，随着艾森豪威尔的上台和斯大林的去世，结束朝鲜战争成为美苏两国共同追求的目标，朝鲜停战谈判很快得以恢复。在韩国总统李承晚看来，面对

1　［韩］李东俊：《中美和解与朝鲜问题（1971—1973 年）——关于驻韩美军及其正统性的攻防与合作》，《亚洲研究》第 55 卷，第 4 期（2009 年 10 月），第 1—19 页；梁志：《20 世纪 70 年代驻韩联合国军司令部存废问题——以美国决策为中心的考察》，《世界历史》2014 年第 3 期，第 4—16 页；沈志华：《面对历史机遇：中美关系和解与中朝关系（1971—1974）》，《华东师范大学学报》（哲学社会科学版）2014 年第 1 期，第 1—14 页；夏亚峰：《革命与缓和：中美和解进程中的中国对朝政策（1970—1975）》，《冷战国际史研究》（第十六辑），北京：世界知识出版社，2013 年，第 21—59 页；Charles K. Armstrong and John Barry Kotch, "Sino-American Negotiations on Korea and Kissinger's UN Diplomacy," *Cold War History*, Vol.15, No.1 (2015), pp.113-134; Lyong Choi, "The Foreign Policy of Park Chunghee: 1968-1979," Ph.D. dissertation, The London School of Economics and Political Science, 2012; Shin Jongdae, "The Perception of ROK on Sino-US Rapprochement and Its Ensuing Responses," 2009 ECNU-UNKS-NKIDP Spring Workshop, June 4, 2009; Seuk-ryule Hong, "U.S.-China Relations and Inter-Korean Relations in the early 1970s," Ibid.; Yafeng Xia and Zhihua Shen, "China's Last Ally Beijing's Policy toward North Korea during the U.S.-China Rapprochement, 1970-1975," *Diplomatic History*, Vol.38, No.5 (2014), pp.1083-1113.

2　这三期（共三十卷）的主题为"尼克松总统资料：有关美中和解的国家安全委员会文件"，所收录文件的形成时间跨度为 1970 年 4 月到 1972 年 3 月。

苏联新一代领导人的"和平攻势",停战后美国很可能弃韩国于不顾。于是,汉城掀起了大规模反停战运动。与此同时,韩国还通过各种方式将接受停战和美国同意与之签订共同安全条约联系在一起。[1]艾森豪威尔政府非常担心李承晚借助独自北上破坏停战谈判,最终不得不决定与韩国结盟。[2]

20世纪50年代中期,东西方关系明显缓和,主要表现为《奥地利国家条约》的签订、四大国日内瓦高峰会议的召开以及中美大使级会谈的启动。为了阻止美国继续对社会主义国家"妥协退让",乃至策略性地同意维持朝鲜半岛的分裂局面。李承晚政府不断抱怨负责监督停战协定执行情况的中立国监察委员会成员在韩国从事间谍活动,并屡次以单独行动相威胁,要求解散该委员会,废除停战协定。出于防止韩国擅自行动的考虑,1956年6月9日联合国军司令部把在韩国的中立国监察委员会成员强行带到板门店。[3]

历经了相对平静的十年,美韩同盟内部再次出现信任危机。1966年10月中旬以后,朝鲜非军事区武装冲突的次数急剧上升。[4]韩国军方在未通知联合国军司令部的情况下暗中制订了进攻计划,并不顾美方劝阻多次向朝鲜军队发起突袭。这引起了美国决策者对爆发第二次朝鲜战争的恐惧。[5]1968年1月21日,31名全副武

1　Yong-Pyo Hong, *State Security and Regime Security: President Syngman Rhee and the Insecurity Dilemma in South Korea, 1953–1960*, New York: St. Martin's Press, Inc., 2000, pp.42–43; Stephen Jin-Woo Kim, *Master of Manipulation: Syngman Rhee and the Seoul-Washington Alliance, 1953–1960*, Seoul: Yonsei University Press, 2001, pp.81–82; "The President of the Republic of Korea (Rhee) to the President Eisenhower, " April 9, 1953, in *Foreign Relations of the United States* (hereinafter referred to as *FRUS*), 1952–1954, Vol.15, Korea, Part 1, Washington: United States Government Printing Office, 1984, pp.902–903; "The Ambassador in Korea (Briggs) to the Department of State," April 15, 1953, Ibid., p.912.

2　"Memorandum by the Deputy Assistant Secretary of State for Far Eastern Affairs (Johnson) to the Secretary of State," April 8, 1953, Ibid., p.896; "The Ambassador in Korea (Briggs) to the Department of State," April 14, 1953, Ibid., pp.906–907.

3　Stephen Jin-Woo Kim, *Master of Manipulation: Syngman Rhee and the Seoul-Washington Alliance, 1953–1960*, pp.195–234.

4　"Intelligence Memorandum," November 8, 1966, in *FRUS*, 1964–1968, Vol.29, Part 1, Korea, Washington: United States Government Printing Office, 2000, p.209.

5　Glenn Baek, "Park Chung-hee's Vietnam Odyssey: A Study in Management of the U.S.-ROK Alliance," *The Korean Journal of Defense Analysis*, Vol.25, No.2 (June 2013), p.163; Tae-Gyun Park, "Beyond the Myth: Reassessing the Security Crisis on the Korean Peninsula during the Mid–1960s," *Pacific Affairs*, Vol.82, No.1 (Spring 2009), pp.93–110; Nicholas Evan Sarantakes, "The Quiet War: Combat Operations along the Korean Demilitarized Zone, 1966–1969," *The Journal of Military History*, Vol.64, No.2 (April 2000), pp.441–442.

装人员偷袭韩国青瓦台总统府。[1] 朴正熙旋即要求美国支持韩国采取报复行动。美方表示不愿介入朝鲜半岛的军事冲突，朴大失所望。[2] 两天后，朝鲜俘获了美国间谍船"普韦布洛"号及其船员。华盛顿立即向朝鲜半岛大规模增派海空军，并很快与朝鲜举行双边秘密谈判。两相比照，汉城对美国是否保护韩国产生了深深的怀疑，并继续秘密派出精锐部队越过非军事区进攻朝鲜军队。为此，约翰逊两次致函朴正熙，派遣特使访问韩国，并答应向汉城增拨一亿美元军事援助。[3] 3 月 31 日，约翰逊正式宣布，美国单方面决定明显缩小轰炸北越的范围，且称他本人不准备参加下届总统竞选。[4] 得知此消息后，朴正熙非常失望，认为美国过早放弃了战争，也担心白宫新主人会撤离亚洲。[5] 为了消除汉城的疑虑，约翰逊决定邀请朴正熙 4 月 17 日在火奴鲁鲁举行会谈。经过此次会谈，美韩互信关系得到一定程度上的修复。[6]

20 世纪 60 年代下半期，美国深陷越战难以自拔。此外，华盛顿还面对着社会主义国家在第三世界的挑战、法德两国的离心倾向以及欧洲与日本的经济竞争。诚然，对那时的白宫来说，国际局势中也绝非毫无机遇可言，愈演愈烈的中苏矛盾便是最可利用之处。总之，无论是挑战还是机遇，都促使着美国新政府在对外政策方面迅速改弦更张，以防止美国"沦为二流国家"。[7] 就任总统前，尼克松在多种场合提出了对未来外交政策的设想：必须尽一切可能避免核战争；要"努力不让任何人成为自己的敌人"；应借助地区条约、金钱和武器而非美军维护"自由世界"的

---

1 "Editorial Note," in *FRUS*, 1964–1968, Vol.29, Part 1, Korea, pp.309–310; "Report by the Historical Studies Division of the Dept. of State Entitled：'Chronology of Diplomatic Activity in the Pueblo Crisis'," October 1, 1968, in *Declassified Documents Reference System* (hereinafter referred to as *DDRS*), Gale Group, 2015, CK3100150479; Lyong Choi, "The Foreign Policy of Park Chunghee: 1968–1979," pp.32–33.

2 Jong Dae Shin & Kihl Jae Ryoo, "ROK-DPRK Relations in the late 1960s and ROK Diplomacy," International Workshop on Foreign Relations of the Two Koreas during the Cold War Era, May 11, 2006, Seoul, Korea, p.88.

3 梁志：《冷战与情报：美国"普韦布洛"号危机决策史》，北京：世界知识出版社，2014 年，第 186—206 页。

4 *The Department of State Bulletin*, Vol.58, No.1503, April 15, 1968, pp.481–486.

5 "Editorial Note," in *FRUS*, 1964–1968, Vol.29, Part 1, Korea, pp.409–410.

6 "Summary of Conversations Between President Johnson and President Pak," April 17, 1968, Ibid., pp.419–421; "Telegram From the Embassy in Korea to the Department of State," May 2, 1968, Ibid., pp.422–423.

7 Daniel J. Sargent, *A Superpower Transformed: The Remaking of American Foreign Relations in the 1970s*, New York: Oxford University Press, 2015, pp.47–48.

安全；在亚洲，推动北京融入国际社会。[1]尼克松当选后，上述政策主张很快便以"尼克松主义"的形式得到正式表述。对此，韩国政要的直观判断自然是从过去的忧虑变成了现实。

在"尼克松主义"中，最令青瓦台忧虑的是驻韩美军的撤出。于是，韩国政要不断向尼克松政府强调驻韩美军的重要性，华盛顿则一再表示目前尚未打算撤出驻韩美军，若考虑此则事前会与韩国协商。[2]实际上，尼克松政府上台后不久便着手研究削减驻韩美军问题。白宫非但没有如承诺的那样与韩国"充分协商"，而且还不愿"过早"向韩国通报美国的计划。[3]1971年3月得知美国决定削减驻韩美军的消息后，朴正熙一面坚决抵制，一面竭力迫使华盛顿提供更多的补偿性军事援助。[4]经过一番艰苦的讨价还价，美韩两国终于达成协议：1971年财政年度结束前削减两万驻韩美军，美国在1971—1975年财政年度间向韩国提供15亿美元军援。从驻韩美军削减一事中，朴正熙得出了一个深刻的教训："国防自立是韩国唯一的生存之道。我们不能总是游走于对美国政策的希望和失望之间，必须尽快摆脱这种局面。"[5]

1　"Article by Richard M. Nixon," undated, in *FRUS*, 1969–1976, Vol.1, Foundations of Foreign Policy, 1969–1972, Washington: United States Government Printing Office, 2003, pp.10–21; "Editorial Note," Ibid., pp.48–49; "Editorial Note," Ibid., pp.49–50; "Editorial Note," Ibid., p.50; "Editorial Note," Ibid., pp.53–55.

2　"Memorandum of Conversation," April 1, 1969, in *FRUS*, 1969–1976, Vol.19, Part 1, Korea, 1969–1972, Washington: United States Government Printing Office, 2010, pp.8–10; "Memorandum of Conversation," May 1, 1969, Ibid., pp.47–49; "Memorandum of Conversation," August 21, 1969, Ibid., pp.96–102; "Memorandum of Conversation," August 21, 1969, in *DDRS*, CK3100670704–CK3100670710; "U.S. Troops in South Korea," November 24, 1969, in *Digital National Security Archive* (hereinafter referred to as *DNSA*), ProQuest Information and Learning Company, 2015, KO00081.

3　"Memorandum From President Nixon to the President's Assistant for National Security Affairs (Kissinger)," November 24, 1969, in *FRUS*, 1969–1976, Vol.19, Part 1, Korea, 1969–1972, p.117; "Memorandum From the President's Assistant for National Security Affairs (Kissinger) to President Nixon," December 12, 1969, Ibid., pp.118–119; "Reduc. in U.S. Presence in K.," December, 1969, in *DNSA*, KO00082.

4　"Telegram From the Embassy in Korea to the Department of State," May 29, 1970, in *FRUS*, 1969–1976, Vol.19, Part 1, Korea, 1969–1972, pp.154–157; "Telegram From the Embassy in Korea to the Department of State," August 4, 1970, Ibid., pp.174–179; Lyong Choi, "The Foreign Policy of Park Chunghee: 1968–1979," p.70.

5　Shin Jongdae, "The Perception of ROK on Sino-US Rapprochement and Its Ensuing Responses," pp.7–8.

二、中国联合国代表权与韩国对美外交

在尼克松政府调整全球特别是东亚战略的过程中，占据中心地位的是中美关系解冻以及此后两国之间建立起来的"心照不宣的战略同盟"（tacit strategic alliance）。[1] 1969 年 1 月 20—21 日，白宫举行政策讨论会，尼克松所作的笔记中包含如下内容："中共：短期——不会改变。长期——我们不想让八亿人愤怒地生活在孤立之中。我们希望建立联系——对华沙会谈感兴趣。"紧接着，尼克松又告诉法国总统戴高乐，为了保证美国的利益，长期来看应同时承认中苏两国为"大国"，并与两者建立"平行的关系"。4 月 21 日美国国务卿罗杰斯在美联社年会上发表演讲时说得更清楚："我们深知，由于中国大陆疆域辽阔、人口众多、民众才智过人，它注定要在东亚和太平洋事务中发挥重要作用。……我们应主动与共产党中国重新建立更为正常的关系。一旦对方流露出和缓的态度，我们也应给予回应。"[2] 正是在这一总体氛围下，华盛顿开始重新审视中国联合国代表权问题。

1969 年 7 月底、8 月初，尼克松访问了巴基斯坦和罗马尼亚，同当地领导人讨论了中国问题。他说，美国反对中国加入联合国的原因并非"中国的国内政策"，而是由于它对邻国的态度。华盛顿不接受中国立即进入联合国，但最终愿意促成此事。[3] 1970 年第二十五届联合国大会期间，以邀请中国为主要内容的"阿尔巴尼亚提案"获得超过半数的支持。而且，在本届联大上美国代表直接称呼中国为"中华人民共和国"，并表示希望中国早日成为联合国成员国。[4] 相应地，11 月 19 日尼克松命令由国际组织事务助理国务卿牵头连同中央情报局和国家安全委员会代表一起组成特别工作小组，研究接下来在处理中国联合国代表权问题时的各种政策

1　陈兼：《对"冷战"在战略层面的再界定——1960 年代末、1970 年代初美国对华及东亚政策的转变及其涵义》，《国际政治研究》2008 年第 3 期，第 77—78 页。

2　"Editorial Note," in *FRUS*, 1969–1976, Vol.1, Foundations of Foreign Policy, 1969–1972, pp.133–134; "Memorandum From President Nixon to his Assistant for National Security Affairs (Kissinger)," February 1, 1969, in *FRUS*, 1969–1972, Vol.17, China, 1969–1972, Washington: United States Government Printing Office, 2006, p.7; "Editorial Note," Ibid., p.51.

3　"Editorial Note," Ibid., p.51.

4　王恩美：《1971 年"中国代表权"问题与韩国政府"中国政策"的转变》，第 189—190 页。

选择。[1]特别工作小组提出的以下立场与韩国相关：反对以中国联合国代表权问题为契机一揽子解决所有分裂国家加入联合国的难题，理由是当前美国还不准备接纳德意志民主共和国进入联合国，而朝韩和南北越加入联合国事宜也没有被提上议事日程；一旦美国支持以"会籍普遍制"原则解决中国联合国代表权问题，则必然招致韩国的激烈反对。汉城始终认为，该原则将剥夺韩国作为"朝鲜半岛唯一合法政府"的地位，并允许朝鲜在无需承认联合国干预朝鲜半岛事务合法性的前提下加入联合国。此事给美韩关系带来的麻烦可能甚于驻韩美军削减问题。因此，1971 年 5 月韩国大选前一定不能就"会籍普遍制"与朴正熙政府进行交涉。[2]

在 1965 年第二十届联大上，"阿尔巴尼亚提案"获得半数支持。韩国外交部推测中国有可能在下一年加入联合国，认为这样会削弱联合国对韩国"法统地位"的承认，给朝鲜加入联合国铺平道路。[3]1969 年尼克松政府决定不再推行孤立中国的政策，汉城开始更加密切地关注美国改善对华关系对中国联合国代表权问题的影响。[4]1970 年"阿尔巴尼亚提案"获得超过半数支持后，青瓦台正式着手研究对策。在韩国外交部看来，中国加入联合国指日可待，必须防止国际社会以此作为分裂国家普遍加入联合国的先例，从而相应地提出韩国与朝鲜联合国代表权问题。为此，韩国应向国际社会特别是美国明确指出朝鲜问题与中国问题的性质大不相同，反对将中国加入联合国的方式视为解决分裂国家联合国代表权问题的统一标准。[5]

1　1961 年，美国操控联合国大会通过所谓"重要问题案"，即中国在联合国代表权的任何改变均属重要问题，需 2/3 绝对多数票予以决定。此后，美国一直借助该提案阻止中国重返联合国。参见梁志：《论 1961 年中国在联合国的代表权问题中的蒙古因素》，《当代中国史研究》2001 年第 1 期，第 47—56 页；陈长伟：《约翰逊政府对联合国中国代表权问题政策之研究》，《中共党史研究》2006 年第 3 期，第 31—41 页。

2　"National Security Study Memorandum 107, " November 19, 1970, RG 273, Records of National Security Council (NSC), National Security Study Memorandum (NSSM), Box11, National Archive II, College Park, MD (hereinafter cited as NA); "Memorandum for Under Secretary of State, Deputy Secretary of Defense, and Director of Central Intelligence," February 9, 1971, Ibid.

3　"在联合国中国代表权问题（中共加入联合国问题）"，1966 年 1 月 4 日，韩国外交史料馆，731.21CP，H-008-9。

4　"促进中国（旧中共）加入联合国（中国代表权问题）"，1969 年，韩国外交史料馆，731.21CP，H-0012-3。

5　"韩国对中国（旧中共）政策"，1971 年 1 月 8 日，韩国外交史料馆，721.1CP，C-0044-2。

自 1971 年初起，韩国政要不断向美国表示，朝鲜半岛绝非由朝韩两个分裂国家组成，反对联合国将朝鲜作为分裂国家的一部分予以接纳，敦促华盛顿不要在联合国公开支持"两个中国"的立场，并阻止国际社会将中国代表权问题的解决作为处理其他分裂国家相关事宜的范式。大多数情况下，美方只是从总体上给予答复：第二十五届联大的投票情况表明，华盛顿必须尽快改变在中国联合国代表权问题上的策略，以便保住"中华民国"的联合国代表权。至于美国的具体立场，目前正在研究当中。[1] 最终，为了等待中国联合国代表权问题尘埃落定，减少由此给韩国带来的"负面影响"，美韩两国协商决定在 1971 年第二十六届联大上建议推迟讨论朝鲜事宜，理由是联大辩论有碍于正在进行的朝韩对话。[2] 与此同时，应韩国的要求，罗杰斯公开表明中国联合国代表权问题与朝鲜、越南和德国等其他分裂国家无关，并积极阻止朝鲜加入联合国。[3]

1971 年联合国大会上，美国在中国联合国代表权问题上采取了"逆重要问题案"和"复杂双重代表权案"相组合的立场。[4] 结果，"逆重要问题案"遭到否决，"复杂双重代表权案"因此成为废案，中国重返联合国。此后，韩国很快决定面对现实，公开宣称在朝鲜接受联合国宪章的前提下，可以考虑通过"双重代表权制"解决朝韩加入联合国问题。1973 年 6 月 23 日，朴正熙进一步宣布，在不损害祖国统一的前提下，不反对朝鲜和韩国同时加入联合国，不反对朝鲜参加联合国有关半

1　"Telegram, American Embassy Seoul to Secretary of State," March 3, 1971, Woodrow Wilson International Center for Scholars, *The Rise and Fall of Detente on the Korean Peninsula, 1970−1974: A Critical Oral History* (hereinafter cited as *RFDKP*), July 2010, document133; "Telegram, Department of State to American Embassy Seoul," July 21, 1971, Ibid., document174; "Memorandum of Conversation," March 30, 1971, RG 59, General Records of Department of State, Subject Numeric Files, 1970−1973, Political & Defense, Box2423, NA; "Telegram From the Embassy Seoul to the Department of State," April 21, 1971, Ibid.; "Telegram From the Embassy Seoul to the Department of State," April 22, 1971, Ibid.; "Memorandum of Conversation," June 7, 1971, Ibid.; "Telegram From the Mission USUN to the Secretary of State," August 19, 1971, RG 59, General Records of Department of State, Subject Numeric Files, 1970−1973, Political & Defense, Box2428, NA.

2　"Telegram From the Department of State to the Embassy Seoul," August 20, 1971, Ibid.; "Telegram From the Embassy Seoul to the Secretary of State," September 3, 1971, Ibid.; "Telegram From U.S. Mission to the United Nations to Secretary of State," September 15, 1971, Ibid.; "Telegram From the Department of State," September 21, 1971, Ibid.; "Telegram From the Embassy Seoul to the Secretary of State," November 17, 1971, Ibid.

3　*The Department of State Bulletin*, Vol.65, No.1678, August 23, 1971, p.194.

4　尼克松政府的相关决策，参见张绍铎：《美国与联合国中国代表权问题（1970 年 11 月至 1971 年 10 月）》，《当代中国史研究》2007 年第 6 期，第 62—77 页。

岛问题的讨论。[1]

简言之，随着美国对华缓和外交步伐的加快，韩国日益担心华盛顿单方面决定在中国联合国代表权问题上转而支持"双重代表权制"，进而导致朝韩一道加入联合国。正因为如此，汉城一再催促尼克松政府将中国联合国代表权问题作为个案而非分裂国家的典型加以对待。美国很早便估计到了韩国的反应，并通过单独处理中国联合国代表权事宜和推迟讨论朝鲜问题满足了朴正熙政府的要求。然而，此举并未能消除甚至缓解青瓦台对美国对华政策的疑虑，主要原因是这时尼克松已经宣布了即将访华的消息。

三、尼克松访华前后的韩美交涉

1969 年上半年，中苏两国军队在珍宝岛等地多次发生武装冲突，这让美国总统国家安全事务助理基辛格看到了推行"三角外交战略"的可能性，并决定建议尼克松运用均势理论同实力较弱一方的中国"建立某种联系"，以阻止莫斯科对北京采取鲁莽行动。7 月 21 日，尼克松政府宣布放宽针对中国贸易和旅游的限制。此举应被视为中美关系缓和的第一步。随后，华盛顿逐步加快了放松对中国贸易管制的步伐，扩大对华进出口。[2]几乎与此同步，10 月 16 日"巴基斯坦渠道"反馈回来一个积极的信号，中巴双方将在次年年初就"美国的亚洲意图"深入交换意见。经过这次中巴沟通，受到鼓舞的尼克松很快明确通过巴方向北京表示：如果对方对与华盛顿秘密接触感兴趣，他将亲自选派特使。[3]

1　"Telegram From the Embassy Seoul to the Secretary of State," October 30, 1971, RG 59, General Records of Department of State, Subject Numeric Files, 1970-1973, Political & Defense, Box2423, NA; "Telegram From the Embassy Kathmandu to the Secretary of State," November 18, 1971, Ibid.; "Park Chung Hee, 'June 23 Declaration'," June 23, 1973, in *RFDKP*, document472.

2　参见 "Editorial Note," in *FRUS*, 1969-1972, Vol.4, Foreign Assistance, International Development, Trade Policies, 1969-1972, Washington: United States Government Printing Office, 2002, pp.793-794; "National Security Decision Memorandum 17," June 26, 1969, in *FRUS*, 1969-1972, Vol.17, China, 1969-1972, pp.39-41; "Memorandum From the President's Assistant for National Security Affairs (Kissinger) to President Nixon," July 11, 1969, Ibid., pp.46-47; 何慧：《美国尼克松政府大三角战略决策肇始解析：以第 63 号国家安全研究备忘录为中心》，《世界历史》2011 年第 1 期，第 18 页；戴超武：《美国"贸易自由化"政策与中国"改革开放"（1969—1975）》，《史学月刊》2010 年第 2 期，第 96—99 页。

3　张曙光：《接触外交：尼克松政府与解冻中美关系》，北京：世界知识出版社，2009 年，第 58—78 页。

1971 年 7 月基辛格秘密访华，同周恩来举行会谈。周恩来提出驻韩美军撤离问题。基辛格回应道："如果我们两国的关系顺其自然地发展下去，在印度支那战争结束、韩国军队回国以后，我认为完全可以想象在尼克松总统下一届任期结束前，即使不是全部，至少大部分美军会撤出韩国。"[1] 10 月，基辛格再次访问中国。与周恩来会谈过程中，基辛格指出：美国在朝鲜半岛的目标之一是削减驻韩美军；华盛顿反对韩国攻击朝鲜，也不允许日本军队进驻韩国；承认朝鲜是一个客观存在的政治实体，未来会同意接纳朝鲜加入联合国；正在重新审视联合国朝鲜统一与重建委员会[2]存废问题。[3] 美方的上述说法包含了多项未来政策设想，且明显涉及青瓦台最为关心的驻韩美军和韩国"法统地位"等敏感问题。然而，当事方韩国对此却一无所知。

尼克松政府上台后，汉城始终密切注意中美关系缓和的进程及其对朝鲜半岛的影响。韩国外交部分析认为，美国对华改善关系主要表现为乒乓外交、通过第三国接触以及放松贸易和旅游限制等几个方面。中美缓和的结果是构建起中美苏三国均势这一新的亚洲力量格局，美国对亚洲"自由国家"安全保护的意图和能力将随之下降，当地国家必须努力提高自身防务水平。但不管怎样，韩国还是要全力加强美韩安全保障机制，促使美国继续推动韩国的军事和经济发展，提醒华盛顿要谨慎地推行"尼克松主义"。与此同时，韩国应尽快实现军事现代化，并对包括非敌对的东欧共产党国家在内的国际社会开展全方位外交。[4]

1970 年夏，由前政府要员组成的韩国友好代表团访问美国，代表团成员直白

---

1 "Memorandum of Conversation," July 9, 1971, in *FRUS*, 1969-1972, Vol.17, China, 1969-1972, pp.359-397; "Memorandum of Conversation," July 10, 1971, Ibid., pp.397-431; "Memorandum of Conversation," July 10, 1971, Ibid., pp.431-436; "Memorandum of Conversation," July 11, 1971, Ibid., pp.439-452; "Book II China Visit Record of Previous Visits Arranged by Subject Matter [Part I] ," Undated, [日] 石井修 监修：《美国对日政策文件集》，第 26 期第 5 卷，东京：柏书房，2010 年，第 129—136 页。

2 1950 年 10 月 7 日，联大通过第 376 号决议，决定成立联合国朝鲜统一与重建委员会，主要职责为"促成朝鲜全境内统一独立及民主政府之成立"，协助联合国经济与社会理事会在朝鲜从事救济和重建工作。该委员会连同联合国军司令部被韩国视为联合国承认其为"朝鲜半岛唯一合法政府"的明证。"A/RES/376 (V), The Problem of the Independence of Korea, Resolution Adopted on the Reports of the First Committee," October 7, 1950, in *Official Documents System of the United Nations*.

3 "Memorandum From Kissinger to the President," November 11, 1971, [日] 石井修 监修：《美国对日政策文件集》，第 27 期第 8 卷，东京：柏书房，2010 年，第 81—84 页。

4 "美国与中国（旧中共）的关系"，1971 年，韩国外交史料馆，E-0008-7；"Reference Material, South Korean Foreign Ministry," July 23, 1971, in *RFDKP*, document166.

地表示担心两大阵营为了追求和平而出卖小国利益。美方保证一定继续信守对韩国的承诺。[1] 年底，韩国外长金溶植（Kim Jong-sik）与基辛格举行会晤。金表示，未来四五年，随着中国获得联合国席位等新的国际形势的出现，韩国将面临更大的困难。基辛格答复说，美国绝不会为了中国而牺牲韩国的利益，不会将利用中国的战术问题与美韩同盟的战略问题混为一谈，更不会抛弃韩国。[2] 1971 年 7 月 14 日，韩国中央情报部部长李厚洛（Lee Hu Rak）与美国东亚太平洋事务副助理国务卿温斯罗普·布朗（Winthrop G. Brown）详细讨论了中国问题。李明确表达了对美国政策的不了解，认为华盛顿没有充分向汉城进行政策通报，怀疑美国保卫韩国的决心。布朗保证会坚守对韩国的防务义务，一如既往地支持韩国。不过，美国不能因此而忽视中国的实际存在。为了防止与中国发生冲突，美国正在向中国开放旅游和贸易并与之沟通交流。[3]

极具讽刺意味的是，就在李厚洛与布朗会谈后的第二天，也就是 7 月 15 日，尼克松宣布 1972 年 5 月前适当的时候将访问中国，目的是推动两国关系正常化，并就双方共同关心的问题交换意见。[4] 得知此消息后，朴正熙非常紧张，担心中国会坚决要求美国撤出全部驻韩美军。[5] 显然，美国对华秘密外交对美韩同盟关系造成了极大的震动，青瓦台对华盛顿"保护伞"的信任度再次下降。28 日，韩国外交部在一份分析报告中指出，尼克松政府奉行的是"欧洲第一"的战略，不排除美国完全撤出亚洲的可能性。一旦朝鲜半岛紧张局势明显上升乃至爆发战争，美国恐怕不会立即介入。[6] 作为直接的应对策略，韩国决定首先探询美国准备怎样与中国

1　"Telegram From the Embassy Seoul to the Secretary of State," August 25, 1971, RG 59, General Records of Department of State, Subject Numeric Files, 1970-1973, Political & Defense, Box2423, NA.

2　"Memorandum of Conversation," December 2, 1970, in *FRUS*, 1969-1976, Vol.19, Part 1, Korea, 1969-1972, pp.214-216.

3　"Memorandum of Conversation," July 14, 1971, RG 59, General Records of Department of State, Subject Numeric Files, 1970-1973, Political & Defense, Box2427, NA.

4　*The Department of State Bulletin*, Vol.65, No.1675, August 2, 1971, p.121.

5　Lyong Choi, "The Foreign Policy of Park Chunghee: 1968-1979," p.82; Shin Jongdae, "The Perception of ROK on Sino-US Rapprochement and Its Ensuing Responses," p.9.

6　"美国与中共接近事态分析：呈予总统阁下的三份报告"，1971 年 7 月 28 日，韩国外交史料馆，722.12CPUS，2010-0087-18。

讨论朝鲜半岛问题，并敦促尼克松政府保留在韩国的驻军。[1]

8月4日，金东祚与美国政治事务副国务卿尤·约翰逊（U. Alexis Johnson）举行会谈。金开宗明义地指出，周恩来对来访的美国学生讲，美国在朝鲜半岛的存在阻碍中美关系改善。韩国相信美国会信守对韩国的承诺，但无法确认华盛顿在驻韩美军撤出问题上的基本政策。韩国希望美国继续在韩国驻留大规模美军，并在韩军现代化计划完成后依旧将军援保持在当前水平上。约翰逊答复说，美国认为中美关系改善对盟国有益无害，且无意以放弃朋友为代价谋求与中国和解。华盛顿并不打算让美军彻底离开韩国，但确实有可能进一步削减驻韩美军，美国保证会提前与韩国充分协商。[2]

9月1日，韩国总统政治事务特别助理韩秉春（Hahm Pyong-Choon）与美国总统国家安全事务副助理亚历山大·黑格（Alexander M. Haig Jr.）讨论中国问题。值得注意的是，韩花了大量时间论证说中国或许并不愿意看到驻韩美军全部撤离，因为北京想要借此防止日本控制韩国。而韩国政府最关心的是防止朝鲜半岛重启战端，为此甚至可能不惜承认平壤。与北方的对话是为了减少平壤对韩国政府的攻击。在这方面，汉城可能会从北京那里获得间接的帮助。黑格表示在很大程度上赞同韩秉春的看法，但也认为韩国对"尼克松主义"和美国寻求中美和解的意图存在误解。美国是一个太平洋国家，自然会信守对亚太国家的承诺，不会在亚太地区留下权力真空。[3]

16日，朴正熙致函尼克松，详细阐述了对中美关系的看法：韩国欢迎尼克松北京之行，希望此举能够推动亚洲局势的缓和。但另一方面，韩国也非常担心中共会提出朝鲜问题，希望美国事先就这次访问可能涉及朝鲜问题与韩国充分交换意

1　早在7月20日，韩国驻美国大使金东祚（Kim Dong Jo）已紧急约见罗杰斯，与之讨论尼克松访华问题。罗杰斯解释说，美国总统访问中国意在改善中美关系，缓解地区紧张局势，此举不针对任何国家，更不会损害盟友的利益。金追问道，中美两国在北京究竟谈些什么。罗杰斯表示，无法详细告知已经讨论了什么和将要讨论什么。"Telegram From the Department of State to the Embassy Seoul," July 21, 1971, RG 59, General Records of Department of State, Subject Numeric Files, 1970-1973, Political & Defense, Box2430, NA.

2　"Memorandum of Conversation," August 4, 1971, RG 59, General Records of Department of State, Subject Numeric Files, 1970-1973, Political & Defense, Box2429, NA.

3　"Memorandum of Conversation," September 1, 1971, in *FRUS*, 1969-1976, Vol.19, Part 1, Korea, 1969-1972, pp.272-275.

见。虽然国际形势发生了变化，但共产党中国依旧支持朝鲜的政策，努力加强朝鲜的军事实力。在此情况下，朝鲜半岛局势的紧张程度以及韩国面临的安全威胁依旧很高。因此，美国一定不能接受共产党中国提出的美军全部撤出韩国的建议。在11月29日的复函中，尼克松表示访问中国是为了缓解紧张局势，但不会因此忽略盟友的利益。一旦中国提出韩国问题，美国一定会与韩国密切协商。美国无意撤出亚洲，仍会履行所有条约义务，正在实施的韩军现代化计划便是明证。"尼克松主义"的撤军计划要求与驻在国的能力相符，美国现在并未打算从韩国进一步撤军。下次撤军时美国会与韩国充分协商并联合评估韩国面对的安全问题。[1]

根据前韩国中央情报部官员回忆，朴正熙政府预计，中美两国必定会讨论朝鲜半岛问题，只是不知道双方商谈的具体内容。[2]或许正因为如此，12月13日朴正熙在接见美国大使菲利普·哈比卜（Philip C. Habib）时表示：中美两国正在走向和解。有时当大国努力缓和紧张局势时，弱国却成为牺牲品，希望韩国不要遭遇这样的命运。数日后，韩国总理金钟泌（Kim Jong Pil）对哈比卜表达了同样的想法：世界局势风云变幻，大国政策不同以往，小国的命运随之出现变数。大国无力阻止"中华民国"丧失联合国席位，亦不能防止战争的发生，因此韩国必须提高自立能力。[3]

1972年2月中旬，白宫为尼克松访华准备好了相关谈话要点：希望与中国一道维护朝鲜半岛的和平与稳定；愿意考虑构建维持朝鲜半岛现状的更为长期的体制；支持南北朝鲜对话；继续信守对韩国的承诺；倘若朝鲜半岛的紧张局势得以缓和，将进一步削减驻韩美军；如果中国保证不向第三方透露消息，则向对方阐明有

1 "Telegram From the Department of State to the Embassy in Korea," September 23, 1971, Ibid., pp.279-280; "Memorandum of Conversation," September 28, 1971, Ibid., pp.281-285; "Letter From President Nixon to Korean President Park," November 29, 1971, Ibid., pp.293-295; "Letter, Park Chung Hee to Richard Nixon," September 16, 1971, in *RFDKP*, document216; "Information Memorandum From William I. Cargo to Ray Cline," September 20, 1971, RG 59, General Records of Department of State, Subject Files of Office of Korean Affairs, 1966-74, Box5, NA.

2 Hong Seuk-ryule, "The U.S.-DPRK Relations in the Early 1970s: Inter-Korea Talks and Sino-U.S. Rapprochement," Report of International Workshop on the Cold War and the Two Koreas: Research on ROK & DPRK Cold War Era Foreign Relations and Its Significance to International Cold War History, May 2, 2008, Seoul, p.95.

3 "Telegram From the Embassy in Korea to the Department of State," December 13, 1971, in *FRUS*, 1969-1976, Vol.19, Part 1, Korea, 1969-1972, pp.302-303; "Telegram From the Embassy in Korea to the Department of State," December 22, 1971, Ibid., p.307.

关联合国在朝鲜存在问题的立场。具体地说，在新的政治协议取代了停战协定后，可以解散联合国军司令部，并愿意协助朝韩双方建立替代联合国朝鲜统一与重建委员会的制度安排。在韩国与朝鲜达成一致意见的情况下，支持二者同时加入联合国。[1] 在中美两国领导人会面过程中，尼克松表示愿意逐渐削减驻韩美军并防止日本重返朝鲜半岛，正在考虑联合国朝鲜统一与重建委员会存废问题，希望中美双方同时向自己的盟友施加影响，共同维护朝鲜半岛的稳定与和平。[2]

2月22日，也就是尼克松访华的第二天，朴正熙在与记者共进晚餐时批评说："尼克松访华90%是为了再次当选。尼克松对华低调外交并不可取。我们还能信任美国多长时间呢？"[3] 为了安抚朴正熙，3月初美国东亚和太平洋事务助理国务卿马歇尔·格林（Marshall Green）访问汉城。会谈期间，金溶植详细询问了中美两国有关朝鲜问题的讨论情况。格林答复说，双方只是顺带简短地讨论了朝鲜问题，并未提出新看法。金又问中国是否反对驻韩美军的存在。格林未作正面答复，同行的国家安全委员会成员约翰·霍尔德里奇（John H. Holdridge）解释说中国只是在联合公报中一般性地表示一国不应该在国外驻军。最后，金溶植要求美方介绍一下中国关于朝鲜问题的看法，特别是中国支持还是反对朝鲜在南方的"冒险行动"。格林说，他个人感觉中国人不希望朝鲜半岛冲突再起。[4] 就这样，美韩之间关于中美和解的交涉暂告段落。

概言之，尼克松入主白宫后不久，韩国便逐渐意识到中美关系改善乃大势所趋。即便如此，青瓦台还是没有预料到尼克松——基辛格对华秘密外交会如此迅速地

1　"Memorandum From Kissinger to the President," February 7, 1972,［日］石井修 监修：《美国对日政策文件集》，第28期第6卷，东京：柏书房，2011年，第313页；"Memorandum From Kissinger to the President," February 14, 1972,［日］石井修 监修：《美国对日政策文件集》，第28期第7卷，第174页；"Memorandum for the President," February 9, 1972,［日］石井修 监修：《美国对日政策文件集》，第28期第8卷，第36—38页。

2　"Memorandum of Conversation," February 21, 1972, *FRUS*, 1969-1972, Vol.17, China, 1969-1972, p.690; "Memorandum of Conversation," February 22, 1972, Ibid., pp.695, 699, 703; "Memorandum of Conversation," February 23, 1972, Ibid., pp.733-734, 769; "Memorandum of Conversation," February 24, 1972, Ibid., pp.769, 779. "Presidential Conversations in the PRC February 1972 Arranged by Subject Matter," Undated,［日］石井修 监修：《美国对日政策文件集》，第28期第8卷，第226—228页。

3　Lyong Choi, "The Foreign Policy of Park Chunghee: 1968-1979," p.97.

4　"Memorandum of Conversation between Yun Suk Hun and Assistant Secretary Green at American Embassy Seoul," March 2, 1972, in *RFDKP*, document285; "Telegram From the Embassy in Korea to the Department of State," March 2, 1972, in *FRUS*, 1969-1976, Vol.19, Part 1, Korea, 1969-1972, pp.318-320.

推动中美关系走向解冻，美韩同盟甚至因此失去了一个有助于维系同盟稳定的"共同的敌人"。就中美和解本身而言，令汉城最为忧虑的是美国在中国的坚决要求下将驻韩美军全部撤出。为此，朴正熙以左右围堵的方式论证驻韩美军继续存在的必要性。但无论如何，在中美两国领导人会谈过程中，驻韩美军仍然是双方的一个重要议题，基辛格和尼克松几次表示将逐步削减驻韩美军。

除驻韩美军问题外，尼克松政府改善对华关系的方式和进度还让韩国比以往更加担心有朝一日美国也会以同样的形式实现与朝鲜之间的和解。为此，韩国政府不断公开渲染"北朝鲜威胁"，而且屡次表示美国也作出了类似的判断，以便为美朝关系缓和制造障碍。华盛顿对汉城的意图心知肚明，乃至曾一度考虑公布对"北朝鲜威胁"的不同认知。[1]与此同时，每当美国稍微流露出改善对朝鲜关系的意图，韩国就立即加以询问、提醒或抗议。1972年3月7日，罗杰斯在记者招待会上表示，除了非官方消息外，还有其他迹象表明朝鲜愿意尝试与韩国——可能还包括美国——实现和解。相应地，美国也愿意与包括朝鲜在内的所有国家改善关系。16日，金东祚要求罗杰斯澄清何为"其他迹象"，并解释美国愿意与朝鲜发展关系的说法。罗杰斯答复说，"其他迹象"指金日成通过接受日本记者采访等方式表达的改善对美关系的意图，与尼克松访华无关，美国并没有与中国就朝鲜问题达成交易，并愿意保持同韩国的联系。[2]几个月后，罗杰斯又称呼朝鲜为"朝鲜民主主义人民共和国"。联想到之前罗杰斯对朝鲜的态度，韩国感到十分不安。为此，金东祚马上发出抗议，紧接着，朴正熙在与格林会谈时再次提及此事。格林解释说，美国使用这样的表述只是出于礼节考虑，并非有意承认朝鲜。[3]

1　Shin Jongdae, "The Perception of ROK on Sino-US Rapprochement and its Ensuing Responses," pp.9–10, 23; "Telegram From Embassy Seoul to Secretary of State," April 7, 1972, RG 59, General Records of Department of State, Subject Numeric Files, 1970–1973, Political & Defense, Box2419, NA; "Telegram From the Department of State to the Embassy in Korea," December 2, 1971, in FRUS, 1969–1976, Vol.19, Part 1, Korea, 1969–1972, pp.295–296.

2　The Department of State Bulletin, Vol.66, No.1709, March 27, 1972, pp.474–475; "Telegram From the Department of State to the Embassy Seoul," March 17, 1972, RG 59, General Records of Department of State, Subject Numeric Files, 1970–1973, Political & Defense, Box2430, NA.

3　Memorandum From John H. Holdridge of the National Security Council Staff to the President's Assistant for National Security Affairs (Kissinger)," July 4, 1972, in FRUS, 1969–1976, Vol.19, Part 1, Korea, 1969–1972, p.370; "Telegram From the Embassy in Korea to the Department of State," July 7, 1972, Ibid., p.375.

四、朴正熙政府的应对策略

面对中美缓和的大趋势，除直接要求美国配合韩国的联合国政策并不要与中国讨论朝鲜半岛问题外，韩国为了摆脱长期以来在国家安全和对外交往方面对华盛顿的严重依赖，青瓦台下决心推动韩国走向自立。

在增强自主性方面，韩国第一个颇具成果的重大举措是实现朝韩对话。1970年 8 月 15 日，朴正熙在光复日演说中放弃了过去一直倡导的"先建设、后统一"思想，提出如下政策立场：如果朝鲜愿意放弃武力，承认联合国，韩国将努力分阶段地消除南北方之间的人为阻隔，不再反对北方参与联合国关于朝鲜半岛问题的讨论，停止与北方的和平竞赛。[1] 1971 年 8 月 12 日，在朴正熙的支持下，韩国红十字会建议与朝鲜红十字会讨论搜寻离散家属问题。[2] 9 月 20 日，南北方红十字会预备性会谈开始。半年后，朝韩双方着手筹备高层秘密沟通。1972 年 5—6月，韩国中央情报部部长李厚洛与朝鲜第二副首相朴成哲（Pak Seong Cheol）实现了互访，分别与对方最高领导人举行会谈，详细讨论了朝鲜半岛统一等共同关心的重要事项。[3] 7 月 4 日，朝韩发表联合公报，正式宣布独立、团结与和平统一三原则。[4]

为了防止在外交上陷入孤立，韩国着力谋求改善同其他社会主义国家之间的关系。1970 年初，韩国驻美国使馆官员向美方透露说，汉城正在逐步放弃过去始终

1　"Telegram, American Embassy Seoul to Secretary of State," August 18, 1970, in *RFDKP*, document56.

2　"Telegram, American Embassy Seoul to Secretary of State," August 7, 1971, Ibid., document176; "Telegram, American Embassy Seoul to Secretary of State," August 14, 1971, Ibid., document185.

3　"Conversations with the South Korean Delegates to the High-Level Political Talks between North and South Korea," May 3, 1972, in James Person, ed., *New Evidence on Inter-Korean Relations, 1971–1972*, North Korea International Documentation Project Document Reader #3, September 2009, document20; "Telegram, American Embassy Seoul to Secretary of State," September 20, 1971, in *RFDKP*, document219; "Transcript of North/South Preliminary Discussions on Political Meetings, South Korean Foreign Ministry Archive," March 7, 1972, Ibid., document286; "Transcript, South Korean Foreign Ministry, Conversation with Kim Il Sung," May 4, 1972, Ibid., document313; "Transcript, South Korean Foreign Ministry, Conversation between Park Chung Hee and Pak Seong Cheol," May 31, 1972, Ibid., document317; "Telegram From the Embassy in Korea to the Department of State," June 10, 1971, in *FRUS*, 1969–1976, Vol.19, Part 1, Korea, 1969–1972, p.357.

4　曹中屏、张琏瑰：《当代韩国史（1945—2000）》，天津：南开大学出版社，2005 年，第 269 页。

坚持的"哈尔斯坦主义"[1]，愿意考虑与承认朝鲜的国家建交。[2]一年以后，韩方进一步表明，必须加强同社会主义国家的外交和贸易联系，争取与东欧国家乃至苏联发展友好关系。[3] 1972 年 10 月，韩国外交部制订了新的对华政策，主旨如下：承认中国的现实存在；寻找机会通过第三国与中国进行官方非正式沟通；利用间接贸易、开通航空船舶航线、教育和新闻交流以及气象情报交换等方式改善同中国的关系。同年，朴正熙命令外交部长在海外扩大同中国外交官的联系。[4] 1973 年 6 月 23 日，朴正熙提出了新的外交政策纲领，主张在平等互利的前提下向包括不同意识形态和社会制度的国家在内的所有国家敞开交流的大门。[5] 1974 年，韩国外交部资助亚洲问题研究所 800 万韩元，指示其尝试与中国、苏联及东欧国家在民间学术文化领域进行接触。[6] 1972 年 4 月韩国开始与苏联在瑞典举行非官方定期会晤。次年，韩国运动员、艺术家和学者获准赴苏联参加国际会议。[7]

1　此处为借用，原指德意志联邦共和国 20 世纪 50 年代中期以后推行的不同任何承认德意志民主共和国的国家建立或保持外交关系的政策。

2　"Memorandum of Conversation involving Whant Ho Eul, James Leonard, Richard Peters," February 2, 1970, in *RFDKP*, document5.

3　"Memorandum of Conversation," March 31, 1971, RG 59, General Records of Department of State, Subject Numeric Files, 1970–1973, Political & Defense, Box2419, NA.

4　王恩美：《1971 年"中国代表权"问题与韩国政府"中国政策"的转变》，第 201—203 页；Chung Jae Ho, "Leadership Changes and South Korea's China Policy," *Joint U.S.-Korea Academic Studies*, Vol.23 (2012), p.7. 在此前后韩国外交官与中国外交官的接触情况可参见"驻乌干达使馆关于与苏联和中共代理大使对话的报告"，1971 年 8 月 25 日，韩国外交史料馆，HG710825.E-0009-2，第 4—10 页；"驻瑞典使馆关于苏联武官及中共武官动向的报告"，1971 年 9 月 22 日，韩国外交史料馆，HG710825.E-0009-2，第 11—12 页；"驻罗马使馆关于与共产圈大使对话的报告"，1972 年 9 月 15 日，韩国外交史料馆，HG710915.E-0009.2，第 16—17 页。

5　"Park Chung Hee, 'June 23 Declaration'," June 23, 1973, in *RFDKP*, document472.

6　"韩对中苏民间学术文化领域的接触尝试"，1975 年 1 月 17 日，韩国外交史料馆，C-0081-2，第 4—6 页。

7　"Telegram from Romanian Embassy in Pyongyang to the Romanian Ministry of Foreign Affairs," November 26, 1973, in Woodrow Wilson International Center for Scholars, North Korea International Documentation Project, *After Détente: The Korean Peninsula, 1973-1976*, 31 October–1 November 2011, document52; Hong Seuk-ryule, "The U.S.-DPRK Relations in the Early 1970s: Inter-Korea Talks and Sino-U.S. Rapprochement," p.96; Kim Hakjoon, "The Process Leading to the Establishment of Diplomatic Relations between South Korea and the Soviet Union," *Asian Survey*, Vol.37, No.7 (July 1997), pp.637–638; Kim Hakjoon, "The Establishment of South Korean-Chinese Diplomatic Relations: A South Korean Perspective," *Journal of Northeast Asian Studies*, Vol.13, Issue2 (Summer 1994), pp.31–48; Ahn Byung-joon, "South Korea and the Communist Countries," *Asian Survey*, Vol.20, No.11 (November 1980), pp.1101–1102.

　　与此同时，出于应对美国"保卫韩国决心下降"的考虑，青瓦台积极推动国防自立。在 1970 年新年演说中，朴正熙强调发展国防工业的必要性。当年，韩国政府决定最大限度地利用民用工业推动国防自立，开展国防研发活动，并组建国防研发局（Agency for Defense Development）和武器开发委员会（Weapons Exploitation Committee）。至 1972 年上半年，韩国已能够自主生产八种轻型武器。为了提高国防投入和加强海外采购，1973—1976 年韩国连续颁布《国防工业法》和《国防税收法》，并秘密从国外采购尖端武器（代号为第一次栗谷计划，1975—1976 年该计划耗费资金占国民生产总值的比例高达 6%）。[1]

　　更为值得注意的是，1970 年上半年汉城暗中着手研发核武器和导弹。1969 年底，朴正熙政府开始讨论通过本土开发和国际购买的方式获取核武器。20 世纪 70 年代初，青瓦台正式决定走向核开发。1972 年，为购买核燃料再处理设备和技术，韩国科技部部长访问了英法两国。次年，韩国与法国签署核技术合作协议，并邀请约 20 位国外核问题专家来韩国从事相关研究。此后，韩国逐渐加快了核开发的步伐，同加拿大、法国、比利时、印度等国家或地区秘密商谈核技术合作事宜。1971 年底，为了预防朝鲜可能发起的突袭，朴正熙下令研制地对地导弹。接到命令后，国防研发局全力开展研发活动，数年内研究小组由六人扩大到了六百人。此外，美国的军事技术援助以及麦克唐纳—道格拉斯公司、洛克希德推进剂厂提供的技术和设备也或直接或间接地加速了韩国的导弹研发进程。1978 年 9 月，韩国成功试射第一枚 NH-K 导弹，宣布自己成为世界上第七个有能力自行研制导弹的国家。[2]

1　Moon Hee-Jung, "The Diamond Approach to the Competitiveness of Korea's Defense Industry: From the Park, Chung Hee to Lee, Myung Bak Era," *Journal of International Business and Economy*, Vol.11, No.2 (2010), pp.74−77; Rebecca K. C. Hersman and Robert Peters, "Nuclear U-turns: Learning from South Korean and Taiwanese Rollback," *Nonproliferation Review*, Vol.13, No.3 (November 2006), p.541; Hyung-A Kim, "Heavy and Chemical Industrialization, 1973−1979: South Korea's Homeland Security Measures," in Hyung-A Kim and Clark W. Sorensen (eds.), *Reassessing the Park Chung Hee Era, 1961−1979: Development, Political Thought, Democracy, and Cultural Influence*, Seattle: University of Washington Press, 2011, pp.27, 29.

2　Peter Hayes & Chung-in Moon, "Park Chung Hee, the CIA & the Bomb," *Global Asia*, Vol.6, No.3 (Fall 2011), p.48; Sheila Jasanoff and Sang-Hyun Kim, "Containing the Atom: Sociotechnical Imaginaries and Nuclear Power in the United States and South Korea," *Minerva*, Vol.47, No.2 (2009), p.134; Sung-Bin Ko, "South Korea's Search for an Independent Foreign Policy," *Journal of Contemporary Asia*, （转下页）

追求自主国防还直接影响到了韩国经济发展道路的选择。为了实现军队现代化，1971 年 11 月朴正熙决定借助私人企业、在重化工业发展的框架内建立独立的国防工业。在 1973 年新年记者招待会上，朴宣布将推行重化工业发展战略。对韩国而言，重化工业与国防建设之间的联系非常紧密，国防自立本身就是重化工业发展计划的四大目标之一，重化工业重点发展的产业如钢铁、石化、有色金属、电力和造船等也均与国防息息相关，而作为韩国重化工业发展战略主要设计师和执行者之一的第二首席经济秘书官吴源哲（O Wonchol）的首要职责便是推进国防工业。在政府的有力干预下，遵循重化工业发展道路，韩国不仅渡过了 1973—1974 年的石油危机，而且在 1974—1976 年间维持了年均近 10% 的经济增长率。[1]

结　论

20 世纪 60 年代下半期，由于在对朝鲜政策方面出现重大战略分歧，韩国对美国安全承诺的信任度明显下降。20 世纪 70 年代初，尼克松政府在事先不告知韩国的情况下大幅迅速改善对华关系，此举将汉城对华盛顿"保护伞"的疑虑推至顶点。同样，由于韩国屡次单方面秘密突袭朝鲜军队，上台伊始的尼克松并不能完全确信韩国不会独自对平壤发动大规模进攻，以至于将朝鲜半岛列为世界上三大危机

（接上页）Vol.36 No.2 (2006), p.260; Seung-young Kim, "Security, Nationalism and the Pursuit of Nuclear Weapons and Missiles: The South Korean Case, 1970–82," *Diplomacy & Statecraft*, Vol.12, No.4 (December 2001), pp.54–59, 61–69; Chung-in Moon and Jin-Young Lee, "The Revolution in Military Affairs and the Defence Industry in South Korea," *Security Challenges*, Vol.4, No.4 (Summer 2008), pp.119–120; Michael J. Siler, "U.S. Nuclear Nonproliferation Policy in the Northeast Asian Region during the Cold War: The South Korean Case," *East Asian Studies*, Vol.16, Issue3 (Autumn/Winter 1998), pp.58–60; Hyung-A Kim, "Heavy and Chemical Industrialization, 1973–1979: South Korea's Homeland Security Measures," pp.29–34.

1　Yumi Horikane, "The Political Economy of Heavy Industrialisation: The Heavy and Chemical Industry (HCI) Pushin South Korea in the 1970s," *Modern Asian Studies*, Vol.39, No.2 (May 2005), pp.370–373; John Minns, "Of Miracles and Models: The Rise and Decline of the Developmental State in South Korea," *Third World Quarterly*, Vol.22, No.6 (December 2001), pp.1027–1028; Kim Hyung-A, *Korea's Development under Park Chung Hee: Rapid Industrialization, 1961–1979*, New York: RoutledgeCurzon, 2004, pp.165–168, 171, 173; Hyung-A Kim, "Heavy and Chemical Industrialization, 1973–1979: South Korea's Homeland Security Measures," pp.23–24.

多发地区之一，要求国务院、国防部和中央情报局重点讨论应如何应付朝韩双方可能采取的军事行动。[1] 也正因为如此，美国才希望联合中国一道确保朝鲜半岛局势的稳定，防止被卷入第二次朝鲜战争。从这个角度讲，第一届尼克松政府时期美韩同盟陷入信任危机。

从应对手段和结果来看，面对中美关系缓和的大势，韩国一改过去威胁为主、配合为辅甚至试图通过制造危机改变美国既定政策的做法，转而更多地对美国的决策表示理解，敦促华盛顿不要因为改善对华关系而损害韩国的利益，并多次声称希望维护朝鲜半岛的和平。[2] 美国的反应则是一边不厌其烦地保证继续履行保卫韩国安全的义务，一边按照既定计划私下与中国讨论朝鲜半岛问题。然而，此时的朴正熙政府已不再相信美国信誓旦旦的承诺，决心在维持美韩同盟基本框架的同时全力推行多边外交、追求自主国防。与此相类似，韩国的和平意愿也并未真正打动尼克松政府，美国继续通过延缓向韩国提供军事援助、阻止韩国为发展与国防有关的重工业而向国外贷款等方式对汉城加以防范。[3] 但无论如何，在尼克松政府看来，韩国仍旧是除日本以外最重要的亚洲"自由世界国家"。[4] 主要是为了促使青瓦台相信美国承诺的有效性，1972 年 3 月美国国家安全委员会东亚部际小组

1　"Memorandum From Henry A. Kissinger to the Vice President, the Secretary of State, the Secretary of Defense, and the Director of Office of Emergency Preparedness," January 20, 1969, RG 59, General Records of Department of State, Executive Secretariat NSC Meeting Files, 1969–1970, Box3, NA; "A Draft Record of Actions of National Security Council Meeting," January 21, 1969, Ibid.; "National Security Study Memorandum 9," January 23, 1969, in James Person, Mitchell Lerner, etc (eds.), *Crisis and Confrontation on the Korean Peninsula: 1968–1969*, Washington D.C.: Woodrow Wilson International Center for Scholars, September 2008, document186; "National Security Study Memorandum 34," March 21, 1969, in *FRUS*, 1969–1976, Vol.19, Part 1, Korea, 1969–1972, p.8.

2　"朴正熙致尼克松信函，"1969 年 4 月 29 日，《大韩民国外交文书（1969 年）》，缩微胶片号：G-0016，首尔大学中央图书馆藏；"Henry Kissinger Provides President Richard M. Nixon with a Summary of Joint Chiefs of Staff (JCS) Chairman General Earle Wheeler's Conversation with South Korean President Park Chung Hee," November 25, 1969, in *DDRS*, CK3100547079; "Telegram, American Embassy Seoul to Secretary of State," July 1, 1971, in *RFDKP*, document168; "Memorandum of Conversation," August 4, 1971, RG 59, General Records of Department of State, Subject Numeric Files, 1970–1973, Political & Defense, Box2419, NA.

3　Hyung-A Kim, "Heavy and Chemical Industrialization, 1973–1979: South Korea's Homeland Security Measures," pp.23–36.

4　"U.S. Strategy and Forces for Asia (NSSM-69)," July 29, 1971, [日] 石井修 监修：《美国对日政策文件集》，第 32 期第 9 卷，东京：柏书房，2013 年，第 190—191 页。

建议 1974 年财政年度结束前不再进一步削减驻韩美军。白宫很快批准了这一建议，并正式通知青瓦台。[1] 然而，美国的此项保证依旧没有从根本上缓解韩国的疑虑。1974 年底，美国总统福特向朴正熙保证无意从韩国撤军，但朴并不相信该承诺。1975 年 4 月西贡政权倒台后，韩国加速秘密研制核武器。换言之，20 世纪 70 年代上半期美韩关系出现转型，韩国的自主性明显增强，美韩同盟的非对称性因此有所降低。[2]

没有任何一种对外战略是完美无缺的，尼克松—基辛格的东亚外交也不例外。它既希望单方面同中国握手言和，又试图继续维持甚至巩固东亚同盟体系。二者之间的相互抵牾显而易见。从本质上讲，20 世纪 50 年代美国在东亚构建起来的一系列同盟关系的基础是反对共产主义，但中美缓和必然对该同盟体系形成巨大冲力。事实上，20 世纪 60 年代末到 20 世纪 70 年代初在制订对华政策过程中，国家安全委员会东亚部际小组已经注意到了当地盟友的敏感反应，并建议今后采取重大举措前与之协商或再次作出承诺。[3] 不过，最终尼克松和基辛格还是决定秘密改善对华关系，事后向盟国通报并重申安全保证。尼克松政府对华秘密外交既带来了中美关系的迅速缓和，也一度导致日本、韩国、菲律宾和泰国等国家或地区对美国信任度

1 "PARA, Korea, FY 1973," March 14, 1971, RG 59, General Records of Department of State, Subject Numeric Files, 1970–1973, Political & Defense, Box2429, NA; "NSSM 154, United States Policy Concerning the Korean Peninsula," April 3, 1973, RG 273, Records of National Security Council (NSC), National Security Study Memorandum (NSSM), Box14, NA.

2 Lyong Choi, "The First Nuclear Crisis in the Korean Peninsula, 1975–76," *Cold War History*, Vol.14, No.1 (February 2014), pp.71–90; Kang Choi and Joon-sung Park, "South Korea: Fears of Abandonment and Entrapment," in Muthiah Alagappa (ed.), *The Long Shadow: Nuclear Weapons and Security in 21st Century Asia*, Singapore: NUS Press, 2009, pp.375–378; Hubert H. Humphrey and John Glenn, "U.S. Troop Withdrawal from the Republic of Korea: A Report to the Committee on Foreign Relations, United States Senate," Washington: U.S. Government Printing Office, 1978, pp.21–22; S.G. Hong, "The Search for Deterrence: Park's Nuclear Option," in Byung-kook Kim and Ezra F. Vogel (eds.), *The Park Chung Hee Era, The Transformation of South Korea*, Cambridge: Harvard University Press, 2011, pp.483–510; Seung-young Kim, "Security, Nationalism and the Pursuit of Nuclear Weapons and Missiles: The South Korean Case, 1970–82," pp.54–68; Hyung-A Kim, "Heavy and Chemical Industrialization, 1973–1979: South Korea's Homeland Security Measures," pp.29–34.

3 "NSSM 14, US China Policy," August 8, 1969, RG 59, General Records of Department of State, Subject Files of Bureau of East Asia and Pacific Affairs, 1951–1978, Box8, NA; "NSSM 124, Next Steps toward the People's Republic of China," April 19, 1971, RG 273, Records of National Security Council (NSC), National Security Study Memorandum (NSSM), Box13, NA.

的下降。正因为如此，韩国转而寻求改善对华关系，日本和菲律宾更是成功与中国建交。[1] 从这个角度观察，可以将中美和解视作东亚地区实现政治经济关系正常化进而走向持续繁荣的前提条件。

（本文原载于《历史研究》2016 年第 1 期）

1　Sue Peng Ng, "Reassuring One's Friends: Richard Nixon's China Policy and Its Impact on East and Southeast Asia, 1969-1974," Ph.D. dissertation, The University of Nottingham, 2010, pp.217-231.

"普韦布洛"号危机决策与美国的
国际危机管理 *

梁　志

摘要： 面对中苏同盟已然破裂的时局，1968 年"普韦布洛"号危机发生前后约翰逊政府最高决策层以及大部分情报和军事部门在很大程度上依旧坚持"共产主义铁板一块"的观点，对朝鲜抓捕"普韦布洛"号的可能性和意图作出了错误判断。权衡利弊之后，美国并未对朝鲜采取报复行动，而是接受了朝鲜的谈判提议。在美国政府确定谈判策略的过程中，人道主义关怀明显从属于维护国家声望与避免伤害盟国等政治考虑，板门店秘密会谈久拖未决。虽然"普韦布洛"号危机是加速美国国际危机管理程序制度化的动因之一，也曾促使美国致力于防止海上冲突事件的再次发生，但此后的美国决策者却未能顺理成章地从中汲取应有的经验教训。

关键词： "普韦布洛"号危机；约翰逊政府；误判；克制；"人道主义"

1968 年初美国和朝鲜[1]之间发生的"普韦布洛"号危机是冷战时期美国与社会主义国家之间唯一一次通过长时间双边秘密谈判解决的突发事件。"普韦布洛"号危机不仅在很大程度上促成了美国危机预警和管理程序的制度化，而且清晰地昭示

---

* 本文是教育部人文社会科学重点研究基地项目"冷战起源研究"（项目批准号：08JJDGJW261）和北京市教育委员会社科计划重点项目、北京市哲学社会科学规划项目"国际关系史史料的整理与研究"（一期）（项目批准号：SZ201010028010）的研究成果。非常感谢两位匿名评审专家提出的宝贵修改意见。

1 除直接引文外，文中全部用"朝鲜"指代朝鲜民主主义人民共和国。

出"共产主义铁板一块"的观念在约翰逊及其主要顾问的脑海中是多么根深蒂固，越南战争在多大程度上影响和制约着美国对朝鲜半岛危机的反应和对策，以及维护国家声誉和保持盟国信任的政治考虑如何压制了挽救船员生命的人道主义冲动。就这一点而言，探讨约翰逊政府"普韦布洛"号危机决策对于研究冷战国际史和国际危机管理理论具有重要意义。

2000 年，美国通过《美国外交关系文件》公布了一批关于"普韦布洛"号危机的专题档案文献。[1] 笔者较早利用这部分资料试图还原危机的基本过程。[2] 近几年来，美国、苏联和东欧国家相继解密了大量有关此次危机的政府档案文件，[3] 这些新史料的出现使全面研究美国的危机决策、重新认识某些通行说法和既有学术观点成为可能。[4] 鉴于此，本文拟利用《美国外交关系文件》《解密文件参考系统》以

1　U.S. Department of State, *Foreign Relations of the United States*, 1964–1968, Vol.29, Part 1, Korea, Washington: United States Government Printing Office, 2000. (hereinafter referred to as *FRUS*, with appropriate year and volume numbers)

2　梁志：《"普韦布洛危机"始末初探》，崔丕主编：《冷战时期美国对外政策史探微》，北京：中华书局，2002 年，第 169—189 页。

3　《解密文件参考系统》电子数据库至少收录了 400 份以"普韦布洛"号危机为主题的美国档案，参见 *Declassified Documents Reference System* (hereinafter cited as *DDRS*), Gale Group, Inc. 2010；2008 年和 2010 年，美国伍德罗·威尔逊国际学者中心北朝鲜国际文献项目先后两次公布了有关 1968—1969 年朝鲜半岛紧张局势的包括美国、苏联和东欧国家在内的多国档案文献，共 300 余件。参见 James Person, Mitch Lerner, Jong-Dae Shin (eds.), *Crisis and Confrontation on the Korean Peninsula: 1968–1969*, July 7, 2011, The North Korea International Documentation Project；James Person (ed.), *New Evidence on North Korea*, June 2010, The North Korea International Documentation Project。

4　2001 年以来陆续问世的关于"普韦布洛"号危机的研究成果主要考察了美国最初的反应和对策、朝鲜的战略意图及苏联所扮演的角色，而尚未充分利用最近公布的新史料将美国的危机决策作为一个整体加以讨论。具体包括：Richard Mobley, "Pueblo," *Naval War College Review*, vol.54, issue2 (Spring 2001), pp.98–117; Mitchell Lerner, "A Failure of Perception: Lyndon Johnson, North Korean Ideology, and the Pueblo Incident," *Diplomatic History*, Vol.25, No.4 (Fall 2001), pp.647–675; Jeongwon Kim, "U.S. Policy on Pueblo Crisis in 1968: Focusing on Policy-making Process," MA thesis, Seoul National University, 2002; Mitchell Lerner, *The Pueblo Incident: A Spy Ship and the Failure of American Foreign Policy*, Lawrence: University Press of Kansas, 2002; Richard Mobley, *Flash Point North Korea: The Pueblo and EC-121 Crises*, Annapolis Md: Naval Institute Press, 2003; Mitchell Lerner, "A Dangerous Miscalculation: New Evidence from Communist-Bloc Archives about North Korea and the Crises of 1968," *Journal of Cold War Studies*, Vol.6, No.1 (Winter 2004), pp.3–21; Bernd Schaefer, "North Korean 'Adventurism' and China's Long Shadow, 1966–1972," Cold War International History Project Working Paper #44; Sergey S. Radchenko, "The Soviet Union and the North Korean Seizure of the USS Pueblo: Evidence from Russian Archives," Cold War International History Project Working Paper #47; David P. Houghton, "Reconstructing the U.S. Response to the Pueblo Hostage Crisis of 1968: A Cognitive Perspective," paper presented at the Annual （转下页）

及"朝鲜半岛的危机与对抗，1968—1969 年""有关北朝鲜的新证据"文件集，采用"冷战国际史新研究"倡导的多国多边档案对比实证的研究方法，从错误认知、防止事态扩大和冷战政治对"人道主义"的致命压制三个角度，全方位探讨美国对"普韦布洛"号危机的反应和对策以及此次危机在美国危机管理史上的地位。

一、危机发生前后的研判

1950 年代初以后，随着冷战在全球范围内的渐次铺开，美国越来越重视信号情报[1]的搜集与分析。[2]1965 年，海军部单独发起了一个将轻型货船改造为"辅助总体环境考察船"（Auxiliary General Environmental Research）（AGER）的计划，"旗帜"号（AGER-1）、"普韦布洛"号（AGER-2）和"棕榈滩"号（AGER-3）相继诞生，主要任务是在目标国家的近海收集信号情报和水文资料。国防部之所以批准该计划，根本原因在于相信美苏之间在间谍船问题上存在"对等原则"——只要对方间谍船不侵入己方领海，则听之任之；即便对方间谍船驶入己方领海，也不对之发动攻击，仅要求其重返公海。军方领导人特别是情报部门首脑还认为，其他共产党国家在苏联的"约束"下同样也会遵守这一原则。由于对"对等原则"深信不疑，加之资金紧张，以致船只改造、人员配备和试航过程中出现了一系列问题。[3]

（接上页）Meeting of the International Society of Political Psychology, Portland, Oregon, July 2007; Mitchell Lerner, "Mostly Propaganda in Nature: Kim Il Sung, the Juche Ideology, and the Second Korean War," NKIDP Working Paper3, December 2010;［日］黑川修司：《"普韦布洛"号事件、美国的情报活动与 1968 年危机》，《东京女子大学纪要论集》57（1），第 99—123 页。

1　在美国情报界的用语中，信号情报是通讯情报、电子情报和遥测情报的总称。

2　"Memorandum From Director of Central Intelligence Smith to the Executive Secretary of the National Security Council (Lay)," December 10, 1951, in FRUS, 1950-1955, The Intelligence Community, 1950-1955, Washington: United States Government Printing Office, 2007, p.229; "Editorial Note," Ibid., p.233; "Memorandum From President Truman to Secretary of State Acheson and Secretary of Defense Lovett," October 24, 1952, Ibid., pp.350-355; "Memorandum From the Director of the National Security Agency (Canine) and Representatives of the Military Services and Joint Chiefs of Staff to Secretary of Defense Lovett," November 20, 1952, Ibid., pp.362-366.

3　Mitchell Lerner, The Pueblo Incident: A Spy Ship and the Failure of American Foreign Policy, pp.6-43, 64-65; Edwin B. Hooper, "The Pueblo Incident: The skipper and His Ship," Naval History, Vol.2, Issue 4 (Fall 1988), p.53; Lloyd M. Bucher, "The Pueblo Incident: Commander Bucher Replies," Naval History, Vol.3, Issue1 (Winter 1989), pp.44-50.

不过，对"普韦布洛"号来说，更糟糕的是首次航行任务的提出及其风险评估。

1953 年签订的《朝鲜停战协定》划定了一个横贯朝鲜半岛、向南北方各延伸两公里的非军事区。此后十几年间，非军事区偶尔也会发生交火事件，但并未出现重大危机。[1] 1966 年秋，形势突变，非军事区武装冲突的次数明显增加。[2] 1967 年，局势变得更加紧张。美国 9 月 17 日的一份统计报告表明，当年已发生 300 多起交火事件，美韩军队的伤亡数字上升至近 300 人。与此相比，1966 年反倒是相对平静的一年，仅发生 42 次冲突，伤亡人数尚不到 70 人。[3] 于是，在"联合国军"司令兼驻韩美军司令博恩斯蒂尔第三以及国务院和美国情报委员会等机构的呼吁下，美国情报界明显提高了对朝鲜情报特别是电子情报收集工作的重视程度。[4]

考虑到朝鲜电子情报收集的优先性，美国驻日海军司令建议将朝鲜作为"普韦布洛"号处女航的主要目标，任务为体察朝鲜东海岸电子情报收集环境、分析朝鲜海军活动情况、监视苏联海军在对马海峡的动向、试探苏朝对公开情报收集活动的反应、报告苏朝军队的调动情况并评估自身能力。期间，"普韦布洛"号要在朝鲜海岸进行长达 17 天的作业，有时必须深入到距离朝鲜海岸约 13 海里处，并在"极为危险"的元山港附近收集电子情报。军方对此次行动的危险程度进行了评估，评估工作总体上来说进行得较为仓促，原因是至少有四级共六个国家机构参与其中，而时间却只有短短的 12 个工作日（其间又恰逢圣诞节），且同期还有 808 项敏感的军事情报收集任务接受评估。在考虑是否批准该行动计划时，各级审查机关均将以下假设作为"不容置疑"的评估前提：朝鲜会遵守公海法，允许外国战舰在其宣称的 12 海里领海之外作业。最终，此次行动被认定为仅具有"最低风险"。1968 年

---

1 Nicholas Evan Sarantakes, "The Quiet War: Combat Operations along the Korean Demilitarized Zone, 1966-1969," *The Journal of Military History*, Vol.64, No. 2 (April 2000), p.441.

2 "Intelligence Memorandum," November 8, 1966, in *FRUS*, 1964-1968, Vol.29, Part 1, Korea, pp.209-210.

3 "Memorandum of Conversation," September 15, 1967, *Ibid.*, pp.274-275.

4 "Memorandum From Alfred Jenkins of the National Security Council to the President's Special Assistant (Rostow)," July 26, 1967, in *FRUS*, 1964-1968, Vol.29, Part 1, Korea, pp.261-266; Richard Mobley, *Flash Point North Korea: The Pueblo and EC-121 Crises*, p.27; "Special National Intelligence Estimate 14.2-67," September 21, 1967, in *FRUS*, 1964-1968, Vol.29, Part 1, Korea, p.283; "Explanation of the USS PUEBLO's Reconnaissance Mission off North Korean Waters and a Description of Its Subsequent Capture," Undated, CK3100151052, *DDRS*.

1 月 2 日，参谋长联席会议告知驻太平洋美军司令，"普韦布洛"号行动计划获批。[1]

1 月 11 日，"普韦布洛"号驶离日本佐世保港，开始执行任务。23 日上午，"普韦布洛"号像往常一样来到元山港附近收集情报。午间时分，航信士官发现远方一艘朝鲜 SO-1 型猎潜舰艇正在全速靠近。在距"普韦布洛"号约 500 码处，猎潜舰艇以国际旗语询问"普韦布洛"号的国籍，船长布赫不予理睬。15 分钟后，另有三艘苏制朝鲜 P-4 型鱼雷艇高速靠拢过来。突然，朝鲜猎潜舰艇命令道："停船，否则我就开火。""普韦布洛"号答复说："我船处于国际水域，欲在此停留至明天。"没过多久，朝鲜两架苏制米格战斗机飞至上空，另有一艘猎潜舰艇和一艘鱼雷艇驶出元山港，前往事发地点。朝方很快做好了登船准备，"普韦布洛"号加速逃跑，船员们着手进行紧急破坏。朝方开火，"普韦布洛"号被俘，船员一死四伤。[2]

令人深思的是，危机发生后，美国主要决策者并未因此怀疑"对等原则"的有效性，而是继续沿着类似于"共产主义铁板一块"的思路从各种角度将危机与越战联系起来：约翰逊总统指出，东方的越南、朝鲜和西方的柏林同属一体，此次危机与越战密切相关；[3]在国务卿腊斯克看来，朝鲜这样做可能是为了在越南问题上向美国施压，并开辟第二战场；[4]国防部长麦克纳马拉声称，朝鲜半岛危机的背景是越共加紧攻击美军；[5]总统国家安全事务特别助理罗斯托则认为，朝鲜攻击"普韦布洛"号可能不仅与北越的军事行动有关，而且与共产党在太平洋地区的许多行为相呼应；[6]中央情报局局长赫尔姆斯的结论是朝鲜此举意在阻止韩国继续向越南派

1 Richard Mobley, Flash Point North Korea: The Pueblo and EC-121 Crises, pp.24-25, pp.27-35, p.41.

2 Mitchell Lerner, *The Pueblo Incident: A Spy Ship and the Failure of American Foreign Policy*, pp.43,72-82; "Chronology of Diplomatic Activity in the Pueblo Crisis," October 1, 1968, CK3100150480, *DDRS*; "Intelligence Chronological List of Events Leading up to the North Korean Seizure of the USS PUEBLO and Its Crew," Undated, CK3100467222, *DDRS*; "A Day-by-day Chronological Account of the Seizure of the USS PUEBLO and Its Crew by North Korean Forces in International Waters off North Korea and U.S. Activities in Its Aftermath," December 12, 1968, CK3100548745-CK3100548748, *DDRS*.

3 "Notes of Meeting," January 23, 1968, in *FRUS*, 1964-1968, Vol.29, Part 1, Korea, pp.462-463; "Notes of Meeting," January 25, 1968, *Ibid.*, p.516.

4 "Notes of Meeting," January 24, 1968, *Ibid.*, p. 478.

5 "Notes of Meeting," January 25, 1968, *Ibid.*, p. 516.

6 "Notes of Meeting," January 25, 1968, *Ibid.*, p. 516.

兵，扰乱美国在越南的行动；[1] 与这一主流看法直接相关，另一种获得普遍认同的观点认为朝鲜俘获"普韦布洛"号的行动蓄谋已久，苏联是知情者，甚至还可能是主谋。[2]

然而，理性的逻辑判断表明朝鲜此举并不是为了支援越共。一方面，朝鲜在事后的宣传攻势中一再指责美国的军事调动对亚洲乃至世界和平构成了威胁，但并未将此事直接与越战联系在一起。[3] 如果朝鲜的目的在于帮助越共牵制美国，它应该抓住这次机会大力声援越共，进一步揭露"美帝国主义的侵略本性"；另一方面，"普韦布洛"号危机的爆发与越共的春节攻势仅隔八天，不足以明显地削弱美国在越南的反应能力。[4]

新近解密的苏东国家外交档案表明，朝鲜并没有像美国领导人所认为的那样与苏联合谋或提前通知苏联，否则以下现象将变得难以理解：1 月 24 日，朝鲜副外相召见所有社会主义国家的大使和代理大使，通报抓捕"普韦布洛"号的消息，请求各国全力支持朝鲜的立场和行动，共同谴责美帝国主义；[5] 苏联得知情况后向朝方指出，按照国际惯例，朝鲜的抓捕行为比美国违反国际法的做法更为激进。此举不但没有削弱"南方傀儡政权"，还使得朴正熙政府进一步采取压制手段，并从美国那里获得了更多的军事援助，实际上损害了朝鲜自身的利益；[6] 1 月 31 日，苏方告

1　"Memorandum From Director of Central Intelligence Helms to Secretary Defense McNamara," January 23, 1968, *Ibid.*, pp.464-465; "Summary Minutes of Meeting," January 24, 1968, *Ibid.*, p.469; "Notes of Meeting," January 24, 1968, *Ibid.*, p.480.

2　"Summary Minutes of Meeting," January 24, 1968, *Ibid.*, pp.470-471; "Notes of Meeting," January 24, 1968, *Ibid.*, pp.476-478, p.480; "Notes of Meeting," January 25, 1968, *Ibid.*, p.506; "NSC Meeting Held January 24, 1968, at 1: 00 p.m. in the Cabinet Room," January 24, 1968, in James Person, Mitchell Lerner, etc (eds.), *Crisis and Confrontation on the Korean Peninsula: 1968-1969*, document6.

3　"Paper Examines Possible North Korean and Soviet Propaganda Tactics against the U.S. in Connection with the Seizure of the USS PUEBLO and Its Crew by North Korea," January 31, 1968, CK3100472834, *DDRS*.

4　Mitchell Lerner, "A Failure of Perception: Lyndon Johnson, North Korean Ideology, and the Pueblo Incident," pp.651-652.

5　"Information of the Foreign Ministry of the DPRK on 24 January 1968, 9.00 p.m. to 9.40 p.m., for the Ambassadors and Acting Ambassadors of all Socialists Countries Accredited to the DPRK," in Bernd Schaefer, "North Korean 'Adventurism' and China's Long Shadow, 1966-1972," pp.52-54.

6　"Report, Embassy of Hungary in the Soviet Union to the Hungarian Foreign Ministry," January 30, 1968, in James Person, Mitchell Lerner, etc (eds.), *Crisis and Confrontation on the Korean Peninsula: 1968-1969*, document56; "Report Prepared by the Hungarian Embassy in Moscow, Summarizing the Views of（转下页）

知朝方，在巩固既有成果的同时，朝鲜应通过释放船员表达和平愿望，这样做非但不会被国际社会视为软弱无能，反倒能提高朝鲜的国际地位。[1]

　　美国作出以上误断绝非偶然，约翰逊政府一贯将朝鲜半岛的局势与国际共产主义运动联系在一起。随着 1966 年秋以后朝鲜非军事区武装冲突的加剧，国家安全委员会成员詹金斯分析道：朝鲜加强攻击的目的在于表明对其意识形态伙伴越南的支持，至少让国际社会看到朝鲜在反美方面同中国站在一起。[2] 国务院情报和研究署的看法是，朝鲜加强"渗透"和"颠覆"活动意在实现武力统一，并阻止韩国向越南增兵。[3] 博恩斯蒂尔第三也持类似观点，认为朝鲜在非军事区加紧攻击美韩军队的目的之一是阻止韩国继续向越南派兵、推动朝鲜半岛"共产化"。[4] 在其他地区发生危机时，美国情报和决策部门作出了大致相同的判断。早在 1964 年 1 月 9 日，巴拿马人民因美国中学生污损巴拿马国旗而举行声势浩大的游行示威。中央情报局认为，古巴向巴拿马人提供了武器，支持当地亲卡斯特罗的势力，企图发动政变。约翰逊政府据此得出结论，在这场危机中最可怕的是苏联和古巴的野心，一定不能让巴拿马成为"第二个古巴"。[5] 一年多以后，多米尼加发生全国性政治动乱。约翰逊政府亦宣称：这场危机的根源是外部的"共产主义扩张"，古巴训练的恐怖分子正在推波助澜，意

（接上页）the Soviet Leadership with regard to the Korean Situation," 27 March 1968, in James Person (ed.), *New Evidence on North Korea*, document65; "Political Report No. 21 Re: No. 21 of the Work Plan Prepared by M. Holub," June 4, 1968, *Ibid.*, document66; "On a Conversation with the 1st Secretary of the USSR Embassy to the DPRK, Comrade Zvetkov, and Comrade Jarck on 26 July 1968 between 1430 and 1615 Hours in the USSR Embassy," July 29, 1968, *Ibid.*, document69; "Memorandum on a Conversation between the First Secretary in the USSR Embassy, Comrade Zvetkov and Comrade Jarck on 7 August 1968 between 17:00 and 19:00 hours," August 8, 1968, *Ibid.*, document70.

1　"Revolution from the 58th Meeting of the CPCZ CC Presidium on January 6th, 1968," February 6, 1968, in James Person, Mitchell Lerner, etc (eds.), *Crisis and Confrontation on the Korean Peninsula: 1968-1969*, document88.

2　"Memorandum From Alfred Jenkins of the National Security Council Staff to the President's Special Assistant (Rostow)," July 26, 1967, in *FRUS*, 1964-1968, Vol.29, Part 1, Korea, p.262.

3　"Memorandum of Conversation," September 15, 1967, *Ibid.*, p.275.

4　"Memorandum From the Director of Defense Research and Engineering (Foster) to Secretary of Defense McNamara," December 7, 1967, *Ibid.*, p.299.

5　Michael E. Latham, "Imperial Legacy and Cold War Credibility: Lyndon Johnson and the Panama Crisis," *Peace & Chance*, Vol.27, No.4 (October 2002), pp.508-509.

欲建立共产党独裁统治。因此必须出兵干预，"防止西半球出现另一个古巴"。[1]

这一切表明，虽然约翰逊政府努力缓和同苏联的关系，也真切地看到了中苏分裂的现实，但并不相信苏联真的放弃了"输出革命"的企图，更不相信中苏关系破裂后的"共产主义世界"已彻底分崩离析。[2] 约翰逊及其主要顾问认为，"共产主义世界"在很大程度上仍是一个整体，苏联依旧充当着社会主义阵营首领的角色，其他社会主义国家至少是除中国以外的社会主义国家的对外政策仍然服从于苏联的战略安排和国际共产主义运动"对外扩张"的总目标。正因为如此，美国决策者才经常习惯性地把世界各地发生的动荡不安和反政府行为视为社会主义与资本主义全球斗争的一部分，把各社会主义国家的外交行为看成是受苏联指使、以削弱美国为最终目的的国际阴谋。[3]

二、外交施压辅以武力威胁

危机的消息传开后，美国舆论大哗，惊呼"这是一百年来美国船只首次在公海被俘"。主流新闻媒体认为，朝鲜的行动是共产主义世界整体战略的一部分，意在趁美国深陷越南之机挑起事端，抑或为北越可能发起的进攻作掩护。[4] 在这种看法的影响下，国会议员和公众纷纷请求政府立即采取行动索要或营救"普韦布洛"号及其船员，建议采取的手段五花八门，包括经济制裁、抓捕朝鲜船只、攻击平壤和

1　"Telegram From the Embassy in the Dominican Republic to the Director of the National Security Agency (Carter)," April 28, 1965, in *FRUS*, 1964-1968, Vol.32, Dominican Republic; Cuba; Haiti; Guyana, Washington: United States Government Printing Office, 2005, p.85; "Telephone Conversation Between Director of Central Intelligence Raborn and President Johnson," April 29, 1965, *Ibid.*, pp.89-90; "Editorial Note," *Ibid.*, p.102; "Draft Memorandum of Meeting," May 15, 1965, *Ibid.*, p. 176; Public Papers of the Presidents of the United States: Lyndon B. Johnson, Book Ⅰ, 1965, pp.469-474.

2　John Dumbrell, *President Lyndon Johnson and Soviet Communism*, New York: Manchester University Press, 2004, p.134; "January 31, 1968 Meeting of Johnson and Congressional Leaders to Discuss Pueblo Incident," January 31, 1968, CK3100196847, *DDRS*; "The Sino-Soviet Struggle in the World Communist Movement since Khrushchev's Fall, Part 1," September 1967. available at: http://www.foia.cia.gov/cpe.asp.

3　Mitchell Lerner, The Pueblo Incident: A Spy Ship and the Failure of American Foreign Policy, p.232.

4　Chester J. Pach, Jr., "TV's 1968: War, Politics, and Violence on the Network Evening News," *South Central Review*, Vol.16, No.4, Rethinking 1968: The United States & Western Europe (Winter 1999-Spring 2000), pp.29-30.

使用原子弹。[1] 韩国多数新闻媒体、国会以及国防部的反应亦十分激烈，或要求惩罚朝鲜，或发出战争威胁。[2]

正是在这样一种氛围中，美国政府决策层开始紧锣密鼓地讨论对策。最初，约翰逊和军方的态度均非常强硬。约翰逊提出的三种政策选择都明显带有攻击性：出动美军进攻朝鲜；要求朝鲜解释清楚；抓捕朝鲜船只。麦克纳马拉也认为必须立即考虑实施轰炸或进行海上封锁，俘获朝鲜部分海军舰只或陆军小分队，向朝鲜半岛增派海空军，征召预备役，延长军人服役期。参谋长联席会议主席惠勒支持国防部的看法，主张征召军队或向事发地大量增兵。相对来说，国务院则较为谨慎。腊斯克的观点是：征召军队确实可以使外交举措更有说服力，使用武力亦会令美国感觉更好一些，但无助于索要船员和船只。实际上，动武之前比动武之后更有可能要回船员和船只，且一定要尽量避免在朝鲜半岛开辟第二战场。副国务卿卡岑巴赫则担心美国在军事集结之后可能面临骑虎难下的困境。[3]

不过，情绪慢慢平复下来的约翰逊总统很快放弃了强硬的政策主张。在 25 日的早餐会上，他对以武力威胁为主甚至动武的建议提出了质疑，认为应考虑朝鲜、苏联和中国对美国示武将会作何反应，示武究竟是提高还是降低了要回船员和船只的概率，继而明确主张将外交施压作为主要手段。罗斯托反驳说，依照国际法，美国有权为本国船只在公海被俘采取相应的报复措施。麦克纳马拉也声称，韩国在空军力量方面与朝鲜相比明显处于劣势，需要加强美国在朝鲜半岛的军事实力。约翰逊立即反问道：如果我们出动大批飞机，苏联和中国会不会说他们必须做好保护小兄弟的准备？这样做会不会加剧紧张局势？大批飞机到达半岛后下一步怎么办？哪里才是我们的政策落脚点？但麦克纳马拉以及转变立场的腊斯克坚持认为，应征召

1　"Summary Minutes of Meeting," January 24, 1968, in *FRUS*, 1964–1968, Vol.29, Part 1, Korea, p.471; Mitchell Lerner, *The Pueblo Incident: A Spy Ship and the Failure of American Foreign Policy*, p.147.

2　"Telegram From AMEMBASSY SEOUL to SECSTATE, 1020Z," January 25, 1968, in James Person, Mitchell Lerner, etc (eds.), *Crisis and Confrontation on the Korean Peninsula: 1968–1969*, document20; "Report by the Historical Studies Division of the Dept. of State Entitled 'Chronology of Diplomatic Activity in the Pueblo Crisis'," October 1, 1968, CK3100150487, *DDRS*.

3　"Notes of Meeting," January 23, 1968, in *FRUS*, 1964–1968, Vol.29, Part 1, Korea, pp.460–461; "Summary Minutes of Meeting," January 24, 1968, *Ibid.*, pp.468–475; "Minutes of Meeting," January 24, 1968, *Ibid.*, pp.483–491.

预备役并派出重兵，以防止朝鲜进攻韩国、为美国的外交政策提供坚强的后盾，甚至建议轰炸朝鲜港口或抓捕朝鲜船只。[1]

面对一片反对声，约翰逊继续组织召开午餐会议，明确指出华盛顿的首要目标是索要船员和船只。麦克纳马拉和腊斯克的态度有所软化：前者建议延长军人服役期、征召预备役、增加对韩援助；后者主张以军队集结支持外交行动，表明事态的严重性，造成一种紧迫感。最终，约翰逊同意增派轰炸机，但明确表示不会对朝鲜发动空袭。[2]在晚间会议上，麦克纳马拉再次阐述不能让朝鲜、北越和苏联小视美国的看法，认为如果在苏联和北越眼中美国的反应软弱无力，越战的结束将变得遥遥无期。已被委任为国防部长但尚未上任的克利福德反对这一观点，认为美国的目的就是要回船员和船只。倘若能在不采取重大军事行动的情况下做到这一点，总统将会因为保持克制而受到赞扬。罗斯托警告说，不能让朝鲜人觉得美国深陷越南无法抽身，应向韩国增派空军，迫使朝鲜归还船只。约翰逊总统斥责罗斯托只知道派出更多的飞机，从不想如何才能使朝鲜归还船只，也不考虑美国驻苏大使汤普森发出的这样做只会让朝鲜更加顽固的警告。赫尔姆斯对为什么不能向朝鲜发出最后通牒表示不解。约翰逊回答说，答案很简单，美国并不想同中苏开战。克利福德对此表示赞同，认为不值得因为一艘间谍船的被俘而发动战争，适当的做法是在采取外交行动的同时暗中进行军事集结。[3]至此，华盛顿最终确定外交施压辅以武力威胁的对策。

26 日，约翰逊就朝鲜问题向全国发表演说，告知公众美国对"普韦布洛"号危机的反应是：一方面，将此事提交联合国安理会讨论，继续利用一切可行的手段寻求立即和平地解决这一问题；另一方面，采取预防性措施，确保美军能够应付朝鲜地区可能出现的意外情况，但并未因此削减在越南的军事力量。[4]具体地说，美国的应对措施如下：反驳朝鲜的说法，指出"普韦布洛"号是在公海被俘的，朝鲜的行为违反了国际法，应立即还船放人并致歉，美国有权索赔；要求苏联和日本向

1　"Notes of Meeting," January 25, 1968, *Ibid.*, pp.497-504.

2　"Notes of Meeting," January 25, 1968, *Ibid.*, pp.505-513.

3　"Notes of Meeting," January 25, 1968, *Ibid.*, pp.514-519.

4　Public Papers of the Presidents of the United States: Lyndon B. Johnson, Book I, 1968-1969, p.77.

朝鲜施压，帮助解决危机；指示所有驻外官员争取所在国家的支持；通过军事停战委员会与朝鲜直接对话；提请联合国安理会讨论此事；请求朝鲜中立国监察委员会和国际红十字会介入；向西太平洋派出 361 架飞机，对元山进行空中侦察，征召预备役，延长军人服役期。[1]

那么，约翰逊等人缘何如此坚决地抵制对朝鲜实施军事报复的建议呢？根本原因在于美国的政策选择受到多种因素制约，回旋余地很小。

首先，深陷越南战场，兵力拮据，无力再同朝鲜打一场局部战争，更谈不上与中苏进行全面战争。危机爆发之初，面对美国的武力威胁，朝鲜做好了"以牙还牙"的准备。只要美国对朝鲜采取行动，战争将在所难免。此外，约翰逊深信苏联是知情者甚至是主谋，认为中苏很可能会参战，随之而来的必然是一场全面战争。而这一切对在越南越陷越深、兵力明显不足的美国而言简直难以想象。[2]用约翰逊的话说："我们并不想扩大战争。我们已经意识到北朝鲜同中国和苏联之间签订了共同安全条约。我们知道参与一场战争比摆脱一场战争要容易得多。"[3]

其次，动武不利于索要船员和船只。在 1 月 25 日的讨论中，约翰逊明确表示最关心的是要回船员和船只，将是否对此有利作为衡量各种政策选择可行性的主要标准，几次询问或反问与会者如何才能做到这一点。以麦克纳马拉为代表的强硬派

1　"Telegram From the Department of State to the Embassy in the Soviet Union," January 23, 1968, in *FRUS*, 1964–1968, Vol.29, Part 1, Korea, pp.459–460; "Telegram From the Department of State to the Embassy in Korea," January 23, 1968, *Ibid.*, pp.466–467; "Telegram From the Department of State to the Embassy in Japan," January 25, 1968, *Ibid.*, pp.495–496; "Notes of Meeting," January 29, 1968, *Ibid.*, p.563; "Notes of Meeting," January 25, 1968, *Ibid.*, pp.498, 500; "Research Project No. 939–C Regarding the Seizure of the USS PUEBLO by North Korea," October 1, 1968, CK3100150447–CK3100150471, *DDRS*; "A Day-by-day Chronological Account of the Seizure of the USS PUEBLO and Its Crew by North Korean Forces in International Waters off North Korea and U.S. Activities in Its Aftermath," December 12, 1968, CK3100548752–CK3100548753, *DDRS*; Richard Mobley, "Pueblo," pp.98–107; Hanson W. Baldwin, "Call-Up: A First Step," *New York Times*, January 26, 1968, p.6.

2　Geoffrey Warner, "Lyndon Johnson's War? Part 2: From Escalation to Negotiation," *International Affairs*, Vol.81, No.1 (2005), pp.211–215; Melvin Small, "The Impact of the Antiwar Movement on Lyndon Johnson, 1965–1968: A Preliminary Report," *Peace & Change*, Vol.10, Issue1 (Spring 1984), pp.15–16;［美］孔华润主编：《剑桥美国对外关系史》（下）（第四卷）：《苏联强权时期的美国（1945—1991）》，王琛译，北京：新华出版社，2004 年，第 393 页。

3　"January 31, 1968 Meeting of Johnson and Congressional Leaders to Discuss Pueblo Incident," January 31, 1968, CK3100196819, *DDRS*.

无法将他们的强硬主张与索要船员和船只的目标统一起来，只得接受外交施压辅以武力威胁的决定。[1] 1月底，总统与"普韦布洛"号危机顾问组、参谋长联席会议、高级顾问团进一步详细讨论了各种军事行动建议，结论是"凭借军事力量要不回船员"，再次肯定了以外交手段为主的政策方针。[2]

再次，美国公众要求对朝鲜进行武力报复的呼声很快过去，代之而起的是对美国政策和立场的质疑和指责。1968年春天以后，"普韦布洛"号危机很快不再是各大媒体关注的焦点：自3月起，《纽约时报》只是偶尔提起这件事；《新共和报》仅在2月进行了三次相关报道，以后再未论及；《新闻周刊》2月先后十次报道此次危机，5月到10月间只有四次谈论到该问题。之所以出现以上状况，根本原因在于1960年U-2飞机事件以后美国公众开始怀疑政府外交政策的明智性、道德意识和诚信标准。毫无疑问，约翰逊迅速结束越战的信誓旦旦的承诺与美国深陷越南难以自拔的现实之间的反差成为这一情绪进一步上升的催化剂。正因为如此，1968年1月底2月初公众呼吁惩罚朝鲜的激愤情绪渐趋平静。2月4日，麦克纳马拉和腊斯克在电视上承认由于"普韦布洛"号一直保持无线电静默，不敢说其一定没有驶入朝鲜海域。得知这一消息，有人想起了东京湾事件，因此警告约翰逊"不得将'普韦布洛'号事件作为扩大对北朝鲜战争的借口"。甚至还有人指责约翰逊有意制造这起事件以转移民众对越战的关注，达到再次当选的目的。[3] 可以想见，倘若美国政府此时对朝鲜采取军事行动，结果只会是进一步证实人们的猜测，招来更大的反对声。

最后，从法理上讲，不宜或没有充足的理由动武。是否符合国际法是美国决定对朝鲜采取军事行动之前必须研究的一个问题。国务院法律顾问米克在1月24日致腊斯克的备忘录中指出：根据传统的国际法，美国可以以"报复"为由使用武

1　"Notes of Meeting," January 25, 1968, in *FRUS*, 1964-1968, Vol.29, Part 1, Korea, pp.514-519.

2　"Report on Meeting of the Advisory Group," January 29, 1968, in *FRUS*, 1964-1968, Vol.29, Part 1, Korea, p.559; "Notes of Meeting," January 29, 1968, *Ibid.*, pp.560-562; "Notes of Meeting," January 29, 1968, *Ibid.*, pp.562-568; "Notes of Meeting," January 30, 1968, *Ibid.*, p.572.

3　Mitchell Lerner, *The Pueblo Incident: A Spy Ship and the Failure of American Foreign Policy*, pp.149-158; "January 31, 1968 Meeting of Johnson and Congressional Leaders to Discuss Pueblo Incident," January 31, 1968, CK3100196868-CK3100196869, *DDRS*.

力。但《联合国宪章》规定，当联合国成员遭到非法攻击时，应首先谋求通过和平手段解决问题，必要时请求联合国介入。只有当这些努力均未奏效时，被攻击国家才有权实施报复。从这个意义上讲，美国目前还不宜动武；也可以指责朝鲜的行为违反《朝鲜停战协定》，宣称美国因此摆脱了该协定相关条款的束缚，为进攻朝鲜提供法律依据。但这样做势必使停战体制渐渐失效，这与美国当前的政策背道而驰；《联合国宪章》规定，面对他国攻击时，一国有权进行自卫。然而，此时船只和船员已被朝鲜挟持至本土，美国失去了以"自卫"为名采取军事行动的最佳时机。因此，动武暂时不在美国的政策考虑范围内。[1]

事后观察，约翰逊在危机中坚持不扩大事态的主张是明智的。相反，一旦他决定进攻朝鲜，朝鲜半岛确有可能爆发第二次战争：危机发生后，韩国军方指出，仅采取防御行动定会纵容朝鲜进一步发动"侵略"，只有通过军事进攻"教训一下金日成"，才能一劳永逸地解决安全问题。为此，他们制订出详细的军事计划；[2] 朝鲜做好了应付战争的必要准备，包括在海港地区集中军事力量、时常组织民兵进行演习、全民总动员、请求社会主义国家提供支持等；[3] 虽然中苏两国未必直接参战，但在政治上一定会站在朝鲜一边，或许还会向其提供军事援助。[4] 倘若真的发生战争，

1　"Information Memorandum for Secretary of State Dean Rusk from Leonard C. Meeker Regarding North Korean Seizure of the USS Pueblo," January 24, 1968, CK3100121272-CK3100121281, *DDRS*.

2　"Telegram From the Commander in chief of the United Nations Command and of United States Forces, Korea (Bonesteel) to the Chairman of the Joint Chiefs of Staff (Wheeler)," January 27, 1968, in *FRUS*, 1964-1968, Vol.29, Part 1, Korea, p.317; "Telegram From the Embassy in Korea to the Department of State," February 3, 1968, *Ibid.*, p.321.

3　"Notes of Meeting," January 25, 1968, *Ibid.*, p.510; "Memorandum on an Information of 1 February 1968 from Embassy of the GDR in the DPRK, Pyongyang," February 2, 1968, in James Person, Mitchell Lerner, etc (eds.), *Crisis and Confrontation on the Korean Peninsula: 1968-1969*, document75; Sergey S. Radchenko, "The Soviet Union and the North Korean Seizure of the USS Pueblo: Evidence from Russian Archives," p.14; "Information of the Foreign Ministry of the DPRK on 24 January 1968, 9.00 p.m. to 9.40 p.m., for the Ambassadors and Acting Ambassadors of all Socialists Countries accredited to the DPRK," in Bernd Schaefer, "North Korean 'Adventurism' and China's Long Shadow, 1966-1972," pp.52-54; Jeongwon Kim, "U.S. Policy on Pueblo Crisis in 1968: Focusing on Policy-making Process," p.38.

4　苏联在私下努力劝说朝鲜尽快还船放人的同时，郑重警告约翰逊政府不要轻举妄动。一旦美国动武，苏联必须作出反应。而且，苏联还向日本海增派了舰只；中国在1月28日的政府声明中严厉指责美国的战争政策，对朝鲜人民的反美斗争表示支持。参见 "Report, Embassy of Hungary in the Soviet Union to the Hungarian Foreign Ministry," January 30, 1968, in James Person, Mitchell Lerner, etc (eds.), *Crisis and Confrontation on the Korean Peninsula: 1968-1969*, document56; "Telegram From the Embassy（转下页）

美国必定付出巨大代价。一方面，应付越南的空战和向日本海的紧急军事调动已使美国的军事资源捉襟见肘，发动另一场局部战争对美国来说力所不及。另一方面，位于韩国的六个尚未加固的机场以及地对空导弹和核武器发射基地极易受到攻击，且驻韩美军的装备和燃料均严重不足，无力发起大规模进攻。[1] 从这个意义上讲，约翰逊总统"不仅挽救了 82 个人质的生命，或许还使有可能在另一场朝鲜战争中丧生的成千上万的美国人幸免于难"。[2]

论说至此，另外一个相关的问题便凸显出来，那就是究竟应如何认识约翰逊总统个人在危机初期的判断与决策。是有理有据还是主观臆断？是僵化盲动还是灵活沉稳？事实上，答案或许并不是非此即彼，因为呈现在我们面前的是一幅复杂的图景：约翰逊依据过去的惯性认知路线对朝鲜的行为动机作出了错误的判断，随后一度主张对朝鲜予以强有力的还击，最终又决定从外交领域入手争取和平解决危机。不过，约翰逊的各种反应之间绝非杂乱无章。抑或说，在很大程度上恰恰是由于约翰逊认定朝鲜的行为是"共产主义世界"整体对外政策的一部分，进攻朝鲜很可能导致美国与中苏两国间的一场大战，在历经了最初的冲动之后他才坚决反对动武。以此为出发点，可以将约翰逊在危机初期的外交概括为"基于僵化的思想作出的理性决策"。

三、从"先放人、后调查"到新的"有条件致歉"

1 月 27 日，事态突然发生了变化，朝鲜军事停战委员会朝方代表朴正国通过中立国监察委员会捷克斯洛伐克和波兰代表团代理团长将下列信息传递给瑞士代表团团长：如果美国承认"普韦布洛"号船员是战犯并正式同朝鲜协商或讨论此事，

（接上页）in the Soviet Union to the Department of State," January 26, 1968, in *FRUS*, 1964–1968, Vol.29, Part 1, Korea, pp.520–521; "Telegram From the Embassy in the Soviet Union to the Department of State," February 3, 1968, *Ibid.*, pp.591–592; "Paper Examines Possible North Korean and Soviet Propaganda Tactics Against the U.S. in Connection with the Seizure of the USS PUEBLO and Its Crew by North Korea," January 31, 1968, CK3100472838, *DDRS*; Bernd Schaefer, "North Korean 'Adventurism' and China's Long Shadow, 1966–1972," p.13;《人民日报》, 1968 年 1 月 31 日第 5 版。

1   Richard Mobley, Flash Point North Korea: The Pueblo and EC–121 Crises, p.6.

2   Mitchell Lerner, The Pueblo Incident: A Spy Ship and the Failure of American Foreign Policy, p.129.

问题还是非常有可能获得解决的。瑞士代表团团长很快将这一消息转告军事停战委员会美方代表史密斯。[1] 美方很快作出回应表示，希望举行秘密谈判。朝鲜接受了该建议。月底，美朝正式决定命令军事停战委员会中的双方代表在板门店共同安全区举行秘密会谈。[2]

秘密谈判途径的出现使忧心忡忡的美国人看到了希望，并为此作了精心的准备。28 日，国务院在致驻韩使馆的电报中详细规定了谈判的原则：坚持"普韦布洛"号并未侵入朝鲜领海，船员理应受到《1958 年日内瓦公海公约》的保护；在船只和船员间，优先索要船员；为了迅速解决危机，避免使问题复杂化，在谈判中不要提及"青瓦台事件"[3] 或非军事区冲突。[4] 对于谈判的进程和结果，国务院的估计相当乐观，认为也许朝鲜在第一轮会谈中就会放人。[5] 可是，情况绝非国务院预料的那样简单！

板门店秘密会议共举行了 28 次，历时十个多月，堪称一波三折。根据美方谈判策略的变化，可以分为五个阶段。[6]

第一阶段：预备性会谈。2 月 2—7 日，共召开了四次会议，美朝各自阐明了对事件本身的认识。美方代表史密斯指出，"普韦布洛"号在被俘前并未进入朝鲜领海，更没有进行任何犯罪活动。即使"普韦布洛"号真的驶入了朝鲜海域，朝鲜

1　"Memorandum of a Conversation with the Ambassadors of the CSSR (Czechoslovak Socialist Republic) Comrade Holub, and of the People's Republic of Poland, Comrade Naperei, on 29 January 1968, from 2.30 p.m. to 4.00 p.m.," January 29, 1968, in James Person, Mitchell Lerner, etc (eds.), *Crisis and Confrontation on the Korean Peninsula: 1968–1969*, document49; "Telegram From the Embassy in Korea to the Department of State," January 27, 1968, in *FRUS*, 1964–1968, Vol.29, Part 1, Korea, pp.536–537.

2　"Telegram From the Department of State to the Embassy in Korea," January 28, 1968, *Ibid.*, pp.537–538; "Editorial Note," *Ibid.*, pp.570–571; "Chronological Events Regarding North Korean Seizure of the USS Pueblo," Undated, CK3100121309–CK3100121312, *DDRS*.

3　参见 "Editorial Note," in *FRUS*, 1964–1968, Vol.29, Part 1, Korea, pp.309–310；朝鲜方面指出此举为南方武装游击队所为，参见 Bernd Schaefer, "North Korean 'Adventurism' and China's Long Shadow, 1966–1972," p.21.

4　"Telegram From the Department of State to the Embassy in Korea," January 28, 1968, in *FRUS*, 1964–1968, Vol.29, Part 1, Korea, pp.538–540; "Telegram From the Department of State to the Embassy in Korea," January 28, 1968, *Ibid.*, pp.547–549.

5　"Telegram From the Department of State to the Embassy in Korea," January 28, 1968, *Ibid.*, p.547.

6　关于板门店秘密会议的基本进程可参见拙文：《"普韦布洛危机"始末初探》，第 176—187 页。此处仅进行必要的概述。

也无权将其俘获，正确的做法是护送它重返公海。朝鲜应立即释放船员，尽快归还船只，且美国拥有要求赔偿的权利。朝方代表朴正国坚持认为"普韦布洛"号曾侵入朝鲜领海进行犯罪活动。[1]

　　第二阶段："先放人、后调查"方案的提出。2 月 10 日到 3 月 9 日，美朝进行了第五次至第十一次会谈，各自提出了解决方案，会谈进入实质性阶段。在第五次会议上，史密斯提出了"先放人、后调查"建议：朝鲜先释放船员，然后由一个国际组织进行调查。如果证明"普韦布洛"号确曾驶入朝鲜领海，美国将表示遗憾，并保证类似事件不再发生；如果证明"普韦布洛"号是在公海被俘的，朝鲜将表示遗憾，且予以适当赔偿。[2] 朝方的反应是以船员"承认声明"副本以及一系列有关"普韦布洛"号航行情况的文件和地图的照片为证说明"普韦布洛"号侵入朝鲜领海，美国应致歉并保证永不再犯。无奈，美方决定作出让步，同意将获释船员先交由中立国监护。[3] 然而，在第十次和第十一次会议上，朴正国拒绝接受修正后的"先放人、后调查"建议，认为这表明美方根本不关心船员的命运，也不想承担保护他们的责任，因此朝鲜准备审判和惩罚船员。[4] 会谈陷入僵局。

　　第三阶段："有条件致歉"的尝试。3 月 21 日到 7 月 10 日，美朝进行了第十二次至第十九次会谈，美国提出了"有条件致歉"方案，朝鲜坚决要求无条件致歉，双方各执一端。第十一次会议后，美国面临两难境地——既不愿无条件致

1　"Telegram From the Embassy in Korea to the Department of State," February 2, 1968, in *FRUS*, 1964–1968, Vol.29, Part 1, Korea, pp.580–582; "Telegram From the Department of State to the Embassy in Korea," February 3, 1968, *Ibid.*, 594–597; "Telegram From the Embassy in Korea to the Department of State," February 4, 1968, *Ibid.*, pp.597–599; "Memorandum From the Director of the Korean Task Force (Berger) to the Secretary of State Rusk," February 4, 1968, *Ibid.*, p.602; "Telegram From the Department of State to the Embassy in Korea," February 4, 1968, *Ibid.*, p.605; "Telegram From the Embassy in Korea to the Department of State," February 5, 1968, *Ibid.*, pp.607–608; "Telegram From the Department of State to the Embassy in Korea," February 6, 1968, *Ibid.*, p.610.

2　"Telegram From the Embassy in Korea to the Department of State," February 10, 1968, *Ibid.*, pp.620–621.

3　"Action Memorandum From the Director of the Korean Task Force (Berger) to Secretary of State Rusk," February 15, 1968, *Ibid.*, pp.624–625; "Telegram From the Embassy in Korea to the Department of State," February 16, 1968, *Ibid.*, pp.626–627.

4　"Telegram From the Embassy in Korea to the Department of State," March 4, 1968, *Ibid.*, pp.647–649; "Telegram From the Embassy in Korea to the Department of State," March 9, 1968, *Ibid.*, pp.656–657; "Memorandum From Secretary of State Rusk to President Johnson," March 14, 1968, *Ibid.*, p.665.

歉，又不能因为拒绝致歉而使朝鲜审判和惩罚船员。3月14日，腊斯克指出，目前最佳政策选择就是把谈判难以取得进展的责任推卸给朝鲜。为此，应通知史密斯提出如下建议：只要朝鲜释放船员，美国将承认"普韦布洛"号执行的是收集情报的任务，保证继续命令本国舰只在距朝鲜海岸12海里以外的海域航行，为"普韦布洛"号可能违反命令进入距朝鲜海岸12海里范围内表示遗憾。[1]在第十二次会议上，史密斯提出了这一建议。[2]仔细研究后，朴正国声称"有条件致歉"方案言辞含糊，并未真正承认"普韦布洛"号从事间谍活动且被俘于朝鲜领海，朝鲜无法接受该方案，美国必须"正式致歉"。[3]接着，朴正国在第十六次会议上向美方新代表伍德沃德提交了"无条件致歉"草案，即著名的"5月8日文件"。主要内容为：美国对"普韦布洛"号在朝鲜民主主义人民共和国领海进行的间谍活动负全部责任并郑重致歉；保证美国船只不再侵入朝鲜民主主义人民共和国领海；请求朝鲜民主主义人民共和国对船员宽大处理。[4]伍德沃德断然否定了朝鲜提出的致歉草案，要求进行必要的修改。朝鲜拒绝修改，表示要惩罚船员。[5]会谈又一次走进了死胡同。

第四阶段："另签"策略[6]的实施。8月29日到10月31日，美朝进行了第二十次至第二十五次会谈，美国试图以"另签"策略诱使朝鲜放人，最终仍宣告失败。"5月8日文件"出现后，美国决定采取"另签"策略。具体做法是：在"5月8日文件"上附上一个内容为美方已接到82位船员及第83位船员尸体的手写声明，然后在这个声明上签字。朝鲜如果接受了这一做法，必然宣布美国签署了"5月8日文件"，美方则声称伍德沃德签署的只是他的手写声明。随后，美国将公布危机的

---

1 "Memorandum From Secretary of State Rusk to President Johnson," March 14, 1968, *Ibid.*, pp.665-668.

2 "Telegram From the Embassy in Korea to the Department of State," March 21, 1968, *Ibid.*, pp.670-671.

3 "Telegram From the Embassy in Korea to the Department of State," March 28, 1968, *Ibid.*, pp.675-677.

4 "Telegram From the Embassy in Korea to the Department of State," April 11, 1968, *Ibid.*, pp.678-679.

5 "Telegram From the Embassy in Korea to the Department of State," May 28, 1968, *Ibid.*, pp.690-691; "Telegram From the Embassy in Korea to the Department of State," June 27, 1968, *Ibid.*, pp.691-693.

6 "另签"的英文为"overwrite"，原意是"把……写在其他文章上面"，此处指"将文件A附于文件B上，然后在文件A上签字，表面上给人的感觉是签署文件B，实际上意在签署文件A"，意译为"另签"。

全过程，以全力支持拒绝签署朝鲜文件的立场。[1]几经交锋，伍德沃德并没有成功地让朴正国相信美国确实要签署朝鲜文件。[2]在第二十二次会议上，朴正国提交给美方一份在"5月8日文件"基础上起草的需要美方签署的英文文件草案。值得注意的是，文件结尾处新增加了一段内容："在签署文件的同时，签署人承认接收了82位前'普韦布洛'号船员和一具船员尸体。"显见，此举旨在防止美国利用"另签"策略欺骗朝鲜。[3]鉴于此，约翰逊政府决定重新审视该策略。

卡岑巴赫提出了四种解决方案：方案 A 是努力就一份满意的接单[4]达成一致；方案 B 是签署文件，但此前要发表解释性声明（即文件中包含许多美国认为错误的内容，美方签署文件主要是出于人道主义考虑，目的在于要回船员）；方案 C 是"另签"策略；方案 D 是事先向朝鲜阐明"另签"策略。在他看来，方案 D 虽有可能导致朝鲜拒绝"另签"方案，但并不影响方案 B 的实施。一旦朝鲜接受了"另签"方案，美国就实现了"一石两鸟"的目标，既能解决危机又不会被指责为"为达目的，不择手段"。权衡利弊，卡岑巴赫主张选择方案 D。10 月 7 日，罗斯托通知卡岑巴赫，约翰逊总统批准了他的建议。[5]

第二十三次会议期间，伍德沃德向朴正国详细阐述了"另签"方案。朴正国指责美国不愿早日解决危机，宣布除非美国致歉并保证永不再犯，否则朝鲜不会释放船员。[6]在第二十四次和第二十五次会议上，朴正国拒绝了"另签"方案，斥责美国背信弃义。[7]10 月 31 日第二十五次会议后的一个半月里，美朝没有举行会议，会谈再次陷入困境。

---

1 "Action Memorandum From the President's Special Assistant (Rostow) to President Johnson," May 19, 1968, *Ibid.*, pp.688-689.

2 "Memorandum From Alfred Jenkins of the National Security Council Staff to the President's Special Assistant (Rostow)," September 4, 1968, *Ibid.*, p.698; "Telegram From the Embassy in Korea to the Department of State," September 17, 1968, *Ibid.*, pp.700-701.

3 "Telegram From the Embassy in Korea to the Department of State," September 30, 1968, *Ibid.*, pp.707-709.

4 英文是"receipt"，原意为"收据"，此处指接收船员的单据，简称"接单"。

5 "Action Memorandum From Acting Secretary of State Katzenbach to President Johnson," Undated, *Ibid.*, pp.709-713.

6 "Telegram From the Embassy in Korea to the Department of State," October 10, 1968, *Ibid.*, pp.717-718.

7 "Telegram From the Embassy in Korea to the Department of State," October 23, 1968, *Ibid.*, pp.722-723; "Telegram From the Embassy in Korea to the Department of State," October 31, 1968, *Ibid.*, pp.725-726.

第五阶段：发出最后通牒。12月17—22日，美朝进行了第二十六次至第二十八次会谈，美国发出最后通牒，朝鲜接受，危机得以解决。第二十五次会议后，本应由朝鲜呼吁召开下一次会议，但直到12月初，朝方仍按兵不动。任期即将结束的约翰逊政府按捺不住了，决心最后一搏。12月3日，卡岑巴赫在致约翰逊的备忘录中建议向朝鲜发出最后通牒：同时提出"另签"和新的"有条件致歉"方案（伍德沃德在朝鲜文件上签字的条件是事先发表正式声明，澄清美国的立场——美国政府不认为"普韦布洛"号从事过非法活动，而朝鲜一方也没有拿出令人信服的证据。除非朝鲜证明"普韦布洛"号确曾进入其领海从事非法活动，否则美国政府不能为此致歉。美国政府指示伍德沃德签字完全是出于人道主义考虑，目的是使船员获释），告知朝鲜必须在圣诞节前选择其一。如果朝鲜予以拒绝，圣诞节后美国将撤回这两个方案，届时朝鲜就只能等待与新一届美国政府进行交涉了。10日，在总统星期二午餐会上，卡岑巴赫的建议获准。[1]

12月17日，第二十六次会议召开，伍德沃德发出最后通牒，朝鲜接受了新的"有条件致歉"方案。[2]随后，双方又举行了两次会议，解决了一些次要的程序性问题。[3]23日上午9时，伍德沃德按计划发表了声明并签署了文件，朴正国表示接受美方签署的文件。11时30分，朝鲜释放了82位船员并归还了第83位船员的尸体。布赫在随后召开的记者招待会上宣称"普韦布洛"号从未驶入朝鲜领海，离朝鲜海岸最近处为13海里，船员们之所以发表承认声明是因为受到朝鲜的胁迫。美国因此否认了朝鲜的指责，表示从未向朝鲜致歉，朝鲜却宣布美国已经为"普韦布洛"号侵入朝鲜领海进行间谍活动致歉。[4]这种异乎寻常的结局完全是新的"有条

1　"Action Memorandum From the Under Secretary of State (Katzenbach) to President Johnson," December 3, 1968, *Ibid.*, pp.726-731.

2　"Telegram From the Embassy in Korea to the Department of State," December 17, 1968, *Ibid.*, pp.734-735.

3　"Telegram From the Embassy in Korea to the Department of State," December 19, 1968, *Ibid.*, pp.738-739; "Telegram From the Embassy in Korea to the Department of State," December 12, 1968, *Ibid.*, pp.739-740.

4　"Editorial Note," *Ibid.*, pp.740-744; "Release of USS Pueblo Crew Members Discussed," December 23, 1968, CK3100019982-CK3100019989, *DDRS*; "Release at Panmunjom of Crew of U.S.S. Pueblo: Statement by the Department of State Spokesman, December 22," *The American Journal of International Law*, Vol.63, No.3 (July 1969), pp.682-683; Nancy B. Tucker, "Threats, Opportunities, and Frustrations in East Asia," Warren I. Cohen & Nancy B. Tucker, eds., *Lyndon Johnson Confronts the World: American Foreign Policy, 1963-1968*, New York: Cambridge University Press, 1994, p.133.

件致歉"协议的产物。

专门研究"普韦布洛"号危机的美国学者勒纳曾经以赞扬的口吻指出，28 次艰苦的会谈表明约翰逊政府决心化解危机，越战并没有妨碍美国提出一些富有想象力的解决方案，比如说"另签"建议。[1] 那么，美国的谈判策略真的像勒纳所认为的那样值得称道吗？

美朝秘密谈判开始后，美国国防部不再参与外交活动的协调工作，但依旧密切关注会谈进展情况。在谈判明显陷入僵局之时，3 月 11 日负责国际安全事务的助理国防部长沃恩克详细分析了当前的谈判策略并提出了新的政策建议：美国在对外关系中始终坚持三海里领海的立场，"先放人、后调查"方案却强调只要证明"普韦布洛"号驶入朝鲜 12 海里范围，美国就将表示遗憾，此举无异于承认了朝鲜 12海里领海的主张。既然已在重要法律问题上作出明显让步，不如暂时完全放下面子，以朝鲜提供的船员致约翰逊总统的承认违反命令驶入朝鲜 12 海里范围内的信函为基础致歉，并保证继续命令本国舰只在朝鲜 12 海里以外航行，以换取船员获释。待船员归国后，美国再宣布船员的承认声明是朝鲜"伪造"或"逼供"的产物，继而收回致歉。只要能够迅速地要回船员、收回致歉，无论是对于美国自身利益来说，还是对于美韩关系来说，这样做的负面影响都会比秘密会谈久久不能取得进展要小。[2]

从美朝最终达成的新的"有条件致歉"协议来看，沃恩克建议是可行的，完全有可能达到预期效果，使船员们早日回家。无奈，许多官员都反对无条件致歉或类似无条件致歉的主张。3 月 4 日，詹金斯指出，一些人在考虑大体接受朝鲜致歉要求的可能性。除非美国确实侵入朝鲜领海，否则绝不能致歉。根本问题在于保持美国的诚实形象、威望和信誉，为让船员获释而致歉的机会主义欺诈行为将使两亿美国人面临危险。[3] 同一天，朝鲜特别工作组组长布朗从另一个角度提出了反对无条

---

1 Mitchell Lerner, "Four Years and a World of Difference: The Evolution of Lyndon Johnson and American Foreign Policy," *Southwestern Historical Quarterly*, Vol.107, No.1 (July 2003), p.87.

2 "Memorandum From the Assistant Secretary of Defense for International Security Affairs (Warnke) to the Deputy Secretary of Defense (Nitze)," March 11, 1968, in *FRUS*, 1964–1968, Vol.29, Part 1, Korea, pp.658–661.

3 "Memorandum From Alfred Jenkins of the National Security Council Staff to the President's Special Assistant (Rostow)," March 4, 1968, *Ibid.*, pp.650–651.

件致歉的看法，声称低三下四的致歉有损美国与韩国、南越和泰国的关系，伤害盟友的感情。[1] 11 日，布朗进一步明确表达了反对沃恩克建议的缘由，认为其负面影响如下：提高"表示遗憾"的程度，使美国更加没有颜面；变相地承认朝鲜，必将引起韩国的强烈反对；让人觉得美国承认了船员信函的真实性。[2] 三天后，腊斯克也表示反对致歉，理由是朝鲜提供的证明文件中至少有部分是"伪造"的，美国不能为未做之事承认错误。[3] 鉴于此，全权负责确定和实施谈判策略的国务院拒绝将无条件致歉或类似无条件致歉的主张纳入政策选择范围，沃恩克建议始终未能进入决策分析层面。

具有讽刺意味的是，实际上，作为美国在最后通牒中提供的两项选择之一、被朝鲜接受的新的"有条件致歉"方案与沃恩克建议并无实质性区别。为什么会出现这样一种结果呢？原因是秘密谈判开始后，约翰逊政府特别是国务院始终抱有一种侥幸心理，企图在不"过多地"损害美国的声誉及其与盟国关系的前提下要回船员。期间，它相继采取"先放人、后调查""有条件致歉"和"另签"策略，一无所获后只得同意从"人道主义"出发在发表解释性声明的同时签署朝鲜文件。结果，非但没有保持美国的"诚实形象""威望"和"信誉"，反而让船员及其家属苦苦等待了十个多月。从中可以看出：谈判过程中索要"普韦布洛"号及其船员并不像约翰逊所说的那样是美国压倒一切的政策目标，人道主义的本能冲动受到维护国家声望与避免伤害盟国等政治考虑的致命制约，乃至在很大程度上沦为急于摆脱外交困境的理由和借口。

四、美国国际危机管理制度化的开启

"普韦布洛"号危机在美国国际危机管理史上占有一席之地，是促使美国国际危机管理程序制度化的动因之一。实际上，早在古巴导弹危机结束之初，美国政府

1　"Memorandum From the Director of the Korean Task Force (Brown) to the Under Secretary of State (Katzenbach)," March 4, 1968, *Ibid.*, p.653.

2　"Memorandum From the Director of the Korean Task Force (Brown) to the Under Secretary of State (Katzenbach)," March 11,1968, *Ibid.*, p.662.

3　"Memorandum From Secretary of State Rusk to President Johnson," March 14, 1968, *Ibid.*, p.665.

就已开始从国家战略的高度关注国际危机管理问题。[1]1964 年 1 月 30 日，约翰逊总统发布第 277 号国家安全行动备忘录，命令重新审查外部危机预警程序。10 月，国务卿和国防部长决定成立跨机构突发事件协调委员会，专门负责制订应对可能出现的国际突发事件的紧急计划。不过，这些计划的制订并未依托正式的组织协调制度。[2]直到"普韦布洛"号危机爆发且久拖未决之时，美国政府才将危机管理制度化的问题提上议事日程。1968 年 5 月 23 日，高级部际小组出台了一份有关外部危机预警计划的文件。文件决定废除跨机构突发事件协调委员会，指定负责各区域事务的助理国务卿承担危机预警、协调部际研究以及危机管理的主要职责，跨机构间的协调工作则由相应的国家安全委员会部际地区小组完成。危机期间，一旦出现可能需要动用军队的情况，决策审议权应转归 1967 年 10 月建立的与各部际地区小组平行的部际政治军事小组。[3]

1969 年 1 月 30 日，考虑到柏林、中东和朝鲜等地区爆发危机的可能性，上台伊始的尼克松总统在第 12 号国家安全研究备忘录中责令国家安全委员会重新审议应对潜在危机的紧急计划及其制订程序。[4]3 月 21 日，题为"危机预警与管理"的第 8 号国家安全决定备忘录问世，具体内容包括：强调危机预警的重要性；由国家安全委员会各部际小组负责制订危机应急计划。经评估小组和副部长委员会审议后，这些应急计划将被提交国家安全委员会讨论；危机一旦发生，负责该地区的部际小组组长应立即协调实施危机管理，相应的组织程序由副部长委员会决定。[5]

1　Alexander L. George, "Strategies for Crisis Management," in Alexander L. George (ed.), *Avoiding War: Problems of Crisis Management*, Oxford: Westview Press, 1991, p.377.

2　"Arthur A. Hartman Memorandum for SIG Members on the Status of Approved Papers on Foreign International Defense and Foreign Crises," June 4, 1968, CK3100097612, *DDRS*.

3　"Arthur A. Hartman Memorandum for SIG Members on the Status of Approved Papers on Foreign International Defense and Foreign Crises," June 4, 1968, CK3100097612−CK3100097614, *DDRS*; "Organization of the Senior Interdepartmental Group (SIG) and Its Regional Counterparts during the Administration of President Johnson Represents an Imaginative Attempt to Solve the Complex Problem of How to Coordinate and Direct the Foreign Affairs of the U.S.," undated, CK3100197138, CK3100197151− CK3100197153, *DDRS*.

4　National Security Study Memorandum 12, "Contingency Planning," January 30, 1969, available at: http://nixon.archives.gov/virtuallibrary/documents/nssm/nssm_012.pdf.

5　National Security Decision Memorandum 8, "Crisis Anticipation and Management," March 21, 1969, available at: http://nixon.archives.gov/virtuallibrary/documents/nsdm/nsdm_008.pdf.

1973 年年初以前，该备忘录一直指导着美国的危机预警和管理行为。从这个角度讲，第 8 号国家安全决定备忘录的出台标志着美国危机预警和管理体系日趋稳定和成熟。特别值得注意的是，文件发布当天，尼克松便命令东亚部际小组针对"北朝鲜局部或全面进攻以及韩国对北朝鲜挑衅的单方面反应"制订应急计划，预先考虑美国可能采取的行动方针。[1]"普韦布洛"号危机对美国危机管理程序正规化的推动作用由此可见一斑。

此外，"普韦布洛"危机还曾促使美国启动了与苏联旨在防止海上冲突的谈判。20 世纪 50 年代以后，美苏两国海军在公海不断发生冲突，且呈现出愈演愈烈之势，导致双方关系日趋紧张。随着越来越多的商船和渔船被卷入其中，美国海军部开始关注这一问题。从 1966 年 11 月起，海军部多次敦促国务院与苏联接触，争取达成一项防止海上冲突的谅解备忘录。但在接下来的一年多时间里，国务院始终以苏联对此没有兴趣为由拒绝接受该建议。1968 年年初，连续发生了"普韦布洛"号危机和美国驱逐舰与苏联商船相撞事件，海军部再次要求国务院采取外交行动。国务院答复称，他们正在与苏联政府讨论"普韦布洛"号危机的解决方案，其中包含了防止海上冲突事宜。然而，直至 4 月美苏协商仍毫无进展。于是，当月 16 日美国国务院向苏联外交部正式提出了讨论"海上安全"问题的建议。经过艰苦的讨价还价，1972 年 5 月 25 日，两国最终签署了《美苏防止海上事件协定》。[2]

可是，这一切却并不等同于后来的美国决策者从"普韦布洛"号危机决策中汲取了经验教训。尼克松政府上台后，继续在朝鲜半岛进行密集的、缺乏安全保护措施的情报侦查活动。1969 年 4 月 15 日，一架美国 EC-121 大型电子侦察机在日本海上空被朝鲜人民军击落，31 名机组人员全部阵亡。朝方宣称美方侦察机侵犯了自己的领空并企图逃逸，最终被击落。美国国防部辩解道，飞机不曾侵犯朝鲜领

1　"National Security Study Memorandum 34," March 21, 1969, in *FRUS*, 1969–1976, Vol.19, Part 1, Korea, 1969–1972, Washington: United States Government Printing Office, 2010, p.8; National Security Study Memorandum 34, "Contingency Planning for Korea," March 21, 1969, available at: http://nixon.archives.gov/virtuallibrary/documents/nssm/nssm_034.pdf.

2　David F. Winkler, "The Evolution and Significance of the 1972 Incidents at Sea Agreement," *The Journal of Strategic Studies*, Vol.28, No.2 (April 2005), pp.361–366; 吴少杰、李晔：《美国防止海上事件谈判政策探析——兼评〈美苏防止海上事件协定〉》，《国际论坛》2009 年第 4 期，第 18—23 页。

海。这场危机真正地触动了华盛顿反思的神经。17 日，经参议院同意，众议院通过了一项决议："在没有充分保护的情况下，不再派人工驾驶的美军舰只或飞机进入危险地区收集情报，以免被外国军队攻击或俘获。"[1]

非但如此，面对与"普韦布洛"号危机类似的突发事件时，白宫的新主人依旧习惯性地将维持盟国的信任和美国的国际地位置于人道主义考虑之上，同时又缺乏约翰逊总统在"普韦布洛"号危机中表现出来的克制和耐心。更糟糕的是，个别情况下此次危机甚至成为促使美国使用武力的动因。1975 年 5 月 12 日，柬埔寨红色高棉军队抓捕并扣押了美国"马亚克斯"号商船，39 名船员被俘。美国国务卿基辛格认为，此时美国必须同时解决解救船只和维护美国形象两个问题。华盛顿决策的出发点不在于柬埔寨，而在于朝鲜、苏联以及其他国家怎样看待美国的反应，所以一定不能示弱。副总统洛克菲勒也认为，考虑到"普韦布洛"号危机以及朝鲜和世界其他地区许多人关注的目光，美国必须立即作出强有力的反应。福特总统大体上认同以上看法。[2]于是，为了防止亚洲以及其他地区的盟友因为美国对柬埔寨朗诺政权和南越阮文绍政权"见死不救"而对美国的大国实力地位产生怀疑，避免陷入像"普韦布洛"号危机秘密会谈那样的长期谈判，福特政府无视民主柬埔寨政府和联合国发出的和平解决危机的呼吁，决定进行报复性攻击，并通过武力解救被俘船员，最终为此付出了沉重的代价——41 人丧生、50 人负伤。实际上，即便华盛顿不采取营救行动，民柬政府也已决定在 15 日上午主动释放船员。[3]

1　"Paper Prepared by the Joint Chiefs of Staff," April 15, 1969, in *FRUS*, 1969–1976, Vol.19, Part 1, Korea, 1969–1972, p.16; "Editorial Note," in *FRUS*, 1964–1968, Vol.29, Part 1, Korea, pp.743–744; 关于 EC-121 事件的最新研究可参见邓峰：《美国与 EC-121 危机——对 1969 年美国大型侦察机被朝鲜击落事件的研究》，《世界历史》2008 年第 2 期，第 14—23 页。

2　"Minutes of National Security Council Meeting," May 12, 1975, in *FRUS*, 1969–1976, Vol.10, Vietnam, January 1973–July 1975, Washington: United States Government Printing Office, 2010, pp.979–984; "Minutes of National Security Council Meeting," May 13, 1975, *Ibid.*, pp.997–998; "Minutes of National Security Council Meeting," May 13–14, 1975, *Ibid.*, pp.1005, 1010, 1014–1015; "Minutes of National Security Council Meeting," May 14, 1975, *Ibid.*, p.1030.

3　"Message From the Commander in Chief, Pacific (Gayler) to the Joint Chiefs of Staff," May 15, 1975, *Ibid.*, pp.1038–1039; "Report entitled: The Seizure of the Mayaguez-A Case Study of Crisis Management," Undated, CK3100575363, *DDRS*; Ce 'cile Mene' trey-Monchau, "The Mayaguez Incident as an Epilogue to the Vietnam War and its Reflection of the Post-Vietnam Political Equilibrium in Southeast Asia," *Cold War History*, Vol.5, No.3 (August 2005), pp.340–346. 358; 刘莲芬：《论 1975 年"马亚克斯"事件与美泰交涉》，《东南亚研究》2009 年第 5 期，第 44、46—48 页。

1979 年 11 月 4 日，伊朗发生了震惊世界的美国使馆人质事件，66 名美国外交官和平民遭到扣押。卡特政府一边不断对伊朗施加外交压力和经济制裁，一边为武力解救人质作准备。曾参与"普韦布洛"号危机决策的国务卿万斯援引该危机极力反对动武，认为采取军事行动不利于保证人质的生命安全，可能引起美军不必要的伤亡并给美欧关系以及美国在波斯湾的利益带来负面影响。但总统国家安全事务助理布热津斯基却指出，如果面对僵局而不作出激烈反应，美国的国家利益和国际威望必将受损，总统的最高职责是维护"国家的尊严和外交政策利益"，而非保护人质的生命安全。布热津斯基的主张很快占上风。1980 年 4 月 11 日，判定和平手段已然失效的卡特总统批准了秘密营救计划。结果，非但没有救出人质，反而造成八名美国士兵丧生、五名严重受伤。伊朗则借机指责美国企图推翻伊斯兰革命政府，人质的人身自由也受到了更大的限制。[1]

在"普韦布洛"号危机过去 40 余年后的今天，朝鲜半岛依旧危机不断，美国仍需面对如何准确判断朝鲜的意图、在克制与动武之间何去何从以及如何平衡维护大国尊严和奉行人道主义原则的问题。从这一角度考量，"普韦布洛"号危机当属可资借鉴的国际危机管理案例。

（本文原载于《中国社会科学》2011 年第 6 期）

---

[1] "Draft Report on the 1979–1981 Hostage Crisis in Iran," January 8, 1981, CK3100135323–CK3100135363, *DDRS*; Rose McDermott, "Prospect Theory in International Relations: The Iranian Hostage Rescue Mission," *Political Psychology*, Vol.13, No. 2, Special Issue: Prospect Theory and Political Psychology (June 1992), pp.247–250; "David Patrick Houghton, The Role of Analogical Reasoning in Novel Foreign Policy Situation," *British Journal of Political Science*, Vol.26, No.4 (1996), pp.532–534; 赛勒斯·万斯：《困难的抉择：美国对外政策的危急年代》，郭靖安等译，北京：中国对外翻译出版公司，1987 年，第 231、267—272 页。

《中日和平友好条约》缔约谈判过程研究

徐显芬

摘要：《中日和平友好条约》的缔约谈判经历了预备谈判、一度中断后的重启缔约谈判以及正式缔约谈判三个阶段，谈判的分歧点聚焦于反霸条款。这个分歧反映了中日两国不同的东亚秩序观：中国在设定主要敌国的基础之上，旨在把日本拉入国际反霸（反苏）统一战线中；日本则坚持日美关系为"基轴"的基本外交政策，采取"日中是日中，日苏是日苏"的方略，只与中国发展重视实务往来的友好合作关系。当前中日两国的战略猜疑，根源就在于缺乏安全保障问题上的制度性安排。

关键词：《中日联合声明》;《中日和平友好条约》;反霸条款;第三国条款;东亚秩序观

1978 年 8 月 12 日，中华人民共和国与日本国签订《中日和平友好条约》，以法律形式确认了《中日联合声明》的各项原则，是中日两国间最高形式的法律文件。条约签订后两个月，作为新中国成立以来首位访问日本的国家领导人，时任副总理的邓小平出席条约批准书互换仪式。邓小平高度评价这一条约"不仅在事实上，而且在法律上、政治上，总结了我们过去的关系。更重要的是，从政治上更进一步肯定了我们两国友好关系要不断地发展"。[1] 条约的签订完成了中日邦交正常化

---

1 《邓小平年谱（1975—1997）》（上册），北京：中央文献出版社，2004 年，第 406—407 页;「福田総理・鄧副総理会談記録（第一回目）」（1978 年 10 月 23 日）、日本外務省外交史料館所蔵『開示文書』3/01-1980/1。

的法律程序，奠定了中日关系长远发展的政治基础。

关于《中日和平友好条约》的研究已有不少，但由于档案解密时间受限等原因，关于缔约谈判过程的历史研究，至今仍然存在很多疏漏和疑点。大多数研究者未能使用第一手的政府解密档案，故而尚缺乏系统准确的梳理，大都根据论文立意而只强调某一环节，比如邓小平对促进缔约的贡献，日本政权交替是延误缔约的主要原因等。或者在论述苏联因素或美国因素的作用时，仅将缔约过程聚焦于这一点，从而缺乏整体观察缔约谈判过程的系统性。个别研究著作虽然使用了关于正式缔约谈判部分的日本外务省解密档案，但关于预备谈判和重启缔约谈判的外交接触部分的解密档案则没有利用。[1]

鉴于此，本文主要利用日本外务省外交史料馆解密的相关外交档案，[2]同时参考日本国会议事录以及其他中日史料，力图将《中日和平友好条约》缔约谈判的整个过程梳理清楚，逐个确认每一时间节点上中日两国关注的问题点及其处理方式，从而阐明中日在缔约谈判的分歧中所反映出来的不同的东亚秩序观，进而探讨两国建立正式外交关系后摸索出来的两国关系的政治基础到底是什么的问题。

一、《中日和平友好条约》的构想与提出

1972 年 9 月 29 日，中日两国政府签署《中日联合声明》，决定建立大使级外交关系。这是两国领导人的"声明"，不是经过国内立法程序的"条约"。这两个经历长期战争交恶的交战国要建立邦交，本来应该首先缔结"和平条约"。但由于日方当时的国内环境无法完成和平条约的签订，于是中日邦交正常化分"两步走"的战略构想应运而生：第一步，日本领导人访华，两国政府首脑联合发表"声明"，宣告建立外交关系；第二步，缔结条约，经过两国立法机构的批准，把两国"友好关系"用法律形式确立下来。《中日联合声明》第八条写道："为了巩固和发展两国

1　李恩民『「日中平和友好条约」交渉の政治過程』御茶の水書房、2005 年。

2　共 87 件，时间跨度涵盖了从 1974 年预备谈判开始到 1978 年条约正式签订的全过程，具体包括 12 次预备谈判的相关会谈记录及电报 20 件、5 次重启缔约谈判的外交接触相关会谈记录及电报 5 件、16 次正式缔约谈判的相关会谈记录及电报 21 件、园田外相访华相关会谈记录及电报 11 件、国会答辩相关档案 30 件。

间的和平友好关系，同意进行以缔结和平友好条约为目的的谈判。"

关于"两步走"构想的由来，一般认为是时任总理的周恩来首先提出的。[1] 邦交正常化前夕，日本公明党委员长竹入义胜率团访华，周恩来在 1972 年 7 月 27 日与竹入义胜进行的第一次会谈中，明确表明先声明后条约的想法。周恩来说："田中首相和大平外相到北京来，发表共同宣言（共同声明也可以），确立邦交关系，鸠山先生和苏联也是这样的做法。希望能缔结和平友好条约，这样全世界都可以放心，我认为这个办法很好。"[2] 在 29 日的第三次会谈中，周恩来再次谈到和平友好条约，并提及"反对霸权"问题。周恩来表示："联合声明中，在某处写一句，霸权的说法太强硬的话，换种说法也行，不写也可以。将来放在和平友好条约中也可以。如果不这样做，和平友好条约中就没东西可写了。"[3] 中方对于和平友好条约的最初构想是：作为邦交正常化的第二步，在贸易航空等实务协定签订后开始着手谈判，内容包括和平共处五项原则和反霸条款等。

1972 年 9 月 25 日，时任日本首相田中角荣偕外相大平正芳和内阁官房长官二阶堂进访华。在四天的邦交正常化正式谈判中，中日双方在缔结和平友好条约的问题上没有争议，只是在具体表述的问题上，两国外长进行了协商。大平正芳讲解了缔结条约的谈判权限在政府，而条约的缔结权限本身在国会，因此联合声明中的表述应写成"同意进行以缔结和平友好条约为目的的谈判"，而不是中方所提出的同意缔结和平友好条约。对于在实务协定签订之后进行缔约谈判的步骤，双方意见没有分歧。只是日方强调和平友好条约不是为了"清算过去"的条约，而是为了未来的条约，中方对此未表示反对。[4] 可以推想，周恩来希望用法律的形式将联合声明的内容加以确认。而关于前述周恩来设想日方可能会反对，在与竹入义胜的会谈中说如果联合声明中不能写的话、写到和平友好条约中也可以的反霸条款，日方并没有反对将之写入联合声明的第七条。

1　萧泓、刘锋：《中日和平友好条约缔结秘闻——访外交部原副部长、驻日大使符浩》，《党史博采》2003 年第 6 期；张香山：《中日缔结和平友好条约前后》，《日本学刊》1998 年第 4 期。

2　石井明他编『記録と考証 日中国交正常化・日中平和友好条約締結交渉』岩波书店、2003 年、11 頁。

3　石井明他编『記録と考証 日中国交正常化・日中平和友好条約締結交渉』、33 頁。

4　「大平外務大臣・姫鵬飛外交部長会談（要録）」（1972 年 9 月 26 日—27 日）、日本外務省外交史料館所蔵『開示文書』1/01-42/2。

周恩来本人非常重视《中日和平友好条约》签订事宜，他生前曾多次收到访日邀请，田中角荣访华时对他说："日本的国宾馆正在翻修，修好后，接待的第一位外国首脑，就是阁下您。"周恩来则坚持要在中日缔结条约后再访问日本，这说明他认为缔结和平友好条约是中日建立正式外交关系的一个重要步骤。[1]

1974年8月15日，邓小平受周恩来委托与访华的竹入义胜就缔约问题进行了沟通，请竹入义胜转告田中角荣三点意见：比较快地进行谈判；要体现中日两国友好的愿望，也要体现联合声明发布以后两国关系的发展和形势的新变化；难以解决的问题，可以搁一搁。[2]这时所预想的"难以解决的问题"，指的是台湾问题，并没有想到"反霸条款"会成为问题。邓小平非常明确地指出：中日两国问题的焦点还是在台湾问题上。[3]

为了"比较快地进行谈判"，1974年9月26日，中国外交部副部长乔冠华致函日本外相木村俊夫，正式提议尽早开始缔约谈判，中方希望与田中内阁完成缔约。日方很快作出反应，缔约谈判提上日程。

二、预备谈判

1974年11月13日，外交部副部长韩念龙访日签订《中日海运协定》之后，与木村俊夫就缔约问题进行了会谈。翌日，韩念龙与日本外务省事务次官东乡文彦进行了为签订《中日和平友好条约》的第一次预备谈判。同年12月，田中内阁垮台，三木武夫内阁继之。进入1975年后，中国驻日大使陈楚与东乡文彦在东京继续谈判，至5月7日共举行了11次。[4]之后，同年9月，两国外长乔冠华与宫泽喜一在联合国大会期间进行了两次会谈。这一系列的会谈构成了第一阶段的预备谈判。

1　萧泓、刘锋：《中日和平友好条约缔结秘闻——访外交部原副部长、驻日大使符浩》，《党史博采》2003年第6期。

2　《邓小平年谱（1904—1974）》（下册），北京：中央文献出版社，2009年，第2039页；田桓编：《战后中日关系文献集（1971—1995）》，北京：中国社会科学出版社，1997年，第166页。

3　《邓小平年谱（1904—1974）》（下册），第2039页。

4　预备谈判共进行了12次，但因为资料缘故，相关研究至今有很多说法。如有著作就说第一次预备谈判后又进行了三四次（参见徐之先编：《中日关系三十年（1972—2002）》，北京：时事出版社，2002年，第89页）。

到 1975 年 1 月 16 日的第二次预备谈判为止，双方基本确定了条约的性质和内容，并确认了问题所在。具体来看，在 1974 年 11 月 13 日韩念龙与木村俊夫的会谈上，双方确认了条约以《中日联合声明》的精神为基础。[1]在翌日的第一次预备谈判上，韩念龙首先向日方提交中方的条约草案，双方在关于确认遵守《中日联合声明》的精神、和平共处五项原则、发展经济文化关系等主要内容方面没有分歧，之后分别写入条约的前言、第一条第一款和第三条。同时，以下议题被摆上了谈判桌。

其一，关于台湾问题。11 月 13 日，韩念龙在发言中表明："只要对联合声明再次进行确认，就不要再提台湾问题了。"14 日，东乡文彦再次向中方确认"只要在条约的前言中提及日中联合声明就足够了"，韩念龙表示"一句话，就是不想让日本为难"。之后在第二次预备谈判上，东乡文彦再次确认"没有必要涉及台湾问题"，排除将台湾问题写入条约。中方对此予以确认，表明在条约前文中提及两国遵守《中日联合声明》，就可以不写台湾问题了。[2]

其二，关于历史问题。11 月 14 日韩念龙的发言中表明，"关于结束战争状态、由于战争给中国人民造成伤害的日本的责任以及放弃赔偿的问题，只要确认中日联合声明，表示今后会继续遵守，就不用再谈及上述问题了"。而日本方面对条约内容的基本想法是，"日中两国之间对于过去的清算，已经由联合声明完成了。和平友好条约应该成为对日中两国未来的规定，即面向未来的条约"。[3]这样，历史问题也就不再成为之后缔约谈判的议题了。

其三，关于废除《中苏友好同盟互助条约》的问题。日方希望中方表明对《中苏友好同盟互助条约》的态度，中方以"事实上苏联单方面践踏了这一条约"的说法来说明该条约已名存实亡，表明不需要写进和平友好条约。

其四，关于反霸条款问题。在韩念龙于第一次预备谈判上提出的五条基本内容

---

1 「大臣と韓次官との会談」（1974 年 11 月 13 日）、日本外務省外交史料館所蔵『開示文書』17/04-797/1。

2 「大臣と韓次官との会談」（1974 年 11 月 13 日）、日本外務省外交史料館所蔵『開示文書』17/04-797/1,「東郷・韓会談（第 2 回）——日中平和友好条約問題」（1974 年 11 月 14 日）、日本外務省外交史料館所蔵『開示文書』17/04-797/2,「日中平和友好条約（第 2 回予備折衝）」（1975 年 1 月 16 日）、日本外務省外交史料館所蔵『開示文書』17/04-798/1。

3 「東郷・韓会談（第 2 回）——日中平和友好条約問題」（1974 年 11 月 14 日）、日本外務省外交史料館所蔵『開示文書』17/04-797/2。

中，第四条就是"中日任何一方都不应谋求霸权，并反对任何其他国家或国家集团建立这种霸权的努力"。对此，东乡文彦表示："我方实际上是同意的，但是否应该写到条约中去，似乎值得商榷。"但及至两个月后的第二次预备谈判上，东乡文彦提出异议，强调和平友好条约是规范两国间关系的文件，将反霸条款"作为条约内容是不合适的"。对此，中方回应指出，《中日联合声明》已经明确记载该条款，况且本条约应为亚太地区的和平与安全作出贡献，所以在条约中加入反对霸权的表述是理所当然的，希望日方再行讨论。至此，双方的分歧所在已经明确。但此时，双方对谈判的前景还是比较乐观的，并以为谈判很快就可以完成。[1]

但之后接连发生的两件事，极大地影响了中日的交涉进程。就在第二次预备谈判的次日，中国第四届全国人民代表大会第一次会议通过《中华人民共和国宪法》，其中"反对帝国主义、社会帝国主义的侵略政策和战争政策，反对超级大国的霸权主义"的内容，将反对霸权作为国策确立了下来。与日本正在交涉的和平友好条约中是否写进反霸条款，就与这一国策联系在一起。而本来不对外公开的第二次预备谈判的相关内容，却被东京新闻社记者永野信利于 1975 年 1 月 23 日以《反对第三国的霸权，不写进日中友好条约——政府意向，避免刺激苏联》为题在《东京新闻》上刊出。该报道将反对霸权与日苏关系明确地联系起来，使反霸条款成为缔约交涉的核心，缔约交涉迅速成为日本国内舆论的焦点，并招致苏联的干涉。

之后从 2 月 14 日举行的第三次预备谈判到 3 月 14 日举行的第六次预备谈判中，双方在是否将反霸条款写入条约的问题上各执己见，毫无进展。日本在第三次预备谈判中提出，"反霸"一词过于生僻，反霸条款违背了和平条约的宗旨，与日本的宪法精神相抵触，不应把日中和约变成"对苏防卫条约"。[2] 面对日方的慎重态度，中方的姿态也强硬起来。2 月 19 日的第四次预备谈判没有取得进展。在 3 月 4

1　若月秀和『「全方位外交」の時代：冷戦変容期の日本とアジア』日本経済評論社、2006 年、103—104 頁；「東郷・韓会談（第 2 回）——日中平和友好条約問題」（1974 年 11 月 14 日）、日本外務省外交史料館所蔵『開示文書』17/04-797/2；「日中平和友好条約（第 2 回予備折衝）」（1975 年 1 月 16 日）、日本外務省外交史料館所蔵『開示文書』17/04-798/1。

2　中江要介『日中条約と日本外交：その締結交渉をふり返って』民主外交協会、1978 年、8 頁；「東郷・陳楚会談」（1975 年 3 月 4 日）、日本外務省外交史料館所蔵『開示文書』17/04-798/4。

日举行的第五次预备谈判上，东乡文彦提出希望在讨论反对霸权问题的同时进行其他条约文本的协商。[1] 就在这种难有进展的情况下，3 月 27 日，中国驻东京大使馆的中方谈判代表在机场贵宾室接到由副总理陈永贵传达的来自国内的"不能让"的指示，之后中方谈判立场更加强硬，主张将反霸条款原原本本写进条约。而日方则力图说服中方放弃这一原则主张。双方主张明显对立，谈判陷入僵局。

3 月 28 日，双方举行第七次预备谈判，日方向中方提出条文草案并进行说明。在 4 月 5 日举行的第八次预备谈判中，日方询问中方的讨论情况，陈楚表示会尽快回复。在 4 月 12 日举行的第九次谈判中，中方提出自己的条文草案，草案第二条就是联合声明的第七条，即反霸条款。而日方的草案中没有这一条。[2]

4 月 24 日的第十次预备谈判进行了一个半小时，东乡文彦介绍了外务省条约局局长高岛益郎为参加中日贸易混合委员会而访问北京并与乔冠华和韩念龙进行会谈的情况。据介绍，中方态度强硬，乔冠华说中方的立场是联合声明第七条的一字一句都不能改，并说这不是教条主义，"如果不写进条约里，就意味着偏离了联合声明的精神"，签订条约也就没有了意义。针对东乡文彦的发言，陈楚针锋相对，表明是对乔冠华和韩念龙讲话内容的歪曲和批判，不能接受日方的无理指责。东乡文彦也不示弱，他说："我自认为并非歪曲，也未误解，这一点我不能接受，希望您收回您的话。"这样，其实就是吵架态势了。[3]

在 4 月 30 日的第 11 次会谈上，东乡文彦提议在条约前言中以某种形式来表述反对霸权这一想法，希望能和中方协商。这其实是一个重要提案，日方从不同意将反霸条款写入条约转变到同意将条款写入条约的前言。陈楚表示向本国政府报告。[4]但到此时，北京方面已经不再信任驻日使馆渠道的代表权了。在 5 月 7 日的第 12次会谈上，东乡文彦请陈楚到外务省，询问中方的答复。陈楚表示，前一次会谈当天已经将东乡文彦的提议向中国政府作了汇报，中国政府决定在北京向日本驻华大

1 「東郷・陳楚会談」（1975 年 3 月 4 日）、日本外務省外交史料館所蔵『開示文書』17/04-798/4。

2 「在中国小川大使あて三木外務大臣代理発電報（第 449 号）」（1975 年 4 月 13 日）、日本外務省外交史料館所蔵『開示文書』6/02-936/1。

3 「東郷・陳楚会談」（1975 年 4 月 24 日）、日本外務省外交史料館所蔵『開示文書』17/04-799/1。

4 「在中国小川大使あて宮沢外務大臣発電報（第 543 号）」（1975 年 4 月 30 日）、日本外務省外交史料館所蔵『開示文書』6/02-936/1。

使小川平四郎作出回复。[1] 东乡文彦对此感到意外，问什么时候可能答复，陈楚回答不知道。这样，实际上北京方面已经不再将谈判权交给驻日使馆了。

之后，乔冠华和宫泽喜一利用出席联合国大会的机会在纽约举行过两次会谈。1975 年 9 月 24 日的第一次会谈在日本驻联合国大使官邸进行，包括晚宴在内，会谈从下午 5 点一直持续到夜晚 11 点半。宫泽喜一就反霸条款提出了四点解释，即所谓的"宫泽四原则"：反霸不针对特定的第三国，不得与联合国宪章相矛盾，反霸不意味着采取联合行动，范围不限于亚太地区而是全世界。对此，中方认为它是一个抽掉了反霸实质而欲使条约"空洞化"的东西。9 月 27 日，第二次会谈在中国驻联合国代表团驻地举行，加上晚宴共进行了三个多小时。在会谈中，乔冠华一针见血地问宫泽喜一，是否同意把反霸条款完整地写进条约正文而不是前言，宫泽喜一没有正面回答，只是说回国研究后会拟出草案交给中方。就这样，两位外长会谈没有取得实质性进展，中日缔约谈判实际上宣告中断。

11 月 15 日，日方按照之前的约定，通过联合国代表处向中方提交了包含"宫泽四原则"的条约草案，中方对此不予回应。直至次年 2 月 6 日，才由韩念龙约见小川平四郎，表示该修正案是从联合声明的倒退，中方不能接受。[2] 至此，谈判趋于停滞。

其时，中日两国政局都发生了动荡。1976 年是个多事的年份。在中国，周恩来、毛泽东相继逝世，邓小平又一次被打倒。在日本，自民党内派系斗争愈演愈烈，三木内阁摇摇欲坠，1976 年 12 月倒台。进入 1977 年后，刚组阁后不久的福田赳夫内阁作过一些努力，但双方要重启谈判，还要等到 7 月邓小平复出、恢复中国共产党中央副主席和国家副总理等职务之后。

三、重启缔约谈判的摸索

这一阶段的中日接触，包括邓小平复出政界后对日方来访者积极传递信息，

---

1 「東郷次官・陳楚大使会談」（1975 年 5 月 7 日）、日本外務省外交史料館所蔵『開示文書』17/04-799/2。

2 徐之先编：《中日关系三十年（1972—2002）》，北京：时事出版社，第 74 页；王泰平主编：《新中国外交 50 年》上册，北京：北京出版社，1999 年，第 468 页。

1977 年 11 月至 1978 年 3 月日本驻华大使佐藤正二在北京与中方的五次会面，[1] 以及之后邓小平多次会见日方来客等。

1977 年 9 月 10 日，邓小平会见日中友好议员联盟访华团团长滨野清吾，在对议员们为缔约所作的努力表示感谢后指出："既然福田首相声明要搞这件事，我们期待他在这方面作出贡献。其实这样的事只要一秒钟就解决了，不要很多时间。所谓一秒钟，就是两个字'签订'。"[2] 这个只要"一秒钟就解决了"的发言，一方面向日方传递了中方希望签约的意愿，另一方面是激励福田赳夫要不顾国内外阻挡势力，积极签约。

这个只要"一秒钟就解决了"的发言迅速传到日本，引起很大反响。很快，福田赳夫决定派二阶堂进访华。1977 年 10 月 14 日，邓小平会见了这位五年前为实现中日邦交而随首相访华的内阁官房长官，强调在条约中写进反霸条款的必要性。邓小平说："这是鉴别我们的政治家是不是有长远的战略观点、中日必须友好的信念是不是坚定的一个试金石。"[3] 在此，二阶堂进提出了一个草案，表明日方同意将反霸条款写进"条约正文"，并增设"第三国条款"，即要明确"不针对任何第三国"以稳定日苏关系。[4] 这个被称为"二阶堂私案"，[5] 第一次明确日方有条件地同意将反霸条款写入条约正文。

很快，福田赳夫决定让佐藤正二临时回国，汇报情况并商讨对策。佐藤正二在 1977 年 12 月 11 日临时回国述职前，分别与韩念龙和中日友好协会会长廖承志进行了接触交流。

11 月 30 日，佐藤正二邀请韩念龙共进晚餐，希望确认重开缔约谈判的时间及方法等事项。当佐藤正二问及如果日方提出重开缔约谈判，"中国方面是否不管何时何地都没有问题"时，韩念龙的回答是"正是如此"。[6]

1　关于这一阶段的外交接触，很多研究者都没有提及，因为是非公开接触，当时没有报道，不看档案当然就无法知晓。

2　《邓小平年谱（1975—1997）》（上册），第 199 页。

3　《邓小平年谱（1975—1997）》（上册），第 221 页。

4　王泰平主编：《新中国外交 50 年》（上册），第 471 页；林晓光：《〈中日和平友好条约〉的签订》，《当代中国史研究》2008 年第 6 期。

5　「廖承志会長との会談記録」（1977 年 12 月 10 日）、日本外務省外交史料館所蔵『開示文書』6/02-933/2。

6　「外務大臣あて佐藤大使電報」（1977 年 12 月 1 日）、日本外務省外交史料館所蔵『開示文書』6/02-933/1。

12 月 10 日上午，佐藤正二在临时回国的前一天，拜访了廖承志。佐藤正二和廖承志分别确认了双方的分歧所在，佐藤正二说"中国方面是想把日本拉进反对苏联的阵线中去，而日本方面想跟中国缔结友好关系，但是不想因此妨碍同第三国的友好关系"，这是"双方绕不过去的分歧"。而廖承志则说，"日本认为，必须要清楚说明这一条款并不是针对苏联的"，但"中方不能说这不是针对苏联的"。在此次会谈上，佐藤正二提出了对条款进行各自解释的办法来解决问题。[1]

佐藤正二临时回国述职后回到北京，1978 年 1 月 8 日在使馆公邸设宴招待廖承志夫妇和中日友好协会秘书长孙平化。佐藤正二明确了将反霸条款写入条约正文作为前提，寻找可能的解释范围。他将"基于个人意见"写成的条款解释框架的笔记交给了廖承志。这个解释框架的具体内容以问答的形式指出：

（1）这一条款不是针对苏联的吗？

这一条款并不是针对某一特定国家而达成一致的内容。

（2）中国说苏联是霸权主义，日中两国对此条款的解释存在不一致吗？

我们知道中国的主张。而中国方面也知道，日本没有说苏联是霸权主义。这一条款跨越了目前双方的具体认识，而是基于不谋求霸权、反对谋求霸权的原则性意见而达成一致的内容。

（3）日本不认为苏联是谋求霸权的国家吗？

从未来看，包括苏联在内的任何国家都可能谋求霸权。[2]

一个月后的 2 月 14 日上午，佐藤正二约见拜访韩念龙。韩念龙确认了日方同意把以联合声明为基础的反霸条款写进条约正文，在此前提下，中日双方具体协商了对反霸权条款进行解释的内容。

3 月 4 日，佐藤正二与韩念龙进行了约 50 分钟的会谈，已经具体到讨论条约中的表述问题。佐藤正二表示："日方已经决定把联合声明第七条的主旨意思，即日中两国不谋求霸权，也反对谋求霸权的内容写入条约正文。"[3] 韩念龙再次确认是

---

1 「廖承志会長との会談記録」（1977 年 12 月 10 日）、日本外務省外交史料館所蔵『開示文書』6/02-933/2。

2 「廖承志会長との会談記録」（1978 年 1 月 8 日）、日本外務省外交史料館所蔵『開示文書』6/02-933/3。文中下划线在档案原文中就有。

3 「外務大臣あて佐藤大使発電報」（1978 年 3 月 4 日）、日本外務省外交史料館所蔵『開示文書』6/02-933/5。

否将中方草案的第二条全文一模一样地写进条约，佐藤正二则强调要对开头部分作些修改，即所谓第三国条款——"本条约的缔结不针对特定第三国"，并主张将第三国条款与反霸条款分开来写。佐藤正二利用中方此前对日方所强调的"日中两国都是主权国家，互相之间应该努力不去干涉对方对第三国的政策"这个说法，对韩念龙明确强调"日中是日中，日苏是日苏"，即福田政权将日中关系与日苏关系分开来考虑的方针政策。

佐藤正二提到，等到外相园田直访华时，第三国条款可能会成为议题，并且提及《中苏友好同盟互助条约》问题。对此，韩念龙没有回答，而是直接询问园田直访华是否已经决定。佐藤正二说没有决定，但是打算访华，并问何时来访比较好。虽然佐藤正二表示说此次见面"不是谈条文，而是谈想法"，但实际上后来的正式谈判就是以此为基础的，即反霸条款写进条约正文，而争论的焦点就聚在了"第三国条款"的表述上。

同时，邓小平亲自推动的对日政党外交仍在继续。1978 年 3 月 14 日，邓小平在人民大会堂会见日本公明党书记长矢野绚也为团长的公明党第六次访华团。矢野绚也向邓小平转达了福田赳夫的两点意见：准备早日处理缔结和平友好条约问题，希望中方理解日本要同任何国家都和平友好相处的基本外交立场。

邓小平开门见山地指出，请转告福田首相，"中日两国建交后，本来中日和平友好条约，包括反霸条款，是可以顺势解决的"。[1]这句话后面引出了对缔约困难原因的看法，着重表明中国政府一贯主张在《中日联合声明》的基础上尽早缔结条约，同时表明了如下意见：①"缔约双方巩固和发展和平友好关系，这并非针对第三国"；②"同任何国家都和平友好，我们可以理解，我们也是完全有同感"，这其实表明了对福田赳夫第二点意见的一个肯定的回复；③ 中日两国反对霸权并不意味着两国政府采取联合行动；④ 希望福田首相作出决断，欢迎园田直外相访华。[2]值得注意的是，这是中方第一次表达关于"第三国条款"的意见，并且明确表明并不要求采取联合行动。

---

1 《邓小平年谱（1975—1997）》（上册），第 279 页。

2 萧泓、刘锋：《中日和平友好条约缔结秘闻——访外交部原副部长、驻日大使符浩》，《党史博采》2003 年第 6 期；王泰平：《新中国外交 50 年》（上册），第 471—472 页。

此后，邓小平多次在会见日方来客时表示要从政治角度来处理问题。比如 3 月
26 日邓小平在会见日本社会党委员长飞鸟田一雄时指出，如果从政治角度、从长
远利益来考虑，签订《中日和平友好条约》就好解决。中方对于签订条约的态度
是：以中日两国政府联合声明为基础，不要从这个声明后退。[1] 这一表态显示了中
方愿意为签约作出最大努力的积极态度。

6 月 5 日，邓小平会见日本广播协会（NHK）会长坂本朝一所率的日本广播协
会代表团时，还表达了从中国实现四个现代化的角度也需要与日本尽快缔约的愿望
和判断。他指出："我们两国间不管过去发生过什么曲折，但我们是休戚相关的，
要世世代代地友好下去。在政治上体现出来，就是尽快地签订中日和平友好条约。
我相信，我们两国发展合作的前景是良好的。我们要向你们学习的地方很多，我们
要实现四个现代化需要朋友的帮助。"[2]

同时，在 1978 年前半期，日本国内也不断出现新动向。3 月底，福田赳夫开始
调整党内意见。4 月 12 日出现了中国渔船进入钓鱼岛海域问题，但没有很大程度地
影响缔约进程。4 月 30 日，福田赳夫和园田直赴美参加日美首脑会谈，卡特总统表
示希望中日条约交涉能够成功。福田赳夫回国后，积极整合党内意见。佐藤正二于
5 月 31 日正式向中方提出重启缔约谈判，中方于两周后回复建议 7 月在北京进行。

6 月 22 日，福田赳夫在首相官邸召集园田直、安倍晋太郎内阁官房长官、佐
藤正二以及外务省干部开会，就重开缔约谈判的日程、第三国条款草案等问题进行
了协商，并谈到最好在波恩七国首脑峰会之前解决缔约问题。7 月 19 日，日本代
表团抵达北京。

四、正式缔约谈判

1978 年 7 月 21 日，中断近三年的中日缔约谈判在北京重新开始。直到 8 月 11
日上午，共举行 16 次由双方正式谈判代表团进行的事务级会谈。8 月 8 日，园田
直抵达北京，8 月 9 日上午和下午以及 12 日上午与中国外交部部长黄华共进行了

---

1 《邓小平年谱（1975—1997）》（上册），第 288 页。
2 《邓小平年谱（1975—1997）》（上册），第 323—324 页。

三次外长会谈。在 8 月 10 日下午和 8 月 12 日晚签署条约前，邓小平、华国锋分别会见了园田直。

日方正式谈判代表团以佐藤正二为团长，参加会谈的有外务省亚洲局局长中江要介、中国课长田岛高志、条约课长斋藤邦彦、驻华公使堂之胁光朗等；中方以韩念龙为团长，参加会谈的还有外交部亚洲司副司长王晓云以及亚洲司和条法司有关主管官员，驻日大使符浩作为代表团成员参加谈判。

在 7 月 21 日下午进行的第一次会谈上，双方一开始就直切主题，就反霸条款进行了讨论。韩念龙在确认《中日联合声明》是"发展中日两国善邻友好关系的准则，是缔结中日和平友好条约的根据和基础"后，说明了中方的主要观点：反对霸权是中日联合声明的一个最重要原则，应该将不追求霸权和反对追求霸权行为这样两点写入条约正文，重新确认了 1975 年 4 月中方草案中的第二条（即反霸条款）。之后，佐藤正二说明了日本外交的总体框架，即强调日美关系在日本对外关系中占有特殊地位，并提到《中苏友好同盟互助条约》废除问题。[1]

在第二天下午的第二次会谈上，日方分发了中日文两个语种的条约草案，并由斋藤邦彦依据事先准备好的"就日方新条约草案进行说明"的文件，逐条进行说明。在 24 日下午的第三次会谈和 25 日下午的第四次会谈中，双方就日方草案进行了讨论。韩念龙在第三次会谈中表示不能同意日方新草案第三条关于反霸条款的表述，表明反霸条款具有两个性质：其一，不是针对第三国；其二，是针对第三国的，即"是针对谋求霸权或者企图谋求霸权的国家"，日方新草案中写着"本条约并非针对特定的第三国"，"这不符合逻辑，削弱或阉割了反霸条款的精神和实质"。[2]关于反霸条款所适用的区域范围，日方草案提出"亚洲太平洋地区及其他任何地区"，中方认为不要改变"亚洲太平洋地区"的表述。在翌日的第四次会谈上，佐藤正二对前一天韩念龙的发言作出回应，指出"日中和平友好条约并非同盟条约，不是以某个国家为双方共同的假想敌国，也不是为了敌视特定的第三国而缔结的"，

---

1 「外務大臣あて佐藤大使発電報」（1978 年 7 月 21 日）、日本外務省外交史料館所蔵『開示文書』1/01-396/1。

2 「外務大臣あて佐藤大使発電報」（1978 年 7 月 24 日）、日本外務省外交史料館所蔵『開示文書』1/01-396/3。

同时希望通过非正式会谈审议包括前言在内的其他各条款。

在 27 日下午的第五次会谈结束时，双方讨论了如何将谈判进行下去的方法，佐藤正二提议第六次会谈采取非正式方式。7 月 28 日，双方举行非正式会谈即第六次会谈，这是一次小范围不拿稿的会谈。有意思的是，佐藤正二和韩念龙分别列举了各自所归纳的"双方的五点共识"，但这其实是明确了双方的根本分歧点。佐藤正二的第四点指出"本条约不应明确针对苏联"，韩念龙说"针对苏联这件事情不言而喻。这正是中日双方意见分歧所在"。[1]

在 7 月 31 日下午的第七次会谈上，中方提出了新的方案，将反霸条款的第一句修改为"本条约并非针对不谋求霸权的第三国"，将这一句放在该条款的末尾。但日方不同意该方案，中方也表示其实并不认为该新提案很理想，还是希望使用原先提出的方案。[2] 就在这天晚上，中央政治局常委在参加纪念"八一"建军节晚会后，在首都体育馆召开讨论中日缔约的会议。很多已有研究都强调这一会议对推动缔约谈判起了重要作用，认为"谈判的僵局打开了，形势急转直下"。[3] 这从中方外交谈判人员得到中央首长首肯的这个意义上也许是可以说的，但在外交档案的会谈记录中看到的却是，接下来的谈判并非一帆风顺。

在 8 月 1 日的第八次会谈上，佐藤正二强调日方"恕难苟同"中方提案的理由，并就第三条第一句提出了新方案，即把"特定的"替换为"某一个"，由原来第三条第一句"本条约并非针对特定的第三国"改为"本条约并非针对某一个第三国"。[4] 但在第二天下午的第九次会谈上，韩念龙表示"某一个"（日文"いずれかの"）和"特定的"这两个词意思没有什么区别，是同义词，换汤不换药，决不予以考虑。[5] 中方提议将反霸条款的第一句修改为"两缔约国根据本条约巩固和发展和平友好关

---

1 「外務大臣あて佐藤大使発電報」（1978 年 7 月 28 日）、日本外務省外交史料館所蔵『開示文書』1/01−396/6。

2 「外務大臣あて佐藤大使発電報」（1978 年 8 月 1 日）、日本外務省外交史料館所蔵『開示文書』1/01−396/7。

3 王泰平：《王泰平文存——中日建交前后在东京》，北京：社会科学文献出版社，2012 年，第 509 页。

4 「外務大臣あて佐藤大使発電報」（1978 年 8 月 1 日）、日本外務省外交史料館所蔵『開示文書』1/01−396/8。

5 「外務大臣あて佐藤大使発電報」（1978 年 8 月 2 日）、日本外務省外交史料館所蔵『開示文書』1/01−396/9。

系，这并非针对第三国"，前提条件是删除 7 月 22 日日方提出的条约草案文本第一条写着的"本条约的目的是巩固和发展两缔约国间的和平友好关系"这一句，并表示"中方已经做了最大的让步"。其实，这是中方第一次明确表示使用"第三国"这一词汇。但在 8 月 3 日的第 10 次会谈上，佐藤正二对此表示"日方的结论是不能同意中方的提案"，韩念龙表示"中方没有妥协余地"，佐藤正二只好提议"今天谈判先到这里"，韩念龙表示"明天听听您的看法"，[1] 可以说是不欢而散。

在 8 月 4 日的第 11 次会谈上，日方再次提出新方案。佐藤正二表示这是"日本政府着眼于大局，充分考虑两国的平等关系而提出"的，即将第三条第一句改为"本条约不影响缔约各方同第三国关系的立场"。后来这一句成为正式条约的第四条，但在当天的会谈上，韩念龙表示反对，希望日方接受中方 8 月 2 日的草案条文。

在 8 月 5 日的第 12 次会谈上，韩念龙具体地指出了日方草案中关于反霸条款内容本身的问题，即日方草案的第二条是"缔约双方表明：任何一方都不应在亚洲和太平洋地区或其他任何地区谋求霸权，对任何其他国家或国家集团建立这种霸权的努力都是反对的"，而中方坚持《中日联合声明》第七条的表述方式，即有两处不同：一是关于地区问题，日方草案在"亚洲和太平洋地区"后面增加了"或其他任何地区"；二是把"反对"改为"是反对的"。韩念龙表示前者可以让步，而后者不能同意。佐藤正二表示要报告东京方面。[2]

值得注意的是，8 月 5 日这一天，日方谈判代表之一的中江要介临时回国汇报。在第二天的"箱根会议"上，中江要介非常肯定地说："我想条约一定能签成。"[3]福田赳夫、园田直、安倍晋太郎等人听取了中江要介的汇报，福田赳夫首肯了园田直于 8 月 8 日访华。虽然 8 月 7 日和 8 日连续进行了第 13 次和第 14 次事务级会谈，但没有进展。

8 月 8 日，园田直抵达北京。9 日，中日外长举行两次会谈。在上午的会谈上，

1　「外務大臣あて佐藤大使発電報」(1978 年 8 月 3 日)、日本外務省外交史料館所蔵『開示文書』1/01-396/10。

2　「外務大臣あて佐藤大使発電報」(1978 年 8 月 6 日)、日本外務省外交史料館所蔵『開示文書』1/01-396/12。

3　中江要介「日中平和友好条約締結交渉の頃――四つのエピソード」、石井明他編『記録と考証 日中国交正常化・日中平和友好条約締結交渉』、300—301 頁。

园田直明确指出要"就有助于谈判顺利开展的相关问题进行对话",韩念龙说"应该集中精力首先讨论反霸条款",园田直表示可以谈,但先谈起了"相关问题",之后才谈起反对霸权的问题。[1] 在这天下午的会谈上,黄华告诉园田直,中方接受日方关于第三国条款的提案,即 8 月 4 日的第 11 次会谈提出的改为"本条约不影响缔约各方同第三国关系的立场",并同意在反霸条款上加上"其他任何地区"。至此,《中日和平友好条约》谈判峰回路转,剩下的只是推敲条约的行文和措辞了。

8 月 10 日上午召开第 15 次事务级会谈,着重对条约文本逐条进行了确认和修改,并决定设立起草委员会。在第二天上午举行的第 16 次会谈上,日方同意写成"反对",而不是"是反对的"。双方同意反霸条款的第一句即第三国条款作为条约的第四条。日方再次确认了中方废除《中苏友好同盟互助条约》的想法。

10 日下午,邓小平会见园田直和日方谈判代表团的全体人员。邓小平首先感谢园田直的诚意,接着谈了对反霸的看法,在谈到废除《中苏友好同盟互助条约》的问题时明确表示"在这里正式向日本政府宣布这个条约已经失效","这个条约后年到期,中国政府打算明年 4 月以某种形式宣布条约作废",并说这件事对外讲"不要紧"。[2] 在讲到两国关系中存在钓鱼岛问题时,邓小平说:"这样的问题,现在不要牵进去,可以摆在一边,以后从容地讨论,慢慢地商量一个双方都可以接受的办法。我们这一代找不到办法,下一代、再下一代会找到办法的。"[3] 邓小平主张"要更多地寻求共同点,寻求相互合作、相互帮助和相互配合的途径",确认"这个文件不但是政治上对我们过去两国关系的总结,而且是我们两国关系发展的新起点"。[4]

1　所谓"相关问题"包括如下几个方面:日美关系;如何应对苏联;越南和柬埔寨问题;英国外交大臣询问如果英国向中国提供武器会不会对日本造成麻烦。关于反霸问题,园田直指出:进行反霸权斗争是理所当然的事,但不应该有地区的限制;关于苏联和霸权的问题,日苏与中苏不同,"我们也在现实中进行反霸权斗争,但是做法有所不同",应该把日本国宪法第九条看成是反霸权的最高表现形式。参见「外務大臣あて佐藤大使発電報」(1978 年 8 月 11 日)、日本外務省外交史料館所蔵『開示文書』1/01-396/16;「外務大臣あて佐藤大使発電報」(1978 年 8 月 10 日)、日本外務省外交史料館所蔵『開示文書』1/01-396/17。

2　「外務大臣あて佐藤大使発電報」(1978 年 8 月 11 日)、日本外務省外交史料館所蔵『開示文書』3/01-1373/1。

3　《邓小平年谱(1975—1997)》(上册),第 355 页。

4　「外務大臣あて佐藤大使発電報」(1978 年 8 月 11 日)、日本外務省外交史料館所蔵『開示文書』3/01-1373/1。

此时，邓小平更加强调了面向未来寻求合作的方向。

8月12日上午，中日举行第三次外长会谈。此时，条约的中文文本、日文文本以及英文译文文本都已经完成。园田直谈起几件事：提议日中间每年至少举行一次外长级别会谈；关于联合国宪章中的旧敌国条款问题；关于4 000名日本人的国籍问题；关于大使馆的建筑用地问题；希望中方支持日本参加联合国安全理事会的选举等。他还确认指出："过去的问题已经付水东流"，"对日中双方在第二次世界大战中逝去的人们表示深深的哀悼之情"，"向他们汇报，告诉他们条约已经缔结了，日中友好已经跨入了新的阶段"。[1]

当天晚6时，华国锋在人民大会堂会见园田直。晚7时，《中日和平友好条约》签字仪式在人民大会堂安徽厅举行。条约签订后不久，8月16日，中国全国人民代表大会常务委员会批准条约。10月16日和18日，日本国会参众两院表决通过。10月23日，双方互换批准书，条约正式生效。

五、结语：中日两国不同的东亚秩序观

如上所述，在缔约谈判过程中，中日间提及了五大问题。历史问题和台湾问题，并没有成为后来缔约谈判的争论焦点。在明确废除《中苏友好同盟互助条约》的问题上，中日双方没有分歧。关于领土问题，双方形成"搁置争议"的状态。而反霸条款问题则成为缔约谈判中的最大争论焦点，中日之间在是否以及如何把反霸条款写进条约问题上的分歧亦成为缔约谈判的最大障碍。其实，中日双方对反霸条款的前半句没有异议，即中日两国都承诺自身不谋求霸权。而分歧在于后半句的"反对任何其他国家或国家集团建立这种霸权的努力"。实际上，中日间在反对霸权主义这一理念上也并不存在分歧，在谁是霸权、反对谁的问题上也没有很大分歧，日本并不反对认为苏联是霸权主义。双方只是在"怎么反霸""是否采取联合行动反霸"问题上有着很大的分歧。

这一分歧直接而深刻地反映了中日两国不同的东亚秩序观。中国在20世纪60

---

1 「外務大臣あて佐藤大使発電報」（1978年8月12日）、日本外務省外交史料館所蔵『開示文書』1/01-396/19。

年代末 70 年代初进行了战略大调整，将苏联定位为主要威胁，与美国实现了关系缓和。70 年代前半期提出了"一条线一大片"战略。1973 年 2 月 17 日，毛泽东会见美国总统特使基辛格时提出"一条线"构想，即指按照大致纬度划一条连接从美国到日本、中国、巴基斯坦、伊朗、土耳其和欧洲的战略线。1974 年 1 月 5 日，毛泽东又在会见大平正芳时进一步提出"一大片"构想，即指"一条线"周围的国家，意在强调要团结这"一条线"和"一大片"的所有国家，结成国际反霸（反苏）统一战线。在这一战略构想中，日本就成为反霸斗争中的一支重要力量。中国强烈主张在《中日和平友好条约》中写进反霸条款，以服务于这一大战略，故而在谈判过程中极力主张"霸权主义威胁着中国，威胁着日本，威胁着世界各国"，"尤其是苏联社会帝国主义，加快了霸权主义准备工作的步伐"，"苏联帝国主义正在进一步推进近似疯狂的霸权主义"等，意欲强调"苏联霸权主义"是中日两国共同的威胁，希望日本成为国际反霸统一战线的一员。

　　而日本则反复强调，日美关系是日本外交的"基轴"，坚持日美安全保障体制；不参与中美苏的国际政治大秩序的角逐，故而采取"日中是日中，日苏是日苏"的方略，不主张与中国携手反对苏联；主张要照顾东南亚各国的感受，不给东南亚各国形成"日中携手"的印象；强调日本"同任何国家都要和平友好"，实行"全方位外交"。在这些大框架下，与中国发展在"过去的问题付水东流"的基础之上的友好合作关系。日本不赞同与中国联合反霸，直截了当地对中方说："《中日和平友好条约》并非同盟条约，不是以某个国家为双方共同的假想敌国，也不是为了敌视特定的第三国而缔结的。"日本强调要以日本的方式来反对霸权，如与美国协调，与苏联接触，与东南亚合作，主张日本宪法第九条是反对霸权的最高形式。

　　上述分歧所反映的实质问题是中日两国对国家安全和战略利益思考的迥异。当中国要建立针对苏联的国际统一战线并希望把日本拉入这一统一战线时，日本反对被卷入中国的对苏战略之中，更不用说与中国站在同一战线上。园田直就曾表示："日本绝对不会做跟苏联携手一起来威胁中国的事，同时也不会考虑跟中国合作，对苏联采取敌对行为。"[1] 日本从缔约谈判一开始就反对与中国一起对抗苏联，自始

1 「外務大臣あて佐藤大使発電報」（1978 年 8 月 10 日）、日本外務省外交史料館所蔵『開示文書』1/01-396/17。

至终拒绝与中国建立反霸的战略关系。

经过近四年的交涉，中国欲与日本结成战略关系，但尝试未果。到华国锋主政、邓小平复出之后，中国已经开始重点强调经济建设。华国锋在会见园田直时，花了很多时间讲述中国经济的薄弱环节，强调中国与日本的经济合作具有广阔前途。邓小平更趁参加条约互换批准书之际亲自访日，所到之处强调"到日本来就是要向日本请教"。鉴于当时中国正欲走上改革开放路线的现状，此次邓小平访日可被视为推动中国改革开放的关键之旅，而换文仪式就可称为中日开启经济相互依存关系的开幕式。之后，中国和日本走向了以互通有无、互惠互利的经济相互依存关系为基础的两国关系，直至今日。

条约最后得以签订，并非如此前一些学者所认为的那样——该条约是"中美日准同盟"关系结成的标志。事实上，该条约表明了中日在反霸问题上达成妥协：日本同意写上反霸条款，但无意在对苏问题上与中国结成战略上的合作关系，而中国也接受了这种定位。之后中日两国摸索出来的是结成经济上的互惠关系，而非战略上的合作关系。对日本来说，日美安全保障体制的存在，是日本国家身份与发展道路的选择，而非仅仅是与谁合作的战术问题。日本选择了日美安保体制作为战后发展道路的主要内容，如果不对这种选择作出重新安排的话，就难以想象会与中国建立安全领域甚至战略上的合作关系。而从当前中日两国的战略猜疑来看，可以说其根源在于缺乏安全领域问题上的制度性安排。

从一个长时段的历史视野来看，反霸条款的现实国际政治意义还是非常显著的：其一，中国与日本都是本地区的大国，相互确认都"不谋求霸权"，作为"自我约束"的框架，有着现实意义；其二，"反对霸权"作为人类社会的普遍精神和国际社会的通用基准加以强调，有利于重新看待包括美国霸权在内的国际社会的"差序性"问题，也可能会成为制约日本配合美军的法理和道义上的思维依据；其三，"反对霸权"的精神可能催生国际社会中国家间的"共生"价值，有助于思考国际社会和平状态下的权威与秩序问题。

（本文原载于《中共党史研究》2018 年第 11 期）

"第二中间地带"策略与1964年伯尔尼接触

葛　君

摘要： 1964年5—12月，中国与联邦德国曾就改善双方贸易关系在伯尔尼进行了四次官方接触性会谈。联邦德国希望能与中国达成一项包含"柏林条款"的易货协定，而中国则力图通过对"第二中间地带"国家的斗争策略，达到孤立美国的目的。但同时，中国又不愿授苏联以柄，拒绝接受任何形式的"柏林条款"，双方在伯尔尼接触最终无果而终。这一接触反映出中国在"第二中间地带"策略指导下的革命外交，具有不同于一般现实主义外交的特性。

关键词： 第二中间地带；伯尔尼接触；柏林条款；外交

在提及1960年代前半期中国与西欧资本主义国家间的关系时，研究性论著往往都会谈及毛泽东当时所提出的"第二中间地带"这个概念。有些学者认为这是一种新的对外战略思想，对当时的中国外交摆脱两面敌对、寻找新的战略空间具有现实意义，并且也为发展和改善同西方资本主义国家的关系奠定了理论基础和政策基础。[1]

在"第二中间地带"策略指导下，中国与联邦德国曾于1964年在瑞士伯尔尼（Bern）就改善双方贸易关系进行了四次官方级别的接触。从事中国外交史及中德

1　钱庠理：《历史的变局——从挽救危机到反修防修（1962—1965）》，香港：香港中文大学当代中国文化研究所，2008年，第456页；宫力：《毛泽东的国际战略视野与新中国大国地位的确立》，《当代世界与社会主义》2010年第3期，第93页。

关系研究的学者对此也已经有所述及。[1] 但无论是在对具体历史过程的叙述方面，还是在对事件的解读与评价方面，甚至在学术的规范性和严谨性方面，这些研究都存在着或多或少的缺憾。为弥补这些不足，笔者通过利用已解密的中国外交部档案文件，结合联邦德国和美国的相关外交档案，对这一历史事件的发展过程进行更细致的梳理，以期加深对"第二中间地带"策略指导下的中国革命外交的认识。

一、"第二中间地带"与"柏林条款"

"第二中间地带"源于"中间地带"这一概念。最早可追溯到毛泽东 1946 年 8 月与美国记者斯特朗的谈话。新中国成立后，由于采取"一边倒"政策，毛泽东曾一度不再使用这一概念；到了 1950 年代中后期他又开始重提"中间地带"。有学者指出，这时毛泽东已经开始从统一战线策略的角度出发，注意把一些欧洲国家与美国再度区别开来；[2] 也有学者认为这表明毛泽东已经产生"两个中间地带"的思想。[3]

其实，直至 1960 年代，毛泽东才真正对"中间地带"概念作出较为细致的分析与阐述。1962 年 1 月他在同日本禁止原子弹氢弹协议会理事长安井郁的谈话中指出，"社会主义阵营算一个方面，美国算另一个方面，除此以外，都算中间地带。但是中间地带国家的性质也各有不同。"[4] 到次年 9 月，他还明确提出"两个中间地带"的观点，指出"中间地带有两个，一个是亚、非、拉，一个是欧洲"。[5] 从"中

1　王泰平主编：《中华人民共和国外交史》（第二卷），北京：世界知识出版社，1998 年，第 411—413 页；潘琪昌：《伯尔尼会谈——中德关系史上的一段秘史》，《德国研究》2002 年第 3 期；潘琪昌主编：《百年中德关系》，北京：世界知识出版社，2006 年，第 166—191 页；姚百慧：《论美国与中法建交的关系》，《世界历史》2010 年第 3 期。此外还有前驻联邦德国大使王殊的一些回忆，参见王殊：《中德建交亲历记：从记者到大使的传奇人生》，北京：世界知识出版社，2002 年，第 52 页；王殊：《中德建交的前前后后》，中国人民大学德国研究中心编：《交流与探索：中德学者对德中问题的研究》，北京：中国人民大学出版社，2003 年，第 21 页。

2　参见杨奎松：《中美和解过程中的中方变奏——"三个世界"理论提出背景探析》，李丹慧主编：《冷战国际史研究》第 4 辑，北京：世界知识出版社，2007 年，第 22 页。

3　参见陈兼：《将"革命"与"非殖民化"相连接——中国对外政策中"万隆话语"的兴起与全球冷战的主题变奏》，李丹慧主编：《冷战国际史研究》第 9 辑，北京：世界知识出版社，2010 年，第 34 页。

4　《中间地带国家的性质各有不同》，（1962 年 1 月 3 日），中华人民共和国外交部、中共中央文献研究室编：《毛泽东外交文选》，北京：中央文献出版社、世界知识出版社，1994 年，第 487 页。

5　《中间地带有两个》（1963 年 9 月，1964 年 1 月、7 月），中华人民共和国外交部、中共中央文献研究室编：《毛泽东外交文选》，第 506—507 页。

间地带国家的性质也各不相同"到"中间地带有两个"的论述，从文字表述来看，看似后者是对前者更为明晰的表述。但其实在此前后，毛泽东对国内外政策的看法已发生了极大的转变。

1960 年中国为消除国内经济困难的局面，相应调整对外政策，采取稳妥的应对方针，以图创造一个比较安定和平的国际环境。[1] 而到次年末，毛泽东对国内形势的判断开始转变。随后，在对外关系问题上，毛泽东提出"反修防修"的思想。[2] 于是"反帝反修"成为此后中国外交的主基调。

若说毛泽东在 1962 年 1 月提出"中间地带国家的性质也各不相同"时所考虑的还是如何采取较为稳妥的对外政策，[3] 那么到 1963 年 9 月提出"两个中间地带"时，已是在阶级斗争的前提下，考虑如何更加坚决地"反帝反修"，并推动亚非拉地区的革命运动。即既要坚决反对帝国主义，又要反对修正主义。毛泽东提出"第二中间地带"，以及与当时同美国矛盾重重的法国建立外交关系，都可以认为其主要目的并非是要真正改善与西欧国家的关系，而是要利用它们与美国的矛盾达到"反帝"目标。

而联邦德国新任总理艾哈德（Erhard）需在对外政策上制订一套新方针，核心是如何解决德国问题。1964 年 1 月 3 日，施罗德（Schröder）领导的外交部就起草了一份"德国倡议"（Deutschland-Initiative），成为新政府处理德国问题的指导性文件。其中第 7 条中表达了联邦德国要同东欧国家改善关系的愿望，欲通过与各东欧国家加强贸易联系，从而达到孤立民主德国的目的。[4]

1　参见牛军：《1962：中国对外政策"左"转的前夜》，《历史研究》2003 年第 3 期。

2　参见逄先知、金冲及主编：《毛泽东传（1949—1976）》，北京：中央文献出版社，2003 年，第 1235—1260 页；钱庠理：《历史的变局——从挽救危机到反修防修（1962—1965）》，第 267—288 页。

3　虽然在苏共二十二大之后，中苏关系重新出现恶化的迹象，但双方还都暂时搁置或回避意识形态争论，维持关系稳定的可能性依然存在。参见李丹慧：《走向分裂：从暗中斗争到公开论战——1960 年代中苏关系研究之二》，《史学集刊》2006 年第 6 期。

4　Dok. 3: Deutschland-Initiative (erste Fassung) (3. Januar 1964), Hans-Peter Schwarz, hrsg., *Akten zur Auswärtigen Politik der Bundesrepublik Deutschland 1964*, München: Oldenbourg, 1995, S. 14. Doc. 2: Paper Presented by the German Government to the Washington Ambassadorial Group (Washington, January 15, 1964), James E. Miller, ed., *Foreign Relations of the United States, 1964–1968*, Volume XV, *Germany and Berlin*, Washington: Dept. of State, 1999, p. 5; Klaus Hilderbrand, *Von Erhard zur Großen Koalition: 1963–1969* (Karl Dietrich Bracher, hrsg., *Geschichte der Bundesrepublik Deutschland*, Bd. 4), Stuttgart: Deutsche Verlags-Anstalt, 1984, S. 90.

早在 1963 年 3 月 7 日联邦德国就同波兰签订贸易协定，新政府成立后又分别同罗马尼亚、匈牙利和保加利亚签订相关贸易协定。这些协定都包含一个变相的"柏林条款"（Berlin-Klausel/Clause），[1] 即通过规定协定的适用范围为"西德马克区"，造成西德和西柏林属于同一整体的事实。[2] 能在与东欧国家的贸易协定中实现"柏林条款"是联邦德国最大的政治诉求。施罗德意识到，德国问题的走向，受到东西方力量对比以及莫斯科与北京之间关系发展的影响。[3] 此时，中苏已从公开论战走向分裂。如能利用中苏冲突与中国签订附有"柏林条款"的贸易协定，对联邦德国而言在外交上具有重大的现实利益。而 1964 年 1 月中法建交这一"外交核爆炸"，更促动它想要进一步改善与北京的关系。

二、联邦德国的试探与中国的态度

对于中法建交，联邦德国曾担心会对德国问题产生副作用。[4] 1964 年初艾哈德访问巴黎期间，戴高乐（De Gaulle）向其明确表示不会承认民主德国，[5] 这一表态使联邦德国得以放心，在改善同中国关系问题上减少了顾虑。

此前，联邦德国资本家就曾以个人拜访、商谈业务的形式向中国作出改善贸易关系的试探。对此，驻瑞士使馆商务参赞田型春建议：为配合在西欧"第二中间地带"的斗争，进一步扩大帝国主义之间矛盾，对西德的贸易，应采取主动态度，有步骤地主动开展工作。在不附带任何条件下，可考虑与西德谈判签订一个贸易协

1　参见潘琪昌：《百年中德关系》，第 173—175 页；Hilderbrand, *Von Erhard zur Großen Koalition: 1963-1969*, S. 91.

2　Dok. 13: „Deutsch-britische Regierungsbesprechung in London" (15. Januar 1964), in Schwarz (Hrsg.), *AAPD 1964*, S. 55, Anm. 20; Hilderbrand, *Von Erhard zur Großen Koalition: 1963-1969*, S. 91;《对外贸易部致外交部西欧司：苏联和若干东欧国家与西德在签订贸易协定时关于"西柏林条款"的规定》（1964 年 12 月 16 日），中国外交部档案馆，110-01296-03，第 30—33 页。

3　Dok. 4: Runderlaß des Bundesministers Schröder (6. Januar 1964), Schwarz, hrsg., *AAPD 1964*, S. 16.

4　Dok. 17: Deutsch-französische Konsulationsbesprechungen (21. Januar 1964), Schwarz, hrsg., *AAPD 1964*, S. 96, Anm. 31.

5　Dok. 44: Gespräch des Bundeskanzlers Erhard mit Staatspräsident de Gaulle in Paris (14. Februar 1964); Dok. 46: Gespräch des Bundesministers Schröder mit den französischen Außenminister Couve de Murville in Paris (14. Februar 1964), Schwarz, hrsg., *AAPD 1964*, S. 210-212, 214-215, 223.

议。[1] 对此，外交部认为："对西德在政治上仍应持冷淡态度。因此，对西德贸易仍要有控制地进行。签订半官方的双边贸易协定和互设机构均暂不考虑。"[2]

艾哈德访问巴黎后不久，联邦德国就对中国采取更具体而又正式的试探。2月24日，德国经济东方委员会（Ost-Ausschuss der Deutschen Wirtschaft）主席奥托·沃尔夫·冯·阿梅龙根（Otto Wolff von Amerongen）[3] 偕秘书基希纳（Kirchner）拜访中国驻瑞士使馆代办崔继瑗，明确表示此次访问是政府授意，欲寻求中德政府间签订官方贸易协定的可能性。如中国政府不抱拒绝态度，其拟派外交部第二政策司司长克拉普夫（Krapf）与中国驻瑞士使馆参赞进行正式官方接触。对此，中国驻瑞士使馆方面认为，这次来访说明西德政府目前的对华政策实际上并不冷淡和消极，建议对西德要求建立官方接触和商谈贸易协定的问题，持不拒绝态度。在条件对己有利、时机恰当的情况下，可同西德续谈并达成某种协议；反之会谈可时断时续地拖下来，即便这样，也是利多弊少。[4] 相较于使馆方面较为积极的应对建议，外交部3月20日的回复是有所保留的。[5] 中国方面虽同意进行官方接触以试探联邦德国的态度，但从政治上考虑，似并不愿意同西德签订官方贸易协议，对民间贸易协议也不感兴趣。同样，联邦德国方面对同中国签订新贸易协定的态度，也有所保留，并受到美国掣肘。3月12日联邦德国国务秘书拉尔（Lahr）提交给总理府的报告称，外交部认为应于几个月后就签订一项新的贸易协定同中华人民共和国举行政府间的谈判。首先应为谈判做内部准备，"此外在通知中国人以前，应该将我们的打算先告知美国政府。而是否在北京建立官方贸易代办处，则暂不考虑"。艾哈

1　《驻瑞士大使馆商参处致对外贸易部：关于对西德贸易的情况和几个问题的意见》（1964年2月13日），中国外交部档案馆，110-01773-03，第5—6页。

2　《外交部、对外贸易部致驻瑞士使馆：复对西德贸易问题》（1964年2月24日），中国外交部档案馆，110-01773-03，第20—21页。

3　德国经济东方委员会是联邦德国政府授权同未建交国家签订贸易协定的半官方组织。在中国外交部档案馆的档案中对冯·阿梅龙根多以其名称呼之，出现有：奥托沃夫、奥特沃尔夫、奥特沃夫、Otto Wolff、奥托·沃夫等，本文依惯例一律称之以姓。

4　《驻瑞士使馆致外交部并对外贸易部：奥特沃尔夫来谈签订中西德官方贸易协议问题》（1964年2月27日），中国外交部档案馆，110-02035-03，第7—9页。

5　《外交部、对外贸易部并促进会致驻瑞士使馆：复对西德接触事》（1964年3月20日），中国外交部档案馆，110-02035-03，第11—12页。

德对此建议的批语是："最好再观望一下。"[1]

　　中国驻瑞士使馆根据外交部 3 月 20 日的指示，于 4 月 8 日邀请基希纳来瑞士，告知中方愿意接见克拉普夫。5 月 6 日，冯·阿梅龙根与基希纳一起再赴瑞士，表示德国政府决定自 5 月 13 日起随时准备同中方接触。[2] 同时又严格遵循事先告知美国的意旨，国务秘书卡斯滕斯（Carstens）5 月 12 日在海牙举行的四国代表会议上，把准备同中国进行接触一事委婉地告知美、英、法三国的代表。[3]

　　对于西德的接触要求，中国驻瑞士使馆在 5 月 7 日提交给外交部的报告中详细论述与联邦德国接触的政治、经济好处，[4] 同时认为由于西德同台湾没有"外交关系"，故"此举亦不会是我开了一个陷于被动的先例而会影响西欧国家（主要是意、比、奥）同我发展关系"，很好地化解了外交部 3 月 20 日对于"如我同西德签订官方贸易协议和互设贸易机构，将会开一个不好的先例"的担忧。外交部 5 月 15 日回电同意接见西德驻瑞士大使，[5] 这表明此时中国政府已决心同联邦德国进行官方接触；最终双方定于 5 月 25 日在伯尔尼的中国使馆内进行首次会谈。[6]

---

[1] Dok. 69: „Staatssekretär Lahr an Staatssekretär Westrick, Bundeskanzleramt" (12. März 1964), Schwarz, hrsg., *AAPD 1964*, S. 341–342, Anm.5.

[2] 《驻瑞士使馆致外交部、对外贸易部：关于西德拟派其驻瑞士大使同我谈订官方贸易协议和互设代表机构的请示》（1964 年 5 月 7 日），中国外交部档案馆，110-02035-03，第 13—14 页。

[3] Dok. 126: Gespräch des Staatssekretärs Carstens mit Vertretern der Westmächte in Den Haag (12. Mai 1964), Schwarz, hrsg., *AAPD 1964*, S. 529–530；相比较潘琪昌在其研究著作中对此事表述："早在 1964 年 5 月 12 日，联邦德国国务秘书卡斯滕斯就已在海牙向美、英、法三国通报说，联邦德国政府打算与中国签订一项政府级别的易货协定，这可以起到孤立民主德国的作用。"笔者在阅读这份会谈记录后发现：① 卡斯滕斯的措辞更为委婉；② 原文使用的是"贸易合同"或"商约"（Handelsvertrag）一词，并没有使用"易货协定"（Warenabkommen）一词，而在 3 月 12 日拉尔的报告中却使用的是"贸易协定"（Handelsabkommen）一词；③ 其中所谓"这可以起到孤立民主德国的作用"一语并非针对与中国签订贸易合同而发，而是针对与罗马尼亚达成附带"柏林条款"的协议而言。参见潘琪昌主编：《百年中德关系》，第 176 页；Dok. 69, Schwarz, hrsg., *AAPD 1964*, S. 341。

[4] 《驻瑞士使馆致外交部、对外贸易部：关于西德拟派其驻瑞士大使同我谈订官方贸易协议和互设代表机构的请示》（1964 年 5 月 7 日），中国外交部档案馆，110-02035-03，第 14—16 页。

[5] 《对外贸易部、外交部致驻瑞士使馆：复同西德驻瑞士大使接触事》（1964 年 5 月 15 日），中国外交部档案馆，110-02035-03，第 17 页。

[6] 《驻瑞士大使馆致外交部并外贸部：与西德参赞接触事》（1964 年 5 月 22 日），中国外交部档案馆，110-01296-01，第 7 页。

三、首次会谈焦点与美国的反应

联邦德国将首次会谈目标确定为："倾听中国方面具体对我们有什么期望，以及他们愿意向我们提供什么。"同时，无论如何要向中方澄清：① 暂时只愿就一项政府级别的易货协定进行谈判；② 这项协定中必须包括柏林条款；③ 有关进一步的协议，例如建立贸易代表团，则仍需要深入的考察。[1] 1964 年 5 月 25 日，双方在伯尔尼开始首次接触会谈，主要聚焦于两方面的问题：（1）双方所要签订协定的性质问题；（2）对于"柏林条款"的立场和如何表述的问题。

根据克拉普夫 5 月 30 日的记录，德方代表、驻瑞士使馆参赞汉森（Hansen）[2]向中方代表崔继瑷表示，他首先想要确定，中国政府是否真的把目标放在一项易货协定上，之后还特别强调：德方始终将中方所谓的"贸易协定"称为"易货协定"。[3]但在中国驻瑞士使馆给外交部的回电中，没能反映出双方在此问题上的分歧。从此前中方的档案文件可知，中国一直认为联邦德国要与自己签订官方贸易协定。

中国是否愿意接受"柏林条款"，是联邦德国此次接触所要试探的核心。在会谈中，德方代表表示，他们的印象是中国同意把柏林包括在协定中，并强调 1957年的那个协定也曾包括西柏林。[4]中方则表示，倒是冯·阿梅龙根在谈论官方贸易协定问题时曾确认："中国是不会接受西柏林的条款的。"[5]根据德方的记录，中方代表之后试探：联邦德国政府是否愿意就这样一项协定进行谈判，在其中将西柏林改写为"西德马克货币区"？德方代表表示，根据他们的理解，东欧国家与中华人民共和国存在明显区别。前者由于考虑到莫斯科，所以必须要改写"柏林"一词。而

1　Dok. 131: Aufzeichnung des Ministerialdirektors Krapf (19. Mai 1964), Schwarz, hrsg., *AAPD 1964*, S. 543.

2　原定的联邦德国驻瑞士大使最终并没有参与伯尔尼的接触会谈，转由驻瑞士使馆参赞汉森负责。

3　Dok. 143, Schwarz, hrsg, *AAPD 1964*, S. 586.

4　在 1957 年双方的民间贸易协定中，双方是通过相互换文的形式以确定协定的适用范围包括西柏林在内。参见中华人民共和国外交部编：《中华人民共和国条约集》（第 6 集），北京：法律出版社，1958年，第 329 页。

5　《驻瑞士使馆致外交部并外贸部：西德驻瑞士参赞等两人来我馆试探中德签订贸易协定事》（1964 年5 月 30 日），中国外交部档案馆，110-02035-06，第 22—23 页；《外交部：关于开展对西德工作和同西德互设贸易机构的请示》（1964 年 5 月 30 日），中国外交部档案馆，110-02035-06，第 21 页。

中国在外交政策上是自由的、不受拘束的，所以不需要作这样的考虑了。

这样的表态显然让中方意识到，对方在利用中苏关系的紧张来暗示自己应在柏林问题上改变立场。因此，崔继瑷马上表示，中国政府是根据中国人民和世界人民的利益来考虑问题，"没有什么力量能够改变中国政府的立场"。同时又表示，是否可能在一项也许会签订的协定中把柏林包括进来，或者如果情况可能，以何种方式包括进来。[1]

联邦德国政府明显想在与中国签订的协定中明确适用范围包含西柏林，而不再称"西德马克区"，以此更明确证明西柏林属于联邦德国。而长期以来中国政府始终强调要在不附带任何条件、不承认西柏林为西德马克区的前提下，才能与联邦德国讨论签订一项贸易协定。值得注意的是，中国驻瑞士使馆在给外交部的回电中，没有述及崔继瑷询问德方代表关于将西柏林改写为西德马克货币区一事。双方在记录上的这个区别似与中方在会谈前尚未确定好谈判方针有关，[2]因为这样的询问可能会被中央认为突破了谈判底线。

正在中国驻瑞士使馆向国内汇报接触会谈情况的同一天，外交部就关于开展对西德工作向中央请示，倾向于同意与西德签订官方贸易协定和互设官方性质的贸易机构，但强调在商谈过程中应坚持原则，取得政治上对己有利的条件。对于"柏林条款"则认为："应坚持不同意把西柏林包括在协定范围内……估计经过一番斗争，有可能迫使西德让步。"[3]这表明中方一如既往地坚持不同意接受"柏林条款"的态度，而这正是之后在谈判中中国一直坚持的原则。

早在首次伯尔尼接触前，美国就已向联邦德国表达了不满与担忧。国务卿腊斯克（Rusk）在 5 月 23 日给美国驻德大使的电报中称："你应该告诉卡斯滕斯，在国务院看来，这样一个协定似乎特别不合时宜。"同时提议："如果有进一步的迹象表明联邦德国打算继续推行贸易协定，我们建议将这个问题在 6 月 12 日总统与总

1　Dok. 143, Schwarz, hrsg, *AAPD 1964*, S. 586-587. 潘琪昌主编：《百年中德关系》，第 176 页。

2　而联邦德国方面对会谈也产生了这种印象，感到中国方面明显没有做好准备。参见 Dok. 143, Schwarz, hrsg, *AAPD 1964*, S. 585.

3　《外交部：关于开展对西德工作和同西德互设贸易机构的请示》（1964 年 5 月 30 日），中国外交部档案馆，110-02035-06，第 20 页。

理之间的会谈中进行讨论。"[1]

对于美国的态度，联邦德国也有相当的自觉。与中国首次接触后，克拉普夫就建议立即将第一次接触的结果告诉美国人。同时向美国强调，仅仅一项易货协定"不会起到提高中国威望的作用"。而美国方面认为，此时签订协定是"不合时宜"的，联邦德国最好能在美国总统大选结束之后，再来推动具体协定的签署。对美国的要求，克拉普夫认为完全无需担心，因为根据以往与东欧国家谈判的经验，这类会谈肯定会持续几个月。卡斯滕斯则明确表态同意将签订协定的时间延至总统大选结束之后。此外，联邦德国还自觉遵循腊斯克的建议，在艾哈德访美期间与约翰逊（Johnson）讨论这一问题。[2]联邦德国在同中国接触的问题上，都是主动向美国报告，与其协商，在签订协定的时机选择上完全顾及美国的意志。

6月12日，艾哈德访问美国，首先与腊斯克进行会谈。对于中国问题，艾哈德表示，德方绝不会考虑在外交上承认中国；目前仅是加深同其在最小限度上的贸易。关于这项协议的时间表和内容，愿意紧密地同美国保持步调一致。[3]之后在与约翰逊的单独会谈中，艾哈德再次表示，德国没有考虑同中国建立外交关系；联邦政府愿意就每一步骤与美国协调，不会在没有同美国就规模与时间进行协商的前提下与中国进行会谈。约翰逊则认为，与中国谈更多的贸易将会在美国人民中造成非常严重的恐慌。[4]艾哈德在第二天的记者会上公开表示，联邦德国不打算同中国建交或签订贸易协定；只是考虑过如何能加强与中国的贸易，联邦德国的行动将同美国完全一致，不会对中国采取任何主动。[5]

---

1 "Cable regarding a possible West German trade agreement with China" (May 23, 1964), *U. S. Declassified Documents Online*, CK3100478605, pp.1-2.

2 Dok. 143, Schwarz, hrsg, *AAPD 1964*, S. 588, Anm. 9, 589.

3 Dok. 160: Gespräch des Bundeskanzlers Erhard mit dem amerikanischen Außenminister Rusk in Washington (12. Juni 1964), Schwarz, hrsg, *AAPD 1964*, S. 648；笔者也找到了美国方面对这次会谈的记录，在美方的文件记录中没有艾哈德这句话。参见 Doc. 48: Memorandum of Conversation (Washington, June 12, 1964, 10:30 a.m.), Miller, ed., *FRUS, 1964-1968*, Vol.XV, pp.108-110。

4 Dok. 161: Gespräch des Bundeskanzlers Erhard mit Präsident Johnson in Washington (12. Juni 1964), Schwarz hrsg., *AAPD 1964*, S. 654; Doc. 49: Memorandum of Conversation of President Johnson and Chancellor Erhard (Washington, June 12, 1964, 11:30 a.m.), Miller, ed., *FRUS, 1964-1968*, Vol.XV, p.113.

5 《西欧司：关于同西德政府代表就两国关系问题继续会谈的请示》（1964年6月25日），中国外交部档案馆，110-01296-02，第12页；潘琪昌主编：《百年中德关系》，第178页。

但在腊斯克与施罗德专门讨论联邦德国与中国的贸易关系的会谈中，联邦德国还是极力争取与中国签订贸易协定的主动权。施罗德表示，真正特别吸引德国的是能在与中国缔结的协定中确保柏林条款。德国将试着在该年内达成此事。同时他再次强调，德国不想做任何让美国为难的事情。但无论如何，如果可能，他们想在今年决定一些事情，否则将会失去最佳的时机。腊斯克表示，希望双方能在这件事情上保持密切联系。[1]

可见，联邦德国的外交部门是十分希望能够尽快与中国签订一项带有柏林条款的协定的，但迫于美国的压力而不得不有所妥协，特别是在签订协定时间的问题上，难以实现如施罗德设想的在 1964 年内完成。此后，在与中国的接触过程中，联邦德国更多是采取拖延方式来维持双方关系。

四、双方的后续接触及其中断

首次接触后，西方媒体对联邦德国与中国贸易关系正常化作了各种报道与猜测，中方对此一直保持关注。[2] 针对艾哈德 6 月 13 日在美国所作表态，西欧司建议：（1）如果在艾哈德访美回国后 3—4 周后，联邦德国态度没有更坏的变化，驻瑞士使馆参赞可约见对方驻瑞士使馆参赞提出继续会谈。在此之前，如对方主动来约，则可同意晤谈。（2）在会谈中，首先要求对方对艾哈德 6 月 13 日的讲话予以澄清，根据对方态度来决定是继续会谈还是马上结束会谈。对于柏林条款问题，则应坚持表示：西柏林不是德意志联邦共和国的一部分。如果要把有关西柏林的条款包括在贸易协定内，只能使问题复杂化，为谈判制造障碍。[3] 外交部在第二次接触

1　Doc. 51: Memorandum of Conversation (Washington, June 12, 1964, noon), Miller, ed., *FRUS, 1964-1968*, Vol.XV, pp.119-120.

2　参见《驻瑞士使馆致外交部：意、奥报界对中西德关系发展的反应》（1964 年 6 月 9 日），中国外交部档案馆，110-01232-05，第 74—76 页；《驻瑞士商参处致对外贸易部：驻瑞士商参处关于各方对中西德贸易关系正常化的反应的报告》（1964 年 6 月 13 日），中国外交部档案馆，110-01232-05，第 91—93 页；《驻德使馆致外交部、外贸部：西德"商业报"透露同我接触事》（1964 年 6 月 18 日），中国外交部档案馆，110-02035-06，第 26 页。

3　《西欧司：关于同西德政府代表就两国关系问题继续会谈的请示》（1964 年 6 月 25 日），中国外交部档案馆，110-01296-02，第 12—15 页。

前给驻瑞士使馆的指示中更为坚定地表示："如对方提及西柏林问题，我应明确表态，打掉其幻想。"[1]

7月21日，双方在伯尔尼进行第二次接触。中方代表崔继瑗表示，在他看来，德方已为一项"贸易协定"进行"谈判"做好了准备，中国对扩大双方贸易很有兴趣。汉森立即表示，德方只准备就一项易货协定进行实质性会谈。[2]直到此时，中方才意识到，德方只能就一项易货协定与北京进行谈判。这自然让中方感到不满，认为西德首先提出贸易协定，现又改提换货协定，这种做法让人不能理解。外交部认为，如果同西德签订这种协定，对自己没有意义，因此建议要明确表示对换货协定不感兴趣，同时要选择时机对西德进行揭露，施加压力。[3]在10月2日的第三次接触中，崔继瑗表示，中方对换货协定不感兴趣。对此汉森表示，换货协定是贸易协定的过渡办法。[4]对此，外交部的态度没有变化。[5]

然而事态却朝着令中方更为不满的方向发展。首先，美联社11月16日报道称：中国与联邦德国初步会谈后，表示愿意签订一个包括"柏林条款"的贸易协议。[6]在中国看来，这是德方通过媒体进行要挟，为此周恩来特别批示，强调：同西德在伦敦仍可续谈，但不必主动，谈判中绝不能接受柏林条款。如果同西德商人有任何接触，绝不涉及柏林条款；如有问者，必须顶回。[7]

---

1 《外交部致驻瑞士使馆：会见西德参赞注意事项》（1964年7月18日），中国外交部档案馆，110-02035-06，第28页。

2 Dok. 206: Aufzeichnung des Legationsrats I. Klasse Hansen, Bern (21. Juli 1964), Schwarz, hrsg., *AAPD 1964*, S. 872–873.

3 《外交部：对西德下一步做法的请示》（1964年8月1日），中国外交部档案馆，110-02035-07，第33—34页。中方将"易货协定"称作"换货协定"而对换货协定不感兴趣的理由在于认为，换货协定通常只是规定货单与货额，类似具体贸易合同。

4 《驻瑞士使馆致外交部：崔参赞与西德驻瑞士参赞会见情况》（1964年10月2日），中国外交部档案馆，110-02035-05，第61—62页。

5 《外交部：关于西德政府要求改换同我会谈地点的请示》（1964年10月14日），中国外交部档案馆，110-02035-04，第65页；《外交部致驻瑞士使馆：同西德改换会谈地点事》（1964年10月23日），中国外交部档案馆，110-02035-04，第66页。

6 《美联社关于我愿接受所谓"西柏林条款"的造谣》（1964年11月16日），中国外交部档案馆，110-02035-01，第75页。

7 《告总理对柏林条款问题的批示》（1964年11月20日），中国外交部档案馆，110-02035-01，第75—76页；《外交部致驻德使馆：关于"柏林条款"问题的表态》（1964年11月24日），中国外交部档案馆，110-02035-01，第77页。

其次，联邦德国前任国防部长施特劳斯（Strauss）11 月中旬前往中国台湾。[1] 此前，联邦德国从未承认过台湾当局，也从未与之建立所谓"外交"关系，这是中方愿意与德方进行接触的十分重要的前提条件，而施特劳斯前往台湾的做法则动摇了这一基础。

11 月 27 日，双方在伯尔尼进行最后一次接触。汉森表示德方对继续谈判仍有兴趣，询问中方对改换谈判地点的建议有何回答，并说次年 1 月份联邦德国驻英使馆会主动同中国驻英代办处联系。中方表示同意，同时就施特劳斯访台作了评价，认为这是公然追随美国敌视中国和制造"两个中国"阴谋的言行，还就此前西德媒体对中国已接受"柏林条款"的错误报道作了表态，声明在任何情况下，绝不会接受什么"柏林条款"，绝不会拿原则作交易。

对于第一个问题，汉森表示，施特劳斯不是政府成员，联邦德国政府不能对其言论负责。在他看来，政府没有理由改变其对台政策，不会同台建立领事等关系。对于第二个问题，汉森确认中方确实没有承认过"柏林条款"，但认为其政府不会在德中两国政府间的协定中放弃这一条款，因为西柏林在西德的经济中占有重要地位。在各协定中关于"柏林条款"的规定是不同的，这是技术性问题。但中方当即坚决表示，不管西德同其他国家的协定中有无这样的条款，中国是绝对不会在接受所谓"柏林条款"的条件下签订任何协议的。[2]

12 月 3 日，周恩来进一步指示外交部、外贸部："如与西德缔结任何贸易协定，必须明白规定不包括西柏林在内。"[3] 中国的态度更为决绝，这对以实现"柏林条款"为主要目标的联邦德国来说难以接受。

进入 1965 年后，虽然联邦德国已完成此前对美国的承诺，没有在总统选举之前同中国签订协定，但此时国际政治形势却发生了微妙变化。由于联邦德国一直致

---

1 《外交部致驻瑞士使馆：接见西德参赞时注意事项》（1964 年 11 月 26 日），中国外交部档案馆，110-02035-01，第 83 页；《驻瑞士使馆致外交部：西德参赞汉森等来谈情况》（1964 年 11 月 28 日），中国外交部档案馆，110-02035-01，第 85 页；潘琪昌主编：《百年中德关系》，第 181 页。

2 《驻瑞士使馆致外交部：西德参赞汉森等来谈情况》（1964 年 11 月 28 日），中国外交部档案馆，110-02035-01，第 85—86 页。

3 《国务院办公厅值班室致西欧司函》（1964 年 12 月 11 日），中国外交部档案馆，110-02035-01，第 88 页。

力于同以色列建立外交关系，引起已与之建交的各阿拉伯国家不满。为阻止联邦德国同以色列建交，阿联总统纳赛尔邀请民主德国国务委员会主席、统一社会党总书记乌布利希于 2 月份访问阿联，以此向联邦德国施压。因此外交部决定"为进一步争取东德，扩大德苏矛盾，对东德应多做工作"，[1] 要求中国驻阿联使馆方面利用适当机会，向阿联领导人表示中国对德国问题的一贯立场，并赞赏其邀请乌布利希访问，提出阿联同两个德国都发展外交关系对阿联是有利的。[2] 同时也公开发表文章抨击联邦德国的外交政策。[3]

几乎与此同时，联邦德国驻英使馆派人前来同中国驻英代办处进行接触，希望能与负责商务的官员继续洽谈和中国的贸易问题。[4] 考虑到当时正在支持阿联和民主德国反对西德的斗争，外交部决定对西德方面希望进行接触一事不予置理。[5] 至此，双方历时半年左右，为改善贸易关系而进行的官方接触就此中断。

五、结论

1964 年中国与联邦德国的伯尔尼官方接触会谈，为何最终"流产"？有学者认为，根本原因在于联邦德国误认为中国会接受"柏林条款"，而实际上中国根本不会接受"柏林条款"。[6] 这一判断是正确的。但也有进一步探讨的必要，即为何中国坚持不接受"柏林条款"？

之所以坚决不让步，是因为当时中国认为，只有在不考虑承认西柏林属于联邦

1　《陈家康致外交部：关于乌布利希访开罗事》（1965 年 1 月 27 日），中国外交部档案馆，107-00611-01，第 8—9 页；《外交部致驻阿联使馆：关于乌布利希访阿联事》（1965 年 2 月 4 日），中国外交部档案馆，107-00611-01，第 1—2、3—4 页。

2　《外交部致驻阿联使馆，并抄驻德使馆：关于东德请我支持乌布利希访阿联事》（1965 年 2 月 15 日），中国外交部档案馆，107-00611-01，第 17—18 页。

3　《西德"哈尔斯坦主义"可以休矣》，《人民日报》1965 年 2 月 16 日，第 5 版。

4　《驻英代办处致外交部：西德驻英使馆一秘来洽谈贸易问题》（1965 年 2 月 11 日），中国外交部档案馆，110-02035-02，第 91—92 页。

5　《西欧司：关于西德外交官要求同我驻英代办处进行接触事的请示》（1965 年 2 月 20 日），中国外交部档案馆，110-02035-02，第 96—97 页；《外交部并外贸部致驻英代办处：复关于西德一秘求见事》（1965 年 2 月 26 日），中国外交部档案馆，110-02035-02，第 94 页。

6　参见潘琪昌主编：《百年中德关系》，第 182—183 页。

德国的前提下与之签订贸易协议，才能真正打击"美帝对西德关于对华关系上的控制和约束"，因为"第二中间地带"策略的目标本质在于"打击美帝"；同时更为重要的是要使自己"对反修来说无瑕可谪"。[1] 中国不愿授苏联以柄，因而希望通过斗争迫使西德接受不带"柏林条款"的协定，从而能够充分占领"反帝反修"的意识形态高地。此外，当出现可以支持民主德国以扩大其与苏联矛盾的机会时，中国也将此置于联邦德国之前，优先加以考虑。这些都是由于在当时的外交斗争中，除了"反帝"之外，又出现了"反修"这个新的目标。

现实主义的外交理念提倡国家必须愿意在一切并非至关重要的问题上妥协，[2] 接受"柏林条款"对于中国国家主权利益不会带来丝毫损害，看似是个并非至关重要的问题。但中国在这个问题上却毫不妥协，这恰好揭示了当时中国的革命外交观念，在对于什么才是其重要利益的问题上，拥有不同于一般现实主义外交观念的独特性。[3]

（本文原载于《中国社会科学内部文稿》2013 年第 4 期）

---

1 《驻瑞士使馆致外交部、对外贸易部：关于西德拟派其驻瑞士大使同我谈订官方贸易协议和互设代表机构的请示》（1964 年 5 月 7 日），中国外交部档案馆，110-02035-03，第 15 页。

2 参见汉斯·摩根索：《国家间政治：权力斗争与和平》，徐昕等译，北京：北京大学出版社，2006 年，第 586 页。

3 参见杨奎松：《新中国的革命外交思想与实践》，《史学月刊》2010 年第 2 期。

1955—1957年中法围绕
商务代表问题的外交互动探析

高嘉懿

摘要： 1955年起，法国就派驻商务代表问题与中国展开了长达两年的外交试探和磋商。尽管从中国同埃及建交的案例看，中法之间存在着将互设商务代表处作为建交第一步的可能性，但两国最终放弃了这次机会。原因有三：大国关系格局尚未变化；中法政策侧重点不同、差异明显；双方没有就原则性问题达成默契。由此可知，此时中国重建"中间地带"是以亚非国家为主，愿在建交程序上作出让步；但对西方国家尚无明确政策，故而警惕、谨慎地看待对方所提出的商务代表问题。这种"区别对待"显然已有"两个中间地带"战略的雏形。

关键词： 中法关系；商务代表；经济代表团；"中间地带"

受美苏冷战升级影响，截至1951年，新中国只与以苏联和各人民民主国家为主的19个国家建立了外交关系，对外贸易工作也受到经济封锁和禁运的影响。1954年日内瓦会议和1955年万隆会议的召开，为中国改善对外关系带来了机遇，尤其是在政治关系难以突破的情况下，发展经贸往来成为改善和提升中国与其他国家双边关系的重要途径。1955年8月，中国与埃及互派商务代表团，签订贸易协定和支付协定，并规定互设商务代表处，可代为履行部分的领事事务。埃及的这种与中国互设商务代表机构却暂不与台湾"断交"的做法，鼓舞了不少西方国家。法国、意大利等国希望扩大对华贸易，纷纷派出商务代表团访华，并提出向北京派驻商务代表的计划。但是，中国政府拒绝了它们的提议，认为派驻商务代表会导致"两个中国"的事实存在。为什么中国对埃及的政策与对法、意两国的政策存在区别？法、意两国通过扩大经贸交流提升与中国官方关系的做法何以受挫？

从目前学术界的研究成果看，上述问题尚未得到充分探讨。以中法关系为例，一些外国学者如蒂埃里·罗宾（Thierry Robin）和安吉拉·罗曼诺（Angela Romano）已经注意到日内瓦会议后不久法国对华经济政策的变化，即鼓励、扶持商贸团体从事对华贸易工作、开拓中国市场，并借此提出派驻商务代表的意见，以提升与中国的关系。罗宾强调，法国的经济外交目标未能实现，原因在于其对华经贸政策无法踏出美国对华政策的底线。[1]罗曼诺则更多地肯定了商业外交对法中关系改善的作用，认为"贸易和合作代表团不仅是为了重新实现法国在这一地区的利益，它们也被法国外交部看作是为未来建立官方关系奠定基础的政治工具"[2]。他们的研究显然皆以法国对华经济政策为立足点，然而要想准确评价法国政策的效果，还需要考察中国政府的对法政策。关于中国政府对法国提出派驻商务代表一事的态度，中国学者黄庆华利用中国外交部档案较为清晰地描述了中方试探法方真实政治意图的过程。[3]不过，他没有将视野扩展到中国对亚非国家的灵活性建交政策方面，也就无法解释为何法国会认为派驻商务代表具有可行性，为何中国没有正式拒绝该提议而是试探法国关于建立政治关系的真实态度。

本文拟以1955—1957年中法两国关于派驻商务代表问题的外交互动为线索，围绕法国的提议究竟是不是一次建立中法官方关系的机会，以及这次"机会"最终被双方放弃的原因进行探讨，进而分析中国重建"中间地带"的外交战略及其对建交方式的影响。

1　Robin Thierry, «Les missions économiques Rochereau (1956–1957)», in *Le Coq face au Dragon*, Genève: Librairie Droz, 2013.

2　安吉拉·罗曼诺著，陈波译：《承认之前：法国对中华人民共和国的政策》，《冷战国际史研究》第19/20辑，北京：世界知识出版社，2015年，第117页。

3　参见黄庆华：《中法建交始末——20世纪40—60年代中法关系》，合肥：黄山书社，2015年，第194—200页。

一、"一边倒"方针下的中法经贸接触

在冷战的背景下，新中国成立伊始就采取了向苏联阵营"一边倒"的外交方针，优先同苏联和各人民民主国家建立外交关系，而对于美、英、法等西方国家，则要求"打扫干净屋子再请客"。起到临时宪法作用的《共同纲领》第五十六条指出："凡与国民党反动派断绝关系、并对中华人民共和国采取友好态度的外国政府，中华人民共和国中央人民政府可在平等、互利及互相尊重领土主权的基础上，与之谈判，建立外交关系。"[1] 这里提出了新中国的三点建交原则：一是对方要承认中华人民共和国政府为代表中国的唯一合法政府，并与国民党方面断绝关系；二是对方政府要对中国政府采取友好态度；三是要通过平等的建交谈判确立邦交。在新中国的认知中，处于对立意识形态的西方阵营国家显然不会轻易放弃蒋介石政府，也不会对新政府采取友好态度，"从来敌视中国人民的帝国主义，决不能很快地就以平等的态度对待我们，只要一天它们不改变敌视的态度，我们就一天不给帝国主义国家在中国以合法的地位"[2]。因此，尽管英国等表示愿意承认新中国，但新政府对此保持警惕，要求必须通过建交谈判来掌握主动、避免对方阴谋渗透。值得注意的是，对于原殖民地半殖民地国家，如印度，中国也采取了建交谈判的方针，但在具体做法上比对待英国要积极一些。1950 年 1 月 20 日，毛泽东指示：同意印度临时代办到北京谈判建立外交使团，但"对英国答复则应当拖一下"[3]。总的来说，新中国对于新兴的民族国家没有特殊优待，周恩来表示："对资本主义国家和原殖民地半殖民地国家，则不能不经过谈判的手续，看一看它们是否接受我们的建交原则。我们不仅要听它们的口头表示，而且还要看它们的具体行动。"[4]

对外经贸方面，新中国的政策较为灵活务实。根据《共同纲领》第五十七条的规定，"中华人民共和国可在平等和互利原则的基础上与各外国的政府和人民恢复

---

1 《中华人民共和国对外关系文件集》（第一集）（1949—1950），北京：世界知识出版社，1957 年，第1 页。

2 《毛泽东选集》（第四卷），北京：人民出版社，1991 年，第 1435 页。

3 中共中央文献研究室编：《建国以来毛泽东文稿》（第一册），北京：中央文献出版社，1987 年，第249 页。

4 《周恩来外交文选》，北京：中央文献出版社，1990 年，第 49 页。

并发展通商贸易关系"[1]。也就是说，新中国不会将建立外交关系作为通商的必要条件。这反映了新政府对国家工业化建设的重视，虽以自力更生为主，但中国缺少的原料、产品、技术等，仍应通过贸易手段交换进来。不过，中国首要的贸易对象还是社会主义阵营国家，至于有传统贸易关系的西方国家，周恩来在 1949 年底阐明新中国外贸政策时指出："现在同帝国主义国家也可以在有利条件下做买卖，对此我们不拒绝，也不强求"，但必须"打破依赖帝国主义的观念"。[2]显然，新中国的外贸政策同样体现了"一边倒"的特点，只是并未从原则上对西方国家进行限制，可以根据具体情况采取行动。

作为资本主义阵营一员的法国，在中国有着传统的经济、文化、宗教等方面的利益，希望能维系与中国的外交关系，然而印度支那问题成为阻碍它承认新中国的主要因素。[3]法国政府很清楚，新中国的对外政策在政治和经济上有所不同，"中共政府是将外交关系与贸易关系分开处理的，并不把获得外交承认作为建立贸易关系的必要步骤"。[4]法方希望在不承认新中国的情况下继续与中国通商，并批准了两项法中贸易合同：一是由法国东方汇理银行主持的由越南西贡地区向中国运输大米等粮食的协议；二是法国一家在华贸易公司与中国进口公司[5]签订的总值达 360 多万美元的合同，合同内容是由法国向中国出售并运送 3.87 万吨铁轨和附属设备，以便修建中国南宁到越南的铁路。[6]

然而，法中继续通商的意愿很快受到经济冷战的阻碍。1950 年 10 月中国人民志愿军参加朝鲜作战后，美国要求盟国对华实行严格的经济封锁和战略物资禁运。

---

1 《中华人民共和国对外关系文件集（1949—1950）》（第一集），第 1—2 页。

2 《周恩来选集》（下卷），北京：人民出版社，1984 年，第 10 页。

3 参见 AMAE（Archives du Ministère des Affaires Etrangères, 法国外交部档案馆），119QO/212, Le Ministre des Affaires Etrangères à l'AmbaFrance Londres et Washington: Démarche britannique relative à la position de la France vis-à-vis du Gouvernement chinois, 30 mars 1950。

4 AMAE, 119QO/212, Note pour le Secrétaire Général: Reconnaissance du gouvernement communiste chinois à Pékin, le 22 avril 1950。

5 中国进口公司成立于 1950 年 3 月 10 日，是一家国营外贸企业；1951 年 3 月 1 日改为中国进出口公司，负责对资本主义国家的易货业务。

6 AMAE, 119QO/212, M. Jankelevitch, conseiller d'Extrême-Orient à Pékin: Conclusion d'un marché de livraison de rails en acier par l'industrie française aux chemins de fer chinois, 26 octobre 1950.

在得知中法签署了运输铁轨和配件的合同后，美国国务院于 1951 年初向法国驻美大使馆提出警告："提醒法国政府注意，执行这个合同会带来严重影响。"[1] 迫于美国的压力，法国政府取消了这一合同。

面对以美国为首的西方国家实施的全面封锁和禁运，中国政府为减少外贸损失、扩大贸易，迅速将与资本主义国家的贸易改为易货、记账、联锁、有限度地对开信用状等方式，力求在交换中不落空，以"冷货"换"热货"。[2] 同时，中国对在华的西方外资企业实行报复行动，以求弥补经济损失。例如美国政府于 1950 年 12 月 17 日冻结了法国东方汇理银行在美国的中国金融资产。中国政府遂要求该行赔偿中国民众的经济损失，否则不允许其在华高层管理人员离境，并征用该行在华的固定资产。[3] 禁运使得中国的对外贸易结构发生变化，1952 年，中国与苏联、东欧国家的贸易额一跃而升，约占外贸总额的 81.3%，与西方国家的贸易额则锐减，比重由 1950 年的 35.8% 降至 2.4%。[4]

为了破除西方阵营的经济围剿、恢复与各国的贸易往来，中国积极参加 1952 年的莫斯科国际经济会议，以发展民间贸易来展开反禁运斗争。当年 4 月，中国派出以南汉宸为团长、雷任民为副团长的代表团参加会议。由于会议筹备委员会秘书长是法国进步人士（法国共产党的"同路人"）、前国会议员香贝朗（Robert Chambeiron），中国代表团设想以法国为突破口，通过与法国代表团进行接触，首先建立中法民间贸易关系。虽然后来中方根据会议实际情况调整了计划，将突破的方向改为英国，但中法代表团之间也签署了一份总值达 800 万英镑的贸易协定。[5] 会后，中国进出口公司代表石志昂和法共控制的国际农业进出口公司（Interagra）负责人杜孟（J. Doumeng）在东柏林签订了第一批易货合同。中方还积极邀请法国

1　AMAE, 119QO/281, Télégramme de Washington à Paris, le 6 janvier 1951.

2　《1949—1952 中华人民共和国经济档案资料选编（对外贸易卷）》（上），北京：经济管理出版社，1994 年，第 9 页。

3　参见［以色列］谢艾伦著，张平等译：《被监押的帝国主义：英法在华企业的命运》，北京：中国社会科学出版社，2004 年，第 130—138 页；中华人民共和国对外贸易部编：《对外贸易有关资料汇编》（第一分册），内部资料，1956 年，第 49 页。

4　《1949—1952 中华人民共和国经济档案资料选编（对外贸易卷）》（上），"前言"第 9 页。

5　王红续：《雷任民与莫斯科国际经济会议》，《百年潮》2001 年第 4 期；中国国际贸易促进委员会编：《莫斯科国际经济会议与中国》，北京：世界知识出版社，1952 年，第 141 页。

国际贸易促进委员会主席、法共党员德普拉（Bernard de Plas）组织法国经贸代表团访华，以进一步加强两国民间经济往来。1953 年 5 月至 6 月，德普拉率领的法国贸易代表团在北京与中国进出口公司签署了新的易货贸易协议和各出口 400 万英镑货物的具体贸易合同。[1]

法国政府对于莫斯科国际经济会议上达成的法中贸易协定表示关注和担忧，认为法共掌控了两国民间贸易，希望鼓励那些与中国有传统合作关系的特许企业重新打开中国市场。1952 年 4 月 29 日，法国外交部经济事务司负责人夏庞蒂埃（Pierre Charpentier）召集特许企业的代表开会，表示"外交部不反对重启与中国的贸易关系"，赞许东方汇理银行总经理的提议，即与美国当局协商解冻中国在该行的美元账户，以作为法国企业访华的厚礼。[2]至于莫斯科国际经济会议上缔结的法中贸易协定，法国政府虽然对于法共的作用感到担忧，但仍给大部分货品颁发了许可证，只是要求将从中国进口的产品经过分配后再销售，以免让法共企业垄断。[3]法国外交部部长舒曼（Robert Schuman）还在部长会议上建议政府允许德普拉组织贸易代表团赴华，并鼓励非共产党企业参与其中。[4]这些情况反映了法国政府打算与中国发展直接的、不受法共掌控的经贸关系的意图。

但是，法国政府对中法贸易的支持力度是有限的。1952 年 9 月 18 日至 19 日，巴黎统筹委员会成员国会议批准建立"中国委员会"，并制造"中国差别"，将 207 种根本不属于巴统贸易管制对象的禁运物资也纳入了对华贸易禁运清单，使得"中国委员会"的贸易管制水平明显比巴统对苏联东欧国家的贸易管制更严。尽管有不少法国工商界人士和议员表示反对，[5]但在美国的压力下，从 1953 年起，法国政府

1　参见《1949—1952 中华人民共和国经济档案资料选编（对外贸易卷）》（上），第 636 页。

2　AMAE, 119QO/212, Direction des Affaires Economiques et Financières: Compte-rendu de la réunion du 29 avril tenue dans le bureau de M. Charpentier, au sujet des relations franco-chinoises, le 30 avril 1952. 随后，法国与美国就解冻中国在东方汇理银行资产问题进行协商，美国方面表示拒绝解禁，除非中国政府能给在华的西方人士以"自由"。

3　AMAE, 119QO/212, Syndicat d'Etudes pour l'Extrême-Orient: Note concernant les négocíations économiques avec les Chinois à la Conférence de Moscou et à Berlin-Est et leur dénouement le 11 octobre 1952.

4　AN (Archives Nationales, 法国国家档案馆), 4 AG 3–11, Procès-verbal de la séance du Conseil des Ministres tenu le 17 septembre 1952.

5　参见 Journal Officiel de la République Française Débats parlementaires, Assemblée Nationale, 2ᵉ Séance du Vendredi 27 février 1953, p.1449。

开始执行此规定。这种情况下，当年德普拉代表团与中国签订的贸易协议仅完成了5%的额度。[1]

　　总的来说，新中国成立后，中法建交存在着原则上和事实上的困难，但两国都有恢复和发展经贸关系的意愿，只是由于冷战对抗升级，国家层面的贸易受到阻碍，只能通过以法共企业为主的民间力量来有限地开展经贸往来。鉴于政府有权通过许可证制度来调控外贸活动，缺乏政府保障的民间贸易关系是十分脆弱的。显然，中法两国商贸活动的顺利开展离不开政府的扶持和政治关系的改善。

二、中法关系的缓和与法方酝酿派遣商务代表

　　1953年7月27日朝鲜停战后，中国调整对外方针，努力为顺利执行第一个五年计划争取和平的国际环境。10月8日，周恩来发表声明，表示中国政府全力支持苏联提议召开的五大国会议，以便通过和平协商的方式解决包括印度支那问题在内的国际争端。[2]同日，中共中央发出关于对外贸易工作的指示，要求恢复与资本主义国家的通商，但要注意区别对待、配合政治斗争："对资本主义国家贸易是一个尖锐复杂的斗争，必须提高警惕、利用矛盾、区别对待，采取斗争与分化相结合的方式，保证做到政治上经济上对我有利"。[3]这一外贸方针与中国为日内瓦会议制定的斗争方针思路一致，目的在于拉拢英、法等国，打破美国政府的"封锁、禁运、扩军备战的政策，以促进国际紧张局势的缓和"。[4]

　　日内瓦会议期间，中国代表团积极开展外交活动，拓展与英国、西德、意大利等国的经贸关系。法国代表团的注意力集中在印度支那停战问题上，没有顾及法中贸易。但一些法国企业家主动联络中方，希望恢复经贸往来。法国友人雷蒙·奥布

1　《法国的基本情况》（1956年3月12日），中国外交部档案馆藏，档案号102-00020-20。

2　《中华人民共和国外交档案选编：1954年日内瓦会议》（第一集），北京：世界知识出版社，2006年，第3页。

3　《1953—1957中华人民共和国经济档案资料选编》（商业卷），北京：中国物价出版社，2000年，第1051页。

4　《周恩来年谱（1949—1976）》（上卷），北京：中央文献出版社，1997年，第356页。

拉克（Raymond Aubrac）[1]向中国对外贸易部副部长雷任民表示，如果印度支那停战协议达成，中法两国政府应该就可以商谈贸易问题了。[2]

日内瓦协定的签署，使得印度支那的紧张局势暂时告一段落，中国与法国的关系也趋于缓和。尽管法国加入了美国主导的东南亚条约组织，但中国政府没有停止对法方释放善意。中国外贸部官员开始与法国留在北京的代理领事吉里奇尼（Augustin Quilichini）接触，谈论两国经贸关系问题；在由第三国驻华使馆组织的外交酒会上，周恩来还向吉里奇尼表达了对法国总理孟戴斯—弗朗斯（Pierre Mendès-France）的敬意。[3]

法国方面，由于1954年秋开始台湾海峡出现紧张局势，为避免触怒美国，法国政府要求驻外官员与中方保持距离。[4]不过，私下里法方已经在考虑建立接触渠道：通过伯尔尼、伦敦和莫斯科三地，可以与中方开展私下接触，就双方关注的政治、经济、文化等方面问题定时交换意见。[5]

1955年1月5日，孟戴斯—弗朗斯的办公室主任克劳德·谢松（Claude Cheysson）提交了一份有关法国对华新政策的建议报告。他认为，与新中国建立政治外交关系的时机仍不成熟，但可以先发展经贸与文化关系，尤其应该鼓励法国企业先以私人名义与中方接触并达成商贸协定，之后政府再考虑介入，派遣驻华商贸代表，并建立商务代表处。[6]在谢松报告的基础上，法国外交部亚洲—大洋洲司司长雅克·鲁（Jacques Roux）于1月15日递交了一份名为《法国与人民中国关系发展的可能性》的报告，指出：中国有改善双方关系的善意、中国的国际地位也显

1　奥布拉克是"二战"期间法国抵抗运动领导人之一，法共的"同路人"。1948年建立现代工业学习和研究办公室（BERIM），鼓励与共产党国家进行贸易。从1953年起，以BERIM的名义与中国建立接触，帮助中法建立贸易关系。

2　《中华人民共和国外交档案选编：1954年日内瓦会议》（第一集），第443页。

3　AMAE, 119QO/211, Augustin Quilichini au Ministre des Affaires Etrangères: Situation à Pékin, 13 novembre 1954.

4　AMAE, 119QO/211, Note pour le Secrétaire Général: Invitations à assister à la fête Nationale de la République populaire chinoise, 28 septembre 1954.

5　AMAE, 119QO/211, Lettre personnelle de Directeur d'Asie Océanie à Monsieur Conseiller d'Ambassade de France à Berne, 13 novembre 1954.

6　AMAE, 119QO/211, Note de Claude Cheysson à la direction d'Asie-Océanie: la politique française vis à vis de la Chine, 5 janvier 1955. 谢松后于1981—1984年担任法国密特朗总统时期的外交部长。

著提高，"发展对华关系有利于法国在亚太地区的利益"。但是，法国"不能忽视盟友的态度"，既要考虑到美国的亚洲政策、谨慎处理与华关系，又要与其他欧洲国家一起，参与到改善和增进对华交流的浪潮中去。在这种情况下，法国应该先发展两国的文化和贸易关系，而不要急于改变政治关系。[1]这两份报告为此后一段时间法国的对华政策定下了基调。

当时，中国的外交重点之一是坚决反对西方玩弄"两个中国"阴谋。1954年夏秋之际，台海紧张局势升级，美国很快与台湾签署了"共同防御条约"，并不断在国际上制造"两个中国"话题。美国的盟友——英国和法国曾在日内瓦会议期间向中方保证，只要印度支那停战，就不会讨论东南亚军事同盟问题。[2]可是几个月后，它们却加入了东南亚条约组织，已与中国互换代办的英国还维持了与台湾的关系，丘吉尔首相甚至提出要"把台湾交给联合国看管"。[3]因此，中国虽然一方面继续执行拉拢英法、分化西方的政策，主动提出建交问题，但另一方面也对于西方国家的出尔反尔及真实意图充满警惕，怀疑它们会别有用心地制造"两个中国"。

1955年春天起，中法两国外交官在伦敦、伯尔尼和柏林（替代法国最初设想的莫斯科）三地进行私下接触，寻求发展经贸和文化关系。雅克·鲁还数次专程赴日内瓦，与负责中美大使级会谈的王炳南会面。8月22日，王炳南向雅克·鲁主动谈起中国人民对法国人民的友好感情，指出不少中国领导人曾在法国生活，他们"希望与法国政府建立外交关系"。雅克·鲁答复道："目前条件不允许法国承认中国。"不过，由于法方正打算与中方磋商解决在华资产和滞留人员问题，因此他询问王炳南："中国是否能接受一名法国外交官到北京处理签证和商业事务？"[4]王炳南将此问题报回国内，经过研究，中国外交部认为派驻外交官会涉及"两个中国"问题，要王炳南拒绝该提议。[5]9月28日，王炳南在与雅克·鲁的再次会面中明确表示，中国"目前还不能考虑该问题"，因为法国仍与台湾当局保留"外交"关系

1　AMAE, 119QO/211, Note: Possibilités de développement des rapports de la France avec la Chine Populaire, 15 janvier 1955.

2　参见《中华人民共和国外交档案选编：1954年日内瓦会议》（第一集），第307—309页。

3　牛军：《冷战与新中国外交的缘起（1949—1955）》，北京：社会科学文献出版社，2013年，第425页。

4　AMAE, 119QO/211, Note: développement des contacts avec la Chine populaire, 31 août 1955.

5　《中法关系简况》（1955年10月21日），中国外交部档案馆藏，档案号110-00148-35。

并反对中国恢复联合国席位，但"中国政府愿意在经贸和文化方面与法国发展更为官方的关系"。[1]

虽然中国拒绝了法国派遣官方代表的提议，但法方注意到中国愿意"发展更为官方的关系"的用词，决定在法中经贸往来中给予更多的官方支持。此时，法中贸易正在恢复并发展。1955 年 1 月至 11 月，双边贸易额同比增长 62%，达到 2 166万美元。中国技术参观团、赴里昂展览团等先后出访法国，引起法国工商界的关注。[2]1955 年 7 月，法国雇主全国委员会向政府提出派遣经贸代表团访华的要求，打算开拓中国市场。雅克·鲁建议政府给予支持，鼓励他们与中国达成贸易协定。[3]随后，法国政府选择参议院经济委员会主席亨利·罗希洛（Henri Rochereau）作为代表团团长，并在政策上提供帮助，例如，在支付问题上，允许中方用除美元外的第三方货币来支付货款，中国在法国银行的法郎账户也可自由转移或转成其他外汇；在贸易协定上，仿照英国和日本，采取巴统规定的"例外程序"[4]来扩展对华贸易的种类，并将向美国提出废除"中国差别"的要求。[5]这些做法体现出法国政府想要扩大与中国贸易的迫切愿望。与此同时，法国政府还考虑在北京建立一个商务代表处。如前所述，年初的谢松报告即有此提议；如今随着经贸代表团的启动，派遣商务代表一事便被提上日程。

除了注意到王炳南关于发展官方经贸关系的提法外，法国外交部还关注到周恩来在接待法国国民议会代表团时的表态。11 月 1 日，周恩来向该代表团谈起中法建交问题，希望法方能学习北欧国家而非英、荷，与中国建立完整的外交关系。当

1　AMAE, 119QO/211, Note: développement des relations franco-chinoises, 30 septembre 1955.

2　《法国的基本情况》（1956 年 3 月 13 日），中国外交部档案馆藏，档案号 102-00020-02。

3　AMAE, 119QO/211, Note pour le Ministre: développement des contacts avec la Chine Populaire, 28 juillet 1955.

4　按照《相互防援助统制法》（巴特尔法）的规定，即使美国援助的国家向共产党国家出口美国禁运的物资，只要美国总统认为停止向该国提供援助有损于美国的安全利益，就可以将此种情况作为"例外"处理。1955 年 2 月，日本明确要求修改巴统"例外程序"的规定，扩大巴统 782 号文件的适用范围。该文件规定：只要属于民用而非用来加强中国的军事力量，可以向中国出口禁运物资，但事后要向"中国委员会"申报备案。参见崔丕：《美国的冷战战略和巴黎统筹委员会、中国委员会（1945—1994）》，北京：中华书局，2005 年，第 364 页。

5　AMAE, 119QO/483, Note de Direction des Affaires Economiques et Financières: Réunion sur la Mission Chine, 14 janvier 1956.

法方提出"是否要有一个筹备建交的阶段"时，周恩来回答说，双方可以先进行议会互访以及发展半官方的文化与贸易关系，并表示欢迎法国政府派代表来商谈建交问题："法国如愿意派代表同我们谈判建交，我们不但不反对，而且欢迎。这就要法国政府去研究，如有可能就派，否则僵住也不好。诸位可将这一点带回去，向政府和外交委员会提出。"[1]

周恩来的表态让法方误以为中方同意在两国关系正常化之前接受法方派遣的官方代表。[2] 法国外交部立即研究并提出了与中国建立外交关系的三个步骤：其一，加强两国文化和贸易往来，努力解除对华禁运，尽快派遣商贸代表常驻北京；其二，与中方进行谈判，包括讨论两国之间遗留的诉讼问题；其三，尽快完成谈判，然后尽早派遣代办到中国。[3] 根据第一步，雅克·鲁告知即将赴华的罗希洛，他的使命不仅是与中方达成贸易合同，还要得到中国政府关于法国派驻商贸代表一事的反馈。[4]

实际上，周恩来主动提到中法建交问题，既是对法国政府关于"两个中国"态度的试探，又是同美国进行政治斗争的需要：其一，此举可以展现善意，拉拢法方；其二，这样做有利于掌握主动权，将派不派人进行建交谈判的难题抛给法方；其三，若法方同意建交，则可将其作为在台湾问题上对美国的反击。在中国看来，暂且不建交，己方没有损失，在保持非正式接触的情况下，两国经贸与文化关系也可以发展，但如果法方决定给予外交承认，则是中国外交和国际斗争的一个胜利，可以打击"两个中国"的谬论。

从当时的情况来看，中国似乎有可能接受尚未建交国家派驻的商务代表，埃及就是一个可以参考的案例。1954 年底，埃及通过印度驻华大使向中国非正式询问：可否在与台湾保持"外交"关系的情况下，向中国派驻总领事？周总理认为，这种办法等于承认"两个中国"，中方不能接受，但可考虑接受埃及贸易代表以官方身

1　AMAE, 119QO/522, Extrait du compte-rendu de l'audience accordée le 1ᵉʳ novembre 1955 par S.E. M. Chou en Laï, Ministre des Affaires Etrangères de la République Populaire chinoise, aux membres du Bureau de la Commission des Affaires Etrangères de l'Assemblée Nationale Française, 17 janvier 1956;《周恩来总理接见法国议员代表团谈话记录》（1955 年 11 月 1 日），中国外交部档案馆藏，档案号 110-00040-01。

2　AMAE, 119QO/522, Lettre de M. Massigli à Daniel Mayer, 20 janvier 1956.

3　AMAE, 119QO/520, Note: du problème de la reconnaissance de la Chine populaire, 30 janvier 1956.

4　AMAE, 119QO/522, Note pour le Cabinet du Ministre: de la Chine populaire, 6 février 1956.

份常驻中国。于是在万隆会议期间，他与纳赛尔达成"从经贸开始，先互设商务代表处，逐步使两国关系正常化"的协议。[1] 为此，中国外贸部部长叶季壮和埃及工商部长阿布·努赛尔（Abou Nosseir）在万隆达成四点协议：互派贸易代表团访问；签订中埃两国政府间的贸易协定和支付协定；互设商务代表机构；互办出口商品展览。根据协议，1955 年 8 月，努赛尔率贸易代表团访华，双方签订了贸易及支付协定。之后，中埃双方又通过换文确认了互设商务代表机构的地位和人员待遇问题，"在相互对等的基础上，双方政府给予双方商务代表以一切通常给予商务参赞的特权"。[2]

中国在处理对埃关系上采取了灵活的建交政策，但有一个前提很重要，就是中埃双方达成了将来建立正常化关系的共识。也就是说，埃及方面明确向中方表示了建交的意愿。那么，法国提议派遣商务代表的真实目的是什么？是否会承诺建交？这是中方急需探明的。

三、法方提出派驻商务代表与中方的拖延态度

1956 年 1 月 25 日，罗希洛率领法国经济代表团抵达北京，与中国国际贸易促进会主席、对外贸易部副部长卢绪章等中方代表开启了经贸会谈。其间，中法双方虽存在分歧，但各自作了让步，互表善意。中方没有强调进出口平衡问题，也没有限制交易数额；法方则在支付协议上作出让步，为中国提供方便。最后，双方签署贸易及支付协定，标志着两国经贸关系进入新的阶段，同时让中国赢得了一枚反禁运斗争的"筹码"。[3]

1　安惠侯：《埃及与新中国建交始末》，《阿拉伯世界研究》2008 年第 6 期。

2　唐军：《中埃建交的幕后故事》，《档案春秋》2011 年第 8 期。有关中埃建交问题，参见裴坚章：《中华人民共和国外交史（1949—1956）》，北京：世界知识出版社，1994 年，第 276—280 页。

3　1956 年 3 月 28 日，法国政府正式同意对华出口战略物资，利用"中国委员会"的"例外程序"，先后两次批准各 1 100 万美元的战略物资出口中国。在敦促美国取消"中国差别"一事上，法国政府也积极采取行动。在后一年的巴统成员国会议上，法国代表提议：除 IL/II 中的 25 种物资以外，其他现行对华禁运物资一律在六个月内解除管制。与会的 16 个国家中，有 12 国支持法国方案。虽然美国力图拖延这一问题的解决进程，但英国、法国等纷纷自行放松对华贸易管制水平。这迫使美国政府不得不承认了西方盟国所采取的措施。参见 Robin Thierry, Les missions économiques Rochereau (1956-1957), *Le Coq face au Dragon*, pp.411-412；崔丕：《美国的冷战战略和巴黎统筹委员会、中国委员会（1945—1994）》，第 397—398 页。

　　根据中埃关系的发展进程，在经贸代表团达成贸易协定和支付协定后，有关设立商务代表处的问题就需要提上讨论日程了，毕竟国家间经贸关系的发展离不开双方政府的支持。法国方面显然很关注这个问题。尽管尚不清楚罗希洛是如何探寻中方意见的，但法国驻泰国大使在一封信中称（罗希洛结束访华后经过曼谷）："罗希洛先生很遗憾，中国政府没有对法国关于在北京建立法国长期商务代表处的提议表露出兴趣；按照中国领导人的观点，建立商务代表处应该在两国关系正常化以后进行。"[1]

　　罗希洛回到欧洲后，在与法国驻英国大使萧维尔（Jean Chauvel）交谈时，对派驻商务代表一事持保留态度。他提到意大利政府已向中方提出这一问题，但双方的谈判过程很艰难。鉴于此，法方应该谨慎行事。[2]然而，法国外交部却表现得颇为乐观，于3月10日指示萧维尔向中国驻英代办宦乡提出派驻商务代表一事。[3]然而，宦乡迟迟未给出明确答复。5月下旬，法国外交部亚大司司长雅克·鲁向外交部部长克里斯蒂安·比诺（Christian Pineau）表示，他打算向中国驻波兰大使王炳南提出此事。如果中国同意法国派遣商务代表驻北京，法国也可按照互利互惠原则接受中国代表常驻巴黎，还可同意新华社在巴黎建分社。他甚至提出，如不能派常驻代表，派遣临时的商贸代表也行，主要是保障罗希洛代表团签署的贸易协定能够得到落实。[4]但是，中方对此仍未给予答复。不得已，法国外交部于6月8日邀请正在率团参加巴黎展览会的中国贸促会副会长冀朝鼎会面，后者暗示中国政府不会接受派驻商务代表的提议，因为这涉及"两个中国"问题。[5]

　　冀朝鼎的表态多少打消了法方的热情。6月22日，法国外交部退而求其次地决定向中方提议派遣临时的非正式代表。6月27日，当法方正式提出派遣短期非正式代表来京谈判文化、贸易事宜时，中方才表示欢迎，但强调还应"同时讨论两国关系正常化问题"。[6]

1　AMAE, 119QO/483, Raymond Offroy, Ambassadeur de France en Thailande à Ministre des Affaires Etrangères: Mission en Chine du Sénateur Rochereau, 29 février 1956.

2　AMAE, 119QO/522, Lettre de Ambassade de France à Londre à M. Massigli, 19 mars 1956.

3　AMAE, 119QO/522, Lettre à M. Jean Chauvel, Ambassadeur de France à Londre, 10 mars 1956.

4　AMAE, 119QO/522, Note pour le Président: de la représentation de la France à Pékin, 25 mai 1956.

5　AMAE, 119QO/522, Note pour le Président: de la représentation de la France à Pékin, 8 juin 1956.

6　《1956年以来的中法关系情况》（1957年5月15日），中国外交部档案馆藏，档案号110-00406-04。

对于中方所作的表态，法国外交部意识到："想派代表只讨论经贸诉讼等问题看来是不太可行了，中国方面明显是希望法国代表能讨论两国总体的政治关系。"他们懊恼地表示，就算法国并不打算与中国建立正常关系，"但几个月来法方一直在向北京请求允许法国派驻代表，这看起来就像是法国在请求建立两国关系"。[1]更让法国外交部感到困惑的是：为何埃及可以既向中国大陆派驻商务代表又同时维持与中国台湾的关系，而法国设立商务代表的提议却遭到婉拒？经过分析后，他们得出结论：因为埃及方面派出的经贸代表团是政府人员，并以官方的名义与中方签署了贸易及支付协定，而罗希洛代表团所签署的协定只代表法国商贸团体，得不到中方对于法中互设商务代表的重视。[2]

法方的解释的确是中国对待埃及和法国态度不同的原因之一，但没有从更关键的中国整体对外政策的角度来分析问题。日内瓦会议和万隆会议后，中国缓和与西方国家的紧张关系，并快速发展了与亚非国家的关系，主要目的是改善外交环境、为国内经济建设创造有利的外部条件，以及团结亚非国家、分化西方阵营，在广阔的"中间地带"对抗美国。扩大对外经贸交流和建立外交关系当然是中国所需要的，但对于各国"敌友成分"的不同认知使得中国的政策出现了"区别对待"的状况——与亚非国家的交好优先于与西欧国家的关系。这不仅是因为中国存在反殖民主义情绪和国际主义责任感，也是因为中国缺乏对西方国家的政治信任。就中埃关系而言，埃及在北京设立商务代表处时，的确尚未与台湾"断交"，但中埃在万隆会议上已达成了建交的默契。中方相信，即便双方先互派商务代表，也不会导致"两个中国"问题的出现。果然，埃及很快履行诺言，断绝了与台湾的"外交"关系，并于1956年5月30日与中华人民共和国建立邦交。由此可以理解，中国之所以迟迟不回复法方，也没有正式拒绝派驻商务代表的提议，一方面是不愿关闭与法国对话的大门，仍想争取法方的友好态度，了解法国是否有建立官方关系的明确意愿；另一方面，则是认为法方的本意只是派商务代表、谋取经济利益，不会与中国

1　AMAE, 119QO/522, Note pour le Secrétaire général: de nos relations avec le Gouvernement de Pékin, juillet 1956.

2　AMAE, 119QO/522, Note: de l'établissement d'une représentation commerciale française à Pékin, 10 juillet 1956.

达成建交的共识，容易造成"两个中国"的既成事实。因此，当法方提出派遣短期的商务代表时，中方才同意，并提出要谈政治问题，目的就是为了营造一种双方要商讨建交问题的气氛，同时观察法国的实际态度，了解其真实想法。

四、法方再派经济代表团与中国对政治问题的试探

中国同意法方派遣临时商务代表后，法国外交部虽有些气馁，但没有放弃建立官方经济关系的尝试，决定派一名经济部官员充当官方的临时代表到北京待上两三个月，以待机会。他们很快向中国驻瑞士使馆提出签证申请。与此同时，为了深化与中国的经济关系、带领法国工商企业参与中国的"二五"计划，罗希洛于1956年8月20日到访中国驻瑞士使馆，要求再次组织代表团访华。

面对法方与中国发展关系的急切态度，中国驻瑞士大使冯铉感到有必要了解其真实目的是否包括商谈建立两国官方关系。9月25日，罗希洛再次拜访冯铉时，后者直接询问代表团访华的谈判议题是否包含政治关系。为了吸引中国的兴趣，罗希洛向冯铉表示，第二次访华将"不只是讨论贸易问题"。[1] 因此，冯铉认为罗希洛是受法国政府委托，作为非正式代表来与中国商谈两国政治问题。[2] 但事实上，法国政府此时并未授予罗希洛这种权力，是因为罗希洛清楚中国对政治问题的关切，所以故意作出模糊表态，以免错失访华机会。

当年10月，苏伊士运河危机爆发，中国政府对于法国的军事行动感到强烈不满，不仅不给予法方临时商务代表必要的签证，还暂缓了罗希洛代表团第二次访华的筹备工作。11月4日，中国外交部向冯铉发出指示："法国派罗希洛访华谈判两国关系事，因英法已发动侵埃战争，同时法国今天亦不会在改善中法关系上采取认真的步骤，故决定暂予拖延，将来如何处理，看情况发展再定。"[3] 此外，中国还取消了从法国进口总值达300万美元的钢铁产品的申请，以表示对法国的抗议和对埃

1　AMAE, 119QO/483, Télégramme de Berne à Paris, 25 septembre 1956.

2　《1956年以来的中法关系情况》（1957年5月15日），中国外交部档案馆藏，档案号110-00406-04。

3　《关于法国参议员罗希洛第二次访华的电文》（1956年11月4日），中国外交部档案馆藏，档案号110-00595-07。

及的支持。中国外贸部副部长卢绪章告知法国商人，苏伊士危机后，中国政府不会与法国贸易公司签订新的合同，中法想要签订长期的合同，需要等到形势重新恢复之后。[1]

中方的冷淡态度让罗希洛颇为失望。不过，为了缓解不利的外交局面、扩大与中国的经贸合作，法国政府希望代表团能尽快成行。11 月 7 日，法国外长比诺与罗希洛会谈，指示他应该尽早出访北京，最好在当月 20 日就出发，以了解中国政府取消向法国购买钢铁产品的原因。[2] 此外，鉴于法方临时商务代表已无法前往中国，比诺还委托罗希洛承担一项任务——如果中方提出建立政治关系的问题，他有权力与之谈论派驻代表事宜。[3]

11 月 15 日，罗希洛奉比诺之命再次到伯尔尼拜访冯铉。按照中国外交部的指示，冯铉实行了拖延战术，告知罗希洛中国政府还没有确定法国经贸代表团的访华日期，并询问法国对埃及事件的态度。在这种情况下，虽然中国没有提到拖延访华行程的原因，但罗希洛已真切感到，中国是由于政治原因而搁置其行程，当前的气氛并不适合访华谈判。[4]

到了 1957 年 1 月，苏伊士运河事件逐渐平息，罗希洛恢复与冯铉的接触。这时，中国的态度有了变化。冯铉不再拖延，而是又一次询问代表团访华期间是否会商谈政治问题。尽管此时的罗希洛已经得到授权，但法国外交部并未给出明确的政策，因此他只能继续作出模棱两可的答复。他表示，代表团将主要谈经济事务，也不排除讨论政治问题，但目前无法马上谈中法建交问题。

在中国看来，罗希洛的表态只是法方玩弄手段，并非真诚地发展两国官方关系。"罗希洛的每次来访都同法外交活动密切结合"，表明"目前法国政府正有计划地开展对华关系"，"这一方面固由于法国人民愿与中国开展关系，对法政府压力越来越大；另一方面由于侵埃失败后，法政府面临国内外困难，法国受美挟制日益加甚，法政府想再拉起发展中、法关系这面旗子来巩固其摇摇欲坠的地位，和以此来

1　AMAE, 119QO/483, Note pour le Secrétaire Général: Mission Rochereau, 8 novembre 1956.

2　AMAE, 119QO/483, Note pour le Secrétaire Général: Mission Rochereau, 8 novembre 1956.

3　AMAE, 119QO/483, Lettre à M. Chauvel, Ambassadeur de France à Londre, 19 novembre 1956.

4　AMAE, 119QO/483, Lettre de Berne à M. Pierre Millet, Direction d'Asie, 15 novembre 1956.

向美国讨价还价。但法国目前仍然还不敢在对中国问题上有任何独立做法。这些渲染和行动尚只是一种姿态"。[1] 因此，中国对于罗希洛第二次访华的意愿虽表示了支持和欢迎，但对洽谈政治议题已不抱希望。

法方虽然认识到中方感兴趣的是政治问题，但受到亲美政策所限，还不敢谈论此类问题。当美国驻法大使询问时，法国外交部甚至否认罗希洛代表团的第二次访华会提出派驻商务代表一事。[2] 也就是说，法国在对华政策上表现出矛盾的两面态度：一方面，认识到由于中国已与法国企业建立了直接联系，如果不谈政治议题，罗希洛的半官方代表团将失去价值，因此决定给予他自由处置该问题的权力；另一方面，担心引发美国的强烈不满，故而不敢与中国开启政治接触。

最终，在罗希洛代表团第二次访华之前，即 1957 年七八月间，法国外交部再次研究了承认中国的利与弊，指出由于"中国在世界事务上的角色越来越重要"，因而"在北京设立外交代表有利于掌握信息"，还有助于中法贸易关系的发展。法方坦承，自己比美国更愿意承认中国。[3] 但是，台湾问题和联合国代表权问题仍是阻碍法国承认中国的关键问题，"法国的利益是试图在台湾保留一位领事"。[4] "必须承认的是，同意中国进入联合国并不符合我们的利益。中国加入会加强亚非集团的力量，并增加共产党集团的话语权，还要担心其会对中立国家造成影响。此外，我们会失去国民党中国的支持，过去一年在阿尔及利亚问题的辩论中，他们一直对法国表示支持。目前情况下，很难真心支持北京加入国际组织。"[5] 因此，法国政府认为，与中国建立外交关系的时机仍不成熟，切不可让外界误会罗希洛代表团的第二次访华负有特殊的政治使命。8 月 19 日，当美国驻法大使馆再次向法国外交部打探罗希洛代表团第二次访华事宜时，法方官员明确告知："法国对于中国的总政策并没有改变"，"不会提承认问题"。[6]

1　《法国对承认我国和发展与我关系的态度》（1957 年 2 月 12 日），中国外交部档案馆藏，档案号 110-00667-05。

2　AMAE, 119QO/483, Note: de la Mission Rochereau, 6 mars 1957.

3　AMAE, 119QO/522, Reconnaissance de la Chine communiste: I. Aspects politiques du problème, août 1957.

4　AMAE, 119QO/522, Reconnaissance de la Chine communiste: II. Technique de la négociation, 16 juillet 1957.

5　AMAE, 119QO/522, Reconnaissance de la Chine communiste: III. La Chine et les Nations Unies, sans date.

6　AMAE, 119QO/483, Mission du sénateur Rochereau, août 1957.

8月31日，罗希洛率领法国经济代表团再次访问中国。卢绪章等作为中方代表与代表团举行会谈。在贸易问题上，双方没有谈成具体的交易。不过，在技术合作方面，双方达成了共识，愿意在铁道电气化、电轨车以及人造纤维、化学肥料等方面积极开展合作。[1] 至于政治关系议题，双方则没有谈起。显然，罗希洛已经接受法国外交部的指示，放弃提出派驻商务代表一事了。中国方面，周恩来9月26日接见代表团时原则性地提到中法缺少政治关系不利于两国贸易，但因为中国已确信法方不会认真考虑承认问题，所以没有展开该话题。

罗希洛代表团的第二次访华促使法国工商界与中国开展贸易及技术合作的意愿进一步增强，罗希洛还在回国后组织了"法中经济合作委员会"，以促进双方交流。对此，中方认识到："总的来说法政府与法工商界、金融界对与我扩大贸易的态度都是很积极的，不管法政府怎样改组，不管哪个党派上台，对我贸易政策不会有改变，这是法国的经济、贸易情况决定了的。"[2]

但是两国的政治关系则显现出倒退迹象。罗希洛代表团回国后不久，中国因为反对法国的阿尔及利亚政策，驱逐了法新社驻北京记者，法方也很快进行反击，取缔了一份中文报纸并驱逐了一名中国学生。[3] 中法之间的经济外交没能对两国政治关系的改善起到直接的推动作用，政治关系的好转只能等待新的时机到来。

五、结语

日内瓦会议后，中法两国政治关系日渐缓和、经贸关系蓬勃发展，这促使双方萌生了建立官方关系的念头。从当时的情况看，将派遣商务代表作为中法建交的第一个步骤的可能性是存在的。

首先，此时中国的对外政策力主缓和，通过日内瓦会议和万隆会议分别调整及

1　AMAE, 119QO/483, Télégramme de Hongkong à Paris, 18 septembre 1957.

2　《罗希洛访我大使谈对华贸易意见以及组织"法中经济合作委员会"情况》（1957年11月14日），中国外交部档案馆藏，档案号110-00756-06（1）。

3　AMAE, 119QO/522, Ministre plénipotentiaire chargé du consulat général de France à Hong Kong: Relations franco-chinoises, 15 novembre 1957 ; Ambassadeur de la République française en Suisse: Interdiction d'un journal chinois et expulsion d'un ressortissant chinois, 3 décembre 1957.

软化了对待西欧和亚非国家的态度，在建交态度上也改变了之前不寻求资本主义国家承认的原则，开始主动提到建立官方关系的问题。这一变化的原因主要有四点：一是认为已经"打扫干净屋子"，可以邀请一些朋友来做客；[1] 二是正在全力投入经济建设，希望尽快走上工业化、现代化道路，而扩展经贸关系有助于实现这个目标；三是要打击国际上"两个中国"的言论，获取国际合法性地位；四是希望在反美问题上扩大直接盟友和间接盟友。

其次，法国在印度支那停战以后，与中国不存在直接冲突的可能。相反，法国要维持在远东的经济文化势力，特别是经营与北越的关系，需要一个对法友好、不引起地区动乱的中国。此外，同其他西欧国家一样，法国正在大规模地开展经济重建，打开通往中国市场的大门对其十分有利。正因为如此，法国在对华政策上突出了"重商"的特色，愿意通过经济外交的方式推进两国建立官方经贸关系。

再者，从实际事例——中埃建交来看，在缺乏正式外交关系的情况下，先设立商务代表处负责商业贸易事务，也是可行的办法。如果两国能确立协议，商务代表处甚至可以享有外交特权、处理签证等事务。等到时机允许，两国再建立外交关系，正式互派大使等外交人员。

但是，中法两国围绕商务代表问题的试探互动以失败告终，背后的原因也有三点：

第一，从国际因素看，当时大国关系的格局并未改变。中美虽然进行了大使级会谈，但敌对状态未见缓和；法国因为自身的"虚弱"和在国际事务中的需求，仍然依赖于美国的保护，政策上也尽量向美国靠拢、保持一致；中苏关系变得愈发紧密，中国在社会主义阵营内的地位不断上升，这也使得中国更积极地履行国际主义职责，反对法国对阿尔及利亚、埃及等国的压迫和战争。

第二，从本国政策看，中法两国在发展双边关系上的侧重点不同。中国重视政治关系，而法国注重经济关系，因此双方虽然都有建立官方关系的想法，但对于建立关系的级别和步骤存在明显分歧。中国从政治角度出发，强调建立完整外交关系对于打击"两个中国"论调、打破美国对华孤立的意义；法国从经济需求出发，只

1　参见《周恩来年谱（1949—1976）》（上卷），第 420 页。

愿建立商务参赞级别的关系，先留"一只脚"在中国，未来再作建交打算。

第三，从原则性问题看，"一个中国"原则是建立官方关系必须遵守的。尽管中国在一些情况下（如与埃及建交）也采取灵活策略，但中法双方通过多种途径，特别是借助罗希洛经贸代表团访华，多次互相试探，却始终无法达成建交默契。法方不愿得罪美国，有意规避原则问题；中方看到法方只愿谈经贸问题而不愿谈政治问题，判断其玩弄"两个中国"的把戏，不相信法方有发展官方关系的诚意。

进而言之，之所以"区别对待"亚非国家和西方国家，是因为中国确立了重构"中间地带"的外交战略。早在 1946 年，毛泽东就提出了"中间地带"的概念："美国和苏联中间隔着极其辽阔的地带，这里有欧、亚、非三洲的许多资本主义国家和殖民地、半殖民地国家。"[1] 随着冷战对峙的加深以及中共决心对苏联"一边倒"，内战后期到新中国成立初期中共没有再使用"中间地带"的概念。1953 年朝鲜战争停战后，毛泽东开始根据国际局势和世界革命形势的变化构建新的外交战略。在 1954 年 7 月 7 日中共中央政治局扩大会议上，他指出，美国人的主要目的在于"中间地带"，是借口反共来控制盟友们的地盘，而中国则应该团结"中间地带"国家，走和平共处的道路。[2]

随着民族解放运动的兴起，新独立的亚非民族国家越来越成为"中间地带"的主体。这些国家以及正在走向独立的殖民地国家，被中国视为反美统一战线的潜在成员，需要积极争取和优先对待。因此，中国开始有意识地发展对埃及、柬埔寨等国的关系，虽然在一些问题上也存在分歧，但这些国家是"友"而非"敌"，友好与合作成为双边关系的主题。

英、法等西欧国家及日本，同样被中国视为可以争取和统战的对象，也被归入"中间地带"。但是，这些国家与美国保持紧密的盟友关系，在新中国成立初期共同实行了对华政治孤立、经济封锁和军事包围等政策，这使得中国对这些曾经欺辱过自己的国家抱有更为强烈的戒心和厌恶感。因此，当中国准备重新实施"中间地

---

1 《毛泽东选集》（第四卷），第 1193 页。

2 《毛泽东文集》（第六卷），人民出版社，1999 年，第 333—334 页。关于毛泽东重建"中间地带"概念，参见牛军：《重建"中间地带"——中国亚洲政策的缘起（1949—1955 年）》，《国际政治研究》2012 年第 2 期。

带"外交战略时，对于这些国家尚无明确政策。可以说，西欧国家实际上处于"中间地带"和"敌方阵营"之间的灰色地带。一方面，1954 年 8 月，毛泽东对来华访问的英国前首相艾德礼（Clement Attlee）解释说，北美与中苏之间存在的广大区域都是"中间地带"，[1] 也就是将英国等欧洲国家纳入这一概念；另一方面，他又在 1957 年 11 月同苏联外长葛罗米柯（Andrei Gromyko）谈话时指出："我们给我国外交部提出的任务是扩大同中间地带国家的联系。对于同西方资本主义国家的关系，目前尚未认真对待，因为这些国家对中国采取不友好的态度。"[2] 显然，中国认识到西欧、日本等国与美国之间有矛盾分歧，应该采取外交手段让它们改善对华态度，分化它们与美国的关系；但与此同时，中国也认识到这些国家尚未摆脱对美国的依赖，对于亚非国家也依旧奉行殖民主义政策，故不能用对待亚非民族国家的宽容和友好态度去对待它们，而是要谨慎、警惕地处理与它们的关系。也就是说，中国此时更多地视西欧国家为"敌"而非"友"。

可以看到，这种"区别对待"亚非和西欧国家的外交政策已具有"两个中间地带"外交战略的雏形，反映了中国对外部世界的认识和对策：以阶级斗争的教义来看待和划分不同地区、不同发展进程国家的政治经济"成分"；以它们与美国的关系来区分"敌""友"；在实际的外交过程中，采取统战方式进行不同程度的拉拢或斗争。[3]

在上述观念影响下，中国对于建交问题的态度有了微妙的变化。当然，中国的建交原则并没有改变，"一个中国"原则是不可动摇的；但是，具体的操作可以有灵活性。对于一些友好国家，中国可以与之先互设商务代表处，等时机成熟，再建立正式的外交关系；对于西欧国家提出的派遣商务代表的要求，则采取拖延、警惕和否定的态度。外贸部提出："对未建交的西方国家（包括日本），目前一般都存在着两个中国问题，故目前不应急于同他们互设商务代表机构、签订长期贸易协定或

1　《毛泽东外交文选》，北京：中央文献出版社、世界知识出版社，1994 年，第 159 页。

2　《葛罗米柯与毛泽东谈话纪要：中苏关系等问题（1957 年 11 月 19 日）》，АВПРФ，ф.0100，оп.50а，п.1，д.423，л.1-22. 华东师范大学冷战国际史中心藏。

3　杨奎松曾提出中国的革命外交来自统战工作。杨奎松：《新中国的革命外交思想与实践》，《史学月刊》2010 年第 4 期。

合同。"[1] 总之，新中国成立初期，在建交问题上，对社会主义国家和资本主义、原殖民地半殖民地国家实行了"区别对待"的政策，如今则对后者作出进一步区分，将亚非民族国家与西欧国家分开处理。

20 世纪 60 年代，中国的"中间地带"外交战略又有进一步的调整。毛泽东于1963 年正式提出"两个中间地带"概念后，中国对西欧国家的建交态度发生改变，不仅与法国在秘密谈判中达成"三项默契"，实现先建交、后与台湾"断交"，而且与意大利互设商务代表处。在坚持建交原则的同时，中国在具体的建交方式方面越来越务实、灵活。

（本文原载于《中共党史研究》2017 年第 8 期）

---

[1] 《1958-1965 中华人民共和国经济档案资料选编》（对外贸易卷），中国财政经济出版社，2011 年，第 25 页。

中国工人"赴苏援建"问题的历史考察
（1954—1963年）

谷继坤

摘要： 向国外派遣人员进行援助，是冷战时期社会主义国家间关系的重要内容。本文以大量档案史料为依据，讨论1954—1963年2 000多名中国工人赴苏援建的基本状况与政策变化。这是在苏方的主动要求下，中国政府主导的新中国成立以来第一次大规模的人力援外。但在具体办理过程中，中苏双方各自的民族感情裹挟其间，均有猜测与试探对方的心态。本研究对理解同时期中苏关系的变迁和分析社会主义国家间关系具有重要意义。

关键词： 中国工人；赴苏援建；基本状况；政策变化

向国外派遣大量人员进行援助，是冷战时期社会主义国家间关系的重要内容，也是向对方施加和扩大自身影响的一个重要方面。以中苏关系为例，很多人清楚新中国成立后苏联向中国派遣了大量人员进行援助，对战后中国经济的恢复和各种制度的建立产生了深远影响。但鲜有人注意到中国也曾向苏联派遣了大批援助人员。为帮助苏联进行"共产主义建设"，1954—1963年，2 000多名中国工人曾参与赴苏援建。目前学术界对这一课题尚未开展具体深入的历史研究。鉴于此，本文以大量档案史料为基础，着重梳理中国工人赴苏援建的基本状况和中苏双方政策的变化。加强这一问题的研究，不仅对于探讨社会主义国家间关系尤其是基层民众间的交往特点与中苏关系的变迁具有重要意义，而且有助于理解中国对外援助史的复杂性和丰富性。

一、缘起：1954 年赫鲁晓夫访华提出派遣中国工人赴苏

1954 年 10 月，赫鲁晓夫率苏联党政代表团参加中华人民共和国成立五周年庆典。在中苏领导人会谈期间，赫鲁晓夫建议"中国派 100 多万名工人到西伯利亚来帮助开发这里巨大的森林资源"。对赫鲁晓夫的这一提议，毛泽东事先显然没有想到，而且触动了其民族感情。几天之后，中方答应了赫鲁晓夫的请求。但赫鲁晓夫已有反悔迹象，因为是自己首先提出来的，"不大好声明取消"，最终"勉强同意签订一个协定，让第一批（约 20 万名）中国工人到西伯利亚做工"。[1]

10 月 12 日，中苏双方在北京签署《关于从中国派遣工人赴苏联参加共产主义建设并受劳动训练的协定》（以下简称《协定》）。其要点是：（1）中苏两国政府"鉴于苏联经济建设对劳动力需要与日俱增以及中国现有大量未被利用的劳动力"，根据自愿原则，并个别征得本人的同意从中华人民共和国将中国工人派赴苏联参加共产主义建设并获得相当技能；（2）中国工人根据自愿前往的原则与苏联经济机关签订个人劳动合同，在社会保险和医疗条件以及文化生活、组织休息等方面与苏联工人享有同等权利，同时在工余时间内有进入技术训练班和文化教育学校的权利；（3）中国工人有权利用休假时间回国休假，平时可以将工资总额的 10% 汇回中国，工作期满回国时每人可以将 1 000 卢布以内的积蓄带回中国，并可将自己在苏联用工资购买的物品带回中国；（4）中国工人赴苏产生的费用由苏联负责，个人劳动合同的具体条文由中苏双方以后商定，由中苏双方商定各派同等人数的代表组成"中苏常设委员会"，具体负责解决和实施《协定》的有关具体问题。[2]

显然，中国工人是根据苏方需求被派往苏联的，因此"苏联缺乏劳动力，我们应当给予社会主义援助"成为中方在具体动员过程中的一个重要口号。然而，这一

---

1 ［苏］赫鲁晓夫：《最后的遗言——赫鲁晓夫回忆录续集》，上海国际问题研究所等译校，北京：东方出版社，1988 年，第 386—388 页。

2 《中华人民共和国政府和苏维埃社会主义共和国联盟政府关于从中国派遣工人赴苏联参加共产主义建设并受劳动训练的协定》（1954 年 10 月 12 日），中央档案馆藏，档案号 137-1-11。

《协定》在当时并未公布，中国工人是在秘密的状态下动员前往苏联的。10 月 13 日，《人民日报》公布了中苏会谈期间签订的 10 个文件，但该《协定》并未在其中[1]。1955 年 4 月 1 日，中共中央在发给河南等地省委关于中国工人赴苏工作的宣传通知中明确指示"此事不在报刊上公开发表"[2]。

至于为什么中方选择不公开报道，在具体宣传动员时部分民众的反应或许能为此提供些许注解："也有一些人不相信我们的宣传……甚至有人怀疑此次赴苏是否和日伪时代'卖劳工'一样"[3]，"不少地方发生谣言，如说'别听那一套，下外国的华工回来的有几个。'"[4] 在向民众具体解释"为什么苏联建设需要中国工人"时，河北省则规定："因为苏联正在进行共产主义建设，需要大量人力……这和帝国主义招收'华工'是根本不同的，这一点应针对群众思想反复交代清楚。"[5] 因此，考虑到历史上的"华工"影响，是中方选择不公开报道的重要原因。

然而，仅考虑到历史上的"华工"影响，就促使中方对此不仅不公开报道，反而明确指示地方要在秘密的状态下完成动员，显然没有足够的说服力。因为在当时都是苏联援助中国，鲜见中国援助苏联，中方却选择"沉默"以对；而同时期中方也向蒙古人民共和国派遣大批工人从事援建工作，中方对此则是大规模的公开报道[6]。至于中方对赴苏工人和赴蒙工人为何采取截然不同的态度，可以有多种解释，比如当时中国领导人对苏联和蒙古的态度不同及其间复杂的民族感情等等，由此可见当时社会主义国家间的微妙关系。总之，《协定》对中国工人前往苏联的方式、

1　《无比深厚的伟大友谊》，《人民日报》1954 年 10 月 13 日。

2　《中共中央关于动员青年壮年去苏联参加共产主义建设和学习生产技术的宣传通知》（1955 年 4 月 1 日），河南省档案馆藏，档案号 J1-35-156。

3　国务院出国工人管理局：《出国工人简报第一期》（1955 年 4 月 9 日），江苏省档案馆藏，档案号 3072-2-271。

4　山东省出国工人动员委员会办公室：《动员赴苏工人工作情况第五号简报》（1955 年 4 月 14 日），山东省档案馆藏，档案号 A101-1-347。

5　《中共河北省委关于动员青壮年参加苏联共产主义建设会议结论草案》（1955 年 3 月 14 日），河北省档案馆藏，档案号 855-3-653。

6　如《在蒙古帮助建设的中国工人荣获奖章》，《人民日报》1957 年 10 月 1 日；《蒙古举行授奖仪式　奖励帮助建筑桥梁的我国职工》，《人民日报》1959 年 10 月 29 日，等等。另，据笔者初步统计，1956—1961 年，《人民日报》涉及中国工人"赴蒙（古人民共和国）援建"的报道达 35 篇，而对于中国工人"赴苏援建"的报道一篇也没有。

工资待遇、社会福利以及后续工作等方面均作出了原则性规定，将中苏领导人会谈的有关结果以正式文本的形式确立下来。此后，中苏两党和两国政府就其中的一些具体细节进行了进一步磋商和会谈。

二、实施：中苏党内会谈与两国政府间的具体办理

1954 年 11 月 8 日，邓小平与阿尔希波夫在北京就劳动合同、工人工资以及后续的计划分工等问题进行专门会谈。对于劳动合同，邓小平表示，除个别文字需双方进一步核对外，在内容上没有什么问题，中方"基本满意合同的第二次稿"。接着，会谈转向工人的工资问题，邓小平认为关于工人可以往家里汇钱一项，将来动员时对工人的吸引力会很大，如果按最低月工资 400 卢布计算，10% 的比例，工人每月最少可以汇给家里 20 万元 [1]。对此，阿尔希波夫表示，在苏联"辅助工人的最低工资每月是 439 个卢布"，因此中国工人每月汇给家里 40 卢布是"可以保证的"。随后，邓小平针对上次会谈苏方提出的"分两期派人"的计划，表示中方希望最好于 1955 年上半年一次完成，并询问苏方是否有详细的招工计划，以便中方"调配干部，进行训练"。阿尔希波夫明确回应："目前在我手里没有计划，我代表团在北京时曾有过一个轮廓，但需要在苏联再加研究和修改，我今天回去后马上向国内请示要计划来"。会谈最后，双方约定根据劳动合同执行过程中发生的问题，随时对合同内容进行调整。邓小平并对以后中方的工作进行了明确分工："这一工作从现在起由党内移交政府来管，政府设立了专营管理机构（即国务院出国工人管理局——引者注），由张策（时任国务院副秘书长，不久兼任国务院出国工人管理局局长——引者注）负责，以后一般工作问题可与张策接洽，重要的关联到两国政府的问题可找习仲勋秘书长，如有需要两党中央商量解决的问题，届时可由我党中央再指定人。"[2]

1　此处指当时流通的人民币。中国人民银行 1955 年 3 月 1 日起发行新人民币代替旧币。新币 1 元等于旧币 1 万元。

2　《邓小平副总理同苏联总顾问阿尔希波夫 1954 年 11 月 8 日在西花厅的会谈记录》（1954 年 11 月 8 日），中央档案馆藏，档案号 137-1-134。

11 月 8 日的会谈标志着中苏两党党际层次的磋商基本结束。此后，中苏双方转入两国政府层面的具体办理阶段：一方面对劳动合同进一步修正直至最终定稿；另一方面苏方准备接收中国工人，中方则布置实施国内的组织动员等工作。

1955 年 1 月 17 日，苏联部长会议通过 "关于招募中华人民共和国工人参加苏联共产主义生产建设和劳动学习" 的决议，由苏联部长会议下属的劳动力后备资源管理总局负责实施工作，并为此成立了招募中国工人管理局。按照苏方计划，招募中国工人的行动拟定在 1955 年 5 月至 6 月实施。中国工人将被分配至俄罗斯和哈萨克斯坦境内的伊尔库茨克州、克拉斯诺亚尔斯克边疆区、阿尔泰边疆区等 22 个地区的企业和工地。[1] 为保证这一决议的实施，同年 2 月伊尔库茨克州召开了关于企业和建筑工地接待中国工人的专门会议，明确接待中国工人的准备工作。① 伊尔库茨克州准备接收中国工人的列宁黄金（生产）联营企业、布拉茨克水电站建设工程局、伊尔库茨克森林（采伐）联合工厂、东方重工业生产联营企业等企业和工地的负责人表示，最晚于中国工人到达前的一个月内，准备好中国工人所需的住房和饮食处所以及其他物品；届时将亲自欢迎抵达的中国工人，并保证在中国工人抵达后一至两天内提供给工作；严格落实与中国工人签订的劳动合同的每一项条款。② 组成由伊尔库茨克州卫生局参加的卫生监督机构，具体负责 "中国工人的住房和日常公共生活以及饮食场所" 的卫生检查工作。③ 苏共伊尔库茨克市和下属的乌索利耶市市委的部分委员负责建立起严格的日常监督机制，监督中国工人的接待和分配等工作，并且为企业和建筑工地的负责人挑选助手来负责中国工人的组织和文化教育工作。[2]

不久，苏方派出专门代表团来华，与中方代表组成中苏常设委员会，一方面继续商谈劳动合同的细节问题，另一方面开始着手中国工人的动员输送工作。苏联代表团抵达北京后，向中方提交了一份劳动合同的修正稿，修正稿和原稿的内容基本上相同，只是在某些方面作了一些增减。对于苏方增减的条款，中方只是询问了

1　*В.Дацышен*, Китайская трудовая миграция в Россим. Малоизвестные страницы истории // Проблемы Дальнего Востока, 2008, №5, с.100.

2　ГАНИИО（Государственный архив новейшей истории Иркутской области），ф. 127, оп. 44, д. 55, л. 97-98, 转引自 *В. Дацышен*, Китайская трудовая миграция в Россим. Малоизвестные страницы истории，с.101-102。

一下变动的原因，"不提出也不坚持再重新列入合同中"。另外，中方也提出了诸如"到苏联工地后发给中国工人的 150 卢布争取在中国付给全部或一部"等修正意见。[1] 3 月 17 日，《中华人民共和国工人自愿前往苏联参加共产主义建设和学习生产技术的劳动合同（草案）》在中苏常设委员会上完成定稿的修改。随后，经中国外交部条约审查委员会审查，"除作些文字修改外，其他均同意"。20 日，邓小平在合同文本上作出了"同意"的批示。[2] 至此，劳动合同最终定稿。

从现有的劳动合同文本以及 1955 年 1 月 22 日苏联劳动力后备资源管理总局局长的命令中可以看出，劳动合同的主体内容分为工人的保证条件和苏联企业、建筑工地的保证条件两部分。中国工人的保证要点有：在苏联企业或工地中至少做三年的工作，忠诚老实地完成所分配的工作；严格遵守劳动纪律和工地（企业）的宿舍内部规则，执行行政上的命令；完成规定的生产定额，如果在工作的第一个月没有完成生产定额，将要支付一定比率的工资保证金，比例根据工人完成的定额来定。苏联建筑工地（企业）的保证条件主要有。① 对签订劳动合同前往苏联工作的中国工人每人发给津贴人民币 20 万元，此款在中华人民共和国境内的集合点一次发给，无须偿还，合同期满或者合同被行政当局提前解除，则支付给工人返回中国居住地的费用。② 自到达苏联工作地之日起，建筑工地（企业）按照苏联工人的现行工资标准和等级，并根据工人所担负的工种情况支付给中国工人工资，支付工资时扣除所得税，中国工人在建筑工地（企业）工作期间，以开办食堂等办法解决工人的伙食问题，伙食费由工人支付现款。③ 中国工人可以根据自己的意愿将三年假期一起来休，可以在苏联组建家庭，也可以将妻子和孩子或是未婚妻从中国接到自己身边；对于完成劳动合同期限且有意续签合同的中国工人，苏方工地（企业）支付他们把妻子和孩子或是未婚妻从中国接来的旅途费用，并给予每个家庭 80 公斤的行李托运费用和每个家庭成员每昼夜 5 卢布的出差补助费（时间按在苏联境内

---

[1] 《张策关于苏方代表提交给我方的劳动合同修正稿的修正意见给习仲勋并总理的报告》（1955 年 3 月 13 日），中央档案馆藏，档案号 137-1-14。

[2] 《中央人民政府外交部办公厅致国务院出国工人管理局关于［劳动合同］（草案）的函》（1955 年 3 月 17 日），中央档案馆藏，档案号 137-1-14；《张策关于中华人民共和国工人志愿前往苏联参加共产主义建设和学习生产技术的劳动合同修改定稿给习仲勋并转总理的报告》（1955 年 3 月 19 日），中央档案馆藏，档案号 137-1-114。

的路途所需时间计算）。[1]

在商讨劳动合同定稿文本的过程中，中国工人赴苏的具体实施工作也在同步进行。1955 年 2 月 12 日，周恩来签发给山东等省人民委员会的特急电报，扼要通报了动员的人数等情况：1955 年内计划派遣八万人，由山东、河北、河南、安徽、江苏及军委复员战士中动员完成；动员对象一般为青壮年农民，未安置的复员军人和机关精简下来的勤杂人员以及"愿意出国但现在还无职业的中学生"；具体条件为年龄在 18 岁至 35 岁，身体强壮，自愿参加体力劳动，社会关系和历史清楚；要求从五月起开始出发，三个月内全部到达苏联。[2]

3 月 10 日，中苏常设委员会第一次会议在北京召开，会上苏方提出 5 月至 7 月内输送八万名中国工人的详细计划草案。[3] 18 日下午，中苏常设委员会苏方委员叶甫斯德拉道夫与中华全国总工会书记董昕等人举行了会谈，叶甫斯德拉道夫对中国工人抵苏后苏方的工作计划作了初步阐述：中国工人到达企业后，先给两天假，以便中国工人了解劳动规则和日常生活须知以及企业生产任务、工作、工资等情况；在工人的饮食方面，"根据苏联政府的决议，在有中国工人的企业中，由苏联的工会和贸易部负责开办中国食堂"；同时对中国工人进行政治教育，并吸收非工会会员入会；以后，凡有七年以上文化程度、懂得一些俄语的中国工人，就吸收他们参加初级技术中学。[4]

3 月 16 至 22 日，国务院召集河北等省专管人员以及铁道、卫生、财政、外交、劳动、转业建设委员会等各部委代表，在出国工人管理局召开"关于派遣中国工人参加苏联共产主义建设"的专门会议。16 日下午的预备会议和 17 日的会议明

1　《关于中华人民共和国工人为参加共产主义建设和受劳动训练自愿到苏联企业、建筑工地和伐木企业工作的标准劳动合同》（1955 年），中央档案馆藏，档案号 137-1-114；ГАХК, ф. 1728, оп. 2, д. 14, л. 1-2, 转引自 *В. Дацышен*, Китайская трудовая миграция в Россим. Малоизвестные страницы истории // Проблемы Дальнего Востока, 2008, №5, c.100-101。

2　《国务院关于动员八万青壮年赴苏联参加经济建设给河北等五省的特急电报》（1955 年 2 月 12 日），中央档案馆藏，档案号 137-1-11。

3　《国务院关于输送八万工人赴苏参加共产主义建设给河北等地区和部门的电报》（1955 年 3 月 11 日），中央档案馆藏，档案号 127-1-132。

4　《中苏常设委员会委员叶甫斯德拉道夫同志与全总董昕书记、张立之副部长的谈话记录》（1955 年 3 月 18 日），山东省临朐县档案馆藏，档案号 15-1-1。

确了工人的体格检查以苏联提出的 38 种疾病为标准和具体的检查步骤：第一步在区里经过听诊、口问、检查病例，得出初步结论；第二步在县里进行复查，复查仍以听诊、口问、检查病例的办法为主，只对少数做不出结论的工人作进一步的详细检查。[1]

18 日，根据苏联提交的计划草案，确定了中方输送工人的计划（见下表）。

中国赴苏工人遣送计划表（草案）

单位	动员人数	到达苏境奥登堡日期	输送工人的列车数	工人集中上火车地点
军委	10 600 人	5 月 3 日至 5 月 15 日	11 列车	——
河北	15 500 人	5 月 16 日至 6 月 4 日	20 列车	石家庄、天津、保定、通州、沧县
河北	5 950 人	8 月 4 日至 8 月 12 日	8 列车	石家庄、天津、保定、通州、沧县
山东	21 600 人	6 月 5 日至 7 月 1 日	27 列车	济南、德州、兖州、张店
江苏	7 350 人	7 月 2 日至 7 月 11 日	10 列车	徐州、镇江
安徽	8 050 人	7 月 12 日至 7 月 21 日	10 列车	宿县、蚌埠
河南	10 950 人	7 月 22 日至 8 月 3 日	14 列车	许昌、汤阴、开封

资料来源：《派遣中国工人参加苏联共产主义建设会议第二号简报》（1955 年 3 月 18 日），中央档案馆藏，档案号 137-1-10。

19 日的会议主要讨论了《中共中央关于动员青壮年参加苏联社会主义建设和学习生产技术的指示》（以下简称《指示》）、《国务院关于动员青壮年赴苏参加共产主义建设和学习生产技术的决定》（以下简称《决定》）、《关于动员我国青壮年去苏联参加社会主义建设和学习生产技术的宣传通知》（以下简称《宣传通知》）三个文件的草稿，决定各省长期设立"出国工人动员委员会办公室"来负责工人的动员组织工作。[2]

---

1 《派遣中国工人参加苏联共产主义建设会议第一号简报》（1955 年 3 月 16—17 日），中央档案馆藏，档案号 137-1-10。

2 《派遣中国工人参加苏联共产主义建设会议第三号简报》（1955 年 3 月 19 日），中央档案馆藏，档案号 137-1-10。

22 日，张策在会上作了总结性发言，传达了中共中央的有关指示：工人的条件问题方面，邓小平指示城市的失业工人不能去，因为"城市失业工人的特点与农民不同，他们吃苦性差一些，家庭负担又重，由城市到边疆和草原不习惯，寄回家同样的钱（工资的 10%）不能养家"；对于复员军人，中央同意"可以穿军衣出国，但要整齐"。[1]

可以说 16 日至 22 日召开的"关于派遣中国工人参加苏联共产主义建设会议"是中共中央对各省和相关部门的分工动员大会。此后，从中方的角度来看，援建工作进入到相关各省内部及有关部门的大规模动员、具体办理阶段：一方面，各省及以下市县相关专管机构进入工作状态，有些县的动员工作已经深入到村里；另一方面，中共中央的《指示》《决定》等正式文件下达至各省，出国工人管理局和中组部、铁道部、卫生部等部门则进一步明确了各自负责的具体问题。

3 月 29 日，根据国务院在工人出国前要进行体格检查和卫生防疫工作的指示，卫生部经与苏联保健部代表研究，对原来的体格检查标准和步骤作出修正，制定了详细的"出国工人体检组织计划"，并附带"苏联 38 种禁止进入工业部门工作的疾病病名表""集合站卫生规则"等各种表格和规则，下发至各地卫生行政机关与业务单位参照执行，该计划主要包括：① 工人体格检查应"视工人全身体格情况能否胜任体力劳动"为标准，不应过于机械，方法"在村以目查为主，县以一般检查为主"；② 卫生防疫工作主要在集中站训练教育期间进行，具体包括接种牛痘等防疫疫苗；对于苏联提出的"集合站卫生规则"，结合具体情况，"能做到的尽量做到，实在有困难的不作硬性搬套"；③ 每个工人的体检费用"以新人民币五元计"，以省为单位统一向国务院出国工人管理局报销；工人在国内运输期间在列车上的医疗卫生工作，由省卫生机关主要负责，铁道部门卫生局协助，如中途发重病不能出国，则就近送往沿途铁道部门和靠近交通线的地方医院收治。[2]

4 月 1 日，中共中央将《指示》《宣传通知》等正式文件下发至河北等五省，基本是《协定》、合同文本等文件要点以及历次会议核心内容的概括。《指示》强

1　山东省出国工人动员委员会办公室：《转发"国务院张策副书记兼出国工人管理局局长关于赴苏工人专业会议的总结"》（1955 年 3 月 22 日），山东省临朐县档案馆藏，档案号 15-1-1。

2　《中华人民共和国卫生部关于动员青壮年参加苏联共产主义建设和学习生产技术的出国工人体检组织计划》（1955 年 3 月 29 日），河北省清苑县档案馆藏，档案号 26-2-68。

调：在动员中应争取一定数量的党员和团员参加，以便形成领导核心，各个出国工人队伍，可根据苏联企业单位，成立党、团支部；为更好地进行组织领导工作，决定"国务院设立出国工人管理局，担负任务的河北、山东、河南、江苏、安徽五省设立出国工人动员委员会，由省长或副省长兼主任……专署和县由各省根据需要酌情设置专管机构"。《宣传通知》则明确指出"此事不在报刊上公开发表"，并以问答的形式归纳了宣传要点。[1]

同一天，中共中央组织部向河北等五省和军委总政治部组织部发出专门通知，明确了赴苏工人干部配置等相关问题。根据与苏方的协议，中方干部配备的原则为：400名中国工人以下的苏联企业，配备中方县级一般干部一人；500名至700名的企业配备县级一般干部一人、区级干部一人；800名至1200名的企业配备县级主要干部一人、县级一般干部一人、区级一般干部一人；1600名中国工人的苏联企业配备县级主要干部一人、县级一般干部一人、区级干部两人；此外"还须抽调一些地委级干部出国，作为国务院出国工人管理局派出的干部担任巡视与检查工作"，其中，军委总政负责调配"师级干部1人，正团级干部5人，团级一般干部23人，营级干部9人"，干部条件"除必须政治上坚强，有工作能力，能联系群众，身体健康，有一定文化程度党、团员外"，还必须根据中央批准的"中央组织部关于常驻国外人员和临时出国人员审查批准手续及条件的报告第二条的规定，进行严格审查"，地方干部由各省委负责审查，军队抽调的干部由军委负责审查，所有出国干部档案留存中央组织部。[2]

4月4日，国务院出国工人管理局编制了《赴苏联工人训练教材》，分为"苏联概况""为什么要去苏联参加共产主义建设""参加苏联共产主义建设对我们自己有哪些好处""为什么要订立合同""到了苏联怎样参加劳动和学习技术""我们要有决心克服困难"五课，各课又含若干具体内容，多以问答形式自成体系。该教材根据两种思路来编订：一是追溯苏联对中国的帮助，现在"我们"应该给予"回报"，

---

1 《中共中央关于动员青壮年参加苏联共产主义建设和学习生产技术的指示》（1955年4月1日），河南省档案馆藏，档案号J1-35-156；《中共中央关于动员青年壮年去苏联参加共产主义建设和学习生产技术的宣传通知》（1955年4月1日），河南省档案馆藏，档案号J1-35-156。

2 《中组部关于抽调随同赴苏联工人出国的干部的通知》（1955年4月1日），河北省档案馆藏，档案号857-1-135。

而且"苏联越强大，就越能帮助各个兄弟国家更快地进行社会主义建设"，"帮助苏联，就等于帮助我们自己"，从"共产主义和国际主义教育"即意识形态的角度来进行宣传；二是列举各种"好处"，工人不仅可以得到工资收入每月寄钱回家，而且还能学到技术，"将来回国为祖国的社会主义建设服务成为有用的人才，这是我们青年的光明前途"。这份教材主要用于去苏联参加共产主义建设和学习生产技术的工人训练使用。[1]三天后，出国工人管理局对工人人数和干部分配进行了第三次修正，较之于3月18日的初步配置计划，最大的变化是在工人总数八万不变的前提下加入了上海市和中央直属机关各800人的名额，具体为"山东省21 250人，江苏省7 800人，河北省21 150人，河南省9 600人，安徽省7 850人，上海市800人，中央直属机关800人，其余10 750人由国防部负责从复员军人中动员完成"[2]。

4月9日，出国工人管理局编印下发了第一期"出国工人简报"，通报了解放军某部复员训练团的试点动员情况。该团共有859名复员军人，排以上干部88名，战士均有三年以上军龄，有一部分战士是抗美援朝归国的复员军人，全部经过训练后拟于3月21日遣送返乡完毕，复员人员也都做好了回家准备，当该团接到停止复员工作准备动员赴苏的命令时，"从领导干部到全体复员军人都感到十分突然，复员军人议论纷纷，情绪抵触很大"[3]。从中可以反映出中方在准备动员时间上的仓促性。

综上所述，中苏双方经过两党会谈和两国政府间的具体交涉、办理，劳动合同文本最终定稿，同时两国政府有关中国工人赴苏援建事宜的前期工作已经准备就绪。尤其是中方在得到苏方详细计划草案后召开专门会议，向下布置具体计划和动员任务，各相关职能部门也建立了专管机构和配套机制，有些地方如河北省清苑县已经开始进村宣传动员。然而，就在这时，赫鲁晓夫的一封来信，改变了整个事情的进程。

1　国务院出国工人管理局编：《赴苏联工人训练教材》（1955年4月4日），江苏省档案馆藏，档案号3072-2-271。

2　《中华人民共和国派遣到苏联参加共产主义建设工人人数分配及遣送计划概括表（第三次修正草案）》（1955年4月7日），山东省档案馆藏，档案号A101-1-346。

3　国务院出国工人管理局编：《出国工人简报（第一期）：解放军某部动员出国工人试点中动员阶段几点经验》（1955年4月9日），江苏省档案馆藏，档案号3072-2-271。

三、变化：赫鲁晓夫来信与清苑县被定为全国先行试点县

1955 年 4 月 15 日，赫鲁晓夫致函毛泽东，提出暂缓中国工人赴苏。信中提到，中苏双方经签署协定，"曾预定在本年度派遣八万名中国工人到苏联的企业和工地，这是因为考虑到苏联国民经济的个别部门对劳动力的日益增长的需要"。但由于苏联国家计划委员会和政府各部门进行了"发掘额外的内部劳动潜力的工作"，实行"简化行政管理部门的组织机构和裁减编制中冗员的措施"，得以解放大量的工作人员，现正把他们派往各生产企业和工地；另外，由于建筑工作中和其他工作中繁重劳动过程的广泛的机械化，也发掘出大量的潜在劳动力，这一情况使苏联在本年度靠内部已有的劳动潜力就可以完全保证各经济组织对劳动力的需要。鉴于上述情况，"苏共中央认为有必要把征募中国工人的工作推延到一九五六年"，"一九五六年在中华人民共和国需要征募并派送苏联各企业工地的工人人数可由中苏常设委员会于今秋予以规定"。[1]

从赫鲁晓夫的来信可以看出，苏方只是将中国工人赴苏的工作推迟一年，没有提出停止实施，理由是发掘出了新的劳动力。这个理由显然牵强，因为第二次世界大战结束后，苏联十分缺乏劳动力，采取了诸如征召"二战"期间曾被收押在德军战俘营中的苏军战俘以及遣返散居海外的侨民等措施以补充国内劳动力[2]，而且苏联采取从城市发掘劳动力到农村的做法早在 1954 年开垦荒地时就已经开始了[3]。因此 1954 年 11 月 12 日苏方在同中方签署《协议》时应该清楚国内发掘劳动力的实际情况。显然，苏方的理由与实际情况不相符。

中方高层在接信后迅速作出反应。4 月 15 日当天，邓小平即作出批示，让习仲勋将情况通知给有关各省[4]。18 日，邓小平在中共中央政治局会议上的发言中明

1　《苏共中央书记赫鲁晓夫给中国共产党中央委员会主席毛泽东同志的信》（1955 年 4 月 15 日），中央档案馆藏，档案号 137-1-11。

2　关于苏联"二战"后补充国内劳动力的具体措施参见：Ващук А.С., Крушанова Л.А. Мобилизационные формы пополнения трудовых ресурсов в СССР, 1945-1950 гг., Россия и АТР, 2006, №1, c.5-13。

3　《中共中央转发青年团中央书记处关于苏联开垦荒地的一些情况的报告》（1955 年 6 月 2 日），河南省档案馆藏，档案号 J1-35-156。

4　《苏共中央书记赫鲁晓夫给中国共产党中央委员会主席毛泽东同志的信》（1955 年 4 月 15 日），中央档案馆藏，档案号 137-1-11。

确指出"去苏联的工人今年不要去了"[1]。19日,习仲勋签发给河北各省及国防部等部门的特急电报:通报赫鲁晓夫的来信内容,中方同意1955年输送出国的八万工人推迟到明年进行;要求各省和国防部以及国务院有关部门应立即停止派遣工人赴苏的宣传、动员和集中工作,并进行适当解释,扭转群众情绪,使他们安心生产[2]。可以看出,中方是按赫鲁晓夫提出的理由向下解释通报的,并且采取了具体应对办法,即暂停了1955年的动员工作,但仍准备在1956年继续动员。

中方高层采取措施的同时,各省接到通知后也迅即采取了行动。4月15日,江苏省和山东省均接到国务院出国工人管理局关于"动员工作已推迟至明年进行"的电话通知。此时,江苏省刚开始建立出国工人动员委员会和办公室的机构,拟定动员工作方案,并准备召开专员、县长会议向下布置,动员试点等工作均未开始进行,19日接到习仲勋的特急电报后,上述行动遂即停止。山东省和河北省因为动员工作开始早,专管机构已经建立,宣传工作已经进行到村。尤其是河北省清苑县在4月10日时已经对中冉、黄坨两重点乡的出国工人进行了体格检查。此时两省也紧急下发通知,停止动员工作,收回之前下发到各级的有关政策文件。[3]

4月28日,中国外交部给驻苏大使馆发去了正式函件:中国政府已同意苏联政府把1955年派遣八万中国工人去苏联工作的计划推迟进行,1956年的计划由中苏常设委员会在1955年秋天开会规定。[4]

然而,就在中方同意苏联政府的提议并从中央到地方已经开始着手停止1955年的派遣工作时,事情又发生了变化。

4月29日下午,苏联驻华大使尤金拜会张闻天,请张闻天代为转达苏联政

1 　中共中央文献研究室编:《邓小平年谱(1904—1974)》,北京:中央文献出版社,2009年,第1227页。

2 　《国务院关于今年派遣八万中国工人赴苏的计划推迟明年进行给各地的电报》(1955年4月19日),中央档案馆藏,档案号137-1-11。

3 　《江苏省人民委员会函告国务院出国工人管理局推迟中国工人赴苏工作情况》(1955年6月7日),江苏省档案馆藏,档案号3072-2-271;山东省出国工人动员委员会办公室:《收回有关动员赴苏工人工作文件的通知》(1955年4月19日),山东省临朐县档案馆藏,档案号15-1-1;清苑县出国工人动员委员会:《关于对中冉、黄陀两重点乡的体格检查工作的报告》(1955年4月11日),河北省清苑县档案馆藏,档案号26-2-85。

4 　《外交部办公厅给驻苏大使馆关于中国政府同意苏联政府关于中国工人延缓去苏的提议的函》(1955年4月28日),中央档案馆藏,档案号137-1-11。

府关于中国工人赴苏事宜的最新意见。尤金表示，当他把苏共中央认为中国工人1955 年可不去苏联的意见告诉刘少奇时，刘少奇曾提议最好 1955 年"先派几百名或一千名工人到苏联去，以便在针对其所遇困难进行工作方面取得经验，为以后大批工人去苏做好准备"，随后，他把刘少奇的建议转达给了苏联政府，目前苏联政府同意中国方面 1955 年先派 1 000 名工人去苏联的意见，并认为派遣时间以 6 月和 7 月为宜，而且在华负责中国工人赴苏事务的苏方人员已经得到了相关指示。30日，张闻天便将尤金转达苏联政府关于 1955 年先期派遣 1 000 名中国工人赴苏的意见向陈云并转中共中央提交了一份报告，当天，陈云即作了"主席等人阅后退仲勋办"的批示。[1]

4 月 30 日，河北省接到出国工人管理局的正式通知，"决定由我省清苑县继续完成 1 000 名出国工人任务，于 6 月底完成，最迟 7 月初全部出国"。[2] 5 月 4 日，张策与伏拉索夫（时任中苏常设委员会苏方首席委员——引者注）就"苏联同意今年送 1 000 中国工人去苏的问题"交换意见，决定 1955 年赴苏的 1 000 名工人于六七月间在河北清苑县进行动员集中，乘一次专车赴苏，苏方准备派三名工作人员参加签订合同等工作，工人身体检查所需的苏联医生，将从现驻中国的苏联医师中临时调用。[3]

这样，在短短半个月的时间内事情再次发生了转变。在刘少奇的提议下，原本 1955 年已经停止的动员工作再次启动，只不过数量由八万人变为 1 000 人。这1 000 人确定在河北省清苑县"动员集中"，是为了"取得经验，为以后大批工人去苏做好准备"。

至此，从赫鲁晓夫提出派遣中国工人赴苏，到清苑县最终被定为"全国先行试点县"，其间虽一波三折，但终归迈出了实质性的第一步。

---

1 《张闻天关于苏联政府同意中国今年派一千名工人去苏联给陈云并转中央的函》（1955 年 4 月 30日），中央档案馆藏，档案号 137-1-7。

2 河北省出国工人动员办公室：《出国工人动员工作简报（第八期）》（1955 年 5 月 3 日），河北省档案馆藏，档案号 932-1-294。

3 《张策关于派遣一千名工人去苏联问题与伏拉索夫交换意见给习仲勋并转周总理的报告》（1955 年 5月 6 日），中央档案馆藏，档案号 137-1-7。

四、结果：苏联的谨慎态度与中国主动提出停止派遣

1955 年 6 月 8 日，张策向习仲勋并转周恩来、邓小平提交了一份"关于派遣 1 000 名工人赴苏问题"的报告：关于 1955 年输送 1 000 名青壮年赴苏的计划和准备工作经与中苏常设委员会苏方代表伏拉索夫数次洽商，已取得一致意见；按原计划仍在河北省清苑县完成这一任务，确定 6 月 7 日进行遣送动员，7 月 6 日遣送第一批 300 人，于 7 月 9 日到达满洲里，7 月 11 日遣送 700 人，于 7 月 14 日到达满洲里（具体情况见下表）。

河北省赴苏工人分配计划表

河北省到苏联参加共产主义建设的工人人数分配及遣送计划表									
车次	分配地区或部门	工人数目	干部人数	工人分布地区	工人到苏联以后工作的部门地区和企业			集中上专车地点	火车开行时间	到满洲里车站日期
					部门	地区	企业名称			
1	河北	300	1	河北省清苑县	苏联有色冶金部	布里亚特蒙古自治共和国戈罗多克市东西比利亚铁路线的吉达站	吉达联合企业	保定	7 月 6 日	7 月 9 日
2	河北	400	1	河北省清苑县	冶金及化学工业企业建筑部	伊尔库茨克省乌索利耶西比尔斯克市东西比利铁路线安加拉站	东方重工业企业建筑托拉斯建筑工地	保定	7 月 10 日	7 月 14 日
		300	1	河北省清苑县	石油工业企业建筑部	莫洛托夫省莫洛托夫市斯维尔德洛夫斯克铁路线非尔马站	莫洛托夫建筑管理局建筑工地			
总计		1 000	3							

国务院出国工人管理局制

资料来源：《张策关于派遣一千名工人去苏联问题给习仲勋并转总理的报告》（1955 年 6 月 8 日），中央档案馆藏，档案号 137-1-7。

此后，关于"1955 年派遣清苑县 1 000 名工人赴苏"的问题进入具体实施阶段。7 月 15 日，苏联部长会议劳动后备总局代表保·格·苏可列诺夫在满洲里第二批中国工人的交接证书上签字[1]。至此，清苑县 1 000 名工人的遣送工作最终完成。

7 月 19 日，根据苏方"由中苏双方签署一个总结作为 1956 年工作根据"的提议，习仲勋将张策所拟的总结草稿附在信中呈报邓小平并转刘少奇等人审核。总结稿提到中苏双方代表认为有必要进一步讨论的几个问题：工人出国的各项证件和手续有必要进一步简化；计算出每个工人所需经费总额，苏方按人数一次拨给，由中方在此标准内调剂使用；工人的体格检查，可完全委托中国的卫生机关负责办理，苏方可派出适当数量的医务代表到各体格检查站监督和指导；建议苏联政府今后于先一年的秋季提出需要聘请中国工人的数量和计划，以便中国方面利用冬闲季节进行动员与组织工作。后来，周恩来批示"同意以此件作为我方的工作总结提交苏方"，并指出"明年如需动员首先应在复员军人中进行"。[2]

8 月 11 日，中苏双方代表在北京召开了"关于招募中国工人赴苏工作总结"会议，杨实人（时任国务院出国工人管理局副局长）作了清苑县出国工人输送工作总结报告并核批了苏方负担的 131 185.41 元决算费用。双方认为，为做好 1956 年赴苏工人的组织工作，最好于 1955 年在北京召开中苏常设委员会会议，并讨论中方在报告中提出的五点建议。这五点建议有三点是张策在 7 月 19 日总结稿中提出的内容，另外两点是：1956 年动员工人的对象拟以城市未就业者和人民解放军复员军人为主；为了 1956 年及时顺利地动员工人赴苏工作，建议苏方在今秋提出明年的赴苏工人数量和分配的计划。[3]

1955 年 12 月，尤金向周恩来提出，由于"苏联 1955 年内在各方面节省出了人力"，因此"只准备在 1956 到 1957 年两年内接收 2 000 名中国工人"[4]。据此，中

---

1 《中华人民共和国工人志愿前往苏联参加工地（企业）工作的交接证书（中俄文）》（1955 年 7 月 15 日），中央档案馆藏，档案号 137-1-16。

2 中共中央文献研究室、中央档案馆编：《建国以来刘少奇文稿》（第七册），北京：中央文献出版社，2008 年，第 265—266 页。

3 《中苏代表关于招募中国工人赴苏工作会谈记录》（1955 年 8 月 11 日），中央档案馆藏，档案号 133-1-7。

4 《张策致习仲勋并周总理建议 1957 年不再派一千名工人去苏和苏联大使馆谈话稿的函（第四次稿）》（1957 年 3 月 2 日），中央档案馆藏，档案号 137-1-52。

方在 1956 年再次向苏联输送了 1 000 名工人，工人条件"仍暂按 1955 年 4 月 1 日
中共中央指示的规定办理，但指示中的年龄改为 20 岁至 30 岁，另加'粗通文字'
一项条件"，分别由当时山东省昌潍专区（今潍坊市）动员 600 人和河南省新乡专
区（今新乡市）动员 400 人。[1] 而 1957 年的 1 000 人，在中方的主动提议下，不再
派遣。

中方之所以主动提出不再派遣 1957 年的 1 000 名工人，与苏方对待中国工人
赴苏一事的谨慎态度密切相关。

第一批清苑县 1 000 名工人抵苏开始工作不久，中方即派出访问组前去考察。
1955 年 8 月 1 日，访问组抵达莫斯科。2 日至 5 日，苏联劳动后备总局捷连利局长
和 1955 年接纳中国工人的三个工业部的副部长分别接见工作组成员，并介绍了工
人到达各企业后的情况。据当时的驻苏使馆工作人员报告称："苏方目前暂无明年
招聘中国工人的计划，何处需人暂难确定，他（指捷连利局长——引者注）建议我
们先去今年已有中国工人到达之三企业参观，在此期间，苏方将考虑明年计划……
此一情形，与我方原先计划出入颇大"。[2]

确实，按照中方的计划，1955 年清苑县的 1 000 人只是为了取得试点经验，为
以后大规模的动员赴苏做准备，而苏方"目前暂无明年招聘中国工人的计划"还要
"考虑"的回答，显然出乎中方的"原先计划"。为了解中国工人在苏联企业生产上
所起的作用和生产生活的思想情况，尤其是 1956 年派去的 1 000 名工人到达工地
后工作和生活安置情况，1956 年 7 月 15 日经周恩来批准中方再次派出杨实人等四
人组成的工作组赴苏考察。[3] 从杨实人回国后提交的报告中可以看出，工作组此行
显然还有"试探苏方下一步计划"的任务。

1957 年 1 月 5 日，国务院出国工人管理局向习仲勋并转周恩来提交了"杨实

---

1 《山东省人民委员会关于动员赴苏工人的通知》（1956 年 6 月 23 日），山东省档案馆藏，档案号
A101-1-347；《中共河南省委关于动员青壮年赴苏联参加共产主义建设和学习生产技术的指示》（1956
年 7 月 3 日），河南省档案馆藏，档案号 J1-1-4069。

2 《驻苏大使馆胡明致外交部、国务院出国工人管理局关于中国工人到苏联的情况报告》（1955 年 8 月
6 日），中央档案馆藏，档案号 137-1-17。

3 《张策给习仲勋报送赴苏工作组工作计划的函》（1956 年 9 月 10 日），中央档案馆藏，档案号 137-
1-55。

人赴苏工作组总结报告"。报告中提道：1957 年输送的 1 000 名工人，苏方表示计划拟在 1957 年一二月提出，四五月份动员输送；关于苏方以后是否还有需要中国工人的远景计划，在工作组抵达莫斯科时，大使馆即提出"应向苏方探试他们的意图，因此，曾和苏方交换意见时两次提出这个问题，进行过试探，但苏方表示这是部长会议和国家计划委员会权限内的事，劳动后备总局无法考虑此问题，中国方面如需了解可通过两国政府去了解"；由此，工作组认为"苏联最近几年间可能还不感到大批需要劳动力，还没有做大批招聘中国工人的准备"，而且苏方"在各工地强调中国工人来苏是为了帮助中国训练技术工人与技术人才，而不谈苏联缺乏劳动力的需要是有一些根据的"。很显然，苏方的态度非常谨慎，闭口不谈以后的"远景计划"，甚至在有些地方谈"中国工人来苏是为了帮助中国训练技术工人"，苏联的态度和言辞确实令人"难以琢磨"。鉴于此，邓小平在报告中批示："我认为原则上不必再派工人到苏联了，我们可以主动向苏方提出建议不再派，但声明我国人是不缺的，如果他们确实需要，当然可以继续派，否则不再派，免除双方的负担。"[1]

　　1957 年 1 月 23 日，根据邓小平等人的批示，外交部向苏联驻华使馆提出了"1957 年不拟遣送 1 000 名工人赴苏"的建议。3 月 2 日，苏方正式答复"同意"了中方提议。[2] 4 月 29 日，根据周恩来的提请，国务院全体会议第 47 次会议决定撤销出国工人管理局。5 月 6 日，一届全国人大常委会第 68 次会议批准国务院撤销出国工人管理局。这意味着中国今后不再派遣工人赴苏援建，而后续工作则交由驻苏大使馆领事部和劳动部接手负责。[3] 这样，关于中国工人"赴苏援建"一事，中苏双方由初期商定的八万人，在历经波折后最终中方实际分两年派遣了 2 000 人。

---

1 《国务院出国工人管理局关于赴苏工作组检查中国工人在苏联工作情况的简要报告（手稿）以及邓小平等人的批示》（1957 年 1 月 5 日），中央档案馆藏，档案号 137-1-54。

2 《张策致习仲勋并周总理建议 1957 年不再派一千名工人去苏和苏联大使馆谈话稿的函（第四次稿）》（1957 年 3 月 2 日），中央档案馆藏，档案号 137-1-52；《外交部领事司关于今年不再派一千名工人去苏事给国务院出国工人管理局的函》（1957 年 3 月 2 日），中央档案馆藏，档案号 137-1-58。

3 苏尚尧、韩文伟主编：《中华人民共和国中央政府机构（1949—1990）》，北京：经济科学出版社，1993 年，第 502—503 页；彭真：《中华人民共和国全国人民代表大会常务委员会的工作报告》，《人民日报》1957 年 7 月 3 日。

五、结语

笔者目前未能找到 1954 年 10 月赫鲁晓夫来华前苏方关于要求中国派遣工人援助苏联的任何讨论或是决议。如前文所述，11 月 8 日当邓小平询问阿尔希波夫有无关于招募中国工人赴苏的详细计划时，阿尔希波夫明确回应，目前手里没有计划，赫鲁晓夫率领代表团在北京时只有一个"轮廓"，还需要在苏联"再加研究和修改"。直到 1955 年 1 月 17 日，苏联部长会议才作出关于招募中华人民共和国工人参加苏联共产主义建设和劳动学习的决议。因此，当赫鲁晓夫向毛泽东提出派遣中国工人赴苏时，中苏双方对于这一问题事先都没有思想准备，很有可能是赫鲁晓夫在会谈时的一时之说，而这触动了毛泽东的民族感情，使其想起了历史上的"华工出国"，这才有了赫鲁晓夫回忆录中提到的当时毛泽东表示"遗憾"的情形，即毛泽东当时没有明确答应赫鲁晓夫的要求；会谈之后，苏联代表团讨论了赫鲁晓夫的要求，毕竟将 100 多万中国工人放在人烟稀少而又与中国接壤的远东地区，意味着什么显然不言而喻；几天后，当中方正式回复赫鲁晓夫的要求时，赫鲁晓夫明显有了后悔迹象，但由于是其本人主动提出的，又"不大好意思取消"，这才"勉强"有了 1954 年 10 月 12 日的《协定》。故阿尔希波夫关于苏联代表团在北京只有"轮廓"并无详细计划的回答和直到 1955 年 1 月 17 日苏联部长会议才真正作出决议的事实，就不足为奇了。"二战"结束后，苏联尤其是远东和西伯利亚缺乏劳动力，是不争的事实，但这与赫鲁晓夫关于"中国人想渗入并接管西伯利亚的经济……想确保在西伯利亚定居的中国人多过住在那里的俄罗斯人和其他苏联人……"[1]的担心相比，赫鲁晓夫当然不会给中国人"染指"远东和西伯利亚地区以任何机会。但当时中苏关系正处于蜜月期，赫鲁晓夫本人的权力结构也需要得到中共的支持，加之这是他主动提出来的要求，且中苏已经签署了《协定》，只能硬着头皮把事情继续进行下去，但在后续办理过程中采取了敷衍的做法，并避而不谈苏联关于继续招收中国工人的"远景计划"，直到中国"知难而退"。所以，才有了 1955 年 4 月 15 日给毛泽东的信以及整件事情的一波三折。也正因为如此，当 1957 年中方主动向苏

1　赫鲁晓夫：《最后的遗言——赫鲁晓夫回忆录续集》，第 388—389 页。

方提出不再派遣工人赴苏时，苏方才会那么爽快地答应。

中苏两国同属社会主义阵营，并签订了同盟条约，相互之间提供援助本在情理之中，但情况并非如此简单。虽然赫鲁晓夫 1954 年访华之行开启了中苏关系的蜜月期，但其实从一开始中苏双方即彼此心存芥蒂，这为日后的中苏分裂埋下了不信任的种子。因为中国工人赴苏援建自始至终都是在中苏双方的一种"半推半就"的"误解"状态中完成的。在具体实施过程中，中苏双方均有各自的民族感情在内，且都有一种猜测、试探对方的心态，也就是说双方在最初和后来办理的过程中都没有把自己的实际意图展现给对方，都有一种"碍于情面"的心理在作祟。这种"碍于情面"的心理的本质就是当时社会主义国家间将彼此意识形态的同一性替代了各自国家利益的实际需要。因此，究竟什么样的国际援助才是真正符合援助方与受援方各自的实际需要，是一个值得深思的历史和现实问题。

（本文原载于《中共党史研究》2013 年第 10 期）

无言的使者
——冷战背景下中国的动物外交研究

刘晓晨

摘要： 在冷战背景下，新中国的动物外交主要通过动物交换、学术交流和外事活动这三种方式来进行，并且，这种以动物为主角的外事交往活动往往带有浓厚的意识形态色彩。另外，作为官方外交活动的分支和补充，动物外交在社会主义国家和西方国家间有着显著的差别。新中国的动物外交始于向苏东社会主义国家的学习，而在推行的过程中却又受制于不同时期对于阵营、路线的划分与认知。从某种意义上来说，动物外交可以被视为中国对外交往的晴雨表。这一模式时至今日依然存在。

关键词： 冷战；中国；动物外交；动物园

一、前言

在冷战的大背景下，新中国开展的"动物外交"，主要是通过对外赠送、互换动物，进行国际学术交流、保护野生动物合作等活动进行。这种以动物的名义开展的促进友谊、增进友好关系的行为带有明确的发展和促进各国间外交的目的。在冷战时期中国的对外动物交换以及学术交流都带有浓厚的政治意味和意识形态色彩。以动物为媒介的外交行为，某种程度上可以被视为民间外交的延伸。但在社会主义国家，特别是中国，这种公共外交更多地被赋予了官方色彩。关于中国的动物外交的研究，国际学术界主要关注的对象是"大熊猫外交"，而有关动物外交的其他方方面面涉及较为有限。[1]"大熊猫外交"的研究，一类是基于生物学的考量，其余多是基于民间交流、民间外交的角度来展开研究和论述，特别强调大熊猫外交对于美国和日本的影响——对于美国，赠送大熊猫在乎时机的重要性；对于日本，赠送大熊猫则屡屡出现在中日外交的关节点上。近年来也逐渐有国内学者开始利用解密档案研究中国的对外动物交流，做了很好的尝试。本文立足于档案文献[2]和已有研究成果，以新中国政治环境和外交活动的演变为脉络，以国内国际双向互动为视角，探讨冷战背景下新中国动物外交对中国社会发展所产生的影响，考察在跨国意识形态的背景中，互换动物这种原先属于公众娱乐的行为如何变成官方可以灵活施展的外交手段，这将为观察新中国社会文化史提供一个新的视角和历史参照。

二、社会主义动物园的建立和动物外交的开始

近代意义上的动物园最早出现于欧洲。以 1752 年在欧洲近代意义上第一所真正的动物园（位于奥地利哈布斯堡王朝夏宫中）的出现为标志，人类对猛兽的应对

1　国内外学者对于新中国对动物外交的研究目前主要局限在大熊猫外交这一个侧面，对于横纵向的考察并不充分。有关大熊猫外交的研究，一类是基于生物学的考量，文中偶尔涉及从古至今对外赠送大熊猫的活动，以大熊猫研究专家胡锦矗教授为例，其代表作是《卧龙的大熊猫》（四川科学技术出版社，1985 年）和《大熊猫研究》（上海科技教育出版社，2001 年）；此外还有科学史类工具参考书，如《大熊猫》（朱靖、李扬文主编，科学出版社，1981 年）系统地回顾了大熊猫对外交往的历程；还有一类多是基于民间交流、民间外交的角度来展开研究和论述，特别是中国外交部档案公开以后，有部分记者和学者利用外交部公开的 20 世纪 70 年代中国对外赠送大熊猫的档案，撰写了一系列相关文章，如孙桂华、夏俊的《"熊猫外交"的秘密往事》等。近来，亦有中国学者开始利用国外解密档案研究中国和外国之间的动物交换。如东北师范大学张民军副教授的《麋鹿外交》一文使用了英国外交部解密档案（FO），详尽地还原了在 50 年代中英两国试图通过麋鹿打开两国关系的过程。英语世界学者对于大熊猫及其对中国政治、外交影响的研究，代表作有《最后的熊猫》（G. B. Schaller, *The last panda*, University of Chicago Press, 1994.）以及《熊猫之路》（H. Nicholls, *The Way of the Panda: The Curious History of China's Political Animal*, Open Road Media, 2011.）。日本学界方面，家永真幸的著作《パンダ外交》（株式會社メディアファクトリー，2011 年）系统考察了大熊猫在中国从害兽到国礼的演变过程，金子将史和北野充的《公共外交：舆论时代的外交战略的新描述》（外语教学与研究出版社，2010 年）亦用大量的笔墨描写大熊猫作为公共外交的载体对美国产生的影响。

2　各地方档案馆编辑的一些资料选编中偶尔也会发现一些珍贵的史料，如北京市档案局、莫斯科市档案管理总局编：《北京与莫斯科的传统友谊——档案中的记忆》（中国档案出版社，2006 年）一书中保留了 50 年代中苏两国关于互换动物的一些珍贵的档案原件影印件。

方式开始从猎取转变为饲养。[1] 动物园地位和作用转变，展现了动物和历史、动物和自然以及动物和人类之间的关系。1826 年，英国在伦敦动物学会之下建立世界上第一个现代动物园——摄政动物园（位于摄政公园内），其目的是在人工饲养条件下，更好地了解动物在野外的相关物种。此后，许多国家（包括进入近代较晚的中国）都陆续建立了规模不等、风格各异的动物园，到 20 世纪又建立了大量的野生动物饲养基地、各种各样的自然保护区。[2] 法国学者埃里克·巴拉泰在其《动物园的历史》一书中直言不讳地指出，回顾近代以来，特别是西方国家对待动物和动物园的态度，可以发现大致经历了三个阶段的转变：动物园一直以来都是人类满足欲望的历史记录，16 到 18 世纪的动物园是贵族阶级的爱好，是荣誉的象征；19 世纪，动物园是对帝国征服的彰显；到了 20 世纪，动物园是公众对自然向往的寄托，也是好奇陌生世界的窗口。[3]

动物外交的前提，是该国有种类繁多、数量充足的动物以及动物人造的栖居的场所——动物园或者类似的保护机构。社会主义国家的动物园长期以来都强调自身的独特性——动物园的性质是一个集中饲养大量野生动物的地方；任务是要进行文化教育、科学普及和科学研究工作，同时它也是一个给游人提供的很好的休憩场所。[4] 苏联式的动物园要积极宣传进化论、宣传米丘林征服自然、改造自然的学说，更好地为群众服务。东欧社会主义国家及中国、朝鲜、越南等亚洲社会主义国家的动物园建设无一不深受苏联的影响。

作为社会主义国家的苏联，在动物园和动物园应该发挥的作用这一问题上，和西方国家之间的态度迥然不同。在苏联生物学界，他们批判摩尔根的遗传学说，宣传米丘林的向大自然索取的观点，对自然史博物馆（包括动物园）的负面影响很大。在当时的博物馆展厅里还会挂起米丘林的画像和语录。[5] 比如那句最著名的：

1 侯甬坚、张洁：《从猎取到饲养：人类对付猛兽方式之演变》，《野生动物》2008 年 9 月，第 257 页。

2 侯甬坚、张洁：《从猎取到饲养：人类对付猛兽方式之演变》，第 258、278 页。

3 ［法］埃里克·巴拉泰：《动物园的历史》，乔洪涛译，中信出版社，2006 年，序言。

4 《上海市人民政府工务局园场管理处关于苏联专家规划动物园的总结》，上海市档案馆，1954 年 8 月 24 日，B326-5-16，第 5 页。

5 甄朔南：《半个世纪的中国大陆自然科学类博物馆》，《"海峡两岸博物馆学人与全球化的对话"》论文集》，第 9 页。

"我们不能等待自然的青睐。从自然那里拿过来，这是我们的要求。"

此外，苏联式的博物馆和动物园更强调要贯彻和宣传达尔文的进化论、米丘林的征服自然学说，要具有科研、科普和教育群众的功能。[1] 其中明确提出动物园的任务是：

（1）要使广大人民知道祖国以及世界上有多少动物及其分布；

（2）宣传动物对人类的利害关系，以及如何保护有益的动物和防止有害的动物；

（3）让群众认识动物的发展演化过程，说明动物与人的来源。动物园有责任说明动物是由低等演化到高等，而由于环境的影响所有生物是不断发展着的，有力地驳斥那种所谓人是神创造、永远不变的荒谬理论；

（4）让群众知道自古以来人类就注意驯养动物，把野生动物驯养成为家畜而且逐步改变了品种，使人们获得了更大的利益，说明人类能够征服自然、改造自然，宣传米丘林的学说，使动物为生产和人类财富作更多的贡献；

（5）帮助群众特别是学生了解其他有关动物科学的各种知识，如动物生活习性、病理、繁殖等。[2]

上海市人民政府工务局园场管理处提供的一份总结报告详细地介绍了对于动物作用和动物园任务的理解："动物园的任务不仅是满足游人的好奇，观赏和乐趣；更重要的动物园是一个进行文化教育科学普及的场所和进行科学研究的机关；资本主义国家的动物园单纯为了游人的观赏休息而无任何科学教育意义或者虽然有科学研究工作，但仅仅限于少数科学家而不能普及于广大人民之中。"[3] 从这里我们可以看出，社会主义国家对于动物园的定位显然更多地在强调其社会功能以及对意识形

1　"上海市人民政府工务局园场管理处关于苏联专家规划动物园的总结"，上海市档案馆，1954 年 8 月 24 日，B326-5-16，第 2—5 页。

2　"上海市人民政府工务局园场管理处关于苏联专家规划动物园的总结"，上海市档案馆，1954 年 8 月 24 日，B326-5-16，第 3 页。

3　"上海市人民政府工务局园场管理处关于苏联专家规划动物园的总结"，上海市档案馆，1954 年 8 月 24 日，B326-5-16，第 3 页。

态的辅助教育作用。而这些观点也直接影响了新中国动物园的建设理念。

在中国动物园的实际建设中，从设计方案、指导思想、宣传方针乃至饲养方法无不受到来自苏联的影响。众所周知，1949 年 10 月新中国建立之后，在"一边倒"外交方针的指导下，中国率先和苏东国家建立了外交关系，并在政治、经济、军事、外交和文化各个领域加强向苏联的学习。在接受大量援华顾问和专家的同时，中国也积极外派人员到苏联等社会主义国家学习、交流。[1]

在此背景下，中国方面很早就提出要向苏东国家学习先进经验，发挥动物园应有的作用。1951 年 5 月 28 日北京市人民政府秘书长薛子正对西郊公园（1955 年改名北京动物园）的工作作出指示："……西郊公园有发展前途，宜建成大规模的动物园，作长远打算，如虎豹山、猴山等建设及研究动物的管理方法，有机会可以派人去苏联及东欧各民主国家参观动物园，吸取经验，以扩充首都动物园。"[2] 苏联方面的反馈相当积极，6 月 9 日苏联中央动物园园长写信给北京西郊公园，表示愿意用苏联的特产动物，如白熊、棕熊、雪豹等，换取中国特有的各种兽类，如猴子、大象、虎豹和爬虫类。[3]

1953 年，印度总理尼赫鲁赠送给中国少年儿童一头大象，但是由于中国当时缺乏建造"象房"的技术，只得向苏联求助。加之，西郊公园内原有动物园的兽舍大部分为新中国成立前修建，已不适合游览观赏。因而，1954 年 3 月北京市园林处决定改建并新建兽舍和动物活动所。同年 6 月，经北京市政府批准，北京市园林处举办动物管理人员训练班，聘请苏联莫斯科动物园主任萨斯诺夫斯基和兽医奥列安德诺娃二人来华在西郊公园讲学，传授经验。他们来到中国的另一项任务是帮助中国规划设计新型动物园。萨斯诺夫斯基和奥列安德诺娃先后前往北京和上海指导动物园的建造和设计工作，特别是"象房"的规划设计，并举办了专业训练班。全国各地都抽调了相关人员前去学习。6 月 18 日，北京市西郊公园写出《关于执行苏联专家建议的检查总结》。25 日，苏联专家在园内举办"动物管理人员训练班"。全

1　沈志华：《苏联专家在中国（1948—1960 年）》，中国国际广播出版社，2003 年，第 1 页。

2　杨小燕主编、北京动物园管理处编：《北京动物园志》，中国林业出版社，2002 年，第 13 页。

3　《苏联中央动物园长就交换野生动物及交换动物种类等事宜致北京动物园的信》，1951 年 6 月 9 日，参见北京市档案局、莫斯科市档案管理总局编：《北京与莫斯科的传统友谊——档案中的记忆》，第 41—42 页。

国共有 50 余人参加，历时 33 天，北京动物园有 14 人参加。[1] 随后，在 7 月 19 日北京市园林处举行的座谈会上，苏联专家的主张和建议得到了最大程度的贯彻。讨论苏联专家等提出的动物名单；要增加鱼类的饲养，搞好将来的水族馆；增加杜鹃、丹顶鹤等有文化象征的动物；增加展览无脊椎动物；目前动物园动物不全，可用图案与动物分布图作补充，进行动物知识的普及；科学院与动物园应更多地联系；在动物园规划上，专家建议动物园不能作为文化休息公园，晚上不能开放；等等。[2]

上海动物园在选址、建设的过程中也颇费了一番曲折，与北京市动物园相似，上海动物园开始动工建设的缘由是为了安置云南省地方赠送给毛主席的大象。1954年 6 月，国务院办公厅通告上海市人民政府，将云南西双版纳傣族人民献给毛泽东主席的一头大象"南娇"交给上海饲养展出。此时，上海只有几家私营的小型动物园，上海市政府也在考虑建设一个规模较大的动物园，"南娇"的到访推动了把西郊公园建设为动物园的设想。在得知苏联专家在北京访问的情况下，1954 年 7 月上海市工务局派出一批工程技术人员和动物园管理人员到北京动物园学习，并约请在京的萨斯诺夫斯基商议建园规划及相关事宜。[3] 8 月，萨斯诺夫斯基与奥丽安德诺娃来沪，先参观了中山公园、复兴公园的小型动物园，随后又协助实地踏勘了西郊公园（原外侨高尔夫球场）、龙华苗圃、华泾长桥镇三地，最后决定将西郊公园扩建为动物园。在沪期间，两位苏联专家还和上海市动物学方面的科学工作者进行了座谈。[4]

向苏联的学习帮助中国逐步建立起现代化的观赏动物饲养、繁育与展览的管理体系与模式。但在这一过程中，苏联动物园建设模式中的一些问题也随之出现。其中比较突出的就是为了达到在种类数量上贪大求全和宣传"人定胜天"的要求，加之没有制定相应的种类划分标准，各地动物园在建设初期纷纷派出工作队远赴边远

---

1 《北京动物园志》，第 277、291 页。

2 《北京动物园志》，第 291 页。

3 上海市地方志办公室、上海市绿化管理局编著：《上海名园志》，上海画报出版社，2007 年，第 386—389 页。这批人员为工务局场管理处的程绪珂、吴振千、虞颂华、顾正和上海市市政建设委员会的徐景猷。

4 "上海市人民政府工务局园场管理处关于苏联专家规划动物园的总结"，1954 年 8 月 24 日，上海市档案馆，B326-5-16，第 2 页。

地区大肆捕猎珍稀动物。为了获得宣传"进化论"必不可少的猩猩，上海动物园甚至专门派出工作队前往东南亚和海外。[1] 1955—1957 年，北京动物园野生动物搜集站所搜集的动物数量分别为 530、659 和 1 106 只。[2] 而频繁的捕猎和落后的运输技术造成的高死亡率导致一部分珍稀动物数量急剧减少。"50 年代缺乏经验，造成肉食动物咬坏笼箱险些逃逸；大型草食动物及走禽、雉鸡等鸟类撞伤、撞死；爬行动物钻出笼箱；通风不良造成动物途中死亡。"[3]

另一方面，随着动物园的扩展和完善，同时也为了宣传社会主义制度优越性而尽可能搜罗各大洲的标志性动物，社会主义国家间的动物交换也随之紧锣密鼓地开展起来。但由于动物地域、种类的差别，无法在划定动物交换类别上直接照搬苏联，因而中国最初自行制定的标准并不科学。1959 年国务院曾经制定了一份按照动物种群数量来确定动物出口种类的划分原则，其中第一类为我国独有的最珍贵的品种，只在必要时可由中央控制对外赠送，此外一律不得出口，包括大熊猫、小熊猫、东北虎、雪豹、蒙古野马、白唇鹿、金丝猴、丹顶鹤、扭角羚九种珍稀动物。第二类是比较珍贵的动物，只供动物交换和送礼等用，不作贸易出口，如蒙古野驴、华南虎、大鲵鱼、扬子鳄等十三种。第三类是数量较多的我国特产的野生动物，如锦鸡、长尾雉、犀鸟等，数量较多，可以作为商品，限量出口。[4]

但在实际操作过程中，外交部礼宾司和地方部门对划分标准提出了意见，经过一系列讨论之后，于 1963 年重新制定了一份新的划分标准。原列入第二类中的野牦牛和野骆驼，是我国的特产（仅产于我国），且数量极少，对科学研究和展览都有很高的价值，被重新划入第一类。原列入第一类中的东北虎、雪豹和小熊猫，主管部门认为其并非我国的特产动物，不应控制过严，每年少量输出，既不影响产地数量减少，又不致降低其珍贵性和经济价值，因此应列入第二类。原划入第二类的

1　"上海市革命委员会关于园林处申请外汇从国外进口动物的批复"，1973 年，上海市档案馆，B326-1-57-136，第 137 页。

2　《北京动物园志》，第 171—172 页。

3　《北京动物园志》，第 172 页。

4　"关于我国珍贵动物出口问题的规定"，1959 年 4 月 1 日，中国外交部档案馆，117-01117-11，第 40 页。

华南虎、华北金钱豹等动物，可以适当外销，以换取外汇，被划入第三类中。[1] 这份标准对后期的动物保护和交换产生了深远影响，尤其对那些不在一类保护名册中的动物而言无异于一道"催命符"。在出口创汇的指令下，这些动物难逃遭受捕猎的命运。如被划入第三类的华北金钱豹，其主要活动区域是山西省。"据皮张收购记录，20世纪60年代捕获1 750只，70年代捕获了1 224只，80年代种群继续严重下降。"[2] 由于大量捕猎，华北金钱豹处于濒危等级。类似的还有小熊猫，从1953年开始，在野外捕捉迄今约2 000余只，其中有100余只作为动物交流被运往国外。而这些行为已经严重威胁到小熊猫的种群数量。[3]

尽管动物外交对于新中国来说是个全新的概念，但中国很快也根据实际情况确定了自己的规则。比如要尽可能满足社会主义兄弟国家间的交换要求，交换的品种甚至可以是最高等级的大熊猫、白唇鹿等珍稀动物。尤其是具有"共产主义背景"的大熊猫只是赠予社会主义盟国的礼物；此外和亚非拉新兴的第三世界国家之间也要进行频繁的交往；而对资本主义国家则是以防范为主，对于他们提出的交换动物的要求能推则推，能拒则拒。但大体上是保持着动物价值的相当，多是接受国外赠送的大型动物，回赠以中小型动物。从根本上来说，就是要秉着"平等互惠、互通有无、友好往来的精神，配合当前国家的政治任务进行"。[4]

三、同社会主义国家间的动物外交关系

1960年5月6日，北京市园林局给市外办、中央对外文委作了《赴苏联商谈交换动物工作的总结报告》。报告指出"我们对社会主义国家交换动物的工作，首先的目的是加强以苏联为首的社会主义阵营的团结，通过交换动物以互通有无、交

---

1 "北京市园林局关于我国珍贵动物出口问题的请示报告一文的修改补充意见"，"关于我国珍贵动物出口问题的规定"，1963年9月20日，中国外交部档案馆，117-01117-11，第45—47页。

2 周秀佳、徐宏发、顺庆生主编：《中药资源学：中药资源的保护与可持续利用》，上海科学技术文献出版社，2007年，第312页。

3 汪松主编：《中国濒危动物红皮书（兽类）》，科学出版社，1998年，第167页。

4 "市人委关于国际交换动物的情况和建设主管这项工作的中央机构的请示和市人委与各有关机关的来往文书及园林局交换动物的请示报告"，19560101-19571130，北京市档案馆，002-009-00135，第59页。

流文化，力求社会主义国家在动物园文化科学事业方面的繁荣和发展；对资本主义国家的交换动物的工作，我们将交换动物工作看成是争取和平和文化交流及阶级斗争的工具。"[1]作为自己学习和效仿的对象，中国的动物交流首选国家自然是苏东各社会主义兄弟国家。

（一）同苏联和东欧社会主义国家间的动物外交关系

1951 年 6 月 9 日，苏联中央动物园园长写信给北京西郊公园，表示愿意用苏联的特产动物（如白熊、棕熊、雪豹等）换取中国特有的各种兽类（如猴子、大象、虎豹和爬虫类）。[2]中方的反应比较缓慢。因此，8 月苏联中央动物园园长再度写信给中方，催促中方尽快解决交换动物所需要的官方手续并尽量在当年完成动物交换。[3]但是，由于行政审批的繁琐，动物交换涉及林业部门、外事部门和文化部门，直到 1952 年西郊公园才有所动作。西郊公园在 2 月先交换给捷克斯洛伐克动物园 17 种 59 只动物，[4]之后的 11 月根据中央交办的关于国际交换动物的指示以及国外提出的要求，派出由柳林溪等六人组成的代表团携带动物访问了苏联、捷克、民主德国、匈牙利等国家的动物园，建立了国际间交换动物的关系。柳林溪等人随团带去了华南虎、棕熊、恒河猴等数十种动物以备交换。[5]同年又根据波兰的要求，与之建立了交换关系，其后与民主国家交换动物的关系逐年发展，特别是与苏联的交换每年均有四批至十批动物的往来。[6]

1　"国林局关于国际国内动物交换工作意见，印尼动物园代表团来华访问接待计划，动物园大熊猫、犀牛死亡的报告"，19600201-19601130，北京市档案馆，002-012-00143，第 11 页。

2　"苏联中央动物园长就交换野生动物及交换动物种类等事宜致北京动物园的信"，1951 年 6 月 9 日，参见北京市档案局、莫斯科市档案管理总局编：《北京与莫斯科的传统友谊——档案中的记忆》，第 41—42 页。

3　"苏联中央动物园园长阿乐吉鲁就请求解决交换野生动物及办理官方正式手续事宜致北京市人民政府的函"，1951 年 8 月 6 日，参见北京市档案局、莫斯科市档案管理总局编：《北京与莫斯科的传统友谊——档案中的记忆》，第 43 页。

4　《北京动物园志》，第 181 页。

5　根据现有资料，这批动物一部分（14 种 39 只）交换给匈牙利布达佩斯动物园，一部分（5 种 10 只）交换给德国莱比锡动物园。

6　"市人委关于国际交换动物的情况和建设主管这项工作的中央机构的请示和市人委与各有关机关的来往文书及园林局交换动物的请示报告"，19560101-19571130，北京市档案馆，002-009-00135，第 59 页。

1953 年 2 月，中方接受了第一批来自苏联的交换动物。苏联中央动物处运送过来的动物包括"非洲狮 1 对，北极熊 1 对，白狐 2 对，鸸鹋 1 对，小鸟 20 只"。[1] 同年，中方派出了以北京市动物园陈列室主任黄海为首的相关人员再次前往苏联开展动物交换工作。[2]

1954 年 5 月 1 日，北京市西郊公园成立了专门的负责机构"动物交换科"。当年，中央文化部报请邓小平副总理，先行拨款 115 亿元（旧币）的经费用于国际交换动物。[3]

总体说来，从 50 年代初期一直到 60 年代末，中方对于赠送一类珍稀动物特别是大熊猫一事表现得异常谨慎。在此期间，只有苏联和朝鲜被中方赠送过大熊猫。苏联和中国的动物交换主要集中在 1954—1959 年。在这期间，北京市动物园和苏联莫斯科中央动物园之间交换频繁，"每年 2—3 次，每次数种几十只，双方均通过铁路运至满洲里，交换后各自运回，满洲里成为中苏国际动物交换的重要口岸"。[4]

1957 年 5 月，苏联最高苏维埃主席团主席伏罗希洛夫在访华期间表示希望中国能赠送一对大熊猫给苏联。应苏联的要求，最终决定以北京市市长彭真的名义将"平平"（Ping-Ping）、"碛碛"（Qi-Qi）以"国礼"的形式送给苏联政府和人民。[5] 平平和碛碛是 1956 年在四川宝兴由北京园林局四川搜集动物组猎取的。[6] 之所以在 1959 年又赠送了一只雄性大熊猫"安安"（An-An），是因为以当时苏联方面的科研水平无法判断这两只幼年大熊猫的性别，他们推断中方赠送的两只大熊猫都是雄性。于是，苏方要求调换一只雌性大熊猫到莫斯科。但是，阴差阳错后来发现 1959 年送往苏联的大熊猫安安也是雄兽，无法进行配种。而 1958 年被送回国内的

---

1 《北京动物园志》，第 13 页。

2 "对外文化联络事务局派黄海等人赴苏联交换动物"，1953 年 6 月 8 日至 7 月 10 日，中国外交部档案馆，118-00204-04，第 2—3 页。

3 1955 年 3 月，中央政府进行了币制改革，新旧币兑换比率是 1∶10 000。115 亿元旧币折合 115 万新币。

4 《北京动物园志》，第 181 页。

5 杨家声主编，四川省地方志编纂委员会编纂：《四川省志·外事志》，巴蜀书社，2001 年，第 560 页。又见，四川省宝兴县政协文史委编：《宝兴文史资料·第 4 辑》，1994 年，第 33 页。

6 《猎获三只熊猫》，《人民日报》1956 年 5 月 9 日。

"碛碛"实际上的的确确是雌兽。"碛碛"的命运发生了天翻地覆的变化，此后它成为 1949 年以后唯一一只以交换的名义被"出售"的大熊猫——当然她有了一个新的名字和形象——世界自然基金会的标志，大熊猫"姬姬"（Chi-Chi）。

　　1957 年是俄国十月革命胜利 40 周年，平平抵达莫斯科中央动物园不久，苏联于 7 月 28 日举行第六届世界青年联欢节，作为特殊国礼被赠送的"平平"也成为中苏两国青年友谊的象征。[1] 苏联在收到中方赠送的大熊猫后，在 1958 年 9 月回赠中国的礼物是斑蝾螈、黑天鹅、绒鼠。坦率地说，这些动物的珍贵程度并不高。在 1958 年以后，中苏两国的关系从蜜月期急速冷冻，走向分裂。北京动物园和莫斯科中央动物园之间的动物交换关系也开始变缓，从一年的几十次交换变成了一年一次再到彻底消失。1960 年苏联中央动物处交换 2 只黑猩猩，里加动物园赠送给北京动物园 3 只幼棕熊；1961 年交换给苏联中央动物处 10 种 139 只；1962 年 6 种 50 只。[2] 此后一直到 1984 年由莫斯科动物园输入普氏野马 1 对，这才与苏联重新恢复动物交换关系。之后进行了若干次交换，但是也谈不上非常紧密，远远无法和后来的日本相比。

　　中国和东欧社会主义国家的动物交换在 20 世纪 50 年代初期也经历了一段蜜月期。民主德国莱比锡动物园就在 1953 年送给北京动物园"非洲狮 1 对、美洲狮 1 对、斑鬣狗 1 对、棕熊 1 对、瘤牛 1 对、歇特兰小马 1 对、馱鹿 1 对、孔雀 1 对、黄秃鹫 1 对"。[3] 很多动物如白狐、北极熊、美洲狮、斑鬣狗等都是闻所未闻，很多都是第一次在中国展览的珍稀动物。1958 年 6 月 18 日，北京动物园建园 50 周年之际，收到了来自苏联、捷克斯洛伐克、匈牙利、波兰、民主德国、缅甸、比利时、英国等 15 个国家动物园的贺电和贺信。[4] 但在 1959 年之后，随着中苏分裂日益严重，中国和苏东国家之间的外交关系一落千丈，同这些国家之间所进行的动物交换也越来越少。在中苏关系彻底破裂之后，和中国保持着有限度的动物交换关系的也只有民主德国、保加利亚等少数国家。

　　不过值得注意的是同罗马尼亚和阿尔巴尼亚的动物交换。在 1960 年从布加勒

1　王文轩：《大熊猫在海外的生活》，《科学之友》（A 版），2009 年 9 月，第 68—69 页。
2　《北京动物园志》，第 183—184、218 页。
3　《北京动物园志》，第 14 页。
4　《北京动物园志》，第 17 页。

斯特动物园交换来"鹈鹕 6 只，天鹅 2 只"[1]后，以周恩来总理名义在 1965 年赠送给罗马尼亚总理毛雷尔两只东北虎作为礼物。[2]究其原因，中方主要是考虑到毛雷尔在 1964 年曾两次访问苏联、中国，就中苏矛盾进行调停。毛雷尔曾公开呼吁中苏两党停止公开论战，维护社会主义阵营的团结。[3]而中国同阿尔巴尼亚之间维持的紧密关系显然也是中国政府在 1962 年主动赠送给阿尔巴尼亚大量珍禽的原因。[4]众所周知，"从 60 年代起，中国在自己还很困难的情况下，大大增加了对阿尔巴尼亚的经济和军事援助。中国为履行中阿双方签订的协议，要花费人民币 100 多亿元"。[5]在这种背景下，为阿尔巴尼亚提供珍禽异兽作为礼物并不稀奇。

（二）同其他社会主义国家之间的动物外交

对于苏东阵营之外的社会主义国家，中国与之进行的动物交换则随着中苏关系的破裂而呈上升势头。特别是中国与朝鲜之间的频繁交流颇为引人注目。而中国对朝鲜的重视，从赠送给朝鲜大熊猫的数量可见一斑。1965—1980 年，中方前前后后共赠送给朝鲜五只大熊猫，但由于朝鲜养殖技术不佳，最后这五只大熊猫的命运不是过早夭折就是不知所终。[6]以北京市动物园为例，中方对朝鲜赠送的动物可谓最频繁、最高级、最庞大。时间跨度主要从 20 世纪 50 年代末至 70 年代。

朝鲜战争停战以后，中朝关系一度陷入停滞。苏联外交部观察到，朝鲜停战后中朝关系有"不正常现象"。中国政府在 1952 年召回驻朝大使后，直到 1955 年 1 月没有再派新大使。[7]1956 年，朝鲜发生了针对金日成的"八月事件"，此后"延安派"干部遭到了大批清洗。当时的中朝两党上层关系非常紧张。金日成曾向

1 《北京动物园志》，第 19 页。

2 《北京动物园志》，第 239 页。

3 《冷战国际史研究》（第 2 辑），世界知识出版社，2006 年，第 241 页。

4 这批珍禽包括绿孔雀、天鹅、灰鹤、长尾雉、大天鹅、海南鹦鹉、绿斑鸠、斑犀鸟、灰果鸠等。

5 石志夫主编：《中华人民共和国对外关系史（1949.10—1989.10）》，北京大学出版社，1994 年，第 298 页。

6 M. R. Brambell, "The Giant Panda (Ailuropoda Melanoleuca)," *The Transactions of the Zoological Society of London*, Vol.33, No.2 (1976), pp.85-92. 又 见：F. Lai, *A Visual Celebration of Giant Pandas*, Editions Didier Millet, 2013。

7 沈志华：《朝鲜清洗"延安派"揭秘——中朝关系历史真相》，《凤凰周刊》2011 年第 7 期。

中国请求经济援助，但被中方婉拒。[1] 但是到了 1957 年，随着中苏同盟之间日益明显的分歧，中国需要加强同朝鲜之间的关系，因此中朝关系也逐渐发生了微妙的变化。中国在 1957 年 9 月接待了金率领的朝鲜劳动党中央经济代表团，满足了朝鲜提出的经济援助要求。而这一要求在 1956 年曾经被中方拒绝。[2] 到了 1961 年 7 月，随着《中朝友好合作互助条约》的签订，中朝之间的关系从表面上看来比较亲密。

中朝之间的动物交往始于 1959 年 7 月。当时中国方面先以北京市市长彭真的名义向朝鲜赠送了一批珍禽异兽，共计 26 种 105 只，分别为非洲狮、华南虎、鹈鹕、天鹅、珍珠鸡等。随后又接待了来自平壤的动物实习团，[3] 朝鲜方面则回赠了 12 种 40 只动物。1960 年交换给平壤动物园 6 种 126 只（尾）动物。[4] 1961 年 5 月中方又赠送给朝鲜一只雌性华南虎（又一说为雄性）。朝鲜方面"回赠斑羚 1 对，青鼬 1 只，野鸽、斑鸠、隼各 2 只。"[5] 但是，在 1961 年底平壤动物园又致函北京市动物园索要大批动物。[6] 朝鲜方面提供的名单有："猩猩 1 对、美洲野牛 1 只、爪哇黑鹿 1 对、鸸鹋 2 只、孔雀 2 只、华南豹 1 只、牦牛 1 只、黄猄 1 对、长尾雉 4 只、银鸡 2 只、鹈鹕 2 只、虎皮鹦鹉 50 只、食蟹猴 1 对、金鱼 300 尾。"[7] 因为朝鲜方面要求数量过多，无法立即满足，直到 1962 年 8 月才准备妥当。中方为朝鲜提供了"金钱豹、食蟹猴、美洲野牛、猩猩、鸸鹋、鹈鹕等，共计 14 种 375 只（尾）"，由时任北京市人委外事处办公室主任田路和北京市动物园技术员李扬文两人（均为党员）护送至朝鲜。

1　沈志华、董洁：《中苏援助与朝鲜战后经济重建》，《炎黄春秋》2011 年第 6 期，第 6 页。

2　"关于朝鲜劳动党中央经济代表团访华活动的文件"，1957 年 8 月 24 日至 9 月 19 日，中国外交部档案馆，117-00665-03，第 5 页。

3　"中国人民对外文化友好协会上海分会关于接待朝鲜动物实习团的计划、简报"，1959 年 3 月 20 日-1959 年 3 月 24 日，上海市档案馆，C37-2-495，第 1—16 页。

4　《北京动物园志》，第 183 页。

5　《北京动物园志》，第 19 页。

6　"北京市长彭真向朝鲜平壤市赠送动物事"，1962 年 8 月 7 日，中国外交部档案馆，117-1340-06，第 43 页。

7　"北京市长彭真向朝鲜平壤市赠送动物事"，1962 年 8 月 7 日，中国外交部档案馆，117-1340-06，第 43 页。

当然，朝鲜方面对此也给予了中方足够分量的回应。朝鲜平壤中央动物园在1963年7月和1964年7月先后以平壤市长姜希源的名义赠送给彭真市长两批珍稀动物，第一批为"朝鲜豹、丹顶鹤、红海龟等"，共计14种26只；第二批为"朝鲜豹、豹猫、丹顶鹤、白尾海雕、猞猁、黑秃鹫等"，共计31种142只。[1]这两批动物也是北京市动物园自新中国成立以来接受的最大规模的赠送。作为对朝鲜方面慷慨馈赠的回礼，中方在1965年首次决定赠送给朝鲜两只大熊猫，并配赠了河马、扬子鳄等15种56只动物。

然而好景不长，20世纪六七十年代，中共内部受到"极左"思潮的影响，对朝鲜劳动党进行了尖锐的批评。金日成也毫不示弱回击中国。中朝两党两国的关系再度破裂。但1969年珍宝岛冲突引发的中苏对立迫使中共随后调整了外交政策，积极缓和同周边国家的关系。其后，中朝关系开始逐渐恢复。值得注意的是，在金日成1971年11月1日秘密访华之前，经国务院7月17日批准，中国外交部决定以北京市革委会名义赠给朝鲜一批珍稀野生动物。[2]但是因为计划赠送的动物北京动物园无法凑足，因而决定由北京市秘密派人前往云南、四川、江西、青海、广东、上海等地搜捕。在文件后附录的表单中，要求云南昆明支援红面猴2对，四川鹦鹉3对，海南鹦鹉3对；四川重庆、江西南昌支援云豹2对；四川成都支援石羊（岩羊）1对、长尾雉3对；青海玉树支援牦牛2对、野驴1对；广州支援眼镜蛇10条、黑尾蟒4对、大鲵（娃娃鱼）10条、鹩哥8只；上海支援哑天鹅2对。[3]按照1963年修改的"关于我国珍贵动物出口问题"的规定，这次计划赠送朝鲜的珍稀动物等级颇高，野牦牛为一类保护动物，岩羊、野驴、云豹、大鲵、长尾雉属于国家二类保护动物。[4]红面猴、海南鹦鹉按照现有标准属于国家二级保护动物，按

1　《北京动物园志》，第236页。

2　中华人民共和国外交部（71）部新字第60号文件，"上海市园林管理处革命委员会关于赠送朝鲜一批动物中的哑天鹅问题的汇报"，1971年8月30日，上海市档案馆，B326-1-49-50，第52页。

3　中华人民共和国外交部（71）部新字第60号文件，"上海市园林管理处革命委员会关于赠送朝鲜一批动物中的哑天鹅问题的汇报"，1971年8月30日，上海市档案馆，B326-1-49-50，第53页。

4　如果按照目前的保护等级，这批赠送朝鲜的动物如大熊猫、岩羊、野驴、云豹、长尾雉等大部分都属于一类濒危物种。大鲵、海南鹦鹉、红面猴属于国家二类保护动物。青海支援的牦牛如果按照这次赠送的等级推测，很有可能是野牦牛。野牦牛在1963年的意见稿中被认定为一类动物，即属于非国家特殊对外任务，不准输出。

照 2012 年《世界自然保护联盟濒危物种红色名录》(IUCN 红色名录)，四川鹦鹉
(德拜鹦鹉)、黑尾蟒、哑天鹅目前属于近危，鹩哥属于低危级别。以赠送给朝鲜的
哑天鹅为例，上海动物园从当时园内 16 只哑天鹅中，精挑细选了大小各一对供北
京来沪人员挑选，又担心小的一对天鹅不分雌雄不便于朝鲜方面饲养，决定将小的
留在北京，将北京动物园的一对大的替换给朝鲜送去。[1] 可能因为捕捉不易，各省
市并没有完成预定计划。因此中方决定以北京市革委会的名义再次送给朝鲜两只大
熊猫（凌凌、三星），并配以黑天鹅、云豹等共计 19 种 26 只珍稀动物以示友好。[2]
因之前赠送的大熊猫死亡，1979 年中国又赠送了一只雄性大熊猫丹丹给朝鲜。

中方赠送给朝鲜的除了珍稀动物以外，还包括一些有益于生产的经济动物。
1963 年 8 月天津科委赠送朝鲜一批牛蛙，[3] 1965 年 3 月，又向朝鲜赠送了一批鱼
种，[4] 在此之前中朝双方曾拟定了一份长期的合作议定书，在中朝边境地方的水丰水
库协议共同养鱼，一直持续到 1965 年末。[5]

另一方面，除了赠送动物，中方还积极帮助朝鲜培养相关方面的专业技术人
员。朝鲜中央动物园是根据金日成的要求于 1959 年创办的，位于平壤郊区，占地
约 100 公顷。1959 年 3 月朝鲜平壤动物园派园长郑明述等人先后前往北京、上海、
广州等地学习动物园建设经验。金日成要求要在当年"八一五"之前建成平壤动物
园。这四人分别是平壤市人民委员会建设委员会建筑监督部指导员姜龙海、平壤都
市设计研究所建筑设计室设计员郑仁贤、平壤动物园园长郑明述以及平壤动物园
饲料部长金东哲。他们是根据中朝 1959 年文化合作计划前往中国进行实习的朝鲜
动物实习团。[6] 他们来上海，主要是学习动物园设计、兽舍和兽馆建造以及动物饲

1　中华人民共和国外交部（71）部新字第 60 号文件，"上海市园林管理处革命委员会关于赠送朝鲜一
批动物中的哑天鹅问题的汇报"，1971 年 8 月 15 日至 1971 年 9 月 8 日，上海市档案馆，B326-1-49-
50，第 52、54 页。

2　《北京动物园志》，第 240 页。

3　"天津市外事处关于天津科委赠送朝鲜牛娃事的请示和领事司的处理意见"，1963 年 8 月 19 日—8 月
23 日，中国外交部档案馆，118-01486-03，第 1—7 页。

4　"关于赠送朝鲜鱼种等事"，1965 年 3 月 26 日，中国外交部档案馆，106-01234-07，第 2 页。

5　"关于中朝边境地方共同利用水丰水库养鱼议定书期满事"，1965 年 8 月 11 日—10 月 24 日，中国外
交部档案馆，106-01234-06，第 4 页。

6　"上海市外联办关于朝鲜动物实习团外宾接待计划"，1959 年 3 月 23 日，上海市档案馆，C37-2-
495，第 1—16 页。

养繁殖等问题。而中国方面在馆舍设计、饲料配制、繁殖技术方面得到了苏联的指导。其后，朝鲜的动物繁殖技术有了显著发展。到了 20 世纪八九十年代特别是繁育黑熊方面的技术有了长足的进步。截至 90 年代初，朝鲜中央动物园共有动物650 种，其中国外赠送的有 294 种。[1] 这里面中国赠送给朝鲜的占有相当大的部分。

与朝鲜相比，尽管中国同越南之间进行的动物交流起步较早，但规模上显然要小了许多。1953 年 6 月（印度赠送给中国大象一个月之后），北京西郊动物园收到了胡志明赠送给毛泽东的两只亚洲象阿壮（雄）[2] 和阿邦（雌）。这两只大象由越南驻华大使黄文欢代表赠礼，中央人民政府办公厅主任齐燕铭代表毛泽东主席接受，在北京动物园内举行交接仪式。在此之后，由于长期战争的原因，动物交流并不是越南最迫切的需要，况且河内动物园的饲养条件有限，因而直到 1960 年中国才以北京市市长彭真的名义赠送给河内市市长陈维兴 8 只动物，计非洲狮、马鹿、天鹅、鸳鸯各 2 只。当时中方派堵宏章、李扬文亲自护送到河内。"并在河内停留4 个月，帮助越南在百草公园修建兽舍。"[3] 越南方面则在 1962 年由总政外事处转来了越南政府的回礼：黑熊和豹猫各 1 只。[4] 而此后除了 1975 年 7 月，越南以范文同总理的名义赠送给北京动物园一只名叫"坎占"的雄象，中越之间的动物外交归于沉寂。

除了朝、越之外，柬埔寨共产党在其执政时期也曾与中国方面有过动物交流，包括 1975—1977 年赠送给北京市动物园大量的暹罗鳄、泰国鳄、黑尾蟒、黄纹水龟等爬行动物以及 1978 年 8 月赠送的一只名叫"赞兰"的雌性亚洲象和两只雄性孟加拉虎。[5] 在如此短的时间里向中国频频进行动物赠予，凸显出柬共急切向中国靠拢，表达忠诚和友好的意图。

而通过对中国与各社会主义国家间所进行的动物外交的考察，不难发现其中的一个重要特点就是来自意识形态和国家间外交关系的重大影响。在中国同苏东、朝

---

1 肖岩、辛建军：《关于朝鲜野生动物保护和利用的考察报告》，《天津农林科技》，1994 年 12 月，第38—39 页。

2 因患肠鼓气，阿壮于 1963 年 5 月死亡，死时 32 岁。

3 《北京动物园志》，第 19 页。

4 《北京动物园志》，第 218 页。

5 《北京动物园志》，第 237 页。

鲜等社会主义国家间进行的动物外交中，双方常常以"友谊"的名义互赠或者交换动物。为保持和上述国家间的动物交换关系，中方投入了大量的物力、财力和精力，提供了数量庞大的珍稀动物。但是随着两党两国关系出现裂痕，之前的巨大投入也统统化为乌有。因而可以看到，中国同社会主义国家间的动物交流一般都只能维持在一段时期内，比如同苏联、东欧国家进行的交流主要集中在 1954—1959 年，而朝鲜则集中在中朝关系发生重大变化的几个特殊时间段。一个普遍的规律是，在两党两国的蜜月期，献上能够代表本国地域特色的动物是一种亲密友好的举动，而一旦双方的立场出现对立，动物交流却又往往是最先遭遇暂停的项目。从这个角度来说，社会主义国家间政治化的动物外交实际上已经背离了其原有的价值和意义。

四、同西方世界的动物外交关系

中国同非社会主义国家间的动物外交包括两个部分：一是同亚非新兴国家之间进行的交流；二是同欧美资本主义国家和日本之间随着冷战局势的变化而逐渐活跃起来的交往。前者尽管在反殖反帝的高潮时期一度表现得十分频繁，但主要还是集中在印度、印尼、缅甸等不结盟运动国家。当时印尼是唯一和中国有正式的动物交换书面协议的国家。然而，随着不结盟运动陷入低潮，特别是上述国家由于领土纠纷、国内政局变化等原因而同中国的关系归于冷淡，于是所谓的动物外交也随之陷入停滞。反倒是由于中美关系的破冰以及中日邦交迈向正常化，中国开始加大对美国、日本、法国、英国等国的动物交换力度，大熊猫也可以作为"国礼"向曾经的"帝国主义者"加以馈赠。

（一）同欧美之间的动物外交

同美英等资本主义国家间进行的动物外交，核心问题就是大熊猫的赠送和交换。西方社会兴起的"大熊猫热"源于 20 世纪 30 年代一只三磅重的大熊猫幼崽苏琳（Su-Lin）被带到美国并在芝加哥动物园进行展出。[1] 在国民政府时期，宋庆龄

1　张志和、魏辅文编著：《大熊猫迁地保护：理论与实践》，第 34 页。

就曾以中国政府的名义赠送两只大熊猫（潘弟"Pan-Dee"和潘达"Pan-Dah"）[1] 给美国救济中国难民委员会，感谢其在抗战期间为中国提供的帮助，并呼吁美国为抗战中的中国提供更多的救济和援助。大熊猫在当时的中美关系中扮演着积极的润滑剂作用，大熊猫代表的"诚实、温和、和平"的形象深入人心。

"二战"时，在德军狂轰滥炸下仍安之若素的大熊猫"明"（Ming）鼓舞了奋战的英国民众，但"明"在1944年不幸夭折。[2] "二战"结束后，伦敦动物协会曾向中方提出想获得一只大熊猫。经时任四川省主席张群批准，在汶川地区捕捉到了"联合"（Lien-Ho）将其送往英国。[3] "联合"于1950年死亡。1953年，流落在西方世界的最后一只大熊猫"美兰"（Mei-Lan）去世。随后的几年间，西方世界再也看不到大熊猫。具有"共产主义背景"的大熊猫在相当长的时间内只是中国赠予社会主义盟国巩固友谊的外交礼物，英、美等国家在很长一段时间里都没能从中国获得大熊猫。新中国成立后，英国、美国、德国先后致信中国，想通过购买、交换甚至亲自捕捉的形式来获取大熊猫，但大多遭到了中方各种理由的推拒。

英国方面试图通过民间途径继续从中国获得新的大熊猫。伦敦动物协会主任哈里森·马修（Harrison Matthews）在1954年致信蒙塔古（Ivor Montagu），希望能够以伦敦保存的一部分麋鹿种群来换取中国的大熊猫等珍稀动物。[4] 由于蒙塔古和郭沫若之间有一定的交往，由蒙塔古出面转交的信收到了一定的效果。1954年12月由应邀来华访问之英国各界访华代表团团员杰姆士转交，要求得到中国的仓鼠与海南长臂猿等动物，北京市园林处考虑其所要动物之意图不明，故拟不予答复。[5] 1954—1956年，在赠送麋鹿的过程中英国外交部一直在幕后活动，由蒙塔

---

1 潘达和潘弟1941年被捕获，当年12月30日到达美国，后生活于美国纽约动物园，分别死于1945年10月4日和1951年10月31日。

2 杨程屹：《熊猫外交记》，《看历史》，2011年4月，第146页。

3 胡锦矗等编译：《熊猫的风采》，成都：四川科学技术出版社，1990年版，第11页。"联合"1946年5月11日抵达伦敦动物园，死于1950年2月22日。

4 Foreign Office Files China: 1949–1980, FO371/115195,p.21. 转引自张民军：《中英麋鹿外交》，《第二届国际关系史青年论坛论文集》（下），第96页。

5 "园林处关于国际交换动物问题的请示报告、市府的批复和市府与各有关机关的来往文书"，1954年10月1日至1954年12月31日，北京市档案馆，002-006-00231，第7页。

古出面和中方进行了多次斡旋，中国外交部对此事态度比较冷淡。[1]究其原因，一方面是由于英国方面是由伦敦动物协会出面（看不到官方背景），中方表示对等只能以郭沫若和西郊动物园的名义出面；另一方面，中国曾希望一次性从英国方面获得30只麋鹿，蒙塔古方面表示运输有困难，第一批只能送四五只。因而中方的态度不甚积极。[2]在对国内的宣传上，中方也是将英国这次赠送麋鹿的行为定义为"民间活动"，称这些麋鹿是英国"和平人士"蒙塔古赠送给郭沫若[3]的礼物。伦敦动物学会曾非常期待中方能够回赠长臂猿或者大熊猫给英国，最终的结果却令人失望——北京动物园仅仅回赠了2只大鲵、2只扬子鳄和2只鸳鸯。有趣的是，大熊猫、大鲵和麋鹿的发现和命名都和法国传教士皮埃尔·埃蒙·大卫有关。[4]

　　冷战开始之前，美国曾生活着十几只大熊猫，美兰去世以后美国民间就开始积极活动希望能够再次从中国获取大熊猫。1956—1957年，美国佛罗里达州迈阿密稀有鸟类饲养场和芝加哥动物园分别先后两次致信北京动物园，希望"以货币或动物交换中国一对大熊猫"。[5]迈阿密鸟类饲养场主席安东·福里门在来信中写道："我极感兴趣的是雪豹、云豹、西伯利亚虎、西伯利亚赤胸雁、蒙古马和其他你们国家出产的各种哺乳动物和鸟类，更不用说，我最感兴趣的是大熊猫。"[6]"目前美国动物园已经没有活的大熊猫，我们非常渴望得到一双。由于我们两国政府悬而未决的政治关系，假如不是不可能的话，我感觉到这也是很困难的，无论如何，作为美

1　国内有关麋鹿外交的论文，参见张民军：《中英麋鹿外交》，《中国浦东干部学院学报》2013年第3期。

2　中国科学院办公厅致函北京市人民政府，关于《协商安排接受英国动物学会赠送麋鹿事》，"园林处关于国际交换动物问题的请示报告、市府的批复和市府与各有关机关的来往文书"，1954年10月13日，北京市档案馆，第2—5页。

3　中国方面对蒙塔古的宣传，称其身份是世界乒协主席，英国爱好和平的民间人士。蒙塔古时任世界和平理事会理事，郭沫若时任世界和平理事会副主席。

4　清末在四川宝兴担任天主教神甫的大卫是第一个将大熊猫介绍给西方的传教士。他在中国发现了上千种的野生动物，包括著名的麋鹿（Pere David's Deer）、中国大鲵（A. davidianus），还有和他的名字简写P. A. David谐音的熊猫Panda。

5　"美国佛罗里达州鸟类饲养场等愿以货币或动物交换我大熊猫事"，1956年4月18日至1957年11月30日，中国外交部档案馆，111-00187-02，第1—16页。

6　孙桂华、夏俊：《熊猫外交的秘密往事》，《新一代》2007年第3期，第28页。原文发表于《解放日报》2006年7月20日。

国动物园商人，假如能够得到一对或更多的这种动物，我们一定很高兴地接受你们提出的价格，愿意订出我们双方满意、我们两国政府也许可的协定。"[1] 北京市动物园的建议是："对美国交换方针：我们认为应争取和美国大城市的动物园及具有代表性的野生动物贸易机构建立交换动物关系。通过动物交换可使广大的美国人民知道是由中国来的动物，借以达到两国人民间的了解和友好。特别是珍贵动物，必然会引起美国人民的重视。"[2] 应该说，考虑到中美两国的现状，安东·福里门认为直接互换不太可能。而对外文委也希望能够借此机会同美国方面展开接触："目前与美国的文化联系还未开展，人的来往可能性很少，利用美国饲养者的积极性以进行接触，是可以试行的。我们拟同意北京动物园与福里门商谈交换动物的条件和地点。"[3]

坦率地说，50 年代初期捕捉大熊猫极为不易，常常需要动物搜集队和当地村民在崇山峻岭中奔波数月才能捕获。"大熊猫是一种非常名贵的动物，极为罕见，很不易捕获，几年只捕到几只雌的……平平是北京动物园现有大熊猫中最好的一只。"[4] 北京市动物园当时有三只西康组雅安站捕捉的大熊猫（平平、兴兴和碛碛），且已经过仔细挑选准备送给苏联。美国这时来索要大熊猫，几乎是不可能的。但因为考虑到中国在对外宣传中一再强调"开展各国人民间的文化交流"，[5] 因此在和美方交涉的初期中方的态度比较积极，回答"原则上可以交换"。随后中方的态度出现了转变，希望最好能够直接交换，并且"双方互派人员到对方动物园访问并领取交换的动物"。最终，美国政府拒绝了中方的提议。

美国民间对于获取大熊猫的热情并未就此打消，1958 年芝加哥动物园委托第

1　"市人委关于国际交换动物的情况和建设主管这项工作的中央机构的请示和市人委与各有关机关的来往文书及园林局交换动物的请示报告"，1956 年 1 月 1 日至 1957 年 11 月 30 日，北京市档案馆，002-009-00135，第 96 页。

2　"市人委关于国际交换动物的情况和建设主管这项工作的中央机构的请示和市人委与各有关机关的来往文书及园林局交换动物的请示报告"，1957 年 5 月 17 日，北京市档案馆，002-009-00135，第 94 页。

3　"市人委关于国际交换动物的情况和建设主管这项工作的中央机构的请示和市人委与各有关机关的来往文书及园林局交换动物的请示报告"，1957 年 5 月 18 日，北京市档案馆，002-009-00135，第 93 页。

4　"北京市市长彭真就北京市人民向莫斯科人民赠送大熊猫平平事致莫斯科市苏维埃执行委员会主席波布罗夫尼科夫的信"，1957 年 4 月 10 日，参见《北京与莫斯科的传统友谊》，第 44 页。另捕捉到的平平实为雄性，碛碛为雌性。

5　杨程屹：《熊猫外交记》，第 148 页。

三方奥地利动物商人海尼·德默（Heini Demmer）从中国购买或交换大熊猫，再以第三方的名义送往美国。海尼·德默和他的妻子此前在南非获得了一批野生动物。于是他以三只长颈鹿、两只犀牛、两只河马、两只斑马为代价，从北京动物园处交换了一只大熊猫。[1] 北京动物园当时从苏联和东南亚国家那里获得了很多原产地为东南亚、欧洲和美洲的特产动物，但是原产地为非洲的动物仍很缺乏。苏联专家提出的动物园的展览方针便是要提供种类繁多的动物，使人民群众能够认识到世界各大洲的珍奇野生动物。因为缺乏原产地为非洲的动物，这就使得北京动物园在布展上缺少连贯性。海尼·德默交换的这批动物弥补了北京动物园该方面的不足。于是，海尼·德默挑中了从苏联退回的大熊猫碛碛（因碛碛回国性别判定为雌性，后改名为姬姬）。

　　1949 年之前，中国还曾经是美国最大的贸易伙伴，但是不到十年时间，中美两国关系已经发生了彻底的逆转。中美两国在朝鲜战争结束后持续的紧张关系使得姬姬（Chi-Chi）无法顺利进入美国。由于中美之间既无外交关系，又处在相互敌视的阶段，因此美国政府根据商务部出口管制法的规定，拒绝姬姬这只具有"共产主义背景"的熊猫进入美国。美国国务院就此事给海尼·德默的答复是："根据1950 年 12 月 17 日国会通过的法律，凡属共产党出口——或者从别处转出口的货物，包括动物在内，一律不准进入美利坚合众国。为此，我们决不能给你的大熊猫以进口执照。"[2]《人民日报》对美国国务院的做法进行了猛烈抨击："这种要求被美国国务院泼了冷水。杜勒斯的国务院认为大熊猫是生长在共产党中国的，所以不能允许。连纽约时报都不禁感慨地说，大熊猫也被卷入冷战的外交政策中了。这说明杜勒斯的战争狂发展到了多么惊人的程度。"[3] 意识形态的壁垒和外交上的坚冰是如此的难以打破，和中国当时保持一定接触的英国都曾将麋鹿称为"党同志"（Party comrades）[4]，更遑论五六十年代的美国政府。芝加哥动物园许诺给海尼·德默的25 000 美元也无法兑现，海尼·德默只能带着姬姬辗转欧洲各地寻找能够接收的动

1　H. Nicholls, *The Way of the Panda: The Curious History of China's Political Animal*, pp.79–85.

2　《大熊猫吓坏了纸老虎》，《人民日报》1958 年 10 月 7 日。

3　《杜勒斯和熊猫》，《人民日报》1958 年 5 月 9 日。

4　张民军：《中英麋鹿外交》，第 108 页。

物园。1958 年 9 月，姬姬来到伦敦，"在私营企业的协助下，伦敦动物园以 1.2 万英镑的价格买下姬姬，最终她成为该动物园的明星"。[1]

除了美英两国，联邦德国也曾提出和中国建立动物交换关系，甚至表示可以亲自来华捕捉。这对于当时还没有建立正式外交关系的中德两国而言是不可想象的，中方拒绝了德方的请求。[2] 1959 年，国际动物园主任协会（动物园负责人国际联盟）在法兰克福（曼因）召开会议，讨论了大熊猫的保护问题。[3] 为此，柏林动物园长于当年写信给毛泽东，提出三点建议：首先是要求中国要保护大熊猫，其次邀请中国参加该组织，最后希望能够和中国建立直接的联系，而不是通过动物商的形式。[4] 中国驻德使馆在给对外文委写的信中表示，考虑到参加这个组织的大多数都是西方资本主义国家，领导权又在西方国家手中——苏联和保加利亚都还在申请中，那么即便台湾（蒋帮）没有参加，中国也不应该参加这个组织。[5]

中国和欧美资本主义国家间的动物外交关系，在 1972 年随着中美关系的缓和而迎来了重大转机。在 1972 年 2 月的破冰之旅中，尼克松向中方提出的一个要求就是希望能够赠送一对大熊猫给美国人民。3 月，根据中央的指示，四川省委要求宝兴县在近期内选取一对"身体健壮、性情活泼、2—3 岁的大熊猫送往北京"。[6] 宝兴县当时正好有一支北京动物园的捕猎队，在捕猎队的养殖园内有几只刚从农民那边收购的大熊猫。[7] 最后从这几只刚捕获的大熊猫里挑中了"玲玲"（Ling-Ling）和"兴兴"（Hising-Hising）。周恩来总理代表中国将大熊猫"玲玲"和"兴兴"作为友谊大使赠送给美国。在失去"美兰"20 年后，再度有大熊猫来到美国。"玲

1　杨程屹：《熊猫外交记》，第 149 页。

2　"联邦德国哈诺佛州动物园拟派人来我国捕捉熊猫事"，1957 年 8 月 19 日至 11 月 9 日，中国外交部档案馆，110-00680-07，第 1—4 页。

3　"国际动物园主任协会来函（中、英、德文）"，1959 年 5 月 1 日至 1959 年 12 月 30 日，中国外交部档案馆，113-00371-04，第 55 页。

4　应该指的是上文的奥地利动物商海尼·德默从中国以交换形式购买大熊猫一事，转运过程中姬姬曾经在柏林动物园、法兰克福动物园短暂巡展。

5　"国际动物园主任协会来函（中、英、德文）"，1959 年 5 月 1 日至 1959 年 12 月 30 日，中国外交部档案馆，113-00371-04，第 61 页。

6　刘庶光：《忆为尼克松选送熊猫的一段往事》，《晚霞》2011 年第 19 期，第 21 页。

7　刘庶光：《忆为尼克松选送熊猫的一段往事》，第 21 页。

玲"和"兴兴"乘专机抵达华盛顿国家动物园时，8 000 名美国观众冒雨迎接。仅开馆第一个月，参观者就多达 100 余万人。此后一年中，有 300 万人去国家动物园参观。

　　从"北京动物园国际动物交换统计表"可以看出，北京动物园对外动物交换主要集中在两个时期，第一个时期是"1952—1965 年"（最高点在 1959 年国庆十周年），第二个时期集中在"1972—1982 年"。1972—1988 年，中方对外赠送的动物数量总数有所减少，但在 1972—1982 年这十年就赠送了将近 20 只熊猫（新中国成立后直到 1982 年一共赠送了 24 只）。

北京市动物园国际动物交换统计表（1952—1991 年）[1]

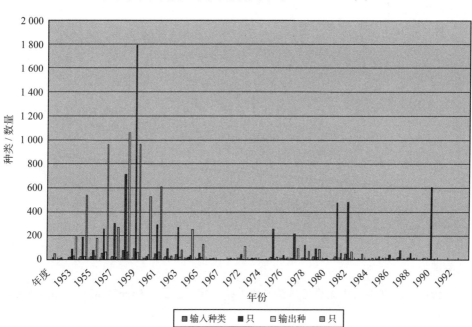

（二）同日本之间的动物外交

　　新中国成立后，中日两国没有直接的外交关系。但是考虑到远东的地缘政治格局，中国方面对日本的外交政策采取了灵活的方针。1952—1958 年，中日双方共

1　根据《北京动物园志》第 224—225 页提供之数据制图。

签订了四次民间贸易协定（第四次未获批）。在从 20 世纪 50 年代初到 1972 年中日邦交正常化这二十余年的时期内，中国一直没有放弃通过民间途径与日本开展外交活动。

因此，当日本上野动物园于 1954 年第一次提出和中国进行动物交换的要求后，中国方面立即释放出积极的信号。[1] 在 1955 年 2—3 月北京动物园和日本上野动物园进行了第一次动物交换之后，[2] 1956 年日本上野动物园又向北京动物园赠送了一只雌性非洲狮"里比"和幼狮"梅莉"。6 月，中国以郭沫若的名义再次赠给日本动物学会丹顶鹤一对。[3] 除了上野动物园，日本一些地方动物园和北京动物园也建立了动物交换关系，比如北海道旭川动物园、神户王子动物园、鲭江市动物园、天王寺动物园、名古屋东山动物园，等等。[4]

虽然中日两国在战后一段时期内没有建立直接的外交关系，但是经常有日本的政治家、议员访问中国。高碕达之助和周恩来总理的往来就是一个典型的例子。1962 年 10 月，在日本自民党元老松村谦三的推荐下，日本前通产大臣、自民党国会议员高碕达之助率团访华，高碕达之助赠送给周恩来日本锦鲤 100 尾作为礼物，中方则回赠了北京动物园培养的 100 尾金鱼。[5]

而 1972 年中日邦交正常化的实现彻底打破了中日两国间的动物交流的桎梏。日本学者评价道："虽说是中美关系接近的副产品，但它使中日两国关系自 19 世纪以来第一次成为对等的、和平的关系，具有划时代的意义。"[6] 另外考虑到东亚国家间相似的文化背景，中国对日本赠送大熊猫和互换动物的次数在某种程度上远远超过美国。

1972—1982 年，中国先后送给日本四只大熊猫：兰兰（Lan-Lan）、康康（Kang-

1　"日本东京上野动物园要求与我交换动物事的经过"，1954 年 6 月 24 日至 8 月 13 日，中国外交部档案馆，105-00271-02，第 1—23 页。

2　《北京动物园志》，第 182 页。

3　《北京动物园志》，第 218 页。

4　《北京动物园志》，第 182—219 页。

5　《北京动物园志》，第 236 页。

6　毛里和子：《中日关系——从战后走向新时代》，徐显芬译，北京：社会科学文献出版社，2009 年，第 68—69 页。

Kang）、欢欢和飞飞。此外，日本上野动物园又先后诞下三只熊猫。[1] 作为冷战期间接受中国赠送大熊猫最多的资本主义国家，日本在 20 世纪 70 年代起由大熊猫引发的热潮也推动了战后第一次中国热的产生。日本人对大熊猫的狂热程度，令世界上任何一个国家都自愧弗如。据统计，1972 年 10 月到达上野动物园定居后，康康和兰兰一共约接待过 3 200 万观众。[2] 它们到达日本后不久，每天约有 30 万人前往参观，最高的一年达 900 多万，不少观众等候几个钟头，才能观看 30 秒钟。[3] 1972年日本上映的动画片《熊猫家族》便是由动画大师宫崎骏和著名导演高畑勋共同完成。在兰兰于 1979 年去世时，肚子里还有未出生的宝宝，引发了日本社会的巨大哀恸，成千上万的市民前往上野动物园吊唁。兰兰去世后不久，1979 年 12 月日本首相大平正芳访华，华国锋总理得知情况，代表中国政府再次向日本赠送大熊猫欢欢陪伴康康。[4] 12 月 7 日，由卓琳陪同大平首相的夫人大平志华子到北京动物园看望欢欢。[5] 祸不单行，形单影只的康康在次年亦不幸去世。兰兰和康康的接连离世，引发了上野动物园的极大震动。[6] 为此，为纪念中日邦交正常化十周年并庆祝日本上野动物园建园 100 周年，赵紫阳总理 1982 年在东京会见日本首相铃木善幸时表示，中国将再次赠送一只雄性大熊猫（飞飞）给日本。[7]

中国在 1972 年以后与西方世界开展的大熊猫外交引发的影响要远远超过 50 年代赠送给苏联等社会主义兄弟国家的数头大熊猫。中国选择将这种珍稀动物赠送给意识形态上的对立者，实际上是对自己在冷战时期传统外交观的一个突破，而利用大熊猫这个载体向西方世界传达善意应该说是再合适不过了。在此之后，当西方国家看待中国时，不再仅仅是想到了红色、共产主义和龙，还会想到憨态可掬、温和的大熊猫。这对改善中国的国际形象显然起到了积极的作用。

1　1992 年 11 月 13 日，根据中日之间的协议友友回到北京。

2　《熊猫兰兰病死 大平首相表示惋惜》，《人民日报》1979 年 9 月 5 日。

3　《兰兰和康康在日本》，《人民日报》1978 年 10 月 28 日。

4　開示文書，総理訪中（華総理への表けい訪問）（A）中国発 2612、2615 号，1979 年 12 月 6 日，日本外务省外交史料馆，3/01-1378/1，第 2 页。

5　《大平首相夫人观赏大熊猫欢欢 希望欢欢在日本传播友谊种子》，《人民日报》1979 年 12 月 8 日。

6　《大熊猫康康不幸病死 日本医务人员全力抢救无效》，《人民日报》1980 年 7 月 2 日。

7　《中国决定再送日本一只雄性大熊猫》，《人民日报》1982 年 6 月 2 日。

　　当然，中国开展的动物外交并非只有一片叫好声。问题之一是由于中国的动物园缺乏检疫制度和动物医学水平的相对落后，在对外赠送和对内接收动物的过程中，时有动物非正常死亡。1972 年美国赠送给中国的麝牛在运到北京后就发现有寄生虫病，没过多久就病死了。日本送给上海动物园的海狮、企鹅在运输过程中就已经死亡。很多国外赠送的动物，由于中国医疗技术不过关，死亡的也颇多。另外，中国政府对待野生动物重政治、经济效益而不注重动物保护的态度，遭到国际社会的激烈批评。为此，1979 年，中国宣布参加"国际自然及自然资源保护同盟"和"有灭绝危险"的野生动植物国际贸易公约；此外，还与"世界野生生物基金会"（后改名为世界自然基金会）签订了关于保护野生生物资源的合作协议。[1] 但与此同时，中国内部的舆论宣传同中国政府的这些举措并没有保持步调一致。中国政府释放出的积极态度并没有让国际社会停止对中国保护野生动物态度的强烈关注。由于将大熊猫赠送给外国的做法有违 1975 年《濒危物种国际贸易公约》，[2] 加之中央人民广播电台 11 月 19 日三次广播了怎样捕捉大熊猫的节目等等，一时间舆论大哗，招致国际社会和动物保护组织（如世界自然基金会）的强烈批评。"国际上一些著名学者和组织机构纷纷发表谈话和来函，对我国滥捕珍稀动物表示遗憾，敦促中国再不要作无知的宣传，希望中国宣布不捕鲸，不进口象牙、犀牛角、虎骨等，并一再呼吁我国政府采取有效措施保护珍稀动物。"[3] 世界自然基金会在 1979 年启动大熊猫保护计划，事前甚至没有通知新华社。[4] 中国地方官员认为，世界自然基金会的做法伤害了"中国人民"的感情。在经过一系列艰苦的谈判后，中国和世界自然基金会之间仍然矛盾重重。

　　无论如何，1982 年后，鉴于大熊猫生态环境恶化导致其数量急剧减少，中国政府还是宣布了停止向外国无偿赠送熊猫。这标志着传统的政治性赠送模式下的"熊猫外交"宣告结束。中国在此后又采取了商业性的短期借展和租借的形式同国

1 《关于保护野生生物资源的合作协议在京签署》，《人民日报》1979 年 9 月 24 日。

2 ［美］夏勒：《最后的熊猫》，张定绮译，北京：光明日报出版社，1998 年，第 29 页。

3 "国务院环境保护小组、林业部关于加强保护珍贵稀有动物的宣传教育工作的建议"，1979 年 12 月 26 日，上海市档案馆，B1-9-71-93，第 94 页。

4 《最后的熊猫》，第 29 页。

外联合进行"大熊猫科研"，但是批评的声音仍然继续存在。美国纽约动物学会国际野生生物保育科主任乔治·夏勒在《最后的熊猫》一书中对中国政府将大熊猫"政治化"的做法表示难以理解。他在书中的序言里写道，他在中国参与到保护大熊猫活动中，遇到了前所未有的困难。在 80 年代，"世界自然基金会和中国方面，在目的与方法上根本不能沟通"，中国的大熊猫"保育计划永远逃不掉政治与科学的分歧"。[1]《熊猫之道》一书的作者亨利·尼克尔斯也谈到对于中国保护大熊猫前景的悲观态度，"随着中国的崛起，租借大熊猫的动机也变得越来越模糊，越来越紧密地与政治和经济野心联系在一起"。[2]

结　语

巴黎高师的 Jean Estebanez 博士在其题为"动物园中的人与非人有关动物界限的界定"的讲座中认为，如果以人文地理学的概念去审视动物园，动物园应该是一个在城市化的社会中人类接触那些野性且珍稀的动物的唯一空间。[3]在诞生之初，动物园是为人类提供快乐和荣耀的场所，但在其不断的发展过程中，动物园被赋予了更多的社会功能。

动物园在西方社会的地位和功能在 20 世纪发生了巨大的转变。从 20 世纪 30 年代开始，在西方社会为动物争取福利、支持动物保护的呼声越来越高。西方资本主义国家的动物园始终在动物保护和利用自然的矛盾中摇摆不定。[4] 60 年代以后，西方社会的动物园在动物园本身的展览、休闲的功能以外，更偏重于在动物园内模拟"自然环境"，在人工环境下对动物进行保护。总体说来，西方国家一直在试图弥合在动物园中所体现的"人"与"动物"的对立关系。西方国家对外进行动物交换，从品种到数量上都更加谨慎。

而对于包括中国在内的社会主义国家，动物园则被深深地打上了政治的烙印，

1　《最后的熊猫》，第 5—6 页。

2　http://www.oushinet.com/172-1304-250718.aspx，2013 年 8 月 9 日。

3　http://history.ecnu.edu.cn/news_view.asp?id=515，华东师范大学历史系网站，2013 年 5 月 26 日。

4　《动物园的历史》，第 1—5 页。

它既是供社会主义公民游玩娱乐的场所，也是辅助官方意识形态教育的机构。另外，在社会主义国家动物园，动物福利往往被摆在了无足轻重的位置，远没有"为社会主义建设添砖加瓦"来得重要。在 20 世纪 90 年代以后，中国走向了发展市场经济的道路，各地纷纷兴建野生动物园，原有的国营动物园转而自负盈亏。利益驱动和经营困境使得中国各地动物园中的动物处境极为艰难。饲养环境恶劣、饲料缺乏、强迫训练，使得中国动物园在现阶段依然饱受诟病。

同动物园紧密相关的动物外交在冷战时期也同样被赋予了过多的政治含义。中国的动物外交，一类是作为外交礼品赠送出去，一类是两国动物园之间展开互换赠送，还有一类，比如中国和印尼、朝鲜、阿尔巴尼亚等国的动物交换，是作为两国间科技文化协议的一部分展开的。在社会主义国家间关系还是"铁板一块"的时候，以动物为媒介进行的交流非常频繁，根据兄弟国家在意识形态路线方针上与自己的亲疏远近，中国所提供的可供交流的动物种类和数量差别很大。而一旦双方关系出现交恶，此类交往也会随之被切断且在很长时间内难以恢复。

对于西方资本主义国家，中国在相当长的时间里以一种冷漠的态度来回应西方国家动物园的合作期望。但随着对冷战战略的调整，从 20 世纪 70 年代起，动物所具有的亲和力使其理所当然地被用来消弭冷战爆发以来中国同西方世界间的误解和敌意。

（本文收录于梁志、韩长青主编：《冷战时期的中国与世界》，北京：世界知识出版社，2017 年）